新曲綫 New Curves | 用心雕刻每一本……

http://site.douban.com/110283/
http://weibo.com/nccpub

用心字里行间　雕刻名著经典

SAS® 应用统计分析

（第 5 版）

［美］罗纳德 · 科迪　杰弗里 · 史密斯 著
辛涛 译

人民邮电出版社
北　京

图书在版编目（CIP）数据

SAS应用统计分析：第5版/（美）科迪（Cody P.R.），（美）史密斯（Smith J.K.）著；辛涛译.
—北京：人民邮电出版社，2011.7（2019.11重印）
ISBN 978-7-115-25278-4

I. S… II. ①科… ②史… ③辛… III. ①统计分析－应用软件，SAS－教材 IV. ① C812

中国版本图书馆CIP数据核字（2011）第073300号

Ronald P. Cody, Jeffrey K. Smith

Applied Statistics and the SAS® Programming Language, 5e

ISBN 0-13-146532-5

SAS® 应用统计分析（第5版）

◆ 编　　[美] 罗纳德·科迪　杰弗里·史密斯
译　　辛　涛
策　划　刘　力　陆　瑜
责任编辑　肖　莹

◆ 人民邮电出版社出版发行　北京市崇文区夕照寺街14号A座
邮编　100061　电子邮件　315@ptpress.com.cn
网址　http://www.ptpress.com.cn
电话（编辑部）010-84937150　（市场部）010-84937152
三河市少明印务有限公司印刷　　新华书店经销

◆ 开本：787×1092　1/16
印张：36
字数：590千字　2011年7月第1版　2019年11月第7次印刷

ISBN 978-7-115-25278-4/F

定价：88.00元

本书如有印装质量问题，请与本社联系　电话：（010）84937153

内容提要

随着计算机应用的发展，在统计学领域，先后出现了数百种各具特色的统计软件，其中 SAS（Statistics Analysis System）是目前国际上最有影响的一种软件，功能非常强大，广泛应用于经济管理、商业金融、医学、教育、心理、生物、地理等各个领域，具有重要的应用价值。据报道，全世界 500 强企业有百分之八十在使用 SAS，它已被誉为统计分析的标准软件。

本书以帮助读者实现 SAS 入门和学会应用 SAS 软件解决实际问题为目的，逻辑结构清晰，内容系统完整，表述简单明了，用丰富的实例说明了运用 SAS 软件进行常见的统计分析的程序和步骤，以及对结果的解释与报告。全书共分为 20 章，内容如下：第 1 章介绍 SAS 基础，第 2~10 章是用 SAS 来实现常见的统计分析过程；第 11 章描述了 SAS 运用于心理测量学分析的例子，第 12 章介绍 INPUT 语句，第 13~16 章讲解如何用 SAS 来读取和处理数据，第 17~18 章介绍 SAS 函数，第 19~20 章详细描述了 SAS 程序的范例。

本书主要针对非计算机专业和非数理统计专业从事数据处理与分析的人员，力求说明统计方法在求解实际问题中的应用，为他们提供应用 SAS 软件进行数据统计分析的指导。它适用于应用领域的研究人员、SAS 程序的初学者，以及想进一步学习 SAS 程序的读者。

译者序

随着计算机的应用发展，在统计学领域，先后出现了数百种各具特色的统计软件，其中 SAS（Statistics Analysis System，统计分析软件）是目前国际上最有影响的一款软件，广泛应用于经济管理、商业、金融、医学、教育、心理、生物、地理等各个领域。

1966 年，美国北卡罗来纳大学开发了 SAS 统计分析软件，并于 1976 年成立了 SAS 软件研究所和 SAS 软件公司，开始进行 SAS 系统的维护、开发、销售和培训工作。到目前为止，SAS 公司已经出版了此软件的多个版本，并不断地完善和发展。作为目前国际最权威的数据统计分析软件之一，SAS 功能非常强大，具有重要的应用价值。据报道，全世界 500 强企业中有 80% 在使用 SAS，SAS 已被誉为统计分析的标准软件。

简单来说，SAS 是一个模块化、集成化的大型应用软件系统。它由数十个专用模块构成，其功能包括数据访问、数据储存及管理、应用开发、图形处理、数据分析、报告编制、运筹学方法、计量经济学与预测等。SAS 系统基本上可以分为四大部分：SAS 数据库部分、SAS 分析核心、SAS 开发呈现工具、SAS 对分布处理模式的支持及数据仓库设计。SAS 系统主要完成以数据为中心的四大任务：数据访问、数据管理、数据呈现和数据分析。当前（2010 年）软件最高版本为 SAS 9.2。虽然 SAS 是用于决策支持的大型集成信息系统，但该软件系统最早的功能仅限于统计分析，至今，统计分析功能仍是它的重要组成部分和核心功能。

《SAS 应用统计分析》（第 5 版）这本书主要针对从事数据处理与分析的非计算机专业和非数理统计专业人员，力求说明统计方法在解决实际问题中的应用，指导 SAS 用户如何用 SAS 软件进行数据统计分析。本书表述简单明了，逻辑结构清晰，内容系统完整，并以帮助读者实现 SAS 入门和学会应用 SAS 软件解决实际问题为目的，用丰富的实例说明了运用 SAS 软件进行常见的统计分析的程序和步骤以及对结果的解释与报告。除此之外，在每一章的后面，还附有大量的习题，帮助读者进一步熟悉程序，锻炼解决实际问题的能力。作为从事心理和教育统计工作的研究人员，我相信这本书对于从事社会科学研究的专业人员，对于高校相关学科的本科生和研究生掌握统计方法是大有裨益的。

本书与其他统计软件类书籍的最大不同在于，它不是简单枯燥地介绍 SAS 的操作方法，而是从社会科学，特别是教育学和心理学的研究方法切入，力图使读者将研究方法、统计手段与 SAS 软件的操作结合起来，层层递进，吸引读者基于研究方法而有效地掌握 SAS 的操作。我曾将这本书作为心理学研究生高级统计课程的教材，在学习的过程中，大家对这本教材称赞有加。正是因为这些原因，在新曲线出版咨询有限公司的支持下，我们将其译为中文。

英文翻译是一个枯燥而又费神的过程，支持我们翻译完这本书的主要动力来源于我和研究生同学之间的良好互动，是他们的热心、期望让我深切体会到教学相长的乐趣。在这里我要特别感谢北京师范大学心理学院 07 级研究生黄慧静同学、08 级研究生高慧健和李珍同学，以及数学科学学院 07 级研究生王奋际同学，感谢她们为翻译本书所做的出色工作。此外，本书的翻译出版有赖于新曲线公司的鼎力支持，我还要特别感谢责任编辑肖莹小姐为本书中译版的出版所付出的辛苦劳动。尽管已经尽了最大努力，但是个人之力绵薄，其中定有不当之处，望各位专家、同行及广大读者批评指正。

辛涛
2010 年 11 月于北京师范大学

前言（第5版）

关于第5版的出版，我们需要澄清几个事实：第一，SAS程序本身一直在不断改进；第二，我们的编程技术也有所提高；第三，我们觉得是时候用 SAS Graph™ 的输出结果来替换所有基于文本的图形了。

在各类会议上，我们遇到了本书早期版本的很多读者，很高兴听到他们谈及此书的妙处并提出建设性的意见。我们用心领会，试着对原有材料加以改进，并增加新的相关主题。第5版就是基于对读者们意见的整理而产生的。

大多数研究者自然会对问题的本质更感兴趣，而不那么关注统计方法和计算机程序。但是，做这些分析是研究链中的一个环节，通常也是研究的薄弱环节。尤其在做应用研究的人需要运行统计分析的计算机程序，却找不到可参考的书或手册时，这种困境就特别凸显了。《SAS应用统计分析》这本书就是要让从事应用研究的人能够用 SAS 进行统计分析，同时免遭大量技术文件的折磨。

读者可以看到运行 SAS 程序进行统计分析时所用到的命令语句、对计算机输出内容的解释、对结果的解释，以及如何在写报告或发表文章时制表和呈现结果。我们给出的例子涉及商业、医学、教育、心理学等多个学科。

这里要提醒一下，在使用 SAS 进行统计分析时，你可以用 Enterprise Guide™ 来管理你的数据，因为这种程序是 SAS 的交互式"前端"界面。如果你使用的是 SAS 学习版（SAS Learning Edition™，第9版或以上），或者你有学习版的独立许可证，建议你尝试一下。我们中的一些人对于使用像 Enterprise Guide 这样的交互式界面存有偏见，更青睐于做自己的编程。但是，Enterprise Guide 是相当强大的，你甚至可以看到它所生成的 SAS 编码。尤其在直接进行统计分析时，Enterprise Guide 非常有用，还可以更简便地启动 SAS Graph™。

我们愿意将 SAS 描述为一个统计软件包、一个数据库管理系统和一种高级编程语言的巧妙结合。正如 SPSS、BMDP、Systat 以及其他统计软件包一样，SAS 可以用来描述一组数据并进行各种统计分析。但是，SAS 绝不仅仅是一个统计软件包。很多公司和教育机构把 SAS 当做一个高级的数据管理系统或编程语言，用它来管理和转换数据，并生成各式报告。同样，SAS 系统还可以用于交互式数据的录入或作为一种提供数据录入和检索的在线系统，这就依赖于您的电脑上安装了 SAS 系统的哪个部分（也取决于你运行的是哪种类型的计算机系统）。

SAS 系统是多个产品的集合，由位于美国北卡罗来纳州凯里镇的 SAS 研究中心负责。SAS 研究中心提供的主要产品如下：

Base SAS® 作为 SAS 主要的模块，提供了一些数据管理、程序性能以及基本的描述统计功能。

SAS/Stat® 是基础包的补充，包含了除基本程序之外的其他程序。

SAS/Graph® 是制作精美图形的软件包。注意“线性图”（用正态特征图形来做的图表）是在基础包和 SAS/STAT 软件包里面的。SAS/GRAPH 增加了高清照相制版的图表绘制功能。

SAS/FSP® 是全屏产品（Full Screen Product）的简称。这个软件包可用于直接从一个 SAS 数据文件中搜索、修改或删除记录。它也提供数据录入中复杂数据的检查功能。FSP 包含的过程有 FSBROWSE、FSEDSIT、FSPRINT、FSLIST 以及 FSLETTER。

SAS/AF® 表示的是 SAS 应用工具（SAS Applications Facility），职业的数据处理员用这个产品来为他们的用户创建“转换键”或菜单系统。它也可以用于创建与 SAS 系统相关的说明模块。

SAS/ETS® 是计量经济学与时间序列软件包（Econometric and Time Series package）。这个软件包是分析时间序列和计量经济学数据的特殊程序。

SAS/OR® 是运筹学程序系列。

SAS/QC® 是质量控制程序系列。

SAS/IML® 是互动矩阵语言模块（Interactive Matrix Language module）。在第 5 版发行之前，IML 的装备都包含在 PROC MATRIX 中。这个特殊的软件包便于高级统计中的矩阵操作。

无论是在美国还是其他国家，SAS、SAS/STAT、SAS/GRAPH、SAS/FSP、SAS/AF、SAS/ETS、SAS/OR、SAS/QC 以及 SAS/IML 都是以美国 SAS 公司的商标注册的。

编程的技能很难被教会。也许你会发现我们的例子简单易懂，逻辑清晰，但是要学着写你自己的程序就是另一回事了。只有通过大量的实践练习，你的编程技术才会有所提高。所以，每当看完一章以后，请尽量多花些时间来练习解决问题。祝您编程愉快！

罗纳德·科迪

杰弗里·史密斯

致 谢

我们要特别感谢 Mike Zdeb 和 Paul Grant，他们对本书进行了认真的审读。这是一项艰苦的任务，我们对此表示诚挚的感谢。

另外，本书从概念设想到产品上架，都有赖于一支专业团队的倾情奉献。这支团队来自于 Prentice Hall，其成员有：组稿编辑 Petra Recter、整体观念协调员 Lynda Castillo、助理编辑 Joanne Wendelken、项目经理 Jacquelyn Riotto Zupic 和 Michael Bell，以及负责生产印制环节的 Heather Meledin。

目 录

第 1 章

SAS 基础

1. 简介

对于新手来说，从事统计分析似乎如同看牙医一般可怕。如果你也是这样的情况，那么现在你可以松口气了，本书已经出版第五版——可以说，前四版的销售量非常好，这一次我们将精益求精，做到更好。本章的目的是让读者上手操作 SAS，重要目标是能够成功运行一个程序。目标达成的同时，我们还可以进行一点扩充学习。现在，你的专业生涯开始了。

SAS 最初只是对数据进行统计分析的程序组合。类似的其他程序还有 SPSS、BMDP 或 SYSTAT，以及一些电脑杂志介绍的主要用于个人电脑的程序。自诞生之后，SAS 逐渐发展出一些非统计的功能，我们在之后的章节会介绍其中的一些内容。现在，我们将学习 SAS 系统最基本的操作。另外，前言部分还包括 SAS 软件发展的历史，以及较全面的 SAS 功能概述。

SAS 可以在许多电脑和操作系统（即平台）上运行。你使用的可能是 Windows 操作系统（如 Windows XP、Windows 2002），也可能是 Unix 或 Linux，还有可能是连接了互联网或大型电脑的主机。又或许，你用的仅仅是高端 VCR。关于平台和

SAS 版本的问题可以请教其他人，比如你可以邀请电脑高手共进午餐。在这里，我们所教的知识仅限于如何使用 SAS，以及如何适应你的电脑系统。

如果使用的是大型电脑主机，则需要进行一系列的工作：将程序通过电话线或网络从个人电脑或终端传到主机上，主机运行此程序，并在你要求的时候提交结果，或在打印机上打印出来。你甚至需要学习一些作业控制语言（可向本地计算机用户寻求帮助）才能进行操作。

如果使用的是个人电脑，或者是交互模式的微型电脑或大型电脑，则需要学习如何使用 SAS 的显示管理系统（Diaplay Manager）或用户操作指导（Enterprise Guide）。在各种平台上，显示管理系统中的 SAS 都是一样的。如果对于之前的介绍你毫不畏惧，深吸一口气，进入下一节的实战演练；倘若你胆怯了，花一分钟安排午餐计划，然后再回来这里。

本书所有程序和数据文件可以从网上下载，包括每章末尾练习的程序。下载地址为：www.prenhall.com/ cody。

2. 运行 SAS：举个例子

SAS 通过"语句"与电脑相连。SAS 语句多种多样，但都有一个共同的特点——以分号结尾。分号在 SAS 里的意义等同于文章里的句号。SAS 程序中最常见的错误是遗漏了分号，这将导致电脑将两个语句读取为连贯语句，最终误入歧途。

SAS 程序由 SAS 语句组成。一些语句向系统发出信息，如一页打印多少行，页顶端打印什么标题。其他一些语句组成 SAS 数据集，同时又有另一批语句来运行事先定义好的统计要求或指令。定义数据和创建 SAS 数据集的语句群组称为 DATA 步骤；需要事先定义指令的语句称为 PROC（发"prock"音）步骤。DATA 步骤指明数据的内容，包括变量在数据列中的位置、变量的名称、如何从已有变量中创建新变量以及稍后提到的其他功能。PROC（PROCEDURE 的简写）步骤指明统计分析的类型，并详细说明这些分析。来看一个简单的数据集的例子：

被试编号	性别（M 或 F）	测验 1	测验 2	作业等级
10	M	80	84	A
7	M	85	89	A
4	F	90	86	B
20	M	82	85	B
25	F	94	94	A
14	F	88	84	C

我们有 5 个变量（被试编号、性别、测验 1、测验 2、作业等级），共收集了 6 个被试的数据。分析单位（被研究的事物，在本例中即被试）在 SAS 术语中被称为“观测值”。如果熟悉结构化查询语言（Structured Query Language，SQL），可以将观测值看作表中的“行”（rows）。SAS 采用“变量”表示每个观测值每一块的信息，在 SQL 术语中称为变量“列”（columns）或“域”（fields）。在写 SAS 程序之前，需要给每个变量赋予变量名，以便在计算或统计时将其区分开来。SAS 变量名必须遵从以下规则：以字母或下划线（_）开头，不超过 32 个字符长度（字母、下划线或数字），不能使用空格或特殊字符（如逗号、分号等）。下划线（_）能够使较长的变量名看起来清晰易读，因此是一种极有用的符号。按照此规则，上表中的“被试编号”这一变量就不能使用“SUBJECT NUMBER”来命名，有效的变量名是：

```
SUBJECT     GENDER    EXAM1     EXAM2     HW_GRADE
```

变量名最好容易记忆。例如以上 5 个变量，也可以命名为 VAR1、VAR2、VAR3、VAR4 和 VAR5，但是此时就需要记住 VAR1 代表“被试编号”，VAR2 代表“性别”，以此类推，这就太过繁琐了。

现在，我们要计算两次测验的平均值（用 SAS 进行六个数字的加法实在大材小用，但却是一个极好的教学案例），为此写了以下程序：

```
DATA TEST; ①
   INPUT SUBJECT 1-2 GENDER $ 4 EXAM1 6-8 EXAM2 10-12  ②
         HW_GRADE $ 14;
DATALINES; ③
10 M  80  84 A
7  M  85  89 A
4  F  90  86 B
20 M  82  85 B
25 F  94  94 A
14 F  88  84 C
;
PROC MEANS DATA=TEST; ④
RUN; ⑤
```

前 4 行组成了 DATA 步骤。在本例中，DATA 步骤以单词 DATA 开头，DATALINES 结束。旧版 SAS 软件采用 CARDS 而不是 DATALINES，在新版本中一样可行。行①告诉程序创建一个名叫 TEST 的 SAS 数据集。下两行②是一个 INPUT 语句，给程序提交两方面的信息：变量的名称和它们在数据列中的位置。请注意，虽然这一个 SAS 语句占了两行，但是在末尾才出现一个分号，因此系统明白这是一个单独的语句。第一个变量是 SUBJECT，可以从数据列的第 1 栏和第 2 栏中找到。第二个变量是 GENDER，这是一个字符变量，这种变量可以用字母或数字作为数据的值（稍后有更多介绍）。第三个变量 EXAM1，在 6-8 栏，依此类推。DATALINES 语句③表示 DATA 语句结束，程序接下来该查找数据了。下面 6 行是真实数据。本例中，真实数据是直接呈现在程序里的，之后我们将学习如何从外部文件读取数据，以及如何从外部程序，如 Microsoft Excel™ 或 Access™ 中导入数据。

有一些方法可以让数据的呈现更清晰、简单。首先，将每一个观测值单放一行。有时候观测值很长，可能会大于一行，但是绝对不要将两个观测值放在同一行（至少现在不要这样做）。其次，将变量排列整齐。不要将 EXAM1 放在第一行的 6-8 栏，在第二行里又放到 9-11 栏。SAS 软件虽然可以处理数据溢出的情况，但有时也会出问题。第三，让数字数据右对齐排列。如果将 AGE 作为一个变量，最好这样记录数据：

正确的	有问题的
87	87
42	42
9	9x
26	26
4	4x
右对齐	左对齐

其实，是否右对齐并不影响 SAS 的运行，但是可能影响数据在其他软件中的操作。而且右对齐是一种标准的排列方式，因此建议你使用右对齐的排列方式。清晰呈现数据列的第四个要点：认真考虑一个变量储存的形式，是存为数字还是字符？以 HW_GRADE 为例，此处它是字符变量，但也可以将其记录成数字变量 0-4（0=F，1=D，以此类推）。如果是字符变量，就不能计算平均数；如果是数字变量，则可以求得平均数。

回到刚才的例子。在数据列中，当出现一个 SAS 语句或一个分号时，系统就知道数据列结束了。如果像本例一样将数据列写在程序里，那么最好将分号单独放在最后一行数据的下方。

下一个 SAS 语句④是 PROC 语句。PROC 表示“运行程序”，紧接其后指定运行哪一个过程。此处运行的是 MEANS 过程。在过程名 MEANS 之后是选项 DATA=，如果省略掉 DATA=TEST，程序会自动运行最近创建的 SAS 数据集，在本例中就是数据集 TEST。所书写的 SAS 程序等级越高，需要处理的数据集就越多，为了保证程序总能运行正确的数据集，建议你将 DATA= 选项写在每一个过程中，以免手忙脚乱。

MEANS 过程能够计算指定变量的平均数。SAS 在显示管理系统中运行的时候，RUN 语句⑤非常重要，它告诉系统：后面没有其他语句，可以进行计算了。如果一行有多个 PROC 语句，只需在程序末尾加上一个 RUN 语句；不过我们建议你在每一个 PROC 过程之后都接上 RUN 语句，这是一种标准的格式。

在程序执行过程中，会产生一种叫做 SAS LOG 和 SAS OUTPUT 的东西。SAS LOG 是说明原始程序的副本（不包括数据），像电话簿，通常很无聊，有时你又需要它。在这里可以找到任何的错误信息，以及所创建的数据集的信息。本例的 SAS LOG 如下：

```
NOTE: AUTOEXEC processing completed.
1     DATA TEST;
2        INPUT SUBJECT 1-2 GENDER $ 4 EXAM1 6-8 EXAM2 10-12
3              HW_GRADE $ 14;
4     DATALINES;

NOTE: The data set WORK.TEST has 6 observations and 5 variables.
NOTE: DATA statement used (Total process time):
      real time           0.03 seconds
      cpu time            0.00 seconds
11    ;
12    PROC MEANS DATA=TEST;
13    RUN;

NOTE: There were 6 observations read from the data set WORK.TEST.
NOTE: PROCEDURE MEANS used (Total process time):
      real time           0.00 seconds
      cpu time            0.01 seconds
```

如果使用了显示管理系统，OUTPUT 视窗中将呈现最重要的输出结果，包括计算结果和 PROC 语句指定的程序。本例输出结果如下：

```
The MEANS Procedure

Variable    N          Mean       Std Dev       Minimum       Maximum
----------------------------------------------------------------------
SUBJECT     6    13.3333333     7.9916623     4.0000000    25.0000000
EXAM1       6    86.5000000     5.2057660    80.0000000    94.0000000
EXAM2       6    87.0000000     3.8987177    84.0000000    94.0000000
----------------------------------------------------------------------
```

如果不指定变量，SAS 将计算数据列中所有数字变量的平均数和其他统计值。本程序计算了 SUBJECT、EXAM1 和 EXAM2 的平均值。但是 SUBJECT 只是一个分配给被试的 ID 号，其平均数并不重要，为了避免计算它，同时提高 CPU 速度，可以在 PROC MEANS 下面添加一个新语句：

```
PROC MEANS DATA=TEST;
   VAR EXAM1 EXAM2;  ⑥
RUN;
```

使用缩进可以达到良好的视觉效果。VAR 语句⑥指明针对哪个变量运行 PROC MEANS。PROC MEANS 除了给出平均数，还给出用于计算平均数的变量数、标准差、最小值和最大值。PROC MEANS 可以计算一些其他的统计值，如方差和标准误。我们可以指定需要的统计值：

```
PROC MEANS DATA=TEST N MEAN STD STDERR MAXDEC=1;
   VAR EXAM1 EXAM2;
RUN;
```

该程序可以得到 EXAM1 和 EXAM2 这两个变量的数量（N）、平均数（MEAN）、标准差（STD）和标准误（STDERR）。另外，统计值会自动取舍到小数点后一位（MAXDEC=1 选项）。第 2 章会介绍在 PROC MEANS 中经常使用的选项。

3. 扩展此程序

以上程序提供了一些简单有用的信息，在此基础上，我们还可以大做文章。添加内容包括以下部分：用两次测试的平均值来计算期末成绩；将期末成绩赋予字符等级作为期末等级；将学生按照 ID 排序，显示其测验成绩、期末等级和家庭作业等级；计算测验和期末成绩的班级平均分，并计算性别和家庭作业等级的频数。做完这些事情，你就算是个不错的程序员了。

```
DATA EXAMPLE;  ①
   INPUT SUBJECT GENDER $ EXAM1 EXAM2  ②
         HW_GRADE $;
   FINAL = (EXAM1 + EXAM2) / 2;  ③
   IF FINAL GE 0 AND FINAL LT 65 THEN GRADE='F';  ④
   ELSE IF FINAL GE 65 AND FINAL LT 75 THEN GRADE='C';  ⑤
   ELSE IF FINAL GE 75 AND FINAL LT 85 THEN GRADE='B';
   ELSE IF FINAL GE 85 THEN GRADE='A';
DATALINES;  ⑥
10  M  80  84  A
 7  M  85  89  A
 4  F  90  86  B
```

```
20   M   82   85   B
25   F   94   94   A
14   F   88   84   C
;
PROC SORT DATA=EXAMPLE;  ⑦
   BY SUBJECT;  ⑧
RUN;  ⑨
PROC PRINT DATA=EXAMPLE;  ⑩
   TITLE "Roster in Student Number Order";
   ID SUBJECT;
   VAR EXAM1 EXAM2 FINAL HW_GRADE GRADE;
RUN;

PROC MEANS DATA=EXAMPLE N MEAN STD STDERR MAXDEC=1;  ⑪
   TITLE "Descriptive Statistics";
   VAR EXAM1 EXAM2 FINAL;
RUN;

PROC FREQ DATA=EXAMPLE;  ⑫
   TABLES GENDER HW_GRADE GRADE;
RUN;
```

如前所示，从 DATA EXAMPLE 到 DATALINES 的语句组成了 DATA 步骤。语句①是创建名为"EXAMPLE"的数据集的指令（数据集名称与变量名的规则相同）。语句②是 INPUT 语句。为了呈现给读者另外一种读取数据的方式，此语句与之前有所不同：变量名后没有栏位数了。

这种形式的 INPUT 语句称为列表输入（list input）。要使用这种 INPUT 形式，数据值必须以一个或多个空格（或其他分隔符）隔开。如果使用分隔符，则需要相应地修改程序（见第 12 章第 3 节）。列表中的变量顺序与数据列中的数值顺序需要一一对应。本例中，INPUT 语句告诉程序，每一行数据的第一个变量表示 SUBJECT，第二个变量是 GENDER，第三个是 EXAM1，以此类推。如果你的数据符合这种"各变量间隔开"的格式，那就不需要指定每个变量的栏数（但是字符变量名后面仍需要加一个美元符号 $）。如果你要使用列表输入，那么数据列中的每个变量都必须列出。同时，由于数据值的顺序与变量的值相对应，还需要对缺失数据做特殊处理。假设被试 10（本例中的第一个被试）没有参加第一次测试，如果这样呈列数据：

```
10   M   84   A
```

EXAM1 成绩缺失，系统就会将 84 读取成 EXAM1 的成绩，然后将字母 A 读取成 EXAM2 的成绩（由于 EXAM2 是数字变量，读取字母 A 就会导致程序错误）。更糟糕的是，程序会从下一行读取一个值作为家庭作业等级。在 SAS LOG 中就会出现一个让我们手足无措的错误信息：EXAM2 中存在一个非法值，SAS 在 INPUT 语句达到一行末尾的时候转向了新的一行。

因此，我们需要使用英文格式的句点（.）代替缺失值，以保持其在数据列中的位置。系统默认句点就是缺失值，并保持数据的顺序不变。如果指定栏位数（如第一个例子），空格和句点都可以表示缺失值，但是这种情况下就不推荐使用句点了。在 EXAM1 的分数缺失的情况下，正确呈现这一行数据的方法是：

```
10 M . 84 A
```

列表输入法要求数值之间有一个或多个空格，因此句点前后需添加至少一个空格。在本数据中，为了使栏位排列整齐，还可以多加几个空格。

行③是将 EXAM1 和 EXAM2 的平均值赋予一个新变量“FINAL”的语句。变量名 FINAL 必须遵循与 INPUT 语句中其他变量名一样的规则。本例中，FINAL 通过将两次测验分数相加，再除以 2 得到。我们用符号“+”表示加法，符号“/”表示除法。和手写代数式一样，SAS 的计算也遵从等级顺序：乘法和除法先于加法和减法，因此先进行加法时需要加一个括号。如果写成：

```
FINAL = EXAM1 + EXAM2 / 2;
```

FINAL 将等于 EXAM1 分数和一半的 EXAM2 分数之和。使用括号就是告诉程序先将两次测验分数相加，然后再除以 2。我们用星号“*”表示乘法；用符号“-”表示减法。求平方用两个星号表示，它先于乘法和除法。如果要计算 A 乘以 B 的平方，写成：

```
X = A * B**2;
```

变量 FINAL 通过 EXAM1 和 EXAM2 的值计算而得。这和从原始数据中直接读取数值的变量没有差别。当 DATA 步骤完成后，之后的 SAS 程序不会将 FINAL 变量和其他变量（如 EXAM1 和 EXAM2）区分对待。

IF 语句④和 ELSE IF 语句⑤是用来将期末成绩转换为字母等级的逻辑语句。当 IF 语句的情况为真，则执行 THEN 语句的指令。本例使用的逻辑比较运算符是 GE（大或等于）和 LT（小于）。因此，如果 FINAL 分数大或等于 0 并且小于 65，则赋予字母等级“F”。ELSE 语句只有在之前的 IF 语句不为真的时候执行。例如，如果 FINAL 分数为 73，第一个 IF 语句④不为真，因此检验 ELSE IF 语句⑤。直到某一个语句为真，GRADE 被赋予“C”，其余的 ELSE IF 语句将被跳过。

其他逻辑运算符及其符号如下表所列：

表达式	符号	意义
EQ	=	等于
LT	<	小于
LE	<=	小或等于
GT	>	大于
GE	>=	大或等于
NE	^=	不等于
NOT	^	否

注：基于不同系统，NE 和 NOT 有时可以互换。

DATALINES 语句⑥表明 DATA 步骤完成，接下来的几行里是真实数据。

请注意，每一个 SAS 语句都以分号结尾。正如前面所言，分号是 SAS 语句的结尾。我们也可以这样写前面四行语句：

```
DATA EXAMPLE; INPUT SUBJECT GENDER $
EXAM1 EXAM2 HW_GRADE $; FINAL =
(EXAM1 + EXAM2) / 2;
```

系统仍然可以正确运行。有时候我们会写长达几行的语句，而仅需要在末尾放上一个分号。然而，如果你不慎遗漏了分号，系统会把下一个语句看作前一个语句的一部分，从而导致严重的错误，例如程序瘫痪；或出现奇怪的错误信息。数据列不是 SAS 的语句，因而不需要以分号结尾。

紧接着 DATALINES 语句的是数据列。一定记住，如果数据是事先排列好的、数值间没有空格的，一定要给每个变量名指定栏位数，或者使用格式输入法（formatted input，见第 12 章）。接着，使用 RUN 语句结束此过程。每一个 RUN 语句都告诉系统：这一节程序已完，可以进行计算了。当使用显示管理系统时，只有最后一个 RUN 语句是必须的；其他的只是程序的形式而已。

4.　SAS 过程

紧接着数据的是一系列有着各种功能的 PROC 过程，它们将基于 SAS 数据集进行计算。现在，我们希望得到按被试排序的成绩列表，首先加入 SORT PROCEDURE 过程⑦、⑧和⑨。行⑦表示将对数据集进行排序；行⑧表示此次排序将基于 SUBJECT 的被试号。排序也可以是多层的，例如将男女分别按被试号顺序排序：

```
PROC SORT DATA=EXAMPLE;
   BY GENDER SUBJECT;
RUN;
```

这个多层排序表示首先按 GENDER（按照字母顺序表，F 先于 M）排序，然后在 GENDER 内按 SUBJECT 顺序排序。

PRINT 过程⑩要求列出数据（现在按照 SUBJECT 的顺序），该过程用于列出 SAS 数据集中的所有数值。在 PROC PRINT 语句后有 3 个补充语句：TITLE、ID 和 VAR 语句。PROC 后的补充语句可以按任何顺序排列，因此：

```
PROC PRINT DATA=EXAMPLE;
   ID SUBJECT;
   TITLE "Roster in Student Number Order";
   VAR EXAM1 EXAM2 FINAL HW_GRADE GRADE;
RUN;
```

与下面这一程序是一样的：

```
PROC PRINT DATA=EXAMPLE;
   TITLE "Roster in Student Number Order";
   ID SUBJECT;
   VAR EXAM1 EXAM2 FINAL HW_GRADE GRADE;
RUN;
```

SAS 可以自动辨认 TITLE、ID 和 VAR 等关键词。TITLE 之后的文字放在单引号或双引号内，将在每个 SAS 结果输出页的顶端呈现出来（注意：TITLE 语句后不使用引号也是可以的，但建议使用标准格式）。ID 变量的作用是让程序把变量 SUBJECT 打印在结果输出报告的第一栏，并删除标记为 OBS（observation number，观测值）的栏位，OBS 在缺少 ID 变量时会自动呈现。VAR 的作用是指明除了 ID 变量以外，我们还想在结果输出报告中呈现哪些变量。此处列出的变量顺序就是结果输出中呈现的顺序。

MEANS 过程⑪与之前用过的一样。最后，FREQ 过程⑫（念做 FREAK）对变量 GENDER、HW_GRADE 和 GRADE 进行频数计算。即，男性和女性的数量，A、B 等等级的数量，以及每种类别的百分比。PROC FREQ 将计算列在 TABLES 语句后的变量的频数。SAS 使用 TABLES 而不是 VAR 来列出变量，是因为 PROC FREQ 还可以生成多维表格（例如 2×3 表格）。

完整程序的结果输出如下：

```
Roster in Student Number Order       14:13 Wednesday, February 18, 2004   1

SUBJECT   EXAM1   EXAM2   FINAL   HW_GRADE   GRADE

   4       90      86     88.0       B         A
   7       85      89     87.0       A         A
  10       80      84     82.0       A         B
  14       88      84     86.0       C         A
  20       82      85     83.5       B         B
  25       94      94     94.0       A         A

Descriptive Statistics               14:13 Wednesday, February 18, 2004   2

The MEANS Procedure

Variable     N     Mean     Std Dev     Std Error
-------------------------------------------------
EXAM1        6     86.5         5.2           2.1
EXAM2        6     87.0         3.9           1.6
FINAL        6     86.8         4.2           1.7
-------------------------------------------------

Descriptive Statistics               14:13 Wednesday, February 18, 2004   3

The FREQ Procedure

                                      Cumulative    Cumulative
GENDER      Frequency     Percent      Frequency       Percent
--------------------------------------------------------------
F                   3       50.00              3         50.00
M                   3       50.00              6        100.00

                                      Cumulative    Cumulative
HW_GRADE    Frequency     Percent      Frequency       Percent
--------------------------------------------------------------
A                   3       50.00              3         50.00
B                   2       33.33              5         83.33
C                   1       16.67              6        100.00

                                Cumulative    Cumulative
GRADE    Frequency    Percent    Frequency       Percent
--------------------------------------------------------
A                4      66.67            4         66.67
B                2      33.33            6        100.00
```

结果输出的第一页（页码在每页最右边）是将数据集排序后的 PROC PRINT 结果。每一栏都标记了变量名。我们采用 ID 语句将 SUBJECT 作为 ID 变量，因此最左边一栏显示的是 SUBJECT 的数字，如果不指定 ID 变量，将显示默认的 OBS 变量栏。

第二页列出了 VAR 语句中的变量，并进行了指定的统计分析（数量 N、平均数 mean、标准差 Std Dev 和标准误 Std Error），所有数值保留一位小数（MAXDEC=1 选项）。

第三页是 PROC FREQ 的结果。在每一页的顶端都呈现了 PROC MEANS 过程中指定的标题“Descriptive Statistics”。除非现有 SAS 进程结束，或更改标题，不然之前设定的标题将一直有效。这一部分提供了频数（某些值的观测数量）以及百分比。在本例中，标记为“Cumulative Frequency”（累加频数）和“Cumulative Percent”（累加百分比）的栏没有什么用，但如果变量是顺序变量，那么累加统计量就比较有意义了。

5. DATA 步骤

这一节向我们阐述 SAS 程序执行时，系统是如何工作的。虽然这是一个技术性的章节，但是弄清楚 SAS 的工作程序有助于我们完成一些高级程序的编写。首先，DATA 语句开始运行时，SAS 将分配一些容量储存数据集 EXAMPLE。在 INPUT 语句运行之前，每个字符和数字变量都是缺失值。然后，INPUT 语句读取数据的第一行，用真实数据值替换掉缺失值。目前，这些数据值还没有写入 EXAMPLE 数据集，而是存在一个叫做程序数据载体（Program Data Vector，PDV）的地方。这是一个缓存区，数据值在转换成 SAS 数据集之前暂存此处。紧接着行③之后，程序计算期末成绩，存在 PDV 中。根据期末成绩的值，通过 IF 和 ELSE IF 语句转换成字母等级。最后，DATALINES 表明 DATA 步骤结束，要求 PDV 中的值转换成 SAS 数据集。至此，第一次循环结束，程序返回 DATA 步骤的顶端，INPUT 语句再次执行，开始读取下一行数据，计算期末成绩，将下一个观测值写进 SAS 数据集。这种读取、处理、写入的过程一直循环执行，直到所有观测值读取完毕，这就是 DATA 步骤的运行过程。很有趣，不是吗？

6. SAS 过程的句法

如前所示，SAS 过程有多种选项，同时也有多种语句向程序提供不同信息，例如 VAR 语句。语句中包含多种选项。下面我们将呈现 SAS 过程一些基本的句法（Syntax），并通过例子进行解释。所有 SAS 程序的基本句法的通用格式是：

```
PROC PROCNAME options;
STATEMENTS / statement options;
    •
    •
    •
STATEMENTS / statement options;
RUN;
```

首先，所有过程都以 PROC 开头，接着是过程名。如果有过程选项，则以任何顺序放在过程名和分号之间，以空格隔开。查看 SAS 手册，我们可以在 PROC MEANS 下看到一系列的选项。N、MEAN、STD、STDERR 和 MAXDEC= 都是可选的选项。计算 EXAMPLE 数据集的各项统计值，包括选项 N、MEAN、MAXDEC 的 PROC MEANS 过程如下：

```
PROC MEANS DATA=EXAMPLE N MEAN MAXDEC=1;
RUN;
```

然后，SAS 过程需要各种语句来确定完成哪一种类型的统计分析，例如 PROC MEANS 过程中的 VAR 语句。语句以任何顺序放在过程之后（除了一些特殊的统计过程，如 ANOVA 或 GLM），并以分号结尾。因此，要在变量 EXAM1 和 EXAM2 上执行前一个 PROC MEANS 过程，并添加标题，需要输入：

```
PROC MEANS DATA=EXAMPLE N MEAN STD MAXDEC=1;
   TITLE "Descriptive Statistics on Exam Scores";
   VAR EXAM1 EXAM2;
RUN;
```

TITLE 和 VAR 语句的顺序可换，不影响结果输出。

最后，过程语句也可以有选项。语句选项放在语句词和分号之间，以斜划线（/）隔开。在这里，我们以 PROC FREQ 为例，它后面通常跟着一个或几个 TABLES 语句，用以控制哪些统计量呈现在表格中。如果不需要呈现累加统计量，则可以使用选项 NOCUM，将其放在 TABLES 语句和分号之间，并以斜划线隔开。使用之前呈现过的 PROC FREQ 过程，去掉累加统计量，应是：

```
PROC FREQ DATA=EXAMPLE;
   TABLES GENDER HW_GRADE GRADE/ NOCUM;
RUN;
```

下面再举一个同时包含过程选项和语句选项的例子。我们在 PROC FREQ 中加入 ORDER= 选项，用以控制呈现在频数表中的数值的顺序。其中一种选项是 ORDER=FREQ，即要求频数表按频数从高到低降序排列。因此，要得到频数降序排列，并去掉累加统计量，可以这样写 PROC FREQ 语句：

```
PROC FREQ DATA=EXAMPLE ORDER=FREQ;
   TABLES GENDER HW_GRADE GRADE/ NOCUM;
RUN;
```

7. 注释语句

结束本章之前，我们将介绍一种最重要的 SAS 语句——注释语句。注释是嵌套在程序里的一行或多行文本，可以自动被程序忽略——它们仅仅是帮助程序员或研究者在日后阅读程序时所用。如果能够恰当使用注释，意味着这个程序员是极其专业的。

有两种方法可以向程序中加入注释。一种方法是写注释语句：以星号（*）开头，分号结尾。以这种方法标的注释有很多种形式，例如：

```
*Program to Compute Reliability Coefficients
 Ron Cody
 September 18, 2004
 Program Name: FRED stored in directory C:\MYDATA
 Contact Fred Cohen at 555-4567;
```

这种方法非常方便，只需输入 *，然后随便写多少行，最后以分号结束。不过你一定要保证注释语句里面没有分号。一些想象力丰富的程序员还将注释装饰成漂亮的形式，如：

```
*-----------------------------------------------*
| Program Name: FRED stored in C:\MYDATA        |
| Purpose: To compute reliability coefficients  |
| Contact: Fred Cohen at 555-4567               |
| Date: September 18, 2004                      |
| Programmer: Ron Cody                          |
*-----------------------------------------------*;
```

整个注释都以星号开头，分号结尾，因此全部是 SAS 的注释语句。多么富有生活气息啊！

我们也可以通过下面 3 种形式为某一行程序撰写注释：

```
QUES = 6 - QUES; *Transform QUES VAR;
X = LOG(X);      *LOG Transform of X;
```

或

```
*Transform the QUES Variable;
QUES = 6 - QUES;
*Take the LOG of X;
X = LOG(X);
*True professonal at work;
```

或

```
*
*Transform the QUES Variable
*;
QUES = 6 - QUES;
*
*Take the LOG of X
*;
X = LOG(X);
*
*True professional at work
*;
```

出于视觉上的方便，最后一种注释形式更常用。三行构成一组注释，因为每组注释均以星号开头，分号结尾。

第二种注释的方法是以 /* 开头，*/ 结尾。这种形式的注释可以在任何位置嵌入到 SAS 语句中间，并且可以在注释内部使用分号。举些例子：

```
/* This is a comment line */
```

或

```
/*---------------------------------------------------*
| This is a pretty comment box using the slash star |
| method of commenting. Notice that it begins with  |
| a slash star and ends with a star slash.          |
*---------------------------------------------------*/
```

或

```
DATA EXAMPLE; /* The data statement */
   INPUT SUBJECT /* Note SUBJECT is numeric */ GENDER $
   EXAM1 /* EXAM1 is the first exam score */
   EXAM2 /* EXAM2 is the second exam score */
   HW_GRADE $;
   FINAL = (EXAM1 + EXAM2)/2; /* Compute a composite grade */
DATALINES;
```

结束本章前，我们还将教授一种注释的巧妙用法。假设我们写了个程序，运行了一系列的过程。现在,我们希望在程序中再添加一个过程。一种方法是修改此程序，删除一个旧过程，加入一个新过程（如果你使用的是显示管理系统，你可以将你要提交给系统的部分做上标记——SAS 只操作标记过的部分）。另外一种方法就是将要修改的部分的前面加上 /*，末尾加上 */，把整个部分作为注释。例如，我们的注释程序可以是：

```
DATA MYPROG;
   INPUT X Y Z;
DATALINES;
1 2 3
3 4 5
;
/***********************
PROC PRINT DATA=MYPROG;
   TITLE "MY TITLE";
   VAR Y Z;
RUN;
***********************/
PROC CORR DATA=MYPROG;
   VAR X Y Z;
RUN;
```

我们将 PROC PRINT 过程处理为注释，系统就不会执行打印过程，而直接跳到相关过程的计算。

最后一点：如果在 MVS 下的 IBM 主机上运行程序，栏位 1、2 的 /* 符号会导致程序终止，因此使用 JCL（Job Control Language）时不要使用栏位 1。

如果过了段时间再来修正程序，或者期望其他人了解你的程序是如何工作的，那么你会发现为 SAS 程序添加注释是非常重要的。

8.　参考资料

SAS 软件最大的优点是可以执行一系列的运算过程。由于篇幅限制，我们不能一一介绍所有程序,解释所有选项。读者可以参考 SAS 公司出版的各种资料,地址是:SAS Institute Inc.,Book Sales Department,SAS Campus Drive,Cary,NC 27513-2414（网址：www.sas.com/pubs)。电话 :（919）677-8000 或（800）727-3228。

你也可以从网上免费获得 Online Doc™：

http://support.sas.com/documentation/onlinedoc/index.html

另有一些书籍和手册（都可从 SAS 公司购买：www.sas.com/pubs）:

SAS 9.1 Language Reference: Concepts. Order Number: 58940, ISBN: 1-59047-198-9

SAS OnlineDoc 9. Order Number: 58277, ISBN: 1-59047-056-7

SAS Procedures Guide, Version 8, Volumes 1 and 2. Order Number: 57238, ISBN: 1-58025-482-9

SAS 9.1 Language Reference: Dictionary, Volumes 1, 2 and 3. Order Number: 58941, ISBN: 1-59047-199-7

SAS/STAT 9.1 User's Guide, Volumes 1-7. Order Number: 59051, ISBN: 1-59047-243-8

SAS Functions by Example (Cody). Order Number: 59343, ISBN: 1-59047-378-7

Longitudinal Data and SAS: A Programmer's Guide (Cody). Order Number: 58176, ISBN: 1-58025-924-3

Cody's Data Cleaning Techniques Using SAS Software (Cody). Order Number: 57198, ISBN: 1-58025-600-7

SAS Programming by Example (Cody and Pass). Order Number: 55126, ISBN: 1-55544-681-7

The SAS Workbook and Solutions Set (Cody). Order Number: 55594, ISBN: 1-55544-762-7

SAS/GRAPH 9.1 Reference, Volumes 1 and 2. Order Number: 58932, ISBN: 1-59047-195-4

另外，我们还推荐一些统计学方面的书籍：

Gravetter, F.J., and L.B. Wallnau, 2004. *Statistics for the Behavioral Sciences*, 6th ed.

Belmont, CA: Wadsworth/Thomson Learning.

Kirk, R.E. 1995. *Experimental Design: Procedures for the Behavioral Sciences*, 3rd ed. Pacific Grove, CA: Brooks/Cole.

Pedhazur, E.J. 1997. *Multiple Regression in Behavioral Research*, 3rd ed. Orlando, FL: Harcourt College Publishers.

Stevens, J.P. 2001. *Applied Multivariate Statistics for the Social Sciences*, 4th ed. Mahwah, NJ: Lawrence Erlbaum Associates.

Tabachnick, B.G., and L.S. Fidell. 2001. *Using Multivariate Statistics*, 4th ed. Boston, MA: Allyn & Bacon.

Winer, B.J. 1991. *Statistical Principles in Experimental Design*, New York: McGraw-Hill.

练习题

（奇数题目的答案在书后；偶数题目的答案可从 Prentice Hall 得到。）

练习题的数据集和程序均可从网上下载：www.prenhall.com/cody

1.1 我们收集了 5 个被试的数据：

被试编号（ID）	年龄（AGE）	性别（GENDER）	平均绩点（GPA）	大学入学考试成绩（CSCORE）
1	18	M	3.7	650
2	18	F	2.0	490
3	19	F	3.3	580
4	23	M	2.8	530
5	21	M	3.5	640

（a）写一段 SAS 语句创建数据集。

（b）添加语句计算 GPA 的平均成绩和大学入学考试平均成绩。

（c）我们想给每个被试算一个指标值，公式如下：

```
INDEX = GPA + 3 × CSCORE/500
```

修改程序，计算这个 INDEX 值，再将结果输出按 INDEX 升序排列，并打印出来。在结果输出中呈现以下变量：ID、GPA、CSCORE 和 INDEX。

1.2　有一个节食项目收集了被试的下列信息：

变量名	描述	类型	起始栏	结束栏
SUBJ	被试编号	字符	1	3
HEIGHT	身高（英寸）	数字	4	5
WT_INIT	最初体重（磅）	数字	6	8
WT_FINAL	最终体重（磅）	数字	9	11

（a）读取下面的数据列，使用栏位输入法创建一个 SAS 数据集。在数据集中加入三个计算变量：BMI_INIT（BMI 表示身体质量指数），BMI_FINAL 和 BMI_DIFF。BMI 等于一个人的体重（公斤）除以身高（米）的平方。要将磅转换成公斤，除以 2.2；将英寸转换成米，乘以 0.0254。BMI_DIFF 等于 BMI_FINAL 减去 BMI_INIT。注意：BMI 的数值越大，表示个体越重。因此，如果节食项目确实有效，那么被试的 BMI_DIFF 应该是负的。

（b）将数据集按照被试编号打印出来。结果输出列表中包括变量 SUBJ、HEIGHT、BMI_INIT、BMI_FINAL 和 BMI_DIFF。

样本数据如下：

```
00768155150
00272250240
00563240200
00170345298
```

1.3　有下列数据：

社会保障号 （Social Security Number）	年收入 （Annual Salary）	年龄 （Age）	种族 （Race）
123874414	28 000	35	W
646239182	29 500	37	B
012437652	35 100	40	W
018451357	26 500	31	W

（a）用以上数据创建 SAS 数据集。计算平均年收入和平均年龄。注意：如果不知道如何读取带有逗号的数值，建议在输入数值时不带逗号。

（b）如果所有被试都要交 30% 的税，计算其税额（根据年收入），按社会保障号的顺序打印结果，并呈现年收入和税额（TAX）。

1.4　下面有一个 SAS 程序。根据下列要求添加语句：

（a）创建两个新变量。一个叫做 OVERALL，将 IQ、MATH 和 SCIENCE 三项分数的平均数除以 500。另一个叫做 GROUP，1 代表 IQ 分数在 0-100（包括 100）之间，2

代表 IQ 分数在 101-140（包括 140）之间，3 代表 IQ 分数大于 140。

（b）将该数据集按 IQ 顺序打印出来。

（c）计算 GROUP 的频数。

```
***Program to read in IQ and other test scores;
DATA IQ_AND_TEST_SCORES;
   INPUT ID      1-3
         IQ      4-6
         MATH    7-9
         SCIENCE 10-12;
DATALINES;
001128550590
002102490501
003140670690
004115510510;
```

1.5　下面这个程序有什么问题？

```
DATA MISTAKE;
INPUT ID 1-3 TOWN 4-6 REGION 7-9 YEAR 11-12 BUDGET 13-14
VOTER-TURNOUT 16-20
DATALINES;
00104005  0422 12345
 (more data lines)
;
PROC MEANS DATA=MISTAKE;
VAR ID REGION VOTER-TURNOUT;
N,STD,MEAN;
RUN;
```

1.6　某人实施了一项调查，5 个问题的答案都编码为 A、B、C、D 或 E。采用下列 8 行数据，写一个 SAS DATA 步骤来读取这些数据，并创建 5 个变量（QUES1、QUES2、……、QUES5）。记住，这些都是字符变量（因为变量值是字母），并且数值间没有空格，需要采用栏位输入法。然后，为每个问题生成一个频数分布表，并删除累加统计量。

数据：

```
ABCDE
AACCE
BBBBB
CABDA
DDAAC
CABBB
EEBBB
ACACA
```

***1.7** 一个大公司想了解哪些人购买了其产品。CEO 希望得到“典型购买者”的概况，于是收集了购买者的一些信息：年龄（AGE）、种族（RACE）、收入（INCOME）、婚姻状况（MARITAL STATUS）以及有房 / 租房者（HOMEOWNER/RENTER）。请写一个程序得到“典型购买者”的概况。注意：难度稍大一点的问题前面会标有星号（*）。这是一个定义松散的问题，你可以自己编造数据来检验程序。

提示和评论：

1. 对于有房 / 租房者（HOMEOWNER/RENTER）这一类变量，如果将否定结果记为 0，肯定结果记为 1，会比较容易记忆它们代表了哪一个答案。
2. 将数字变量进行分类时，保证你的分类方法能够满足要求，并符合数据。例如，如果你的产品是假牙，按照年龄这样分类：

```
1 = <21  2 = 21-35  3 = 36-50  4 = >50
```

就完全没有意义。要知道使用假牙的人一般都在 50 岁以上，因此这样分类比较好：

```
1 = <50  2 = 50-59  3 = 60-69  4 = >69.
```

1.8 员工工资和工作岗位如下表所列。创建一个 SAS 数据集，包括员工 ID（EMPID）、工资（SALARY）、工作岗位（JCLASS）以及新变量奖金（BONUS）。奖金的计算方法如下：奖金（BONUS）对于工作岗位 1 的员工是其工资的 10%，对于工作岗位 2 是 15%，对于工作岗位 3 是 20%（CEO 和公司领导）。一旦算出了奖金，将其与工资相加，创建一个新的变量 NEW_SALARY。使用 PROC PRINT 列出数据结果。可以使用的数据如下：

```
137   2800   1
214   9800     3
199  150000  3
355   5700     2
```

在这里，数据栏位没有对齐。可以将工作岗位（JCLASS）处理成字符或数字变量，但需保证 SAS 语句与所选择的 JCLASS 变量类型是相契合的。运行程序后，察看 SAS LOG，确保没有出现“character to numeric”或“numeric to character”的转换信息。

1.9 有以下数据：

被试编号 (ID)	种族 (RACE)	心脏收缩压 (SBP)	心脏舒张压 (DBP)	心率 (HR)
001	W	130	80	60
002	B	140	90	70
003	W	120	70	64
004	W	150	90	76
005	B	124	86	72

写一段 SAS 语句，生成下面这个报告：

Race and Hemodynamic Variables

ID	RACE	SBP	DBP
003	W	120	70
005	B	124	86
001	W	130	80
002	B	140	90
004	W	150	90

注意：1. 要删除默认的 OBS 栏，在 PROC PRINT 过程中使用 NOOBS 选项。

2. 数据按 SBP 升序排列。

3. 变量 HR 不在结果输出报告里。

4. 此报告含有标题。

1.10 我们收集了三个城市在三个月（6 月、7 月、8 月）内的月降雨量。使用下表的数据创建 SAS 数据集（RAIN），包括变量：城市、6 月降雨量、7 月降雨量和 8 月降雨量。然后再创建四个新变量：AVERAGE、PERCENT_JUNE、PERCENT_JULY 和 PERCENT_AUGUST。AVERAGE 是三个月降雨量的平均数。每一个 PERCENT 变量是当月降雨量在平均降雨量中所占百分比。例如，PERCENT_JUNE 的计算是 100 × 23/26。按照城市的字母表顺序排列结果，将 CITY 作为 ID 变量。然后计算三个 RAIN 变量的平均数、标准差及 95% 置信区间（CI）。所有统计结果保留两位小数。数据如下：

城市 (CITY)	6 月降雨量 (RAIN_JUNE)	7 月降雨量 (RAIN_JULY)	8 月降雨量 (RAIN_AUGUST)
Trenton	23	25	30
Newark	18	27	22
Albany	22	21	22

第2章

描述统计

1. 简介

你是否完成了第一章后面的练习题？如果没有，那先回去将它们做完！

简单的描述统计是所有数据分析的第一步。除了传统的平均数和标准差之外，描述统计还包括直方图、茎叶图、正态分布检验，以及各种描述统计量。

2. 描述统计

不管数据多么复杂，都必须先从直观、易于理解的角度来描述数据。一般的描述统计和图形绘制都可以用来描述数据，这一节首先介绍描述统计。最常用的描述统计量有：（1）样本的数量（称为样本大小，在统计书和 SAS 结果输出中以 n 表示）；（2）分数的平均值（算术平均数）；（3）分数的标准差。标准差是对分数变异的测量，如果分数服从钟形（正态）分布，68% 的分数在平均数上下一个标准差之内，95% 的分数在两个标准差之内。

现在，我们创建一个 SAS 数据集介绍描述统计的相关概念。假设有一项调查收集了 7 个被试的性别、身高和体重：

性别 (GENDER)	身高 (HEIGHT)	体重 (WEIGHT)
M	68.5	155
F	61.2	99
F	63.0	115
M	70.0	205
M	68.6	170
F	65.1	125
M	72.4	220
M		188

注：最后一个被试的 HEIGHT 值缺失。

对于这份数据可以提出许多问题。例如，样本中有多少男性、多少女性；变量 HEIGHT 和 WEIGHT 的平均数和标准差是多少；或者你还想看看连续变量的直方图，判断这份数据是否来自于正态分布。虽然这些问题对于只看 8 个被试的样本来说太过简单，而且在现实情境中不可能关注如此小的被试量。不过，如果要考察 20-30 个被试，手动计算就特别枯燥乏味。读取数据并进行描述统计的 SAS 程序如下：

```
***Program to create the HTWT data set
   and to compute descriptive statistics;
DATA HTWT; ①
   INPUT SUBJECT
         GENDER $
         HEIGHT
         WEIGHT; ②
DATALINES; ③
1 M 68.5 155
2 F 61.2 99
3 F 63.0 115
4 M 70.0 205
5 M 68.6 170
6 F 65.1 125
7 M 72.4 220
8 M   .  188
;
PROC MEANS DATA=HTWT; ④
   TITLE "Simple Descriptive Statistics"; ⑤
RUN; ⑥
```

本例中，数据以“数据流”的形式直接嵌入程序。对于小规模数据集是可以的，但是对于大规模数据集，则需要将其放置在其他文件中，然后导入至程序中（见第

13 章第 3 节）。本程序中，我们采用列表输入法，每个数据值以一个或多个空格分隔开。前三个语句组成了 DATA 步骤。行①表示创建一个叫做 HTWT 的数据集。第 1 章已经介绍过，SAS 数据集名称和变量名称的长度介于 1 到 32 个字符之间，以字母或下划线（_）开头。SAS 数据集中的其他名称或变量名称还可以包含数字。因此，HTWT 符合这些规则，是一个有效的数据集名称。语句②是 INPUT 语句，给即将要读取的变量命名。这种类型的 INPUT 语句中，变量名的顺序和数据值的顺序必须一致。此处的数据按照 SUBJECT、GENDER、HEIGHT 和 WEIGHT 排列，那么 INPUT 语句中列出的变量名顺序也应该是一样的顺序。在这里，被试 8 没有 HEIGHT 的值，因此在使用列表输入法时，必须以句点（.）占位，表示 HEIGHT 值缺失。如果没有这个句号，WEIGHT（188）的值就会被读取为 HEIGHT（那么此人的身高也太高了）。回到例子中，GENDER $ 表示我们用字符值来表示性别（男性 M，女性 F）。语句③ DATALINES，表示 DATA 步骤结束，接下来是数据流。数据流的下一行有一个分号（；），以示数据流的结束。语句④要求系统进行描述统计。由于没有特别的要求，PROC MEANS 将给出用于计算描述统计量的观测值数量，平均值、标准差、最小值和最大值。待会将介绍一种方法，让你能随心所欲得到自己想要的统计量，而不仅仅是这些默认的统计量。本程序结果输出如下：

```
Simple Descriptive Statistics

The MEANS Procedure

Variable    N          Mean       Std Dev       Minimum        Maximum
-----------------------------------------------------------------------
SUBJECT     8     4.5000000     2.4494897     1.0000000      8.0000000
HEIGHT      7    66.9714286     4.0044618    61.2000000     72.4000000
WEIGHT      8   159.6250000    43.9218055    99.0000000    220.0000000
-----------------------------------------------------------------------
```

在这个样本中，用于计算的 HEIGHT 统计量的值有 7 个（1 个缺失值），而 SUBJECT 和 WEIGHT 都有 8 个。最矮的人有 61.2 英寸，最高的有 72.4 英寸（从身高 HEIGHT 的 Minimum 最小值和 Maximum 最大值两栏可以看到），平均身高 66.971，标准差 4.004。这里同时呈现了变量 SUBJECT 的统计量，但是我们并不关心它的平均值。下面将介绍如何只呈现我们关注的统计值。

我们可以在 PROC MEANS 中使用选项来限定统计量。基本上所有 SAS 过程都可以在过程名和分号之间放置选项。本书列出了常用的选项，基本上可以满足统计需求；如果想看全部的选项，可以参考 SAS 公司出版的用户手册。第 1 章里已经提到过，选项 MAXDEC = n 控制了统计量所保留的小数位数，N 表示未缺失的观测值数量，MEAN 表示平均数。所以，如果我们只需要 N 和 MEAN，并且想保留至小数点后三位，可以写成：

```
PROC MEANS DATA=HTWT N MEAN MAXDEC=3;
```

如果还想指定计算数据集的哪个数字变量（这样可以避免计算如 SUBJECT 一类的数字变量），可以使用 VAR 语句。VAR（VARIABLES 的简写）以关键词 VAR 加上一系列变量名组成。因此，如果我们只想计算 HEIGHT 的样本大小和平均数，并保留小数点后三位，可以写成：

```
PROC MEANS DATA=HTWT N MEAN MAXDEC=3;
   TITLE "Simple Descriptive Statistics";
   VAR HEIGHT;
RUN;
```

选项的顺序无关紧要。PROC MEANS 中一些常用的选项如下：

选项名	意义
N	计算统计量时所使用的观测值数量
NMISS	缺失统计值的观测值数量
MEAN	算术平均数
MEDIAN	中位数
STD	样本标准差
STDERR	标准误
CLM	平均数上下 95% 的双侧置信区间
LCLM	平均数以下 95% 的单侧置信区间。如果同时列出 LCLM 和 UCLM，则计算双侧置信区间，否则只计算单侧区间。
UCLM	平均数以上 95% 的单侧置信区间。如果同时列出 LCLM 和 UCLM，则计算双侧置信区间，否则只计算单侧区间。
MIN	最小值
MAX	最大值
SUM	求和
VAR	方差
Q1	第一四分位数（第 25 百分位数）
Q3	第三四分位数（第 75 百分位数）
QRANGE	全距范围
CV	差异系数（相对标准差）
SKEWNESS	偏系数
KURTOSIS	峭度系数
T	t 检验统计量，检验总体平均数为 0 的零假设
PRT	在零假设下，获得一个更大的 t 的绝对值的概率
MAXDEC=n	保留小数点后 n 位数

假设我们想得到样本大小、平均值、标准差、标准误，样本均值的 95% 置信区间，并且希望保留小数点后两位数：

```
PROC MEANS DATA=HTWT MAXDEC=2 N MEAN STD STDERR CLM;
```

此程序结果输出如下：

Simple Descriptive Statistics

The MEANS Procedure

Variable	N	Mean	Std Dev	Std Error
HEIGHT	7	66.97	4.00	1.51
WEIGHT	8	159.63	43.92	15.53

Variable	Lower 95% CL for Mean	Upper 95% CL for Mean
HEIGHT	63.27	70.67
WEIGHT	122.91	196.34

平均数的标准误用来表示平均数的“置信区间”，当分数只是来自于某个总体的样本分数时，该统计量就非常有意义。例如，如果本例中的 8 个被试是从某高中随机抽取的样本，我们就可以用样本平均值（66.97）作为该高中所有学生平均身高的估计值，而标准误告诉我们这个估计值离真值有多远。如果总体人群大致上处于正态分布，样本平均数（基于随机抽取的样本）有 68% 的机会落在真值的一个标准误（1.51）之内，95% 的机会落在两个标准误（3.02）之内。使用 CLM 选项，PROC MEANS 将给出样本平均数的 95% 置信区间，也就是说，我们有 95% 的把握，区间 63.27 到 70.67 中包含身高的总体平均的真值。对于体重，这个区间是 122.91 到 196.34。如果手动计算 95% 置信区间，则需要在样本平均数上加减 t 值与标准误之乘积。

本章之前说过，PROC MEANS 过程默认的统计量有 N、平均数、最小值、最大值和标准差。如果在此基础上想多加一个统计量（MAXDEC= 不是统计量），那么 PROC MEANS 将只呈现所要求的统计量。因此，如果既想得到系统默认值，又加上一个新的统计量，则需要将全部统计量都写成选项。例如在原先的基础上加上标准误，则写成：

```
PROC MEANS DATA=HTWT N MEAN STD MIN MAX STDERR;
```

3. 描述统计（扩展）

如果需要更多的统计量，比如正态性检验、茎叶图和箱式图，则可以使用 PROC UNIVARIATE。此过程可以计算如下统计量：

1. 观测量（未缺失的）
2. 平均数
3. 标准差
4. 方差
5. 偏系数
6. 峭度系数
7. 未校正和校正后的平方和
8. 差异系数（相对标准差）
9. 平均数的标准误
10. 比较变量值是否等于 0 的 t 检验
11. 最大值
12. 最小值
13. 全距范围
14. 中数，第 3 和第 2 四分位数
15. 四分位差
16. 众数
17. 第 1、5、10、90、95 和 99 百分位数
18. 5 个最大的值和 5 个最小的值（便于数据检查）
19. W 或 D 统计量，检验数据是否正态分布
20. 茎叶图
21. 箱式图
22. 正态概率图，将累加频数分布和理想正态分布相比较

对变量 HEIGHT 和 WEIGHT 运行 PROC UNIVARIATE 过程，程序如下：

```
PROC UNIVARIATE DATA=HTWT;
   TITLE "More Descriptive Statistics";
   VAR HEIGHT WEIGHT;
RUN;
```

默认情况下，我们将得到前 18 项统计量，若想得到正态性检验、茎叶图和箱式图，则加上选项 NORMAL 和 PLOT：

```
PROC UNIVARIATE DATA=HTWT NORMAL PLOT;
   TITLE "More Descriptive Statistics";
   VAR HEIGHT WEIGHT;
RUN;
```

部分结果输出如下：

```
More Descriptive Statistics

The UNIVARIATE Procedure
Variable: HEIGHT

                              Moments

N                           7     Sum Weights                  7
Mean               66.9714286     Sum Observations         468.8
Std Deviation       4.0044618     Variance            16.0357143
Skewness           -0.2390545     Kurtosis            -1.1613152
Uncorrected SS       31492.42     Corrected SS        96.2142857
Coeff Variation    5.97935849     Std Error Mean      1.51354429

                  Basic Statistical Measures

     Location                     Variability

Mean      66.97143     Std Deviation            4.00446
Median    68.50000     Variance                16.03571
Mode       .           Range                   11.20000
                       Interquartile Range      7.00000

                Tests for Location: Mu0=0

Test              -Statistic-        -----p Value------

Student's t     t      44.24808      Pr > |t|      <.0001
Sign            M           3.5      Pr >= |M|     0.0156
Signed Rank     S            14      Pr >= |S|     0.0156

                 Tests for Normality

Test                     --Statistic---         -----p Value------

Shapiro-Wilk          W          0.956642      Pr < W          0.7895
Kolmogorov-Smirnov    D          0.220093      Pr > D         >0.1500
Cramer-von Mises      W-Sq       0.038859      Pr > W-Sq      >0.2500
Anderson-Darling      A-Sq       0.224606      Pr > A-Sq      >0.2500

                                                            [Continued]
```

```
Quantiles (Definition 5)

Quantile        Estimate

100% Max            72.4
99%                 72.4
95%                 72.4
90%                 72.4
75% Q3              70.0
50% Median          68.5
25% Q1              63.0
10%                 61.2
5%                  61.2
1%                  61.2
0% Min              61.2

            Extreme Observations

 ----Lowest----        ----Highest---

 Value      Obs        Value       Obs

  61.2        2         65.1         6
  63.0        3         68.5         1
  65.1        6         68.6         5
  68.5        1         70.0         4
  68.6        5         72.4         7

                     Missing Values

                          -----Percent Of-----
 Missing                                Missing
   Value       Count        All Obs         Obs

       .           1          12.50      100.00

 Stem Leaf                     #        Boxplot
   72 4                        1           |
   70 0                        1        +-----+
   68 56                       2        *-----*
   66                                  |  +  |
   64 1                        1        |     |
   62 0                        1        +-----+
   60 2                        1           |
      ----+----+----+----+

 More Descriptive Statistics

 The UNIVARIATE Procedure
 Variable:  HEIGHT
```

```
                    Normal Probability Plot
     73+                                            +*+++
       |                                         *++++
       |                                    * +*+++
     67+                                  +++++
       |                              ++++*+
       |                          +++++*
     61+                      +++*+
        +----+----+----+----+----+----+----+----+----+----+
            -2        -1         0        +1        +2

More Descriptive Statistics

The UNIVARIATE Procedure
Variable: WEIGHT

                              Moments

N                                8    Sum Weights                  8
Mean                       159.625    Sum Observations          1277
Std Deviation           43.9218055    Variance              1929.125
Skewness                -0.0356013    Kurtosis             -1.482243
Uncorrected SS              217345    Corrected SS         13503.875
Coeff Variation         27.5156182    Std Error Mean      15.5287033

                    Basic Statistical Measures

      Location                     Variability

Mean      159.6250     Std Deviation              43.92181
Median    162.5000     Variance                       1929
Mode         .         Range                     121.00000
                       Interquartile Range        76.50000

              Tests for Location: Mu0=0

Test                -Statistic-         -----p Value------

Student's t    t      10.27935         Pr > |t|      <.0001
Sign           M             4         Pr >= |M|     0.0078
Signed Rank    S            18         Pr >= |S|     0.0078

                     Tests for Normality

Test                    --Statistic---         -----p Value------

Shapiro-Wilk            W       0.954956       Pr < W          0.7609
Kolmogorov-Smirnov      D       0.159749       Pr > D         >0.1500
Cramer-von Mises        W-Sq    0.027456       Pr > W-Sq      >0.2500
Anderson-Darling        A-Sq     0.19299       Pr > A-Sq      >0.2500

Quantiles (Definition 5)
```

[Continued]

```
Quantile                 Estimate

100% Max                 220.0
99%                      220.0
95%                      220.0
90%                      220.0
75% Q3                   196.5
50% Median               162.5
25% Q1                   120.0
10%                       99.0
5%                        99.0
1%                        99.0
0% Min                    99.0

                     Extreme Observations

 ----Lowest----       ----Highest---

 Value      Obs       Value      Obs

    99        2         155        1
   115        3         170        5
   125        6         188        8
   155        1         205        4
   170        5         220        7

 Stem Leaf                    #    Boxplot

   22 0                       1       |
   20 5                       1       |
   18 8                       1    +-----+
   16 0                       1    *--+--*
   14 5                       1    |     |
   12 5                       1    +-----+
   10 5                       1       |
    8 9                       1       |
      ----+----+----+----+
   Multiply Stem.Leaf by 10**+1

                     Normal Probability Plot
  230+                                               *++++
     |                                          *++++
     |                                     *++++
     |                                 +*++
     |                            ++*++
     |                       ++++*
     |                  +++++*
   90+             ++++*
      +----+----+----+----+----+----+----+----+----+----+
          -2        -1         0        +1        +2
```

PROC UNIVARIATE 结果输出中包含许多信息。“Moments”之下列出了一系列统计量，解释如下：

N	未缺失的观测值数量
Sum Wgts	权重
Mean	算术平均数
Sum	求和
Std Dev	标准差
Variance	方差
Skewness	偏系数
Kurtosis	峭度系数
USS	未校正的平方和
CSS	校正后的平方和
CV	差异系数
Std Mean	平均数的标准误
T: Mean=0	零假设为变量值等于 0 的 t 检验
Prob>|T|	t 检验的 p 值（双侧检验）
Sgn Rank	Wilcoxon 秩和检验
Prob>|S|	秩和检验的 p 值
Num^=0	非零观测值的数量
W: Normal (D: Normal)	正态检验的 Shapiro-Wilk 统计量（如果 n 大于 2000，则生成 Kolomogorov D 正态检验结果）
Prob<W (Prob>D)	正态检验的 p 值（零假设为数据是正态分布）（如果进行正态 D 检验，统计量则为 Prob>D）

结果输出列表中，在“Quantiles (Definition=5)”列表左侧列出了四分位数，分别有最高分数（100%）、第 3 四分位数（75%）、中数（50%）、第 1 四分位数（25%）和最低分数（0%）。抬头的 Definition=5 表示 SAS 使用了 SAS 手册中的定义 5，此定义为“平均的经验分布函数”。如果你对这五种不同的定义感兴趣，建议你参考 SAS 手册中 PROC UNIVARIATE 的介绍。不过对于其他 99.6% 的读者，我们还是建议你使用系统默认的设定。

“Quantiles (Definition=5)”列表右侧列出了比较常用的百分位数（例如 99%、95% 等），以及相应的估计值。另外还有全距、间距范围（Q3 到 Q1）以及中位数。

接下来是“Extremes”列表。这一列表只有专门要求时才会呈现。它列出了数据中最大和最小的 5 个数值，能够让极端的异常数据一目了然，对于数据检查非常有用。

每个极端值旁边还列出了观测值的编号，以便于在检查出了极端值后锁定错误数据的位置。如果在 PROC UNIVARIATE 中使用了 ID 语句，那么每个极端值旁边呈现的就是 ID 变量（通常来说就是被试编号）。本例中，我们可以使用 SUBJECT 作为 ID 变量，程序为：

```
PROC UNIVARIATE DATA=HTWT NORMAL PLOT;
  TITLE "More Descriptive Statistics";
  VAR HEIGHT WEIGHT;
  ID SUBJECT;
RUN;
```

在极端值这一部分还有一个非常有用的过程选项 NEXTOBS=n，用以指定呈现几个最大值和最小值。例如要呈现某变量的 10 个最大和最小值，则写成：

```
PROC UNIVARIATE DATA=HTWT NEXTROBS=10;
```

接下来呈现的是 PLOT 选项的结果。左边是 Tukey 茎叶图，可以将它视为倾斜的直方图。但是，不同于直方图使用 X 代表横轴，这里使用的是“茎”后面的数字。例如，身高最大值是 72.4，那么在茎值 72 后面，我们可以看到一个叶值 4，告诉我们有一个值介于 72 和 74 之间，其真实值是 72.4。在茎值为 68 的那一行，可以看到有 2 个分数介于 68 到 70 之间，叶值为 5 和 6，代表有一个人身高是 68.5，另一个人身高是 68.6。这种类型的“直方图”能够完整呈现横轴上的所有数据，让我们对数据结构有更深入的了解。本例中样本量较小，茎叶图的作用不大。如果样本量达到 20 到 200，它就相当有用了。

关于 Tukey 的另一项杰作，箱式图，呈现在右边。箱子的最低和最高处表示样本的第 25 和第 75 百分位数。箱子中的虚线表示中数，+ 号表示样本平均值。箱子上下的垂直线称为触须，最大延伸到 1.5 倍四分位差的距离。0 表示触须以外、3 倍四分位差以内的数据。除此之外，箱图还以 * 表示极端值。箱式图的目的是呈现数据的概况，如果把几组样本放在一起进行比较，箱图能清晰显示出它们之间的关系。在下一节分组变量的描述统计中，如果在 PROC UNIVARIATE 中使用 BY 语句做箱式图，则可以得到 BY 变量的每个水平或者不同水平之间相结合的并列箱式图。

下面呈现一个由 50 个数据组成的茎叶图和箱式图。在此图中，0 代表中等程度的极端值——第 3 四分位数以上 1.5 倍四分位差，或第 1 四分位数以下 1.5 倍四分位差。星号 * 表示异常的极端值（14.0）——位于第 3 四分位数以上 3 倍四分位差或第 1 四分位数以下 3 倍四分位差的值。

```
Variable:  score

    Stem Leaf                         #        Boxplot

     14 0                             1           *
     13
     12
     11
     10 7                             1           0
      9 58                            2           |
      8                                           |
      7 137                           3           |
      6 0111339                       7        +-----+
      5 11122355778899               14        *--+--*
      4 1123347                       7        |     |
      3 3345678                       7        +-----+
      2 046789                        6           |
      1 2                             1           |
      0 9                             1           |
        ----+----+----+----+
   Multiply Stem.Leaf by 10**+1
```

最后呈现的是正态概率图，它将真实数据与理想中正态分布的数据进行比较。Y 轴呈现数据值，X 轴与反向标准正态函数有关。星号（*）表示真实数据，加号（+）表示由样本均值和标准差得到的基线。基本上，如果样本分布越偏离正态，星号就会越偏离加号。其实之前的茎叶图和箱式图已经为我们提供了一种辨别分布形态的直观方法。

4. 直方图、分位数图和概率图

在 PROC UNIVARIATE 加入合适的语句可以生成直方图、分位数图（也称为 QQ 图）以及概率图。用 HISTOGRAM 语句生成直方图，若再加入 NORMAL 选项，则可在直方图上进一步生成一条正态曲线，以便将自己的数据分布与标准的正态分布进行直观比较。PROC UNIVARIATE 会自动把 VAR 语句中的每个变量都生成一个直方图。我们可以根据需要，在 HISTOGRAM 语句中选择变量。例如，要生成变量 HEIGHT 的直方图，并加上正态曲线，指定直方图的中点，则这样写语句（注意：你的 SAS 程序中必须有 SAS Graph™，才能运行下面的例子）：

```
GOPTIONS RESET=ALL
        FTEXT='Arial/bo'
        CBACK=WHITE
        COLORS=(BLACK)
        GUNIT=PCT
        HTEXT=2
        HPOS=15;
PROC UNIVARIATE DATA=HTWT;
   TITLE "More Descriptive Statistics";
   VAR HEIGHT WEIGHT;
   HISTOGRAM HEIGHT / MIDPOINTS=60 TO 75 BY 5  NORMAL;
   INSET MEAN='Mean' (5.2)
         STD='Standard Deviation' (6.3)/ FONT='Arial'
                                          POS=NW
                                          HEIGHT=3;
RUN;
QUIT;
```

SAS Online Doc™或SAS Graph™手册中有更多关于图形选项的细节。本例中,(1)字体设定为 Arial bold，即 Arial 粗体。(2)文字行高设定为 2 个单位(图片大小的百分数)。(3)INSET 语句表示加入一个表格，显示指定的统计量，这里选择的是平均值和标准差。括号里的(5.2)和(6.3)分别是平均数和标准差的显示格式(格式 *w.d* 表示宽度为 *w* 个空格，*d* 指小数点后的位数)。(4)POS 选项表示放置内设表格的位置，NW 表示放在西北角。如此绘制的直方图如下：

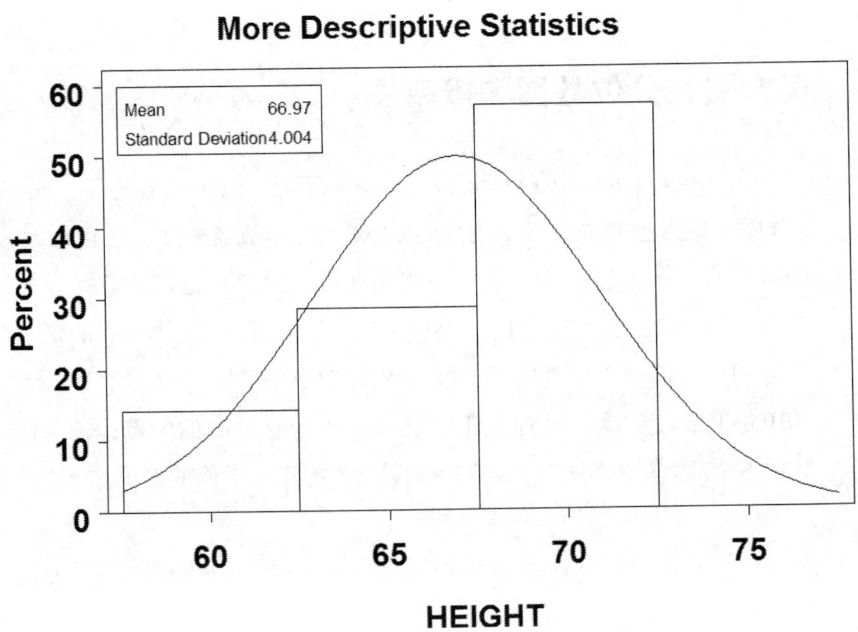

我们使用 QQ 语句生成 QQ 图。和 HISTOGRAM 语句一样，你也可以选择指定的变量，如果没有指定，则自动生成 VAR 语句中所有变量的 QQ 图。此语句的默认分布是正态分布。纵轴表示真实的数据值，横轴表示这些数值在特定分布中对应的分位数值。如果变量是正态分布的，QQ 图就是一条直线。QQ 图也可以生成其它分布，例如对数正态分布（选项 LOGNORMAL）、beta 分布（BETA）或 Weibull 分布（WEIBULL）。要生成 HEIGHT 的 QQ 图，指令如下：

```
PROC UNIVARIATE DATA=HTWT;
   TITLE "More Descriptive Statistics";
   VAR HEIGHT WEIGHT;
   QQPLOT HEIGHT;
RUN;
QUIT;
```

QQ 图的结果输出如下：

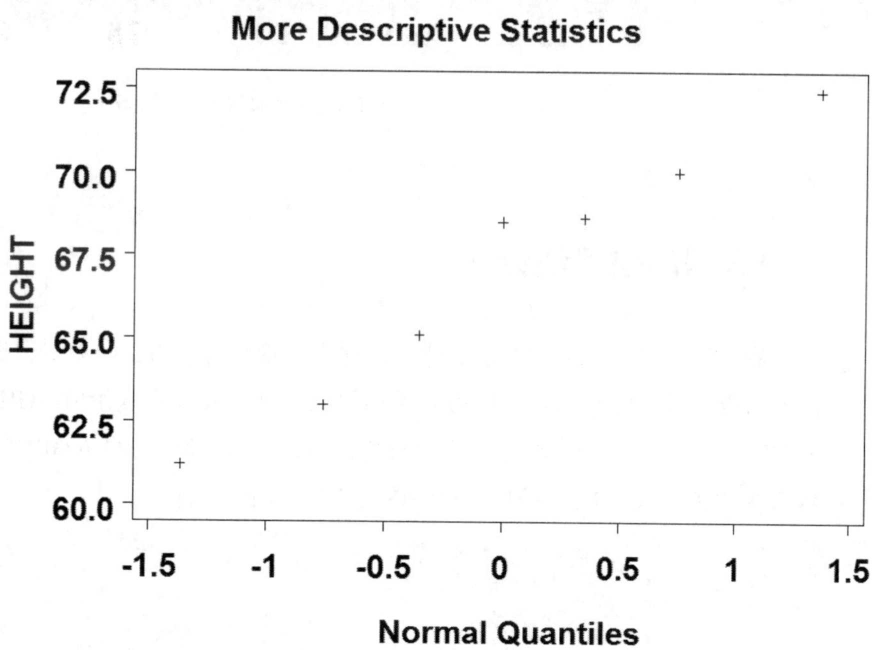

最后，我们使用 PROBPLOT 语句来生成概率图。正态概率图也是一种考察样本是否来自于正态分布总体的图示方法。纵轴表示真实数据，横轴表示标准正态分布中期望的百分比。如果数据在此图中呈一条直线，则可以认为数据来自于正态分布。我们用下面这个语句得到变量 WEIGHT 的概率图：

```
PROBPLOT WEIGHT;
```

正态概率图的结果输出如下：

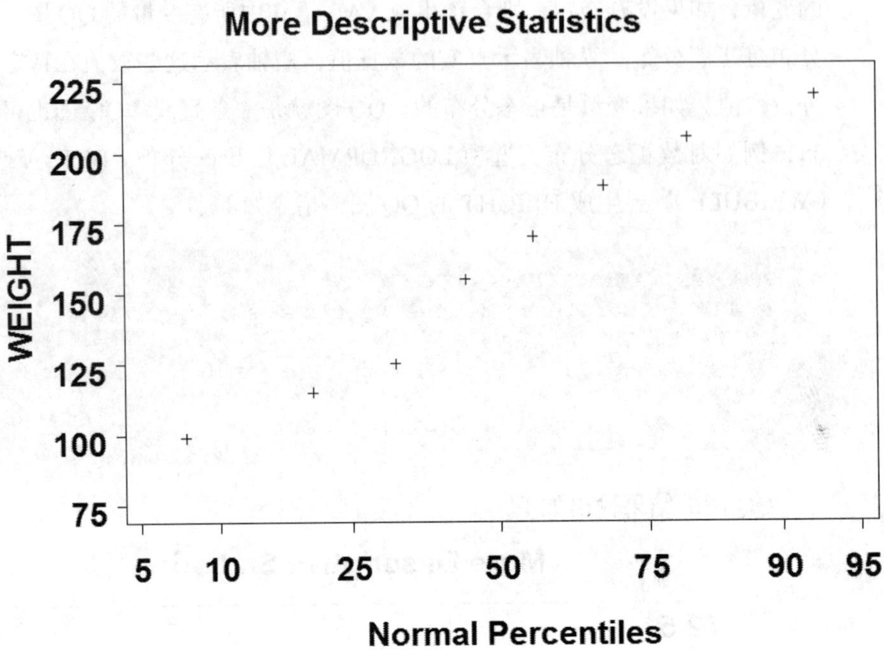

5. 分组数据的描述统计

除了计算每个变量的描述统计，或许你还希望得到指定的分组数据的描述统计。例如，第 2 节中的数据集，你可能希望得到男性和女性在变量 HEIGHT 和 WEIGHT 上的样本量、平均数和标准差。有两种方法可以实现。第一，按照 GENDER 排列数据，然后在 PROC MEANS 中加入一个 BY 语句，像下面这样：

```
*Sort the data by GENDER;
PROC SORT DATA=HTWT;
   BY GENDER;
RUN;
*Run PROC MEANS for each value of GENDER;
PROC MEANS DATA=HTWT N MEAN STD MAXDEC=2;
   TITLE "The MEANS Procedure, Using a BY Statement";
   BY GENDER;   *This is the statement that gives the breakdown;
   VAR HEIGHT WEIGHT;
RUN;
```

该程序的结果输出如下：

```
The MEANS Procedure, Using a BY Statement

GENDER=F

The MEANS Procedure

Variable      N        Mean      Std Dev
-----------------------------------------
HEIGHT        3       63.10         1.95
WEIGHT        3      113.00        13.11
-----------------------------------------

GENDER=M

Variable      N        Mean      Std Dev
-----------------------------------------
HEIGHT        4       69.88         1.82
WEIGHT        5      187.60        26.10
-----------------------------------------
```

许多 SAS 程序都可以使用 BY 语句，但记住一定要在运行每个 BY 变量之前对其排序（除非这个数据集已经排好序了）。有时候在一个很长的程序里，我们会使用一个之前已经排好序的数据集（之前已经排过序，但是忘记了）。在 SAS 的 6.08 或以上版本里，如果要求对一个之前已经进行了排序的数据集再排序，那么此程序将不会执行，我们将在 SAS LOG 里面看到一个提示，说数据集已经排过序了。

除了在 PROC MEANS 里使用 BY 语句，另一种计算分组数据描述统计的方法是使用 CLASS 语句。如果使用 CLASS 语句代替 BY 语句，输出将会更简单，CLASS 语句如下面所示：

```
PROC MEANS DATA=HTWT N MEAN STD MAXDEC=2;
   TITLE "The MEANS Procedure, Using a CLASS Statement";
   CLASS GENDER; *You do NOT have to sort the data when
                  you use a CLASS statement;
   VAR HEIGHT WEIGHT;
RUN;
```

该程序的结果输出如下：

```
The MEANS Procedure, Using a CLASS Statement

The MEANS Procedure

GENDER     N Obs    Variable      N       Mean     Std Dev
-----------------------------------------------------------
F              3    HEIGHT        3      63.10        1.95
                    WEIGHT        3     113.00       13.11

M              5    HEIGHT        4      69.88        1.82
                    WEIGHT        5     187.60       26.10
-----------------------------------------------------------
```

使用CLASS语句的好处是不必事先排序。对于大数据而言，这意味着节约一大把运行时间。但是，使用CLASS也可能比BY语句在程序运行上耗费更多的时间，尤其是在有多个CLASS变量和多个水平的情况下。一般来说，先试着使用CLASS语句，然后使用BY语句排序，除非记忆限制了你这么做（或数据早就排好序）。第4章第1节详细阐述如何使用CLASS语句。

6. 频数分布

下面显示如何用SAS计算样本中男性和女性的数量：

```
DATA HTWT;
   INPUT SUBJECT
         GENDER $
         HEIGHT
         WEIGHT;
DATALINES;
1 M 68.5 155
2 F 61.2 99
3 F 63.0 115
4 M 70.0 205
5 M 68.6 170
6 F 65.1 125
7 M 72.4 220
8 F   .  188
;
PROC FREQ DATA=HTWT;
   TITLE "Using PROC FREQ to Compute Frequencies";
   TABLES GENDER;
RUN;
```

这一次，我们使用的是PROC FREQ而不是PROC MEANS。PROC FREQ后面跟了一个要求为变量GENDER的频数生成一个表格的语句。语句TABLES或TABLE后面跟了一系列我们想要计算频数的变量（例如变量GENDER用来计算有多少个男性和多少个女性）。一定要保证TABLES后的变量的水平数是合理的。也就是说，不要对连续变量如AGE使用此语句，那样你会得到每一个数值的频数，完全没有意义。

注意，与RPOC MEANS和PROC UNIVARIATE不同的是，PROC FREQ使用的是TABLES语句，而不是VAR语句来指定变量。这对你而言有些不一样。但是你必须记住每个过程的正确语句。第20章列出了一些常用的命令。

还需要注意的是，有两个语句，TITLE 和 TABLES，比其他行向右缩进了一些（作者认为 3 个空格很合适）。SAS 语句的初始栏位完全不影响程序，这种缩进只是为了视觉上的方便，告诉程序员 TITLE 和 TABLES 是 PROC FREQ 的一部分。

下面的表格是 PROC FREQ 的输出结果。FREQUENCY 一栏列出了男性和女性的数量，PERCENT 列出了男性和女性所占的百分比，后面两项是累加频数和累加百分比：

```
Using PROC FREQ to Compute Frequencies

The FREQ Procedure

                                          Cumulative    Cumulative
GENDER     Frequency      Percent          Frequency       Percent
------------------------------------------------------------------
F                  3        37.50                  3         37.50
M                  5        62.50                  8        100.00
```

如果不需要自动生成的累加统计量，则可以使用语句选项 NOCUM 屏蔽掉它们。正如前文所述，选项是在语句之后接上斜号（/）。例如：

```
TABLES GENDER / NOCUM;
```

如果要同时删除累加统计量和百分比，则可以再加上 NOPERCENT 选项：

```
TABLES GENDER / NOCUM NOPERCENT;
```

选项的顺序不重要。以上结果输出如下：

```
Using PROC FREQ to Compute Frequencies

The FREQ Procedure

GENDER    Frequency
-------------------
F                 3
M                 5
```

7. 条形图

我们已经见识了运行 PROC MEANS 和 PROC FREQ 能生成的统计量。这都是总结数据的好方法。但是，图形也是非常重要的，那么让我们来学习如何绘制数据的图形。SAS 软件可以通过 PROC CHART 或 PROC GCHART 程序生成频数条形图，频数条形图呈现的信息与 PROC FREQ 一样。没有“G”的 CHART 程序是比较老的程序，它将生成比较难看的“打印机式”的图形。也就是说，用打印字符，如星号，来创建条形图。GCHART 是 SAS Graph™ 中的一部分，可以生成漂亮的高品质的条形图。你可以在程序中加入图形语句来控制 PROC GCHART 生成的图形（例如颜色、是否加入内置表格、只画出轮廓或带十字交叉线或对角斜线的条形图）。在这里，我们将展示 PROC GCHART 的程序和结果输出。如果你没有 SAS Graph™，则把 G 去掉，运行 PROC CHART 即可。

语句如下：

```
PROC GCHART DATA=HTWT;
   TITLE "Bar Chart from PROC GCHART";
   VBAR GENDER;
RUN;
```

生成的频数条形图如下：

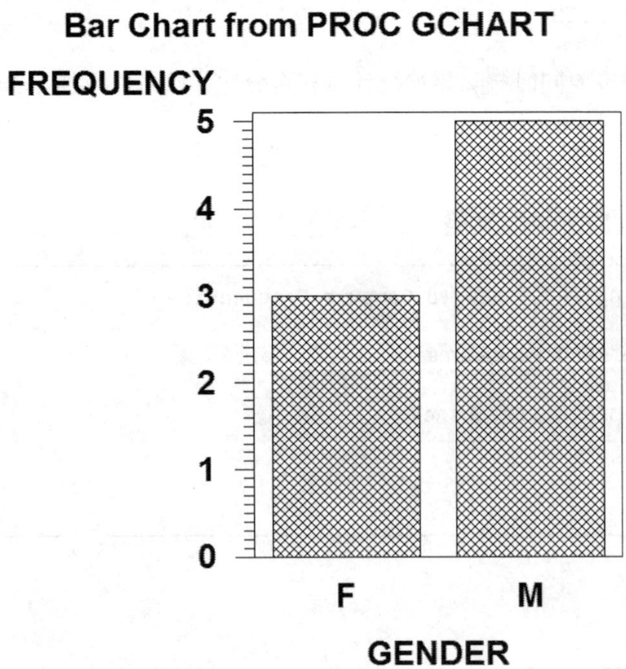

图形选项和格式描述是这样设定的：

```
GOPTIONS RESET=ALL
         FTEXT='Arial/bo'
         CBACK=WHITE
         CTEXT=BLACK
         HPOS=25
         GUNIT=PCT
         HTEXT=2;
PATTERN VALUE=X1 COLOR=BLACK;
```

简单来说，字形设置为 Arial 粗体，文本颜色为黑色，背景色为白色。水平位置设置为 25，文本高度为 2。最后，样式选择了 X1（条形中填充十字交叉线 X、其他选项还有实心 SOLID、空心 EMPTY、左斜线 L、右斜线 R）。你可以在 X、L、R 后面附上 1 到 5 的数字表示线条的密度（1 最稀疏，5 最稠密）。你可以完全不要 GOPTIONS 和 PATTERN 语句，那样也会得到一个好看的默认图形。

用 HBAR（H 表示水平）代替 VBAR 可以生成一个水平条形图，而不是垂直条形图。当我们使用 HBAR，频数和百分比会自动呈现在每个直条的旁边（如下图所示）。注意：如果不想显示水平条形图右边的统计量，可以使用选项 NOSTAT。一般来说，水平条形图更适合于多组数据的比较，为我们节约更多空间。和上一个图形的数据一样、程序一样（除了 HPOS），我们将得到如下的水平条形图：

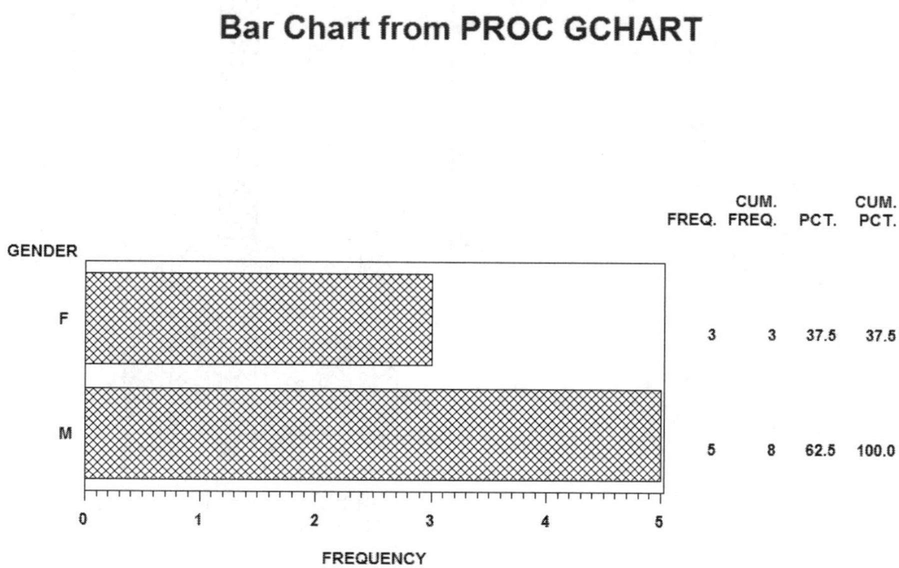

现在，身高或体重的分布是什么样的？如果使用 PROC FREQ 计算身高频率，将

生成每个身高值的数量（有多少人 60 英寸，多少人 61 英寸……）。如果使用 PROC GCHART，则会自动把身高相近的被试归为一组（除非我们通过选项指定数据呈现的方式）。因为我们的样本很小，身高或体重的频数分布可能看起来很好笑，但是我们仍然要呈现出来。下列语句可以生成垂直条形图：

```
PROC GCHART DATA=HTWT;
   TITLE "Distribution of Heights";
   VBAR HEIGHT / MIDPOINTS = 60 TO 74 BY 2;
RUN;
```

选项 MIDPOINTS=60 to 74 by 2 是将身高分组的指令，这样全距就是 60 到 70，直条间的间距为 2 个单位长度。MIDPOINTS 选项的一般形式是：

```
MIDPOINTS = start to end by interval;
```

如果我们在对连续变量作图时没有指定任何选项，PROC GCHART 将使用自己的分组运算法则选择间距和全距。之前的程序结果输出如下：

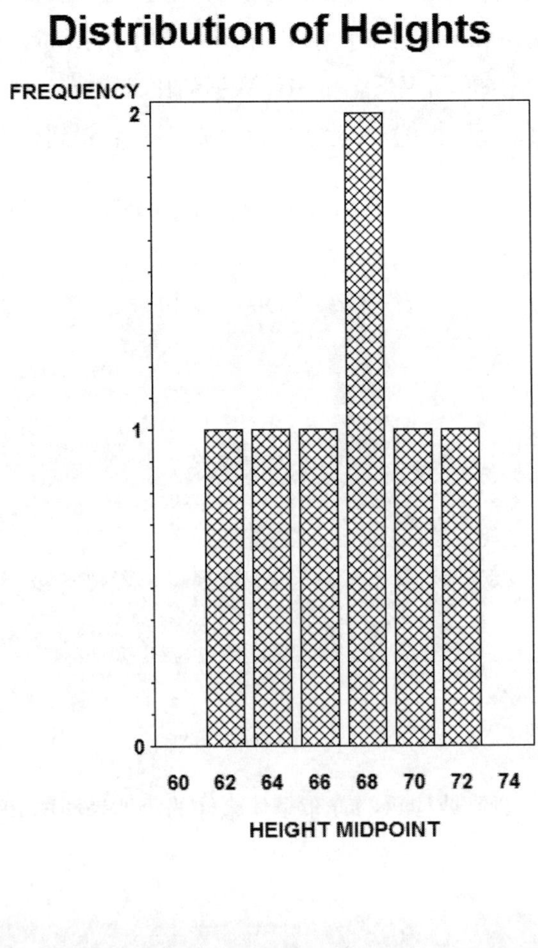

PROC CHART 或 PROC GCHART 的 VBAR 和 HBAR 语句有许多选项，其一般形式是：

```
VBAR or HBAR list-of-variables(s) / list-of-options;
```

另一种 MIDPOINTS= 选项的形式是 LEVELS=n 选项：

```
VBAR HEIGHT / LEVELS=6;
```

有时候我们不希望 PROC GCHART 将数字变量分割成间距。如下面的图，考察的是 WEEK（一星期的天数）变量的频数。SAS 自动在 x 轴上分出间距（因为没有人告诉它 WEEK 取整数才是有意义的）：

如果要让 SAS 把 WEEK 的值看做离散值（就像字符变量一样），则在 VBAR 或 HBAR 语句后使用 DISCRETE 选项：

```
VBAR WEEK / DISCRETE;
```

DISCRETE 是一个语句选项，一定要将其放在语句和分号之间，以斜线隔开。

加入此选项后条形图将大不一样：

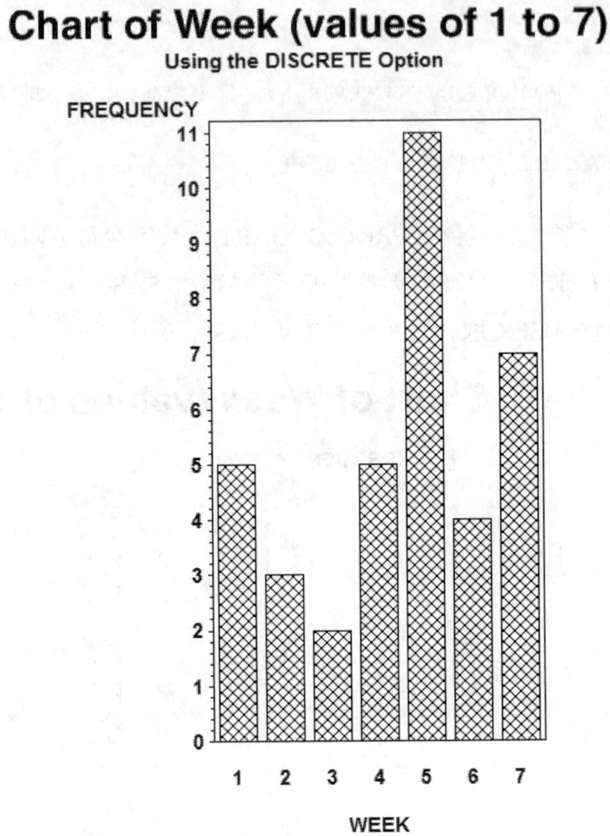

结束 PROC GCHART 之前，让我们再来学习一些选项。为了展示这些选项的功能，我们创建了一个叫做 STORE 的数据集，包括变量 YEAR（年份）、DEPT（部门）和 SALES（销售额）：

```
DATA E_MART;
   INPUT YEAR
         DEPT $
         SALES;
DATALINES;
2001 TOYS 5000
2001 TOYS 4500
2001 TOYS 5500
2001 FOOD 4100
2001 FOOD 3300
2002 TOYS 6344
```

```
2002 TOYS 4567
2002 TOYS 4567
2002 TOYS 4567
2002 TOYS 4300
2002 FOOD 3700
2002 FOOD 3900
2003 TOYS 7000
2003 TOYS 7200
2003 TOYS 6000
2003 TOYS 7900
2003 FOOD 4000
2003 FOOD 5800
2003 FOOD 5600
;
```

程序的语句如下：

```
PATTERN VALUE=EMPTY COLOR=BLACK;
AXIS1 LABEL=('Department');
PROC GCHART DATA=E_MART;
   TITLE "Simple Frequency Bar GCHART";
   VBAR DEPT / MAXIS=AXIS1;
RUN;
```

该语句将生成如下的简单频数条形图（注意：此次的图形与第一个 GCHART 一样，但这次我们选择 EMPTY 作为条形图填充物，可以在打印的时候节省墨水。AXIS1 语句将在中间点上做一个标记，VBAR 的选项 MAXIS 表示将 AXIS1 的标记放在横轴的中间。你可以使用 LABEL 语句代替 AXIS 语句，也能得到同样的结果。正如我们之前所说，如果省略掉所有的 GOPTION、PATTERN 和 AXIS 语句，同样能得到一个好看的图形）：

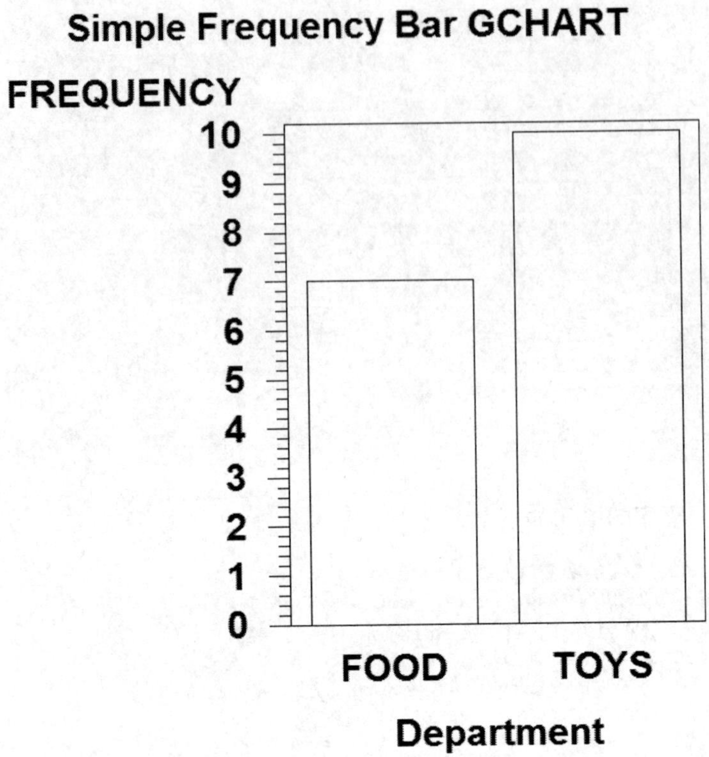

下面这个语句：

```
PROC GCHART DATA=E_MART;
   TITLE "Bar Chart on a Numerical Variable (SALES)";
   VBAR SALES;
RUN;
```

将生成在所有年份内，所有部门的销售额的频数图。

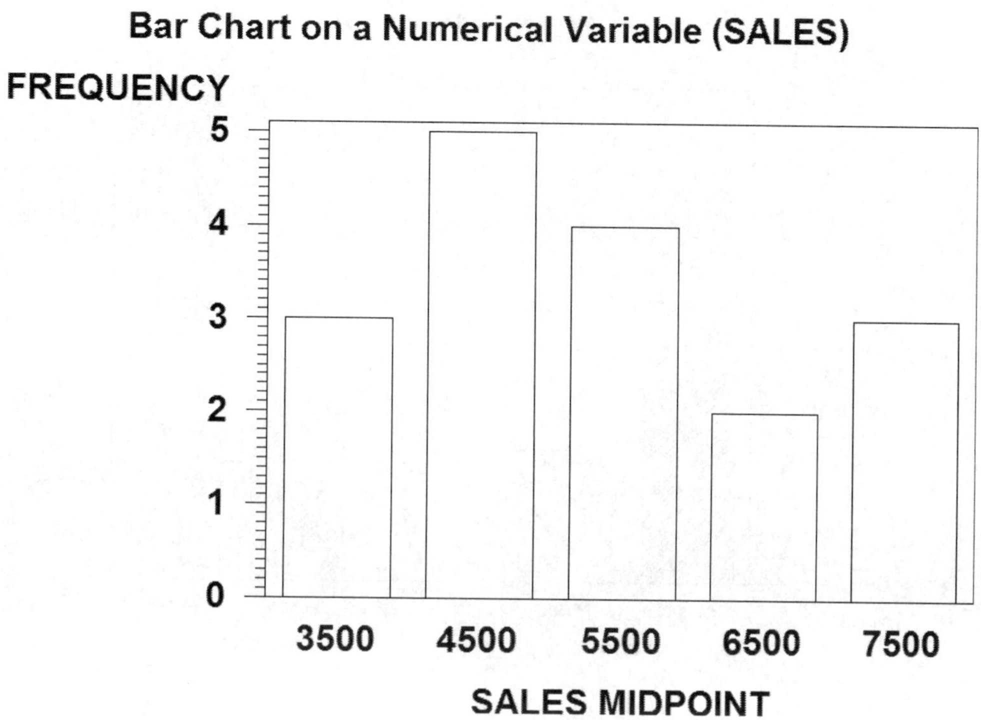

如果要看每个部门的销售额分布，我们可以在 VBAR 或 HBAR 语句中使用 GROUP 选项：

```
PATTERN VALUE=L2 COLOR=BLACK;
PROC GCHART DATA=E_MART;
   TITLE "Distribution of SALES by Department";
   VBAR SALES / GROUP=DEPT MIDPOINTS=4500 TO 5500 BY 1000;
   FORMAT SALES DOLLAR8.0;
RUN;
```

它将生成如下图所示的并列图形（注意：此次使用左斜线 L2 作为填充物，中点定义为变量 SALES，同时将 SALES 设定为 DOLLAR 格式，这样将呈现出符号 $ 和逗号）。

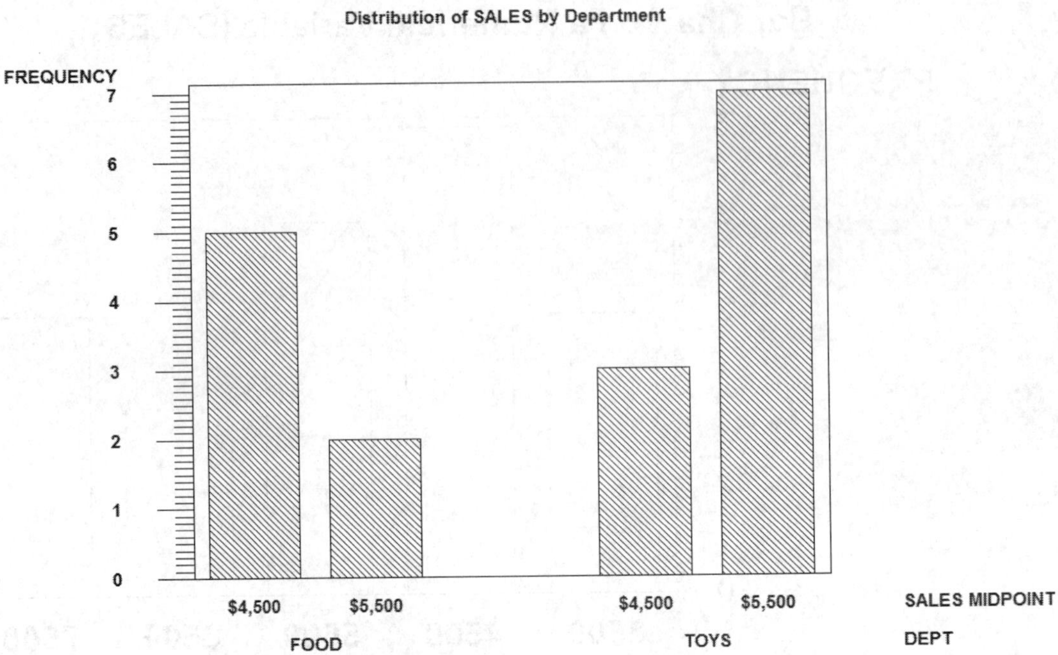

另一种呈现数据的方法就是让y轴表示销售额的值，而不是频数。这可以通过VBAR或HBAR中的SUMVAR选项实现。在SUMVAR后加上一个变量，其和就是我们要呈现在y轴上的数字。我们也可以使用SUMVAR选项呈现平均值，只需要加上TYPE=MEAN。下面将呈现一个条形图，使用了SUMVAR和TYPE=选项。这里我们呈现每个部门销售额的总和，因此TYPE=选项是多余的，不过还是包括在了里面，以提示我们，它也可以用来在y轴上呈现其他统计量。注意，此处需要DISCRETE选项，以确保YEAR变量没有被分割，也不需要寻找YEAR变量的中点。语句如下：

```
PROC GCHART DATA=E_MART;
   TITLE "Sum of SALES by YEAR";
   VBAR YEAR / SUMVAR=SALES TYPE=SUM DISCRETE;
   FORMAT SALES DOLLAR8.;
RUN;
```

生成条形图如下：

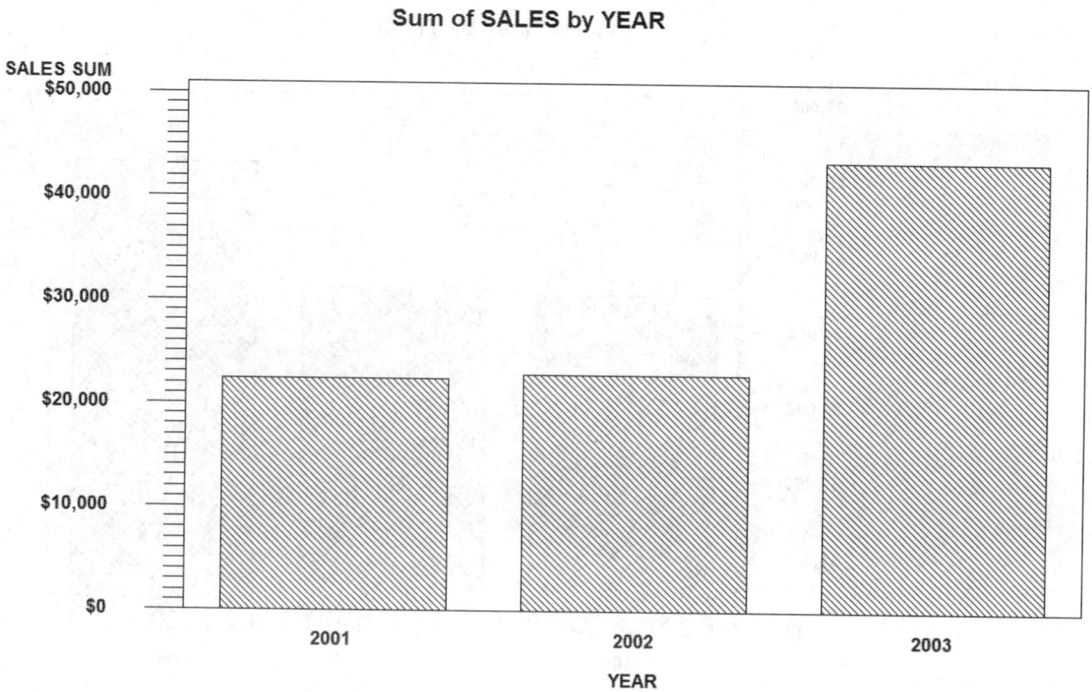

其他的 TYPE= 选项有：

选项	结果
TYPE=FREQ	频数
TYPE=PCT	百分比
TYPE=CFREQ	累加频数
TYPE=CPCT	累加百分比
TYPE=SUM	总和
TYPE=MEAN	平均值

因此，如果要考察每年的平均销售额，语句如下：

```
PROC GCHART DATA=E_MART;
   TITLE "Mean Sales by YEAR";
   VBAR YEAR / SUMVAR=SALES TYPE=MEAN DISCRETE;
   FORMAT SALES DOLLAR8.;
RUN;
```

结果输出如下：

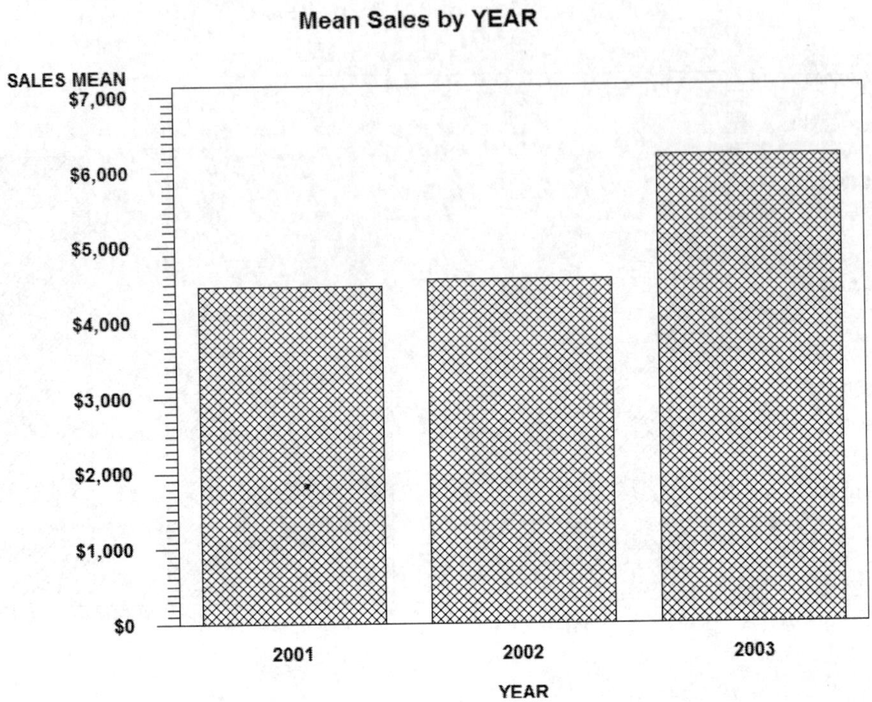

VBAR 和 HBAR 的最后一个选项是 SUBGROUP。SUBGROUP 将指定变量的每个水平的值在条形图中分开呈现。在 PROC CHART 中，SUBGROUP 变量的每个水平的第一个字母用来建立条形图，而在 PROC GCHART 中，条形图被分割成不同的颜色或不同的填充形式。语句如下：

```
PATTERN1 COLOR=BLACK VALUE=X1;
PATTERN2 COLOR=BLACK VALUE=L2;

PROC GCHART DATA=E_MART;
   TITLE "Demonstrating the SUBGROUP Option";
   VBAR YEAR / SUBGROUP=DEPT
               SUMVAR=SALES
               TYPE=SUM
               DISCRETE;
   FORMAT SALES DOLLAR8.;
RUN;
QUIT;
```

变量 DEPT（部门）每个水平的统计量将呈现在条形图中（注意：这里我们使用

PATTERN 语句来指定每个分组水平的样式。如果不使用 PATTERN 语句，也可以得到系统默认的图形）：

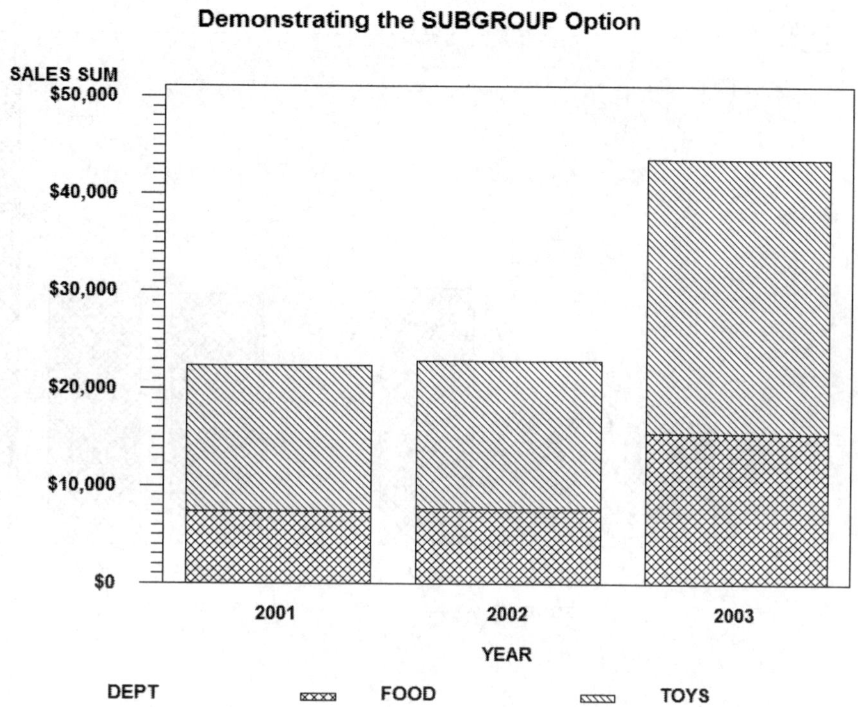

最后，如果你希望看到不同年份、不同部门的平均销售额，则可以把 GROUP 和 SUMVAR 选项同时写入程序：

```
PROC GCHART DATA=E_MART;
   TITLE "SALES Broken Down by YEAR and DEPT";
   VBAR YEAR / GROUP=DEPT SUMVAR=SALES TYPE=SUM DISCRETE;
   FORMAT SALES DOLLAR8.;
RUN;
```

结果输出如下：

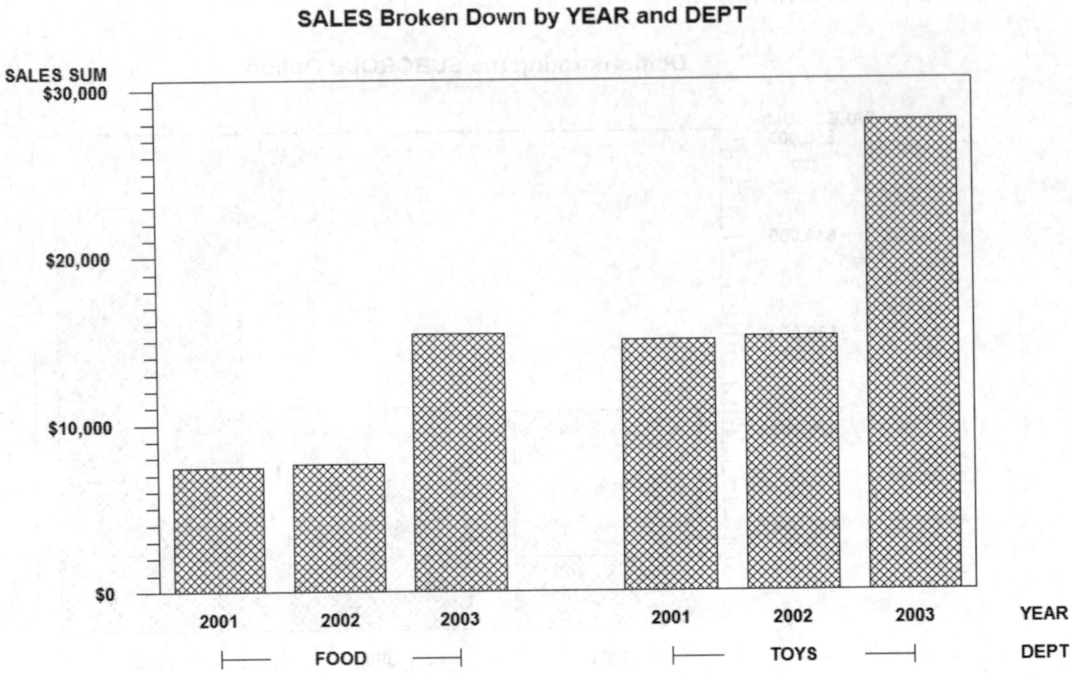

8. 数据散点图

现在我们要考察 HTWT 数据中身高和体重的关系。直觉告诉我们这两个变量是有关系的：一个人越高，也就越重。呈现这种关系的最佳方法是画一个身高和体重的图。我们可以使用 PROC PLOT，或使用 SAS Graph™ 的 PROC GPLOT 实现：

```
PROC PLOT DATA=HTWT;
   TITLE "Scatter Plot of WEIGHT by HEIGHT";
   PLOT WEIGHT*HEIGHT;
RUN;
```

此程序可生成以 WEIGHT 为 y 轴、HEIGHT 为 x 轴的散点图。一般来说，PLOT 语句中星号前面的变量代表了 y 轴变量，星号之后的变量代表 x 轴变量（本图使用了 8 个样本的原始数据，其中包含一个缺失值）：

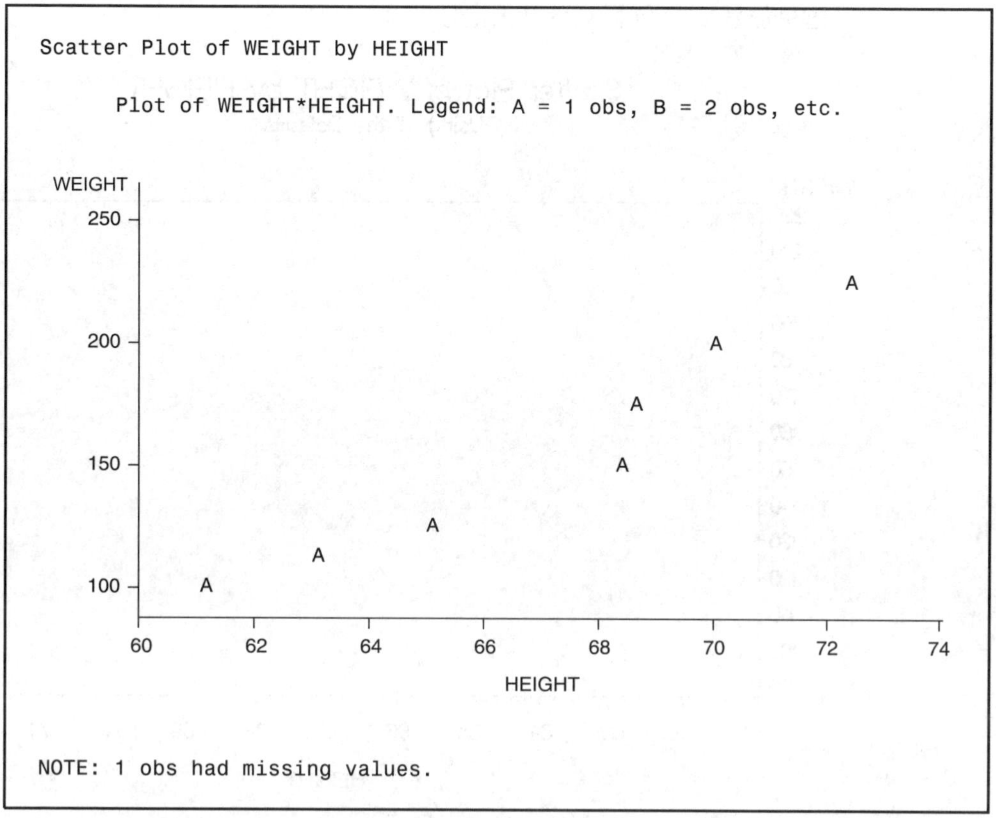

PROC PLOT 使用字母 A、B、C 作为默认的绘图记号。这种程序最初的设计是，将生成的图形输送到打印机上，绘图记号必须固定行和列。所以，两个或多个相近的值在图上就会自动合成一个点。B 表示在该点上有 2 个值，C 表示有 3 个值。而在 PROC GPLOT 就不存在这一问题，因为 GPLOT 将生成一个完全真实的图形图片。使用 GPLOT 语句生成同样图形的语句是：

```
PROC GPLOT DATA=HTWT;
   TITLE "Scatter Plot of WEIGHT by HEIGHT";
   TITLE2 "Using all the Defaults";
   PLOT WEIGHT*HEIGHT;
RUN;
```

这里加号（+）是默认的绘图记号：

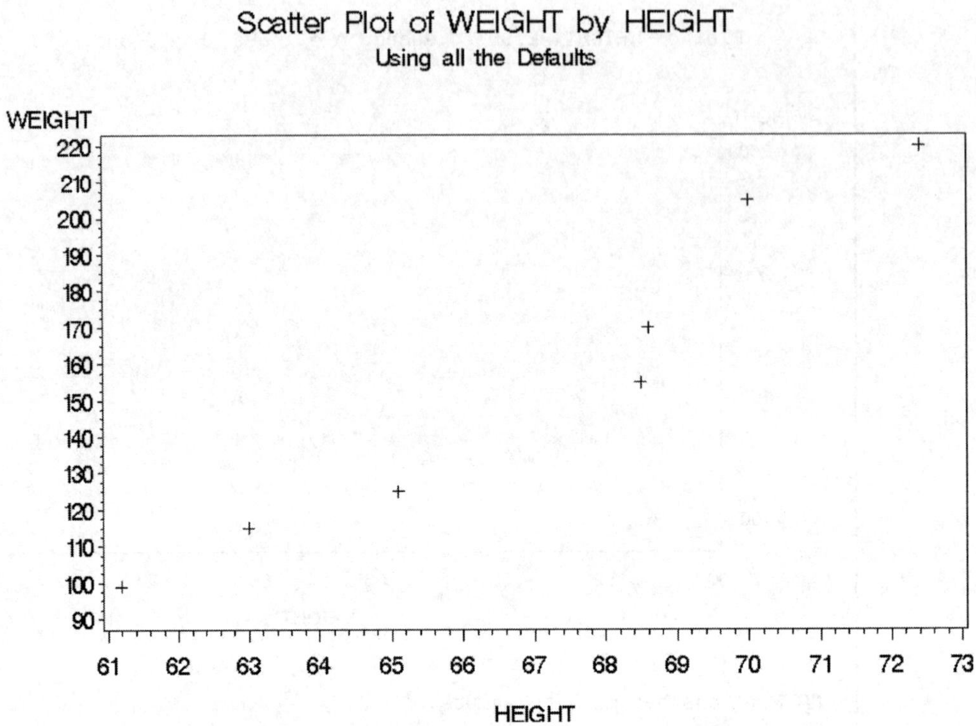

要改变 GPLOT 里的绘图记号，需采用 SYMBOL 语句。你可以改变绘图的许多属性，例如绘图记号、点的颜色、是否将各点连在一起等。例如，我们要用点作为绘图记号，并打印成黑色：

```
SYMBOL VALUE=DOT COLOR=BLACK;
```

将此语句放在 PROC GPLOT 之前就可以了。还有一些其他的绘图记号，如圆圈 CIRCLE、方块 SQUARE、加号 PLUS 和三角形 TRIANGLE。请参看 SAS Online Doc™ 或 SAS Graph™ 的参考资料，其中详细介绍了各种各样的绘图记号和绘图选项。如果你只想生成一个单独的图，默认颜色是黑色，即使加一个 COLOR 选项也不会有什么坏处。需要注意的是，SYMBOL 语句里改变的属性是你添加进去的，在你关闭 SAS 之前将一直有效。也就是说，一旦你通过 SYMBOL 语句选择了一种绘图记号，然后又在另一个 SYMBOL 语句改变了颜色，那么颜色和记号这两种属性都会改变。看看下面的图，是采用之前的 SYMBOL 语句创建的：

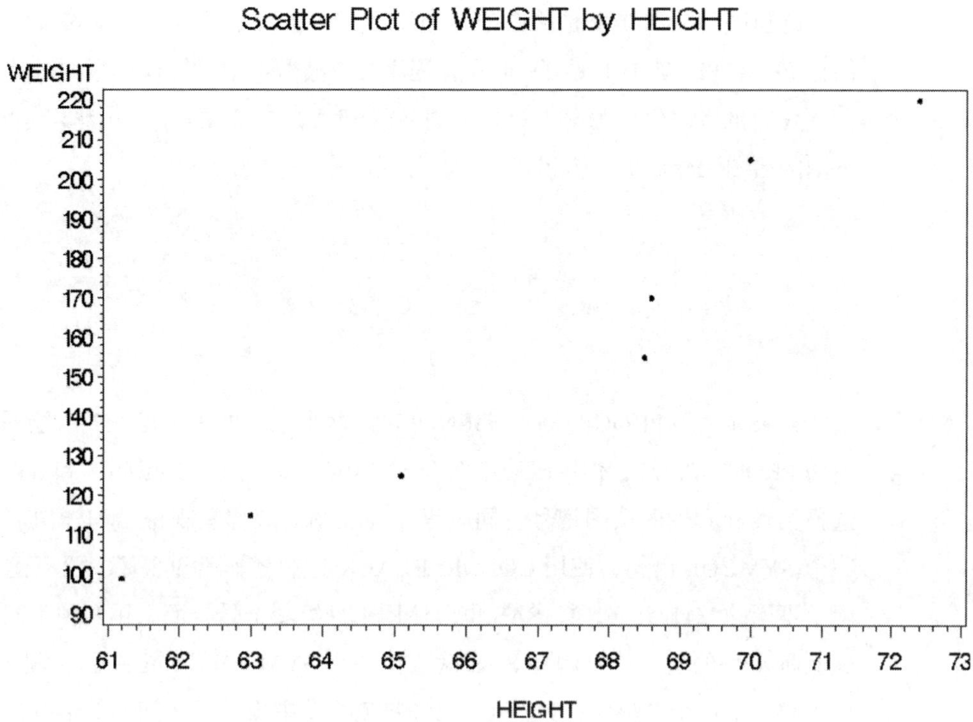

PLOT 过程的一种形式是：

```
PROC PLOT DATA=data_set_name; /* Same syntax for GPLOT */
   PLOT Y-variable * X-variable;
RUN;
```

你可能以为同时把男性和女性的身高、体重绘制在一张图上是不可能的，但其实可以做到。正如我们在 PROC MEANS 中使用了 BY 语句一样，在 PROC PLOT 中也可以使用相同的 BY 语句。首先，我们需要让 SAS 对 GENDER 排序。一旦完成，我们就可以使用 PROC PLOT 生成想要的图。

程序如下：

```
PROC SORT DATA=HTWT;
   BY GENDER;
RUN;
PROC PLOT DATA=HTWT;
   TITLE "Separate Plots by GENDER";
   BY GENDER;
   PLOT WEIGHT*HEIGHT;
RUN;
```

此程序的输出结果是两个分开的图形，一个表示男性，一个表示女性。如果我们在 PROC PLOT 中不要 BY 语句，程序会忽略数据集已经被排序的事实。

我们也可以生成另外一种图，将男性和女性的数据在同一个图上呈现，只是用不同的绘图记号标识。语句是：

```
PROC PLOT DATA=HTWT;
   TITLE "Using GENDER to Generate the Plotting Symbol";
   PLOT WEIGHT*HEIGHT=GENDER;
RUN;
```

如果你使用 PROC PLOT，GENDER 的两个水平的首字母就成为绘图记号；如果使用 PROC GPLOT，你可以使用两个 SYMBOL 语句（SYMBOL1 和 SYMBOL2）来选择男性和女性的绘图记号，同时程序会在图的底部呈现记号和标识。如果有多于一个 SYMBOL 语句，使用 COLOR=BLACK 选项就非常重要了。没有这个，即使有两个不同的 VALUE 选项，SAS 也会使用一种绘图记号，而采用两种不同的颜色来代表两种水平的值。这是因为 SAS 默认在一个 SYMBOL 语句中循环不同的颜色，然后再移到下一个 SYMBOL 语句。或许避免绘图中出现颜色问题的最好方法就是，使用一个单一的语句 GOPTIONS CSYMBOL=BLACK。注意，在使用这种方式时，数据集处理没有经过排序。下面这个程序用于绘图：

```
SYMBOL1 V=CIRCLE COLOR=BLACK;
SYMBOL2 V=SQUARE COLOR=BLACK;
***Note: SYMBOL and SYMBOL1 are equivalent;
PROC GPLOT DATA=HTWT;
   TITLE "Using GENDER to Generate the Plotting Symbol";
   PLOT WEIGHT*HEIGHT=GENDER;
RUN;
```

结果输出如下：

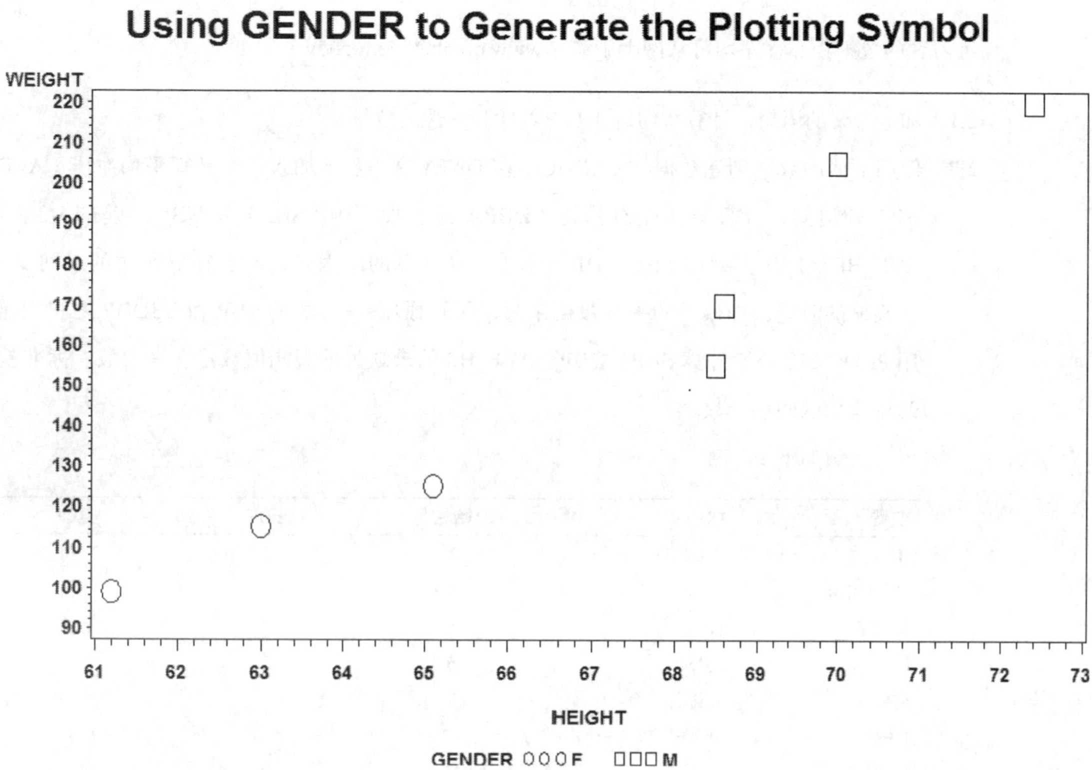

如果使用的是 PROC PLOT，想要自己选择绘图记号，而不是默认的 A、B、C，则需要像下面这样，在 PLOT 语句后接上等号，在引号中指定绘图记号。例如，我们希望使用星号作为绘图记号：

```
PLOT WEIGHT*HEIGHT='*';
```

如果使用PROC GPLOT，你可以通过指定某一个SYMBOL语句来制定绘图记号，例如这个语句：

```
PLOT WEIGHT*HEIGHT=2;
```

则会使用方块作为绘图记号，因为在之前的两个 SYMBOL 语句中，指定的记号是方块。

练习题

练习题的数据集和程序均可从网上下载：www.prenhall.com/cody

2.1 加上必要的语句，计算练习题 1.1 中男性和女性的数量。

2.2 使用下面的数据创建数据集 CLINIC。在 DATA 这一步，加入一个计算平均血压（AVE_BP）的语句，计算方法是舒张压（DBP）加上收缩压（SBP）和 DBP 之差的 1/3 [即 AVE_BP = DBP + 1/3（SBP – DBP）]。（这样计算的原因是，心脏在舒张时的时间要多于收缩的时间，加权后的平均数用来表示平均血压——1/3 的 SBP 和 2/3DBP 之和。）使用 PROC MEANS 计算 SBP、DBP、AVE_BP 的未缺失的观测值数量、平均数、标准差、95% 置信区间和中数。

变量如下：

变量	描述	起始栏位	长度	类型
ID	被试 ID	1	3	字符
GENDER	性别	4	1	字符
RACE	种族	5	1	字符
HR	心率	6	3	数字
SBP	收缩压	9	3	数字
DBP	舒张压	12	3	数字
N_PROC	疗程	15	2	数字

样本数据如下：

```
001MW08013008010
002FW08811007205
003MB05018810002
004FB   10806801
005MW06812208204
006FB101   07404
007FW07810406603
008MW04811207006
009FB07719011009
101FB06616410610
```

2.3 修正练习题 1.3 的程序，创建一个新变量（AGE_GROUP），用 1 表示 0-35 岁，2 表示大于 35 岁。计算每一个年龄组中白人（W）和黑人（B）的数量。用恰当的选项删除结果输出中的累加统计量。

2.4 使用练习题 2.2 中的数据集，生成 GENDER 的频数和条形图，在结果输出中删除累加统计量和百分比。

2.5 运行下面的程序创建数据集 PROB2_5，包括变量 X、Y、Z 和 GROUP：

```
DATA PROB2_5;
   LENGTH GROUP $ 1;
   INPUT X Y Z GROUP $;
DATALINES;
2   4   6   A
3   3   3   B
1   3   7   A
7   5   3   B
1   1   5   B
2   2   4   A
5   5   6   A
;
```

（a）写一个 SAS 语句生成 GROUP 的频数条形图（直方图）。你可以使用传统的 SAS 过程或者 SAS 图形过程完成。

（b）写一个 SAS 语句生成 Y 对 X 的绘图（Y 为纵轴，X 为横轴）。

（c）写一个 SAS 语句生成在每个 GROUP 水平上 Y 对 X 的绘图。

2.6 使用练习题 2.2 的数据，写一个 SAS 语句生成变量 SBP 和 DBP 的茎叶图和箱式图。

2.7 在某项实验中，我们收集了以下数据：

SUBJECT	DOSE	REACT	LIVER_WT	SPLEEN
1	1	5.4	10.2	8.9
2	1	5.9	9.8	7.3
3	1	4.8	12.2	9.1
4	1	6.9	11.8	8.8
5	1	15.8	10.9	9.0
6	2	4.9	13.8	6.6
7	2	5.0	12.0	7.9
8	2	6.7	10.5	8.0
9	2	18.2	11.9	6.9
10	2	5.5	9.9	9.1

针对变量 REACT、LIVER_WT 和 SPLEEN，使用 PROC UNIVARIATE 生成直方图、正态概率图、箱式图，来检验数据的正态分布。第一次对于所有被试生成图形，第二次分别对 DOSE 的两个水平生成图形。

2.8 使用练习题 2.2 的数据生成如下两个图（PROC CHART 或者 PROC GCHART 都可）。一个图呈现性别、种族不同水平的频数，另一个呈现不同性别的心率的分布。注意在第二个图中，x 轴以 50、60、70 等数值作为坐标点。

```
Chart of GENDER and RACE
Frequency
4 +    *****
  |    *****
3 +    *****                *****
  |    *****                *****
2 +    *****                *****    *****
  |    *****                *****    *****
1 +    *****    *****       *****    *****
  |    *****    *****       *****    *****
  +---------------------------------------------
        F        M            F        M      GENDER
  |------- B -------|    |------- W -------|  RACE

Chart of GENDER and RACE
Frequency
2 +            **              **
  |            **              **
  |            **              **
  |            **              **
  |            **              **
1 +        **  **  **  **      **      **  **
  |        **  **  **  **      **      **  **
  |        **  **  **  **      **      **  **
  |        **  **  **  **      **      **  **
  |        **  **  **  **      **      **  **
  +-----------------------------------------------------
    50  60  70  80  90  100    50  60  70  80  90  100 HR
                                                   Midpoint
  |---------- F ----------|   |---------- M ----------|  GENDER
```

2.9 下面的程序有什么问题？

```
DATA 123;
   INPUT AGE STATUS PROGNOSIS DOCTOR GENDER STATUS2
   STATUS3;
(data lines)
;
PROC CHART DATA=123 BY GENDER;
   VBAR STATUS
   VBAR PROGNOSIS;
RUN;
PROC PLOT DATA=123;
   DOCTOR BY PROGNOSIS;
RUN;
```

2.10 使用练习题 2.2 的数据生成几个统计图：

（a）心率 HR 为 x 轴，收缩压 SBP 为 y 轴，使用 PROC PLOT 或 PROC GPLOT 绘图，随意选择一个绘图记号。

（b）舒张压 DBP 为 x 轴，收缩压 SBP 为 y 轴。使用 GENDER 的值作为绘图记号（PROC

PLOT)，或随意选择记号（PROC GPLOT）。

（c）重复（b），但是这一次对于 RACE=W 和 RACE=B 分别生成单独的统计图。

2.11 下列数据集：

销售人员	目标公司	访问次数	电话次数	销售量
Brown	American	3	12	28 000
Johnson	VRW	6	14	33 000
Rivera	Texam	2	6	8 000
Brown	Standard	0	22	0
Brown	Knowles	2	19	12 000
Rivera	Metro	4	8	13 000
Rivera	Uniman	8	7	27 000
Johnson	Oldham	3	16	8 000
Johnson	Rondo	2	14	2 000

（a）写一个 SAS 程序，比较 3 个销售人员的销售记录（计算访问次数、电话次数和销售量的总数及平均数）。注意，销售量的值本来含有逗号，由于我们尚未学习如何读取带有逗号的数值，因此在输入数值时可以省略逗号。

（b）绘制访问次数对应电话次数的图形。使用销售人员名字的首字母作为绘图记号（而不是 A、B、C 等）。

（c）将每个销售人员的销售总量做成一个频数条形图。

***2.12** 使用练习题 2.2 的数据，生成条形图，显示每个性别（GENDER）水平上的疗程总数（N_PROC），同时将种族（RACE）的每个水平对疗程总数的贡献显示在每个条形上，就像下图一样：

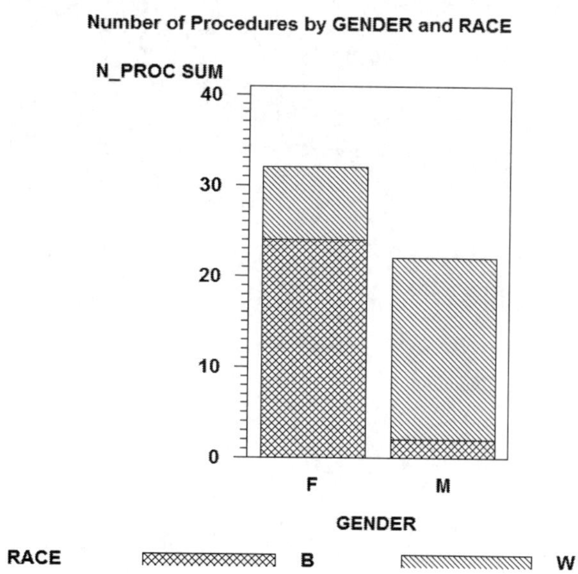

***2.13** 你进行了一项实验，记录了被试 ID 号，以及变量 A、B、C 上的成绩。你想要计算 A、B、C 的平均数，但是不幸的是，你的助手不知道 SAS 程序，并将数据记录成了如下形式：

被试编号	类型	成绩
1	A	44
1	B	9
1	C	203
2	A	50
2	B	7
2	C	188
3	A	39
3	B	9
3	C	234

写一个程序读取这些数据，并计算平均数。（提示：CLASS 或者 BY 语句可能会有用哦。）

第3章

分析分类数据

1. 简介

本章介绍了分类数据的若干种分析方法，并指导读者一步一步地分析问卷结果。像性别、疾病 / 健康、成功 / 失败及年龄组等变量都属于分类变量，我们将采用一系列的统计技术，例如比例检验、卡方检验等来分析这些变量。

与本书之前的版本相比，本章内容有所扩充，这不仅因为用于分析分类数据的

SAS 程序扩展了，而且近年来在许多领域，都开始大量使用如元分析一类的统计技术。

2. 问卷设计和分析

收集数据最常用的方法就是问卷。问卷设计可以多种多样，下面呈现的问卷范例在设计上有一些精巧的细节，比较适合手动将数据录入计算机的情况。手动录入数据是目前比较普遍的情况，当然，现在扫描仪也非常普遍，还有许多研究人员直接通过计算机或网络收集数据，数据自动进入数据库。在调查问卷上做了大量工作的研究人员也可以尝试采用这样的方法。

设计问卷需要注意一些问题。第一，问卷和指导语要清晰易读，做到卷面清晰，题目不要太长。一些多页问卷以诙谐语结尾，可提高回收率。如果仅仅是认真的人或对结果感兴趣的人完成了问卷，他们的回答并不能代表总体。因为他们可能“另有所图”，结果将会产生系统的偏差。

一般来说，问卷中数据的编码方法是用文字处理器、数据录入程序、电子数据表（如 Lotus™ 或 Excel™）或数据库管理系统（如 Paradox™、Access™、DBase™）。如果使用文字处理器或数据录入程序，通常要求设定每个变量的栏位数。如果使用数据库管理系统，则可将数据写成文本文档，或使用 SAS Access Product™ 自动转换成 SAS 数据集。例如，处理 PC 文件格式的 SAS Access™ 可自动把 Excel™ 电子表格和 Access™ 数据库直接转化为 SAS 数据集。当需要录入大量数据时，可使用可视化标记读入器。设计问卷时最好让数据能直接从问卷录入，而不需要首先转化成代码形式。

我们可以这样录入问卷数据：

栏位	描述	变量名
1-3	被试 ID	ID
4-5	年龄	AGE
6	性别	GENDER
7	种族	RACE
8	婚姻状况	MARITAL
9	教育水平	EDUCATION
10	对总统的工作评价	PRESIDENT
11	增加军费开支	ARMS
12	对大城市提供政府援助	CITIES

问卷范例

调查员专用

ID □□□ □□

1. 年龄（岁）_______

（2-4 题：请勾选适合选项）

2. 性别 _____ 1 = 男性

_____ 2 = 女性 □

3. 种族 _____ 1 = 白人

_____ 2 = 非裔美国人

_____ 3 = 西班牙裔

_____ 4 = 其他 □

4. 婚姻状况：

_____ 1 = 未婚

_____ 2 = 已婚

_____ 3 = 丧偶

_____ 4 = 离异 □

5. 教育水平：

_____ 1 = 高中或以下

_____ 2 = 大专

_____ 3 = 大学

_____ 4 = 研究生以上 □

请在下面问题的左边空格处填上相应数字，代表您是否同意下列看法。数字代码如下：

1= 强烈不同意　2= 不同意　3= 没意见　4= 同意　5= 强烈同意

_____ 6. 现任美国总统的工作很负责。 □

_____ 7. 应当增加军费开支。 □

_____ 8. 大城市应当得到更多的政府援助。 □

数据的样式应该是：

```
001091111232
002452222422
```

注意，变量值之间并没有空格。这是一种节省空间的数据输入方法。因此，必须指定每个变量的栏位数。这份问卷的 INPUT 语句如下：

```
INPUT ID        $ 1-3
      AGE         4-5
      GENDER    $   6
      RACE      $   7
      MARITAL   $   8
      EDUCATION $   9
      PRESIDENT    10
      ARMS         11
      CITIES       12;
```

此 INPUT 语句虽然有九行，但它是一个单独的 SAS 语句，以一个分号结尾。每一个变量名后是设定的栏位数。我们将变量 ID、GENDER、RACE、MARITAL 和 EDUCATION 设为字符变量，虽然变量值定为数字（从技术上说，这些表示字符的数字称为数码）。一个原因是可以节省存储空间。另一个原因是我们不会对 RACE 这一类的变量进行数学运算。将其设定为字符变量可以随时提醒我们，这些数字仅仅代表着分类名。

问卷调查中一个常见情况是，一些被试没有完整地回答所有问题。在列表输入法（INPUT 语句中只列出变量名，不指定栏位）中，我们采用句点表示缺失值；栏位输入法中，我们将该栏留空。

下面呈现完整的 SAS 程序，包括数据录入、计算被试平均年龄、计算其他变量的频数：

```
DATA QUEST;
   INPUT ID        $ 1-3
         AGE         4-5
         GENDER    $   6
         RACE      $   7
         MARITAL   $   8
         EDUCATION $   9
         PRESIDENT    10
         ARMS         11
         CITIES       12;
```

```
DATALINES;
001091111232
002452222422
003351324442
004271111121
005682132333
006651243425
;
PROC MEANS DATA=QUEST MAXDEC=2 N MEAN STD CLM;
   TITLE "Questionnaire Analysis";
   VAR AGE;
RUN;

PROC FREQ DATA=QUEST;
   TITLE "Frequency Counts for Categorical Variables";
   TABLES GENDER RACE MARITAL EDUCATION
          PRESIDENT ARMS CITIES;
RUN;
```

在 PROC MEANS 过程中，我们保留结果的小数点后两位，计算 N（未缺失观测值数量）、平均数、标准差和平均数的 95% 置信区间。

在 PROC FREQ 过程中，TABLES 语句后列出了需要计算频率的各个变量，GENDER、RACE、MARITAL、EDUCATION、PRESIDENT、ARMS 和 CITIES。一种变量列表的捷径是使用符号 --（两个短横线），使用如下：

```
variable_name_1 -- variable_name_2
```

这表示包含了数据集从 *variable_name_1* 到 *variable_name_2* 之间依次排列的所有变量。使用这一方法来列举 TABLES 语句中的变量如下：

```
TABLES GENDER -- CITIES;
```

“依次排列的所有变量”这句话意味着，我们在使用这一捷径时所指定的变量顺序必须和 INPUT 语句中的变量排列顺序一致。之后我们将学习 LENGTH、ARRAY 和 RETAIN 语句，它们可以改变这种顺序。

关于列举变量这一块，还有一种经常使用的标记方法是 *ROOTn - ROOTm*，用来表示从第 *n* 个到第 *m* 个的有同样字根的变量。例如，ABC1-ABC5 就等同于：ABC1 ABC2 ABC3 ABC4 ABC5。这样我们就可以用一个短横线（-）来表示所有变量。如果我们记录了 50 个多项选择题，可以将其命名为 QUES1、QUES2、……QUES50。这样计算 50 个变量的频数时就非常方便：

```
TABLES QUES1-QUES50;
```

同样字根的变量在数据集中不必按顺序排列，而系统也可以读取它们。

在本问卷中，我们没有对变量 ID 进行任何计算。ID 仅仅是我们回到原始问卷中进行数据核查的一个标志符。我们强烈建议在每份问卷中保留 ID 这一变量，不然发现了错误数据将很难处理。如果在发问卷的时候没有 ID 变量，建议在回收的时候再编码。

PROC FREQ 过程的结果输出如下：

```
Frequency Counts for Categorical Variables

The FREQ Procedure

                                       Cumulative    Cumulative
GENDER     Frequency      Percent      Frequency      Percent
-----------------------------------------------------------------
1                  4        66.67              4        66.67
2                  2        33.33              6       100.00

                                       Cumulative    Cumulative
RACE       Frequency      Percent      Frequency      Percent
-----------------------------------------------------------------
1                  3        50.00              3        50.00
2                  2        33.33              5        83.33
3                  1        16.67              6       100.00

                                       Cumulative    Cumulative
MARITAL    Frequency      Percent      Frequency      Percent
-----------------------------------------------------------------
1                  2        33.33              2        33.33
2                  2        33.33              4        66.67
3                  1        16.67              5        83.33
4                  1        16.67              6       100.00

                                       Cumulative    Cumulative
EDUCATION  Frequency      Percent      Frequency      Percent
-----------------------------------------------------------------
1                  2        33.33              2        33.33
2                  2        33.33              4        66.67
3                  1        16.67              5        83.33
4                  1        16.67              6       100.00

                                       Cumulative    Cumulative
PRESIDENT  Frequency      Percent      Frequency      Percent
-----------------------------------------------------------------
        1          1        16.67              1        16.67
        2          1        16.67              2        33.33
        3          1        16.67              3        50.00
        4          3        50.00              6       100.00
```

ARMS	Frequency	Percent	Cumulative Frequency	Cumulative Percent
2	3	50.00	3	50.00
3	2	33.33	5	83.33
4	1	16.67	6	100.00

CITIES	Frequency	Percent	Cumulative Frequency	Cumulative Percent
1	1	16.67	1	16.67
2	3	50.00	4	66.67
3	1	16.67	5	83.33
5	1	16.67	6	100.00

3.　给变量添加标签

为了看懂上面的输出结果，我们需要看最初的编码方案，了解每个变量名代表什么。GENDER 和 RACE 这样的变量名不需要解释，但 PRESIDENT 和 CTTIES 等就不是一目了然了。可以利用 LABEL 语句给每个变量名打上标签。在 PROC FREQ 和 PROC MEANS 等过程的输出中，标签将和相应变量名一起打印出来。LABEL 语句的一般格式如下：

```
LABEL variable_name = "description"
                  .
                  .
                  .
variable_name = "description";
```

“description”可至多包括 256 个字符（每个空格算一个字符）且必须在单或双引号内。如果标签本身包含单引号，则其应在双引号之内。LABEL 语句可以在 DATA 步骤的任何位置。用包含变量标签的语句重写我们的程序，如下：

```
DATA QUEST;
   INPUT ID         $ 1-3
         AGE          4-5
         GENDER     $   6
         RACE       $   7
                                          [Continued]
```

```
        MARITAL   $   8
        EDUCATION $   9
        PRESIDENT    10
        ARMS         11
        CITIES       12;
LABEL MARITAL   = "Marital Status"
      EDUCATION = "Education Level"
      PRESIDENT = "President Doing a Good Job"
      ARMS      = "Arms Budget Increase"
      CITIES    = "Federal Aid to Cities";
DATALINES;
001091111232
002452222422
003351324442
004271111121
005682132333
006651243425
;
PROC MEANS DATA=QUEST MAXDEC=2 N MEAN STD CLM;
   TITLE "Questionnaire Analysis";
   VAR AGE;
RUN;

PROC FREQ DATA=QUEST;
   TITLE "Frequency Counts for Categorical Variables";
   TABLES GENDER RACE MARITAL EDUCATION
          PRESIDENT ARMS CITIES;
RUN;
```

我们可以按需要给变量添加标签，不必每个变量都添加。现在，运行我们的程序，变量标签将随变量名一起被打印在 PROC FREQ 的输出结果中。下面是部分结果：

Frequency Counts for Categorical Variables

The FREQ Procedure

Education Level

EDUCATION	Frequency	Percent	Cumulative Frequency	Cumulative Percent
1	2	33.33	2	33.33
2	2	33.33	4	66.67
3	1	16.67	5	83.33
4	1	16.67	6	100.00

President Doing a Good Job

PRESIDENT	Frequency	Percent	Cumulative Frequency	Cumulative Percent
1	1	16.67	1	16.67
2	1	16.67	2	33.33
3	1	16.67	3	50.00
4	3	50.00	6	100.00

请注意，这个过程中使用了变量名和标签。

4. 为变量值添加标签（输出格式）

下面我们将进一步提高结果输出的可读性。程序只输出变量值（1 =男性，2 =女性，等等），而不是我们事先赋予这些值的意义。我们想输出变量 GENDER 中男性和女性的数量，而不是 1 和 2 的数量。我们可以通过两步给变量值添加标签。

第一步为每个变量定义变量值的内容。例如，变量 GENDER 可定义为 1 =男性，2 =女性。变量 PRESIDENT、ARMS 和 CITIES 可定义为 1 =非常不同意，2 =不同意等。SAS 通过输出格式（formats）为这些变量的值命名。

第二步把 FORMAT 语句与一个或多个变量名联系起来，后面将有所介绍。下面是一个 PROC FORMAT 程序运用于问卷的例子：

```
PROC FORMAT;
   VALUE $SEXFMT '1' = 'Male'
                 '2' = 'Female'
              OTHER  = 'Miscoded';
   VALUE $RACE   '1' = 'White'
                 '2' = 'African Am.'
                 '3' = 'Hispanic'
                 '4' = 'Other';
   VALUE $OSCAR  '1' = 'Single'
                 '2' = 'Married'
                 '3' = 'Widowed'
                 '4' = 'Divorced';
   VALUE $EDUC   '1' = 'High Sch or Less'
                 '2' = 'Two Yr. College'
                 '3' = 'Four Yr. College'
                 '4' = 'Graduate Degree';
                                            [Continued]
```

```
    VALUE LIKERT  1 = 'Str Disagree'

                  2 = 'Disagree'
                  3 = 'No opinion'
                  4 = 'Agree'
                  5 = 'Str Agree';
RUN;
```

$SEXFMT、$RACE、$OSCAR、$EDUC 和 LIKERT 都是输出格式名。其长度为 1 到 32 个字符（SAS9.0 之前的版本中，格式名最长为 8 个字符）。如果要对字符变量定义输出格式，格式名必须以符号“$”开头。（“$”算作一个字符。）（题外话：之所以用 LIKERT 命名，是因为在心理测量学中，有 1 =非常不同意、2 =不同意、3 =没意见等有这样标记的量表称为 Likert 量表。）你可以任意选择输出格式名（依照命名惯例，最好不以数字结尾，也不要与 SAS 内置格式名相同）。最好能通过格式名知道变量的用途。事实上，在不引起混淆的情况下，格式名和变量名可以相同。我们以 $OSCAR 作为变量 MARITAL（婚姻状况）的格式名，仅仅是强调格式名只是变量所使用的输出格式，不必与变量有什么联系。

输出格式名后可以是一个单独的值、一个范围、关键词或三者结合。例如，定义格式 $SEXFMT 的范围时，值‘1’与输出格式值“Male”（男性）相关联，值‘2’与输出格式值“Female”（女性）相关联，这里使用了关键词 OTHER。当这个格式应用于变量 GENDER 时，GENDER 不取“1”或“2”的值将赋予标签“Miscoded”（错误编码）。

等号右边引号中的格式值最长为 32767 个字符，但在某些过程中只使用这些字符中的 8 或 16 个。当你使用某些过程，如 PROC PRINT 时，输出结果将以输出格式值代替变量的值。例如，若把格式 $SEXFMT 与变量 GENDER 相关联，将打印“Male”，而不是‘1’。

注意，格式名 $SEXFMT、$RACE、$OSCAR 和 $EDUC 用于定义字符型变量的值。因此，等号左边的值作为字符变量，必须用单引号或双引号引起来。若格式值中包含单引号，则必须用双引号引起来。

一旦定义了一个输出格式集（例如 $SEXFMT、$RACE、LIKERT 等），我们需要把这些格式与合适的变量联系起来。例如，即便我们定义了格式 $RACE，并不意味着这个格式必须用于变量 RACE。必须用另一个 SAS 语句指明哪些格式运用于哪些变量。格式语句以 FORMAT 开头，后接一个变量或变量列表，然后是用于前面变量的相应格式。变量列表和格式名可有多行，最后以分号结束。在 FORMAT 语句中，每个格式名后应有一个句号（.），这样 SAS 才能区别变量名和格式名。

在DATA步骤或PROC步骤中均可使用FORMAT语句。如果把FORMAT语句放在DATA步骤中，在之后的所有过程中格式的值将和指定的变量关联。如果把FORMAT语句放在PROC步骤中，格式的值将只影响该过程。这个例子中，我们将把FORMAT语句放在DATA步骤中。因此要在DATA步骤之前用PROC FORMAT定义格式。我们把$SEXFMT与变量GENDER关联，$RACE与变量RACE关联，依此类推。变量PRESIDENT、ARMS、CITIES均使用LIKERT格式。下面这个完整的问卷程序，可以让你清楚看到PROC FORMAT的使用方法及其在其他PROC过程中的应用。

```
 PROC FORMAT;
    VALUE $SEXFMT '1' = 'Male'
                  '2' = 'Female'
              OTHER   = 'Miscoded';
    VALUE $RACE   '1' = 'White'
                  '2' = 'African Am.'
                  '3' = 'Hispanic'
                  '4' = 'Other';
    VALUE $OSCAR  '1' = 'Single'
                  '2' = 'Married'
                  '3' = 'Widowed'
                  '4' = 'Divorced';
    VALUE $EDUC   '1' = 'High Sch or Less'
                  '2' = 'Two Yr. College'
                  '3' = 'Four Yr. College'
                  '4' = 'Graduate Degree';
    VALUE LIKERT   1 = 'Str Disagree'
                   2 = 'Disagree'
                   3 = 'No opinion'
                   4 = 'Agree'
                   5 = 'Str Agree';
RUN;

DATA QUEST;
   INPUT ID        $ 1-3
         AGE         4-5
         GENDER    $   6
         RACE      $   7
         MARITAL   $   8
         EDUCATION $   9
         PRESIDENT    10
         ARMS         11
         CITIES       12;
   LABEL MARITAL   = "Marital Status"
         EDUCATION = "Education Level"
         PRESIDENT = "President Doing a Good Job"
         ARMS      = "Arms Budget Increase"
         CITIES    = "Federal Aid to Cities";
```

[Continued]

```
   FORMAT GENDER    $SEXFMT.
          RACE      $RACE.
          MARITAL   $OSCAR.
          EDUCATION $EDUC.
          PRESIDENT ARMS CITIES LIKERT.;
DATALINES;
001091111232
002452222422
003351324442
004271111121
005682132333
006651243425
;
PROC MEANS DATA=QUEST MAXDEC=2 N MEAN STD CLM;
  TITLE "Questionnaire Analysis";
  VAR AGE;
RUN;

PROC FREQ DATA=QUEST;
  TITLE "Frequency Counts for Categorical Variables";
  TABLES GENDER RACE MARITAL EDUCATION
         PRESIDENT ARMS CITIES;
RUN;
```

该程序的部分输出结果如下：

Questionnaire Analysis

The MEANS Procedure

Analysis Variable : AGE

N	Mean	Std Dev	Lower 95% CL for Mean	Upper 95% CL for Mean
6	41.50	22.70	17.68	65.32

Frequency Counts for Categorical Variables

The FREQ Procedure

GENDER	Frequency	Percent	Cumulative Frequency	Cumulative Percent
Male	4	66.67	4	66.67
Female	2	33.33	6	100.00

RACE	Frequency	Percent	Cumulative Frequency	Cumulative Percent
White	3	50.00	3	50.00
African Am.	2	33.33	5	83.33
Hispanic	1	16.67	6	100.00

Marital Status

MARITAL	Frequency	Percent	Cumulative Frequency	Cumulative Percent
Single	2	33.33	2	33.33
Married	2	33.33	4	66.67
Widowed	1	16.67	5	83.33
Divorced	1	16.67	6	100.00

Education Level

EDUCATION	Frequency	Percent	Cumulative Frequency	Cumulative Percent
High Sch or Less	2	33.33	2	33.33
Two Yr. College	2	33.33	4	66.67
Four Yr. College	1	16.67	5	83.33
Graduate Degree	1	16.67	6	100.00

President Doing a Good Job

PRESIDENT	Frequency	Percent	Cumulative Frequency	Cumulative Percent
Str Disagree	1	16.67	1	16.67
Disagree	1	16.67	2	33.33
No opinion	1	16.67	3	50.00
Agree	3	50.00	6	100.00

可以看到，与之前的版本相比，有标签和输出格式之后，结果的可读性更强了。

5. 重编码数据

在前面列举的问卷中，我们以“年”为单位计算被试的实际年龄。怎样了解年龄和问卷中 6 到 8 题（态度问题）之间的关系呢？比较好的方法是用一个变量代表年龄组而不是实际年龄。下面用两种方法实现。

见下面的 SAS 语句：

```
PROC FORMAT;
   VALUE $SEXFMT '1' = 'Male'
                 '2' = 'Female';
   .
   .
   .
                                        [Continued]
```

```
   VALUE AGEFMT 1 = '0-20'
                2 = '21-40'
                3 = '41-60'
                4 = 'Greater than 60';
RUN;

DATA QUEST;
   INPUT ID        $ 1-3
         AGE         4-5
         GENDER    $   6
         RACE      $   7
         MARITAL   $   8
         EDUCATION $   9
         PRESIDENT    10
         ARMS         11
         CITIES       12;
   IF AGE GE 0 AND AGE LE 20 THEN AGEGRP = 1;
   ELSE IF AGE GT 20 AND AGE LE 40 THEN AGEGRP = 2;
   ELSE IF AGE GT 40 AND AGE LE 60 THEN AGEGRP = 3;
   ELSE IF AGE GT 60 THEN AGEGRP= 4 ;
   LABEL MARITAL = 'MARITAL STATUS'
   .
   .
   .
   AGEGRP = 'AGE GROUP';
   FORMAT GENDER    $SEXFMT.
          RACE      $RACE.
          MARITAL   $OSCAR.
          EDUCATION $EDUC.
          PRESIDENT ARMS CITIES LIKERT.;
DATALINES;
(data lines)
;
PROC FREQ DATA=QUEST;
   TABLES GENDER -- AGEGRP;
RUN;
```

程序中加入了一些新的语句。最主要的是 INPUT 后面的 IF 和 ELSE IF 语句。IF 语句的一般形式为：

```
IF condition THEN statement;
```

如果条件（condition）为真，则执行 THEN 后的语句。在上面的 IF 和 ELSE IF 语句中，出现了逻辑运算符 GE（大或等于）、LE（小或等于）以及 LT（小于）。完整的比较运算符列表将在后文列出。INPUT 语句从数据行读入数据。然后执行第一个 IF 语句。如果条件为真，变量 AGEGRP 将赋值为 1，程序自动跳过接下来的 ELSE 语句。如果条件为假，执行下一个 ELSE 语句，此时若为真，AGEGRP 将赋值为 2，依此类推。最后，到达 DATALINES 语句时，SAS 数据集则加入了一个观测值。

程序回到 DATA 步骤的开头重复运行，直到读入所有数据行。数据集中的变量将包括 INPUT 中列出的所有变量以及 AGEGRP。变量 AGEGRP 与其他变量一样可用于任何过程。这里要注意确保你的程序没有漏洞。也就是说，IF 语句对 AGE 的所有值都会重新编码。如果漏掉了某些值，AGEGRP 将被赋为缺失值。因此第一个 IF 语句应写为：

```
If AGE GE 0 AND AGE LE 20 THEN AGEGRP = 1;
```

而不是：

```
If AGE LE 20 THEN AGEGRP = 1;
```

差别很小，**但很重要**。出于排序的需要，SAS 程序把缺失值默认为负无穷。也就是说，缺失值比所有值都小。因此，当年龄为缺失值，或者为 0 到 20 之间的有效值时，上面的 IF 语句都为真。这个语句：

```
IF AGE GE 0 AND AGE LE 20 THEN AGEGRP = 1;
```

正确书写的另一种方式是：

```
IF AGE LE 20 AND AGE NE . THEN AGEGRP = 1;
```

最后一个 IF 语句用句点表示 SAS 中的数值缺失值。顺便提一句，SAS 中的字符缺失值用‘ ’（引号、空格，单双引号均可）代替。你可以选择一个看起来最简单明了的 IF 语句形式。IF 语句还有一种写法。例如，对 AGEGRP = 2 可以这样写：

```
ELSE IF 20 LT AGE LE 40 THEN AGEGRP = 2;
```

下表为 SAS 比较运算符列表。用字母和符号表示均可：

意义	符号
等于	= 或 EQ
大于	> 或 GT
小于	< 或 LT
大或等于	>= 或 GE
小或等于	<= 或 LE
不等于	^= 或 NE

（注：不等于也可以用 ~ = 表示）

你也可以写四个 IF 语句，而不是一个 IF 和三个 ELSE IF 语句。但是记住，只要有一个 IF 为真，余下的 ELSE 都将被跳过。因此，ELES IF 语句运行效率更高（因为不需要四个 IF 都运行），并且避免了下面的问题。你能想象运行下面的语句会出现什么情况吗？（假设 X 可以取值 1、2、3、4 或 5。）

```
IF X=1 THEN X=5;
IF X=2 THEN X=4;
IF X=4 THEN X=2;
IF X=5 THEN X=1;
```

X 等于 1 时会如何？第一个 IF 语句为真。这使得 X 被赋值为 5。接下来的两个 IF 为假，但最后一个 IF 语句为真。X 又被赋值为 1 了！ ELSE 语句不光缩短了运行时间，也可以解决上面的问题。修改后的程序如下：

```
     IF X=1 THEN X=5;
ELSE IF X=2 THEN X=4;
ELSE IF X=4 THEN X=2;
ELSE IF X=5 THEN X=1;
```

最后一个值得注意的地方：若我们想把 X 重新编码，让 1=5、2=4、3=3、4=2 及 5=1，语句：

```
X = 6 - X;
```

是将 X 重新编码最有效、最好的方法。不妨试试看。

注意我们在 LABEL 语句和 PROC FORMAT 中加入了一行新的程序，以便为新变量添加标签和输出格式。

6. 使用输出格式重编码变量

还有一种在不生成新变量的情况下重编码 AGE 的方法。我们利用一个小技巧，定义输出格式并将它与变量相关联，可以让 SAS 为被试指定年龄组，在 DATA 步骤或 PROC 步骤中给变量赋予输出格式。如果在 DATA 步骤使用格式语句，格式将用于所有过程。如果在 PROC 步骤使用格式语句，格式只在该过程有效。同时，变量最初的值并没有改变。因此，若你在 DATA 步骤使用格式语句，并将格式与变量关联，所有变量的计算仍然使用最初的值。例如，虽然 AGE 与某种输出格式相关联，你仍可以计算它的平均数（用 PROC MEANS）。只有在类似 PROC FREQ 这类过程中，或作为 CLASS 语句中的变量时，关联的格式才起作用。因此，继续分析上面的例子，我们可以这样写：

```
PROC FORMAT;
   VALUE AGROUP LOW-20   = '0-20'
                21-40    = '21-40'
                41-60    = '41-60'
                61-HIGH = 'Greater than 60';
```

等号左边不再是一个单独的值，而是值的范围。定义格式时，SAS 不会让我们指定重叠的范围。因此，LOW-20=’Very Young’和 15-30=’Young’是不合理的。关键词 HIGH 和 LOW 分别用来指定数据集中的最大值和最小值（不包括缺失值）。所以，LOW-20 表示从最小值到 20 之间所有的值。记住，数值型变量中，关键词 LOW 不包括缺失值（字符型变量则包括）。

另一关键词 OTHER 可以代表在之前设定的格式范围中没有出现的其他值。因此程序可这样写：

```
VALUE AGROUP LOW-20    = '0-20'
             21-40     = '21-40'
             41-60     = '41-60'
             60-HIGH   = 'Greater than 60'
             .         = 'Did Not Answer'
             OTHER     = 'Out of Range';
```

正如你所看到的，“. = '*format label*'”可以让你给数值型缺失值打上标签。

一旦定义了格式，我们就能把格式与变量关联起来，不论是在 DATA 步骤还是 PROC 步骤中。例如，当我们对最初的变量（例如 AGE）使用 TABLES 语句时，通过让 AGE 关联格式 AGROUP，频数将按格式化后的值进行计算而不是最初的值。在下面这个例子里，我们只想在 PROC FREQ 里重编码值，因此将 FORMAT 语句放在了 PROC 步骤里。

SAS 语句如下：

```
PROC FREQ DATA=QUEST;
   TITLE "Using a Format to Group a Numeric Variable";
   TABLES AGE;
   FORMAT AGE AGROUP.;
RUN;
```

输出结果如下：

```
Using a Format to Group a Numeric Variable

The FREQ Procedure

                                            Cumulative    Cumulative
                 AGE    Frequency   Percent  Frequency      Percent
---------------------------------------------------------------------
0-20                        1        16.67        1          16.67
21-40                       2        33.33        3          50.00
41-60                       1        16.67        4          66.67
Greater than 60             2        33.33        6         100.00
```

在前文介绍如何创建输出格式时，我们提到了一些其他方法。在一个格式语句中可同时包括变量的值和值的一个范围。假设我们指定变量值 1 到 3 为颜色‘红’、‘白’和‘蓝’，变量值 0 及 4-9 为其他颜色。这样变量值 0 及 4-9 一起表示‘其他颜色’，其他变量值标记为‘溢出’（Out of Range）。在 VALUE 语句中按上述条件创建 SAS 输出格式 COLOR 的程序如下：

```
VALUE COLOR 1      =          'Red'
            2      =         'White'
            3      =          'Blue'
            0, 4-9 =     'Other Colors'
            OTHER  =    'Out of Range';
```

变量值和值的范围用逗号隔开。在此例中，要么 0，要么 4-9 之间的数将格式化为‘Other Colors’（其他颜色）。这种格式化方法适用于将大量类别重新分为少量类别的情况。假设我们把最初问卷中的 RACE 分为 5 个水平：

```
1=WHITE  2=SPANISH AMERICAN  3=ASIAN  4=AFRICAN AM.  5=OTHER
```

现在，为了做某种分析，我们只需要三个水平：WHITE、AFRICAN AM. 和 OTHER。快速又简单的方法是像下面这样赋予格式：

```
VALUE $RACE '1'         = 'WHITE'
            '4'         = 'AFRICAN AM.'
            '2','3','5' =     'OTHER RACES';
```

这样为变量值分组的好处是，不需要创建新数据集或新变量，只需用 PROC FORMAT 创建新的格式，然后添加到你想进行分组的过程中就行了。

7.　双向列联表

除了计算个体变量的频数，有时我们还需要计算一个变量在另一个变量每个水平下的频数。下面这个例子将清晰地说明我们的问题。假设我们进行了一项关于总统选举的民意调查，调查中记录了被试的性别。样本数据如下：

性别 (GENDER)	支持的候选人 (CANDIDATE)
M	DEWEY
F	TRUMAN
M	TRUMAN
M	DEWEY
F	TRUMAN
……	

我们想要知道（1）有多少人支持 Dewey，多少人支持 Truman，（2）样本中分别有多少男性和女性，（3）有多少男性和女性分别支持 Dewey 和 Truman。

之前的 PROC FREQ 过程展示了如何实现（1）和（2）。对（3），我们想得到的结果是这样的：

不同性别所支持的候选人			
候选人	性别		
频数	F	M	总计
Dewey	70	40	110
Truman	30	40	70
总计	100	80	180

若这是我们的表，这表明女性喜欢 Dewey（70 票）多于 Truman（30 票），而男性的偏好则是对半分。下面是实现这个结果的 SAS 程序：

```
DATA ELECT;
   INPUT GENDER $ CANDID $ ;
DATALINES;
M DEWEY
F TRUMAN
M TRUMAN
M DEWEY
F TRUMAN
(more data lines)
;
PROC FREQ DATA=ELECT;
   TABLES GENDER CANDID
          CANDID*GENDER;
RUN;
```

注意到这里的GENDER和CANDID都是字符型变量，因此INPUT语句中的变量名后应加上$。另一个需要指出的是，字符变量的值在用INPUT语句中的“列表”形式时长度不能超过8，除非在INPUT语句中指定这个变化。因此这个程序不能使用姓名Eisenhower/Stevenson（不使用昵称的情况下），但可以用Bush/Kerry。

上两个TABLES是单向频数表；TABLE语句中指定的CANDID*GENDER则要求输出双向表。

之前所呈现的列表能告诉我们什么呢？如果是基于选民的随机样本，我们可以得到性别影响选票的结论。在我们断定此结论可以推广到全国范围之前，最好先检验一下，以确保结果不是因为巧合造成的。这里采用统计中的卡方检验。

继续考察该表。这个样本有180个人，其中110个支持Dewey，70个支持Truman；100个女性和80个男性。如果性别均衡，我们将预测支持Dewey的人数比例（110/180）在男性和女性中是一样的。因此我们预测100个女性中有（110/180）个支持Dewey（接近61）。其他单元的预测值（统计上叫数学期望值）也可以用同样的方法算出。一旦算出了每个单元（性别和候选人的交叉点）的观测频数和期望频数，就可以计算卡方统计量。通过在TABLES语句后面增加卡方检验的选项，就可以计算卡方统计量，同时计算仅凭偶然几率得到该值的概率。选项应写在斜杠后面，写法如下：

```
TABLES CANDID*GENDER / CHISQ;
```

结果输出如下：

```
Two-way Table

The FREQ Procedure

Table of Candidate by Gender

Candid      Gender

Frequency|
Percent  |
Row Pct  |
Col Pct  |F       |M       |  Total
---------+--------+--------+
Dewey    |     70 |     40 |    110
         |  38.89 |  22.22 |  61.11
         |  63.64 |  36.36 |
---------+--------+--------+
Truman   |     30 |     40 |     70
         |  16.67 |  22.22 |  38.89
         |  42.86 |  57.14 |
         |  30.00 |  50.00 |
---------+--------+--------+
Total         100       80      180
            55.56    44.44   100.00
```

```
Statistics for Table of Candidate by Gender

Statistic                     DF       Value      Prob
------------------------------------------------------
Chi-Square                     1      7.4805    0.0062
Likelihood Ratio Chi-Square    1      7.4930    0.0062
Continuity Adj. Chi-Square     1      6.6626    0.0098
Mantel-Haenszel Chi-Square     1      7.4390    0.0064
Phi Coefficient                       0.2039
Contingency Coefficient               0.1998
Cramer's V                            0.2039

       Fisher's Exact Test
----------------------------------
Cell (1,1) Frequency (F)        70
Left-sided Pr <= F          0.9981
Right-sided Pr >= F         0.0049

Table Probability (P)       0.0030
Two-sided Pr <= P           0.0087

Sample Size = 180
```

表格左上角的单元格是关键，它告诉我们单元格中的数字代表什么意义。FREQUENCY 代表单元格频数。例如，有 70 位女性支持 Dewey 做总统。第二个数 PERCENT，代表在总体中的百分比。第三个数标记为 ROW PCT，代表行百分比。例如在所有支持 Dewey 的人中（第一行），70/110 × 100，即 63.64% 是女性。最后一个数，COL PCT，代表列百分比。在所有的女性中，70% 支持 Dewey，30% 支持 Truman。在生成双向交叉表的 TABLES 语句中，将行变量放在第一位，列变量放在第二位（例如，CANDID*GENDER）。

在我们的例子中，卡方值为 7.48，p 值为 .006。因此，基于此数据，对总统的偏好是存在性别差异的：女性比男性更倾向于选择 Dewey，换句话说男性更倾向于 Truman。

卡方统计量的自由度（df）等于行数减 1 乘以列数减 1（即（R-1）×（C-1））。因此，2×2 列联表的卡方自由度为 1。当卡方自由度为 1，并且某个单元格的期望频数小于 5 时，将采用“连续性校正”，也就是 Yete 校正的方法对结果进行微调。SAS 将以“Continuity Adj. Chi-Square”为题打印校正后的卡方值以及相应 p 值。当期望频数很小时，另一个选择是使用 Fisher 精确检验，在 TABLE 语句的统计方法列表中可以找到。记住，卡方检验是没有方向的，建议使用双侧 Fisher 检验。当自由度大于 1 时，期望频数低于 5 的单元格数量最好不超过 20%。如果不满足上述条件，程序将出现警告。

不过，当遇到这种情况时，并不意味着要丢弃你的数据。这种情况很复杂，统计学家也很难达成共识。当自由度大于1时，建议你还是选择一个校正的方法。如果仍有疑问，请咨询懂统计学的朋友。

对于大表（多于四个单元格）而言，如果期望频数很小，可以合并单元格。例如有四个年龄组:0-20, 21-40, 41-60, 60以上。我们可以把0-20和21-40合并为一组，41-60和60+合并为一组。另一个例子是，在态度问卷中，我们可以把“非常不同意”和“不同意”合并为一组。可以用前一节提到的重编码方法完成单元格的合并。

8. 生成多元表格的捷径

我们用本章开头的问卷程序来阐述另一个双向表的例子。假设我们想要建立AGEGRP与三个变量PRESIDENT、ARMS和CITIES的交叉表。可以这样写：

```
TABLES(PRESIDENT ARMS CITIES)*AGEGRP;
```

以上语句是下面语句的简写，并将生成三个表格：

```
TABLES PRESIDENT*AGEGRP ARMS*AGEGRP CITIES*AGEGRP;
```

我们同样可以在TABLE语句中写多个列变量：

```
TABLES (PRESIDENT ARMS) * (AGEGRP GENDER);
```

这将生成四个表格：

```
PRESIDENT*AGEGRP, ARMS*AGEGRP, PRESIDENT*GENDER, and ARMS*GENDER
```

当你用这种捷径时，确保变量列表在圆括号内。

该程序生成的其中一个表如下：

```
The FREQ Procedure

Table of PRESIDENT by AGEGRP

PRESIDENT(President Doing a Good Job)     AGEGRP(Age Group)
Frequency    |
Percent      |
Row Pct      |
Col Pct      |      1|      2|      3|      4|  Total
-------------+-------+-------+-------+-------+
Str Disagree |      0|      1|      0|      0|      1
             |   0.00|  16.67|   0.00|   0.00|  16.67
             |   0.00| 100.00|   0.00|   0.00|
             |   0.00|  50.00|   0.00|   0.00|
-------------+-------+-------+-------+-------+
Disagree     |      1|      0|      0|      0|      1
             |  16.67|   0.00|   0.00|   0.00|  16.67
             | 100.00|   0.00|   0.00|   0.00|
             | 100.00|   0.00|   0.00|   0.00|
-------------+-------+-------+-------+-------+
No opinion   |      0|      0|      0|      1|      1
             |   0.00|   0.00|   0.00|  16.67|  16.67
             |   0.00|   0.00|   0.00| 100.00|
             |   0.00|   0.00|   0.00|  50.00|
-------------+-------+-------+-------+-------+
Agree        |      0|      1|      1|      1|      3
             |   0.00|  16.67|  16.67|  16.67|  50.00
             |   0.00|  33.33|  33.33|  33.33|
             |   0.00|  50.00| 100.00|  50.00|
-------------+-------+-------+-------+-------+
Total               1       2       1       2       6
                16.67   33.33   16.67   33.33  100.00
```

9. 频数表中的卡方检验

当你已经有了一个列联表，并且想用 SAS 计算卡方统计量，这就要用到 WEIGHT 语句。假设你有一个 2×2 表，如下，想计算卡方值：

		结果(Outcome)	
		存活(Alive)	死亡(Dead)
分组（Group）	药物组（Drug）	90	10
	安慰剂组（Placebo）	80	20

用下面的代码读入 GROUP、OUTCOME 以及 COUNT（单元格的频数值）：

```
DATA CHISQ;
   INPUT GROUP $ OUTCOME $ COUNT;
DATALINES;
DRUG ALIVE 90
DRUG DEAD 10
PLACEBO ALIVE 80
PLACEBO DEAD 20
;
PROC FREQ DATA=CHISQ;
   TABLES GROUP*OUTCOME / CHISQ;
   WEIGHT COUNT;
RUN;
```

WEIGHT 语句告诉程序中 OUTCOME 和 GROUP 每个交叉单元格中有多少个被试。没有 WEIGHT 语句，表格会是什么样呢？没有 WEIGHT 语句时，PROC FREQ 以该变量名出现数量作为观测数。在四个观测中，GROUP 等于 DRUG 且 OUTCOME 等于 ALIVE 的观测有几个呢？答案是 1。其他单元格也是一样。因此，没有 WEIGHT 语句，四个单元格中的频数都等于 1。

10. 多个表格卡方检验的程序

虽然现在引入更复杂的程序为时过早，我们仍提供一个小程序，让读者能够同时输入多个 2×2 频数表并计算卡方统计量。读者可以复制下面的程序，用你的数据代替我们的数据。这里不再对程序细节多作解释：

```
***Program to compute Chi-square for any number of 2 x 2 ta-
bles where the data lines consist of the cell frequencies. The
order of the cell counts is upper left, upper right, lower
left, and lower right. To use this program, substitute your
cell frequencies for the sample data lines in this program.;
DATA CHISQ;
   N + 1;
   DO ROW = 1 TO 2;
      DO COL = 1 TO 2;
         INPUT COUNT @;
      OUTPUT;
      END;
   END;
DATALINES;
3 5 8 6
```

```
10 20 30 40
;
PROC FREQ DATA=CHISQ;
   BY N;
   TABLES ROW*COL / CHISQ;
   WEIGHT COUNT;
RUN;
```

11.　用于频数表中卡方检验的宏

下面是一个计算 2×2 频数表中卡方检验（或其他 PROC FREQ 中可用的统计检验）的宏。作为程序初学者，讨论宏似乎太早，因此我们只给出宏的程序并介绍如何使用。既然我们经常需要计算卡方、优势比和相对风险，你将发现把这个宏放在你的 SAS 宏程序库中是多么的方便。

下面是一个叫 CHISQ 的宏。你有几种使用它的方法。第一种（也是最好的）方法是把这个宏放到你的永久宏库，每次启动 SAS 后就可以自动调用。如果这太难，你可以用下面的语句：

```
%INCLUDE 'C:\MYMACROS\CHISQ.SAS';
```

并把程序 CHISQ.SAS 放在你硬盘上某个文件夹中。最后一种方法是把这个程序放到显示管理器中，然后提交。

```
/**********************************************************
Macro CHISQ
Purpose: To compute chi-square (and any other valid
         PROC FREQ TABLES options) from frequencies in a
         2 x 2 table.
Sample Calling Sequencies:
   ***Using the default options;
   %CHISQ(10,20,30,40)

   ***Omitting all options;
   %CHISQ(10,20,30,40,OPTIONS=)

   ***Removing percentages;
   %CHISQ(10,20,30,40,OPTIONS=NOCOL NOROW NOPERCENT)

   ***Requesting Odds Ratios and Relative Risk;
   %CHISQ(10,20,30,40,OPTIONS=CMH)
```

[Continued]

```
   ***Requesting Chi-square, OR, and RR;
   %CHISQ(10,20,30,40,OPTIONS=CHISQ CMH)
*************************************************************/
%MACRO CHISQ(A,B,C,D,OPTIONS=CHISQ);
   DATA CHISQ;
      ARRAY CELLS[2,2] _TEMPORARY_ (&A &B &C &D);
      DO ROW = 1 TO 2;
         DO COL = 1 TO 2;
            COUNT = CELLS[ROW,COL];
            OUTPUT;
         END;
      END;
   RUN;
   PROC FREQ DATA=CHISQ;
      TABLES ROW*COL / &OPTIONS;
      WEIGHT COUNT;
   RUN;
%MEND CHISQ;
```

无论采用三种方法中的哪一种，都可以这样使用宏：

```
%CHISQ(10,20,30,40)
```

注意，调用宏的时候不需要分号。如果要调用卡方检验之外的选项，可以这样写：

```
%CHISQ(10,20,30,40,OPTIONS=CHISQ CMH)
```

可在关键词 OPTIONS 之后使用 PROC FREQ TABLES 语句中任何一个选项。

12. 配对样本的 McNemar 检验

假设想要知道禁烟广告对人们吸烟态度的影响有多大，我们先询问 100 个被试对吸烟的态度（支持或反对），然后给他们播放禁烟广告，再次询问他们对吸烟的态度。因为同一个被试在两种不同条件下（看广告前和看广告后）对同一个问题作答了两次，所以这个实验叫配对实验设计。配对设计也可用于被试之间基于某个标准的匹配，比如一个被试在性别或年龄上与另一被试相匹配。假设在吸烟研究中收集了下面的数据（P＝支持；N＝反对）：

被试	之前	之后
001	P	P
001	P	N
003	N	N
	·	
	·	
	·	
100	N	P

BEFORE 和 AFTER 的双向表如下：

		之后(AFTER)	
		反对	支持
之前（BEFORE）	反对（NEGATIVE）	32	15
	支持（POSITIVE）	30	23

表中每个单元表示了一个人观看广告之后和之前的态度。有 32 人看广告之前和之后都对吸烟持反对态度；15 人之前反对，但之后支持；30 人之前支持，之后反对；23 人之前和之后都支持。分析这样的表，我们不能用传统的卡方检验，而要用配对样本的 McNemar 检验。原因是这样的：我们只想了解谁改变了态度（不一致单元格）。这个单元格中一共有 45 个被试改变了态度。在广告无效应的零假设下，我们将期望反对—支持者与支持—反对者一样多。因此，两个不一致单元格的期望值为 45/2 = 22.5。卡方统计量可以这么计算：$(15\text{-}22.5)^2/22.5 + (30\text{-}22.5)^2/22.5=5$。SAS 程序如下：

```
***Program Name: MCNEMAR.SAS in C:\APPLIED
Purpose: To perform McNemar's Chi-square test for
paired samples;

PROC FORMAT;
   VALUE $OPINION 'P'='Positive'
                  'N'='Negative';
RUN;
DATA MCNEMAR;
   LENGTH BEFORE AFTER $ 1;
   INPUT SUBJECT BEFORE $ AFTER $;
   FORMAT BEFORE AFTER $OPINION.;
DATALINES;
001 P P
002 P N
003 N N
(more data lines)
                                        [Continued]
```

```
100 N P
;
PROC FREQ DATA=MCNEMAR;
   TITLE "McNemar's Test for Paired Samples";
   TABLES BEFORE*AFTER / AGREE;
RUN;
```

在我们研究结果输出之前先看看程序的细节。注意，INPUT 语句前多了个 LENGTH 语句。通过设定变量 BEFORE 和 AFTER 的长度等于 1，我们只需 1 个字节来存储变量值。没有 LENGTH 语句，系统默认使用 8 个字节。为了使输出结果更具可读性，我们为变量 BEFORE 和 AFTER 创建了格式。由于题目包括单引号，我们必须用双引号将其引起来。最后，TABLES 语句的 AGREE 选项要求计算 McNemar 卡方统计量和 Kappa 统计量（一致性指标 Kappa 通常用于测量评分者信度）。下面是结果输出：

```
McNemar's Test for Paired Samples

The FREQ Procedure

Table of BEFORE by AFTER

BEFORE     AFTER

Frequency|
Percent  |
Row Pct  |
Col Pct  |Negative|Positive|  Total
---------+--------+--------+
Negative |     32 |     15 |     47
         |  32.00 |  15.00 |  47.00
         |  68.09 |  31.91 |
         |  51.61 |  39.47 |
---------+--------+--------+
Positive |     30 |     23 |     53
         |  30.00 |  23.00 |  53.00
         |  56.60 |  43.40 |
         |  48.39 |  60.53 |
---------+--------+--------+
Total          62       38      100
            62.00    38.00   100.00
```

```
Statistics for Table of BEFORE by AFTER

    McNemar's Test
-----------------------
Statistic (S)    5.0000
DF                    1
Pr > S           0.0253

    Simple Kappa Coefficient
--------------------------------
Kappa                     0.1128
ASE                       0.0946
95% Lower Conf Limit     -0.0727
95% Upper Conf Limit      0.2983

Sample Size = 100
```

结果表明 McNemar 卡方统计量为 5.0，相应的 P 值为 .0253。可以认为禁烟广告有助于改变人们对吸烟的态度。

如果对已有的 2×2 列联表计算 McNemar 卡方统计量，需要用下面的程序：

```
DATA MCNEMAR;
   LENGTH AFTER BEFORE $ 1;
   INPUT AFTER $ BEFORE $ COUNT;
   FORMAT BEFORE AFTER $OPINION.;
DATALINES;
N N 32
N P 30
P N 15
P P 23
;
PROC FREQ DATA=MCNEMAR;
   TITLE "McNemar's Test for Paired Samples";
   TABLES BEFORE*AFTER / AGREE ;
   WEIGHT COUNT;
RUN;
```

13. Kappa 统计量（一致性系数）

TABLES 语句 AGREE 选项的另一种用法是计算 Kappa 统计量，该统计量一般用于测量两个评分者之间的一致性。例如，假设想要知道放射科医生用 X 光评估恶性肿瘤的精确性有多高。一种方法是让两个放射科医生（radiologist）分别对一系列 X 光片进行评估，给出阳性或阴性的诊断。下面我们用两个医生对 83 个 X 光片的诊断结果作为例子：

频数		放射科医生 2 否	放射科医生 2 是	合计
放射科医生 1	否	25	3	28
	是	5	50	55
	合计	30	53	83

如果让两个医生分别扔硬币，将有 50% 的机会得到相同的结果（四种情况，反/反、正/正、反/正、反/正，每种情况出现概率相等）。Kappa 统计量排除了随机一致性的效应，给出了一致性常用的统计量。SAS 计算 Kappa 统计量的程序如下：

```
DATA X_RAY;
   INPUT RADIOLOGIST_1 $ RADIOLOGIST_2 $ COUNT;
DATALINES;
No No 25
No Yes 3
Yes No 5
Yes Yes 50
;
PROC FREQ DATA=X_RAY;
   TITLE "Computing Coefficient Kappa for Two Observers";
   TABLES RADIOLOGIST_1 * RADIOLOGIST_2 / AGREE;
   WEIGHT COUNT;
RUN;
```

看下面的结果输出，Kappa 统计量为 0.7881，表示中等的一致性程度。

```
Computing Coefficient Kappa for Two Observers

The FREQ Procedure

Table of RADIOLOGIST_1 by RADIOLOGIST_2

RADIOLOGIST_1
         RADIOLOGIST_2

Frequency|
Percent  |
Row Pct  |
Col Pct  |No      |Yes     | Total
---------+--------+--------+
No       |     25 |      3 |    28
         |  30.12 |   3.61 | 33.73
         |  89.29 |  10.71 |
         |  83.33 |   5.66 |
---------+--------+--------+
Yes      |      5 |     50 |    55
         |   6.02 |  60.24 | 66.27
         |   9.09 |  90.91 |
         |  16.67 |  94.34 |
---------+--------+--------+
Total          30       53      83
            36.14    63.86  100.00

Statistics for Table of RADIOLOGIST_1 by RADIOLOGIST_2

   McNemar's Test
----------------------
Statistic (S)   0.5000
DF                   1
Pr > S          0.4795

   Simple Kappa Coefficient
--------------------------------
Kappa                     0.7881
ASE                       0.0710
95% Lower Conf Limit      0.6491
95% Upper Conf Limit      0.9272

Sample Size = 83
```

14. 优势比

假设我们想研究，有脑瘤的人是否比没有脑瘤的人更可能在先前接触过苯。用于解决该问题的实验设计叫作案例 - 对照设计（case-control design）。故名思义，你首先需要一些案例，也就是患病的人或满足条件的人（本例中即脑瘤患者），然后寻找在其他方面尽量类似但没有患脑瘤的人，将其作为对照组。我们提供苯接触（Exposure）一些数据来演示案例–对照研究：

		结果	
		案例	对照
接触	是	50	20
	否	100	130

从表格中可以看到,案例组中接触过苯的人百分比更高。为了检验案例组(CASE）和控制组（CONTROL）的苯接触是否有差异，可以计算卡方统计量。案例–对照研究的结果通常以优势比及其95%的置信区间来表示。简单地说，案例组苯接触的优势为50/100。对照组苯接触的优势为20/130。因此，优势比为：

$$\frac{50/100}{20/130} = \frac{.5}{.155} = 3.25.$$

如果运行PROC FREQ时加入CHISQ和CMH（Cochran-Mantel-Haenszel）选项，我们将得到卡方统计量、优势比、优势比的95%置信区间及一些其他的统计量。下面是分析上述表格的程序和结果输出：

```
***Program to compute an Odds Ratio and the 95% CI;
DATA ODDS;
   INPUT OUTCOME $ EXPOSURE $ COUNT;
DATALINES;
CASE 1-YES 50
CASE 2-NO 100
CONTROL 1-YES 20
CONTROL 2-NO 130
;
PROC FREQ DATA=ODDS;
   TITLE "Program to Compute an Odds Ratio";
   TABLES EXPOSURE*OUTCOME / CHISQ CMH;
   WEIGHT COUNT;
RUN;
```

这里我们使了个小技巧，确保‘Yes’行位于‘No’行之前，这样我们得到的优势比就是案例组（第一列）苯接触更多（或更少）的优势（即EXPOSURE=‘YES’)。由于SAS默认按照字母顺序（或数字顺序）对频数表中的字符变量（或数字变量）排序，因此将变量EXPOSURE的值命名为‘1-Yes’和‘2-No’，可以强制让程序把‘Yes’行放在顶部（在英文字母序中，‘1’排在‘2’之前）。另一个技巧是让行变量或列变量与格式关联，首先选择合适的值，使行和列达到想要的顺序，然后在 PROC FREQ 过程中使用 ORDER=FORMATTED 选项。该选项让 PROC FREQ 在排序时使用格式的值，而不是表格内原始的值。结果输出如下：

```
Program to Compute an Odds Ratio

The FREQ Procedure

Table of EXPOSURE by OUTCOME

EXPOSURE     OUTCOME

Frequency|
Percent  |
Row Pct  |
Col Pct  |CASE    |CONTROL |  Total
---------+--------+--------+
1-YES    |     50 |     20 |     70
         |  16.67 |   6.67 |  23.33
         |  71.43 |  28.57 |
         |  33.33 |  13.33 |
---------+--------+--------+
2-NO     |    100 |    130 |    230
         |  33.33 |  43.33 |  76.67
         |  43.48 |  56.52 |
         |  66.67 |  86.67 |
---------+--------+--------+
Total         150      150      300
            50.00    50.00   100.00

Statistics for Table of EXPOSURE by OUTCOME

Statistic                     DF       Value      Prob
------------------------------------------------------
Chi-Square                     1     16.7702    <.0001
Likelihood Ratio Chi-Square    1     17.2071    <.0001
Continuity Adj. Chi-Square     1     15.6708    <.0001
Mantel-Haenszel Chi-Square     1     16.7143    <.0001
Phi Coefficient                       0.2364
Contingency Coefficient               0.2301
Cramer's V                            0.2364

       Fisher's Exact Test
----------------------------------
Cell (1,1) Frequency (F)        50
Left-sided Pr <= F          1.0000
Right-sided Pr >= F      3.125E-05

Table Probability (P)    2.220E-05
Two-sided Pr <= P        6.249E-05

                                            [Continued]
```

```
Sample Size = 300

Program to Compute an Odds Ratio

The FREQ Procedure

Summary Statistics for EXPOSURE by OUTCOME

  Cochran-Mantel-Haenszel Statistics (Based on Table Scores)

Statistic    Alternative Hypothesis    DF       Value      Prob
----------------------------------------------------------------
    1        Nonzero Correlation        1     16.7143    <.0001
    2        Row Mean Scores Differ     1     16.7143    <.0001
    3        General Association        1     16.7143    <.0001

           Estimates of the Common Relative Risk (Row1/Row2)

Type of Study     Method                 Value     95% Confidence Limits
-------------------------------------------------------------------------
Case-Control      Mantel-Haenszel       3.2500        1.8189       5.8070
  (Odds Ratio)    Logit                 3.2500        1.8189       5.8070

Cohort            Mantel-Haenszel       1.6429        1.3331       2.0246
  (Col1 Risk)     Logit                 1.6429        1.3331       2.0246

Cohort            Mantel-Haenszel       0.5055        0.3432       0.7446
  (Col2 Risk)     Logit                 0.5055        0.3432       0.7446

Total Sample Size = 300
```

卡方值为 16.770，在 .001 水平上显著。优势比为 3.25，与前面手动计算的一样。该值右边为 95%置信区间（1.847 到 5.719）。这意味着如果我们从给定的总体中多次抽取类似的样本，计算出的置信区间中有 95%包含了真正的总体优势比。更进一步，可以说我们有 95%的把握确信真实的总体优势比在区间 1.847 到 5.719 内（但不要在统计学家面前大声说这样的话）。同时，由于区间不包括 1，我们可以断定 3.25 的优势比在 .05 水平上是显著的。（在本例中，我们使用卡方值和 p 值。）对于案例—对照研究，相对风险比较难解释，可以忽略。当发生率很低时，优势比可以作为相对风险的估计，下面将作讨论。

15. 相对风险

对于案例—对照研究，优势比是比较合适的统计量；对于群组研究（cohort

study)，相对风险则是比较合适的统计量。举个例子，假设我们进行一项前瞻性群组研究，调查胆固醇（CHOLETEROL）对心脏病（MI）的影响。一组患者胆固醇较高，一组胆固醇较低(两个群组)，两组都跟踪观察 5 年。两组中均观测到有人患心脏病(记为 MI)。下面是虚构的数据：

		结果		
		心脏病	无心脏病	
胆固醇	高	20	80	100
	低	15	135	150
		35	215	250

可以看到 100 个高胆固醇病人中，有 20 人出现了心脏病（MI），发生率为 20/100 = .20。低胆固醇病人，发生率为 15/150 = .10。发生率之比称为相对风险。本例中为 .20/.10 = 2.00，因此，可以说高胆固醇人群患心脏病的风险是低胆固醇人群的两倍。计算相对风险的程序与计算优势比的程序相差无几：

```
***Program to compute a Relative Risk and a 95% CI;
DATA RR;
   LENGTH GROUP $ 9;
   INPUT GROUP $ OUTCOME $ COUNT;
DATALINES;
HIGH-CHOL MI 20
HIGH-CHOL NO-MI 80
LOW-CHOL MI 15
LOW-CHOL NO-MI 135
;
PROC FREQ DATA=RR;
   TITLE "Program to Compute a Relative Risk";
   TABLES GROUP*OUTCOME / CMH;
   WEIGHT COUNT;
RUN;
```

```
Program to Compute a Relative Risk

The FREQ Procedure

Table of GROUP by OUTCOME

GROUP          OUTCOME

Frequency |
Percent   |
Row Pct   |
Col Pct   |MI       |NO-MI    |  Total
----------+---------+---------+
HIGH-CHOL |      20 |      80 |    100
          |    8.00 |   32.00 |  40.00
          |   20.00 |   80.00 |
          |   57.14 |   37.21 |
----------+---------+---------+
LOW-CHOL  |      15 |     135 |    150
          |    6.00 |   54.00 |  60.00
          |   10.00 |   90.00 |
          |   42.86 |   62.79 |
----------+---------+---------+
Total            35       215      250
              14.00     86.00   100.00

Program to Compute a Relative Risk

The FREQ Procedure

Summary Statistics for GROUP by OUTCOME

  Cochran-Mantel-Haenszel Statistics (Based on Table Scores)

Statistic    Alternative Hypothesis    DF       Value      Prob
----------------------------------------------------------------
    1        Nonzero Correlation        1      4.9635    0.0259
    2        Row Mean Scores Differ     1      4.9635    0.0259
    3        General Association        1      4.9635    0.0259

               Estimates of the Common Relative Risk (Row1/Row2)

Type of Study     Method              Value     95% Confidence Limits
-----------------------------------------------------------------------
Case-Control      Mantel-Haenszel    2.2500       1.0905        4.6425
  (Odds Ratio)    Logit              2.2500       1.0905        4.6425

Cohort            Mantel-Haenszel    2.0000       1.0761        3.7171
  (Col1 Risk)     Logit              2.0000       1.0761        3.7171

Cohort            Mantel-Haenszel    0.8889       0.7950        0.9938
  (Col2 Risk)     Logit              0.8889       0.7950        0.9938

Total Sample Size = 250
```

按字母顺序，'HIGH-CHOL' 排在 'LOW-CHOL' 之前，'MI' 排在 'NO-MI' 之前，所以我们不需要用贴标签的技巧使行和列保持正确的顺序。LENGTH 语句指定变量 GROUP 长度为 9。如果不指定，GROUP 长度默认为 8 个字符，最后一个字母将被删掉。另一个方法是使用 INFORMAT 语句，或在 INPUT 语句指定输入格式：

```
INFORMAT GROUP $ 9.; /* Separate INFORMAT statement */
INPUT GROUP OUTCOME $ COUNT; /* $ after GROUP optional*/
```

或

```
INPUT GROUP : $9. OUTCOME $ COUNT; /* colon modifier*/
```

这次我们只使用 CMH 选项，因此没有计算卡方和其他的统计量。要观测心脏病的"风险"（高胆固醇 vs 低胆固醇），就需要在结果输出中查看 cohort（Col1 Risk）的结果。Col1 相对风险表示，如果你在行 1 组中（此例中是高胆固醇），得到列 1 组（此例中是患有心脏病的人）结果的可能性。算出的相对风险为 2.00，95% 置信区间为 1.087 到 3.680。

16. 卡方趋势检验

若 2×N 表中的类别代表了顺序水平，则需对趋势进行卡方检验。也就是 N 个水平是否有线性递增或递减的倾向？考虑下面的表：

		组别(GROUP)			
		A	B	C	D
测试结果（RESULT）	失败（FAIL）	10	15	14	25
	通过（PASS）	90	85	86	75
		100	100	100	100

注意到从 A 到 D 组"失败"的比例递增了（除了 B 到 C 组）。为了检验比例是否有显著的线性趋势，我们可以使用 PROC FREQ 过程中的 CHISQ 选项，在输出结果中查看标记为"Mantel-Haenszel chi-square"的统计量。（注意：当比例只出现较小的变化时，检验仍呈现显著趋势，因此一些统计学家认为这个检验是不合适的。）下面是输入数据和卡方检验的程序：

```
***Chi-square Test for Trend;
DATA TREND;
   INPUT RESULT $ GROUP $ COUNT @@;
DATALINES;
FAIL A 10 FAIL B 15 FAIL C 14 FAIL D 25
PASS A 90 PASS B 85 PASS C 86 PASS D 75
;
PROC FREQ DATA=TREND;
   TITLE "Chi-square Test for Trend";
   TABLES RESULT*GROUP / CHISQ;
   WEIGHT COUNT;
RUN;
```

如果不熟悉双“at”符号（@@），请参见第 12 章的介绍。幸运的是，GROUP 和 RESULT 的值已经是恰当的字母序，我们不需要重排。结果输出如下：

```
Chi-square Test for Trend

The FREQ Procedure

Table of RESULT by GROUP

RESULT     GROUP

Frequency|
Percent  |
Row Pct  |
Col Pct  |A       |B       |C       |D       |  Total
---------+--------+--------+--------+--------+
FAIL     |     10 |     15 |     14 |     25 |     64
         |   2.50 |   3.75 |   3.50 |   6.25 |  16.00
         |  15.63 |  23.44 |  21.88 |  39.06 |
         |  10.00 |  15.00 |  14.00 |  25.00 |
---------+--------+--------+--------+--------+
PASS     |     90 |     85 |     86 |     75 |    336
         |  22.50 |  21.25 |  21.50 |  18.75 |  84.00
         |  26.79 |  25.30 |  25.60 |  22.32 |
         |  90.00 |  85.00 |  86.00 |  75.00 |
---------+--------+--------+--------+--------+
Total         100      100      100      100      400
            25.00    25.00    25.00    25.00   100.00

Statistics for Table of RESULT by GROUP

Statistic                     DF       Value      Prob
------------------------------------------------------
Chi-Square                     3      9.0774    0.0283
Likelihood Ratio Chi-Square    3      8.7178    0.0333
Mantel-Haenszel Chi-Square     1      7.1844    0.0074
Phi Coefficient                       0.1506
Contingency Coefficient               0.1490
Cramer's V                            0.1506

Sample Size = 400
```

结果中可以看到，Mantel-Haenszel（M-H）卡方趋势检验为 7.184（p = .007）。有时候虽然表格的卡方检验不显著，但是趋势检验由于利用的信息更多（列的顺序），反而可能是显著的。

17. 分层表和元分析中的 Mantel-Haenszel 卡方检验

有时候列联表的情况很复杂：比如某个因素的每个水平上都有一个 2×2 列联表。这种因素可能是像年龄一样的混杂因素，或者在多点研究的每个点上都有一个 2×2 表。一种用于分析多层 2×2 表的方法是 Mantel-Haenszel 卡方统计量。该技术还可用于融合特定领域的若干研究结果。虽然这些研究会有微小的差异，但可以忽略这些差异，合并需要的结果。这个技术有时也叫做元分析，目前在医学、教育学和心理学研究中越来越普及。元分析中有许多需要注意的地方，现在讨论为时过早。Mantel-Haenszel 统计量也经常用于项目偏差研究。

用 SAS 软件计算分层表的卡方值非常简单。只需在 PROC FREQ 中输入三向表，并加入选项 ALL。

下面是一个例子，假设我们有两个 2×2 表，一个针对男性，一个针对女性。每个表给出了睡眠时间和体能测试达标之间的关系。我们想考察结果(测试未达标概率)的风险因素(缺乏睡眠)。睡眠时间变量分为“低”(少于 8 小时)和“高”(多于 8 小时)。下面是两个表：

		男性测验结果	
		失败	通过
睡眠	低	20	100
	高	15	150

		女性测验结果	
		失败	通过
睡眠	低	30	100
	高	25	200

SAS 程序简单直观：

```
***Program to compute a Mantel-Haenszel Chi-square Test
   for Stratified Tables;
DATA ABILITY;
   INPUT GENDER $ RESULTS $ SLEEP $ COUNT;
DATALINES;
BOYS FAIL 1-LOW 20
BOYS FAIL 2-HIGH 15
```

[Continued]

```
BOYS PASS 1-LOW 100
BOYS PASS 2-HIGH 150
GIRLS FAIL 1-LOW 30
GIRLS FAIL 2-HIGH 25
GIRLS PASS 1-LOW 100
GIRLS PASS 2-HIGH 200
;
PROC FREQ DATA=ABILITY;
   TITLE "Mantel-Haenszel Chi-square Test";
   TABLES GENDER*SLEEP*RESULTS/ALL;
   WEIGHT COUNT;
RUN;
```

该程序的结果输出有很多，我们只列出相关的部分：

```
Mantel-Haenszel Chi-square Test

Statistics for Table 1 of SLEEP by RESULTS
Controlling for GENDER=BOYS

Statistic                    DF       Value       Prob
------------------------------------------------------
Chi-Square                    1      3.7013     0.0544

          Estimates of the Relative Risk (Row1/Row2)

Type of Study                  Value      95% Confidence Limits
---------------------------------------------------------------
Case-Control (Odds Ratio)     2.0000        0.9777        4.0911
Cohort (Col1 Risk)            1.8333        0.9795        3.4313
Cohort (Col2 Risk)            0.9167        0.8349        1.0064

Table 2 of SLEEP by RESULTS
Controlling for GENDER=GIRLS

Statistic                    DF       Value       Prob
------------------------------------------------------
Chi-Square                    1      9.0106     0.0027

          Estimates of the Relative Risk (Row1/Row2)

Type of Study                  Value      95% Confidence Limits
---------------------------------------------------------------
Case-Control (Odds Ratio)     2.4000        1.3404        4.2973
Cohort (Col1 Risk)            2.0769        1.2789        3.3728
Cohort (Col2 Risk)            0.8654        0.7792        0.9611

Summary Statistics for SLEEP by RESULTS
Controlling for GENDER
```

```
  Cochran-Mantel-Haenszel Statistics (Based on Table Scores)

Statistic    Alternative Hypothesis    DF       Value      Prob
---------------------------------------------------------------
    1        Nonzero Correlation        1     12.4770    0.0004
    2        Row Mean Scores Differ     1     12.4770    0.0004
    3        General Association        1     12.4770    0.0004

           Estimates of the Common Relative Risk (Row1/Row2)

Type of Study     Method                 Value      95% Confidence Limits
-------------------------------------------------------------------------
Case-Control      Mantel-Haenszel       2.2289        1.4185        3.5024
  (Odds Ratio)    Logit                 2.2318        1.4205        3.5064

Cohort            Mantel-Haenszel       1.9775        1.3474        2.9021
  (Col1 Risk)     Logit                 1.9822        1.3508        2.9087

Cohort            Mantel-Haenszel       0.8891        0.8283        0.9544
  (Col2 Risk)     Logit                 0.8936        0.8334        0.9582

     Breslow-Day Test for
Homogeneity of the Odds Ratios
------------------------------
Chi-Square              0.1501
DF                           1
Pr > ChiSq              0.6985

Total Sample Size = 640
```

可以看到，男性表卡方值为 3.7013（$p = .0544$），相对风险 1.8333（95%置信区间是 .9795，3.4313）。（由于我们只关注第一列，即测试未达标的相对风险，因此选择 Col1 Risk 的结果。）对女性，卡方值为 9.0106（$p = .0027$），相对风险 2.0769（95%置信区间是 1.2789，3.3728）。

两个表的综合结果在标题“SUMMARY STATISTICS”之下。有 Cohort Mantel-Haenszel 统计量（col1 risk），p 值为 .001，相对风险 1.977（95%置信区间是 1.355，2.887）。注意到综合性别后的 p 值比男性或女性单独的 p 值都低。检验优势比的同质性的 Breslow-Day 统计量不显著（$p = .698$），表示我们可以综合这两个表。

18.　“允许多选”的问题

问卷分析中一种常见的问题是“允许多选”。例如，假设我们询问被试对哪些课程感兴趣，可以这样设计问卷：

下学期你希望参加哪些课程？（允许多选）

______ 1. 微机	______ 4. 作业控制语言
______ 2. SAS 入门	______ 5. FORTRAN 编程语言
______ 3. SAS 高级	______ 6. PASCAL 编程语言

这不是包含 6 个答案的 1 个问题，而是 6 个是 / 否问题。每个问题作为一个变量处理，其值为“是”或“否”（可以编码为 1 或 0）。因此如果像下面这样安排我们的问卷，分析将变得简单：

请选择下学期你希望参加哪些课程：

	（1）是	（2）否
1）微机	____	____
2）SAS 入门	____	____
3）SAS 高级	____	____
4）作业控制语言	____	____
5）FORTRAN 编程语言	____	____
6）PASCAL 编程语言	____	____

INPUT 语句将有六个变量（例如 COURSE1-COURSE6），每个变量的值为 1 或 0。将输出格式设定为 1 = yes、0 = no，可使最后的分析结果更具可读性。

当选项的数量有限时，这个方法很好用。然而，当我们要从大量可能的选项中选出几个项目时，这个方法要让每个选项都对应一个变量，它就不再实用了。医学领域中患者的“诊断”变量就是一个常见的例子。我们可能会有成百上千的诊断代码，而且每个患者最多只涉及两到三种诊断。本例中，我们利用来自标准代码列表的诊断码，为每个患者找出最多三种诊断。问卷形式如下：

请输入该患者的诊断代码（最多三种）：

诊断 1 ______

诊断 2 ______

诊断 3 ______

INPUT 语句十分简单：

```
DATA DIAG1;
   INPUT ID 1-3 É DX1 20-22 DX2 23-25 DX3 26-28;
DATALINES;
(data goes here)
```

假设数据如下：

OBS	ID	DX1	DX2	DX3
1	1	3	4	.
2	2	1	3	7
3	3	5	.	.

注意到一个患者可能在第一个诊断中出现一个代码，而另一个患者可能在第二或三个诊断中出现同一个代码。如果我们想知道诊断代码的频率分布，应该怎么做？我们可以尝试：

```
PROC FREQ DATA=DIAG1;
   TABLES DX1-DX3;
RUN;
```

用这个方法，我们需要将三个表格的每种诊断代码的频数相加，才能得到想要的结果。更好的方法是重新设定数据集的结构，最终得到每名被试对应多个观测值、并且没有缺失诊断代码的数据集。就像下面这样：

OBS	ID	DX
1	1	3
2	1	4
3	2	1
4	2	3
5	2	7
6	3	5

创建该数据集的程序如下：

```
DATA DIAG2;
   SET DIAG1;
   DX = DX1;
   IF DX NE . THEN OUTPUT;
   DX = DX2;
   IF DX NE . THEN OUTPUT;
   DX = DX3;
   IF DX NE . THEN OUTPUT;
   KEEP ID DX;
RUN;
```

原始数据集(DIAG1)中的每个观测值在新数据集(DIAG2)里可创建三个观测值。SET 语句（第 2 行）从原始数据集（DIAG1）中读取观测值。DIAG1 的第一个观测值为：

ID	AGE	GENDER	DX1	DX2	DX3
1	23	M	3	4	.

这时，我们将加入一个新变量 DX，让它等于 DX1。程序数据载体现在存储的是：

ID	AGE	GENDER	DX1	DX2	DX3	DX
1	23	M	3	4	.	3

既然 DX 不是缺失值，那么输出该值（第 4 行），作为数据集 DIAG2 中的第一个观测值（我们暂时忽略第 9 行的 KEEP 语句）。接着，令 DX 等于 DX2，另一个观测值写入数据集 DIAG2：

ID	AGE	GENDER	DX1	DX2	DX3	DX
1	23	M	3	4	.	3
1	23	M	3	4	.	4

ID、AGE、GENDER、DX1、DX2 和 DX3 的值都没变，只有 DX 的值发生了变化。最后，令 DX 等于 DX3，但是 DX3 缺失，因此不写入 DIAG2。

现在到达了 DATA 步骤的底部，程序将返回顶部，SET 语句继续从数据集 DIAG1 读入另一个观测值。这一过程将一直持续下去，直到 DIAG1 的所有观测值都读取完毕。程序中的 KEEP 语句使得数据集 DIAG2 中只保留变量 ID 和 DX：

OBS	ID	DX
1	1	3
2	1	4
3	2	1
4	2	3
5	2	7
6	3	5

现在可以将 DX 放在 TABLE 语句，用 PROC FREQ 过程计算 DX 代码的频数了。

ARRAY 和 DO 循环语句使这个程序更紧凑。（见第 15 章的数据语句，以及第 16 章第 3 节，用数组重建 SAS 数据集。）最后，你还可以用 PROC TRANSPOSE 改变 SAS 数据集结构（见科迪的《*Longitudinal Data and SAS: A Programmer's Guide*》。序列号：58176，ISBN：1-58025-924）。

```
DATA DIAG2;
   SET DIAG1;
   ARRAY D[*] DX1-DX3;
   DO I = 1 TO 3;
      DX = D[I];
      IF D[I] NE . THEN OUTPUT;
   END;
   KEEP ID DX;
RUN;
```

练习题

练习题的数据集和程序均可从网上下载：www.prenhall.com/cody

3.1 假设数值型变量 GROUP 取值为 1、2 或 3。GROUP1 是对照组，GROUP2 服用阿司匹林（ASPIRIN），GROUP3 服用布洛芬（IBUPROFEN）。创建一个输出格式来指明变量 GROUP。

3.2 原始数据有 ID（字符型）、GENDER（数字型：1＝男性，2＝女性）、SES（字符型：L＝低，M＝中，H＝高）、DRUG（字符型：A 到 H）和 AGE（数值型）。首先创建三个格式，一个关联 GENDER，一个关联 SES，最后一个把年龄（AGE）分为三组：<=20，21-40，41 以上。写 DATA 步骤以读取下面的数据，创建名为 QUES2 的数据集。这里仅将 SES 和 GENDER 赋予相应的输出格式。同时给变量 SES（Socioeconomic Status）、DRUG（Drug Group）、AGE（Age of Subject）加标签。最后，在 DATA 步骤中创建新的变量 COST：当 DRUG 取值 A、C、F 或 B 时 COST 取值 LOW，其余则为 HIGH（DRUG 可能包含缺失值）。用 PROC PRINT 打印数据列表。然后计算 SES、COST 和 AGE 的频数，其中 AGE 的格式正转化为三个年龄组。

下面是数据行：

```
001 1  L  B  15
002 2 M   Z    35
003   2 H  F  76
004 1 L C 21
005 2 H . 58
```

3.3 下面是一个调查收集到的数据及其编码：

变量	描述	栏位	编码
ID	被试 ID	1-3	
GENDER	性别	4	M= 男性 F= 女性
PARTY	政党	5	1= 共和党 2= 民主党 3= 未记录
VOTE	上一次选举中是否投票?	6	0= 否 1= 是
FOREIGN	是否赞同政府的外交政策?	7	0= 否 1= 是
SPEND	是否赞同增加国内消费?	8	0= 否 1= 是

收集的数据如下：

```
007M1110
013F2101
137F1001
117 1111
428M3110
017F3101
037M2101
```

（a）创建 SAS 数据集，给这个问卷打上标签并标明格式。

（b）生成变量 GENDER、PARTY、VOTE、FOREIGN 和 SPEND 的频数。

（c）检验参加过上一次选举与赞同增加消费和对外政策之间有什么关系。（用 SAS 计算这些关系的卡方值。）

3.4 运行下面的程序以创建一个名为 BLOOD 的临时数据集。运用下面的方法将 WBC（白血球数）分组：Low = 3000 到 4000，Medium = 4001 到 6000，High = 6001 到 12000。低于 3000（非缺失值）标记为‘Abnormally Low’，高于 12000 标记为‘Abnormally High’。最后，缺失值标记为‘Not Available’。写一个程序对计算这些分组的频数（输出结果中删除累加频数），并在表格中呈现缺失值的频数（用 TABLES 语句的选项 MISSING 来实现）。

（a）用 DATA 步骤重编码。

（b）用输出格式 FORMAT 重编码。

```
*Program to create data set BLOOD;
DATA BLOOD;
   DO I = 1 TO 500;
      WBC = INT(RANNOR(1368)*2000 + 5000);
      X = RANUNI(0);
      IF X LT .05 THEN WBC = .;
      ELSE IF X LT .1 THEN WBC = WBC - 3000;
```

```
        ELSE IF X LT .15 THEN WBC = WBC + 4000;
        OUTPUT;
     END;
     DROP I X;
  RUN;
```

3.5 运行下面的程序以创建名为 DEMOG 的 SAS 数据集：

```
DATA DEMOG;
   INPUT WEIGHT HEIGHT GENDER $;
DATALINES;
155 68 M
98 60 F
202 72 M
280 75 M
130 63 F
.   57 F
166  . M
;
```

我们想要像下面这样重编码 WEIGHT 和 HEIGHT（假设 WEIGHT 和 HEIGHT 只取整数值）：

```
WEIGHT      0-100   = 1
            101-150 = 2
            151-200 = 3
            >200    = 4
HEIGHT      0-70    = 1
            >70     = 2
```

之后，生成一个表格，将 WEIGHT 的分组作为行、HEIGHT 的分组作为列。用两种方法重编码变量：（1）IF 语句；（2）FORMAT 语句。请写出程序生成表格。

3.6 一个案例—对照研究考察了白血病与暴露于非电离辐射之间的关系：在案例组（白血病患者），50 受辐射，500 未受辐射；对照组，40 个受辐射，500 个未受辐射。请写出程序计算暴露于非电离辐射的优势比。确保第一列为案例组，第一行为受辐射。优势比的 95% 置信区间是多少？这意味着什么？

3.7 一个朋友给了你一些关于社会经济地位（SES）和哮喘（Asthma）之间关系的数据如下：

哮喘	是	否
低 SES	40	100
高 SES	30	130

以此数据为基础，创建 SAS 数据集并计算卡方值。

3.8 采用练习题3.7的数据，低SES和哮喘的相对风险（或优势比）是多少？95%置信区间是多少？你将如何解释这些结果？提示：可以使用PROC FREQ中的选项ORDER=DATA来控制行和列的顺序。该选项用数据值自身的顺序决定行和列的顺序。

3.9 这是一个配对的案例–对照研究。每个案例（疾病X的患者）按年龄（相差不超过2岁）和性别与一个对照组的被试相匹配。询问每个人最近几年是否经常服用多种维生素剂。结果如下：

服用维生素的案例	配对对照组	频数
是	是	100
是	否	50
否	是	90
否	否	200

注意，这是一个配对研究，计算McNemar卡方统计量。案例组服用维生素的倾向与对照组是否有差异？

3.10 比较两种评估颈动脉狭窄症（颈动脉狭窄导致大脑供血不足）的方法。方法一是扩散法，一般认为很准确。方法二为非扩散法（MRI）。用这两种方法对100个患者进行评估，结果如下：

方法一	方法二	频数
发生	发生	15
发生	未发生	8
未发生	发生	10
未发生	未发生	67

计算一致性Kappa系数。

3.11 研究者想要考察使用电脑终端机（VDT，视频显示终端）和流产之间的关系，于是进行了一项未配对的案例–对照研究。案例组（流产女性）中，30人使用过VDT，50人未使用过。对照组中，90位女性使用过VDT，200人未使用过。计算卡方值、优势比及其95%置信区间。

3.12 假设你有一个名为CASE_CONTROL的SAS数据集，存放在C:\MYDATA（或其他的文件夹，也可以使用临时数据集）。变量有：EXPOSURE（字符型，取值1-yes、2-no），OUTCOME（取值1-dead、2-alive）。写程序输出2×2表以及卡方值和优势比。

```
***Program to create data set CASE_CONTROL;
LIBNAME PERM 'C:\MYDATA';
***Substitute a libname of your choice, or make the data set
   temporary;
```

```
DATA PERM.CASE_CONTROL;
   ARRAY COUNTS[4] _TEMPORARY_ (50 100 150 35);
   DO EXPOSURE = '1-Yes','2-No';
      DO OUTCOME = '1-Dead ','2-Alive';
         I + 1;
         DO N = 1 TO COUNTS[I];
            SUBJ + 1;
            OUTPUT;
         END;
      END;
   END;
   DROP I;
RUN;
```

3.13 研究者想要知道隔音教室是否能使学生行为表现更好。在标准教室，250 个孩子中有 30 人出现了行为问题。在隔音教室，300 个孩子中有 20 人出现行为问题。通过计算（有噪音的标准教室的）相对风险，检验室内噪音是否导致了学生的行为问题。请一并计算相对风险的 95%置信区间。

3.14 运行下面程序以生成名为 DOSE 的 SAS 数据集，该数据集给出了三种用药剂量下有明显痛感和无痛感的患者数量。分别计算卡方统计量和趋势卡方统计量。有痛感患者人数是否随着用药剂量的增大呈现显著的下降趋势？表中变量 PAIN 和 DOSE 顺序已编好。

```
PROC FORMAT;
   VALUE PAIN 1 = 'YES' 2 = 'NO';
   VALUE DOSE 1='LOW' 2='MEDIUM' 3='HIGH';
RUN;
DATA DOSE;
   DO DOSE = 1 TO 3;
      DO I = 1 TO 50;
         PAIN = 2 - (RANUNI(135) GT (.6 + .08*DOSE));
         OUTPUT;
      END;
   END;
   FORMAT PAIN PAIN. DOSE DOSE.;
RUN;
```

3.15 一名学校管理员认为班级越大，纪律问题越多。他检验了四种规模（小、中等、大、特大）的班级。下表是各个班纪律问题的汇总。把班级规模（CLASS SIZE）作为顺序变量，检验纪律问题是否线性增长。（注意安排班级规模列，使其从小到大，否则趋势的检验结果将出错。）

班级规模	小	中等	大	特大
有问题	3	6	17	80
没问题	12	22	38	120
合计	15	28	55	200

3.16 一个随机临床实验中，比较了阿司匹林和安慰剂对心脏病发作和中风的预防效果。在1000个服用阿司匹林的人中，80人心脏病发作，65人中风；2000个服用安慰剂的人中，240人心脏病发作，165人中风。服用阿司匹林对心脏病和中风有显著的益处么？两组疾病预防结果中服用阿司匹林的相对风险是多少？（这里需要注意，题目给出的是阿司匹林组和安慰剂组的被试总数以及发病的被试人数。）

3.17 对吸烟者（SMOKERS）和不吸烟者分别检验办公室温度控制（TEMP CONTROL）与感冒（COLDS）之间的关系。这个关系中假设吸烟为混杂因素，采用针对分层表的Mantel-Haenszel卡方检验来分析下面两个表格：

吸烟

		感冒	未感冒
温度	差	20	100
控制	好	15	150

不吸烟

		感冒	未感冒
温度	差	30	100
控制	好	25	200

3.18 下面三个研究考察了硫酸镁对心脏骤停中存活率的影响。结果如下：

	研究一		研究二		研究三	
	存活	死亡	存活	死亡	存活	死亡
$MgSO_4$	20	100	25	150	30	200
安慰剂	25	155	21	150	28	240

采用元分析考察硫酸镁对存活的影响。计算检验优势比同质性的Breslow-Day统计量、综合相对风险及其95%置信区间。

***3.19** 一组患者参加了体检。根据下面的代码列表，每个患者诊断有列表中的0、1、2或3个问题：

代码	问题描述
1	感冒
2	流感
3	失眠
4	胸部疼痛
5	肌肉疼痛
6	头痛
7	超重
8	高血压
9	听力下降

编码方案如下：

变量	描述	栏位
SUBJ	被试编号	1-2
PROB1	问题 1	3
PROB2	问题 2	4
PROB3	问题 3	5
HR	心率	6-8
SBP	收缩压	9-11
DBP	舒张压	12-14

样本数据如下：

```
Columns 12345678901234
----------------------
        11127 78130 80
        1787  82180110
        031   62120 78
        4261  68130 80
        89    58120 76
        9948  82178100
```

（a）计算 HR、SBP 和 DBP 的平均数。

（b）分别计算 9 种诊断问题的频数。

***3.20** 一项调查中，要求每个参与者从列表中选择三位最喜欢的古典音乐作曲家：

作曲家	编号
Bach	1
Handel	2
Scarlatti	3
Hayden	4
Mozart	5
Beethoven	6
Schubert	7
Brahms	8
Schumann	9
Stravinsky	10
Shostakovich	11

下面是数据记录：

被试	性别	选择 1	选择 2	选择 3
1	M	6	4	5
2	F	2	4	3
3	M	7	11	9
4	M	5	6	3
5	F	7	8	10
6	F	1	2	4
7	M	6	5	9
8	M	2	9	11
9	F	5	1	2

运行下面的程序，创建名为 CLASSICAL 的 SAS 数据集。用这个数据集为起始点，写一个 SAS 程序，生成选择作曲家的频数表，并按照从最受欢迎到最不受欢迎的顺序排列。（提示：PROC FREQ 中的选项 ORDER=FREQ 可以对列表进行排序。）

```
***Program to create the data set CLASSICAL;
PROC FORMAT;
   VALUE COMPOSER 1  = 'Bach'
                  2  = 'Handel'
                  3  = 'Scarlatti'
                  4  = 'Hayden'
                  5  = 'Mozart'
                  6  = 'Beethoven'
                  7  = 'Schubert'
                  8  = 'Brahms'
                  9  = 'Schumann'
                  10 = 'Stravinsky'
                  11 = 'Shostakovich';
RUN;
DATA CLASSICAL;
   INPUT SUBJ $ GENDER : $1. CHOICE1 CHOICE2 CHOICE3;
DATALINES;
1 M 6 4 5
2 F 2 4 3
3 M 7 11 9
4 M 5 6 3
5 F 7 8 10
6 F 1 2 4
7 M 6 5 9
8 M 2 9 11
9 F 5 1 2
;
```

3.21 下面的程序有什么问题？

```
1    DATA IGOOFED;
2          INPUT
        #1  ID 1-3 GENDER 4 AGE 5-6 RACE 7
           (QUES1-QUES10) (1.)
        #2  @4 (QUES11-QUES25) (1.);
3       FORMAT GENDER SEX. RACE RACE. QUES1-QUES25 YESNO.;
4    DATALINES;
     00112311010011101
     1100111001101011
     002244210111011100
     0111011101111010
     ;
5    PROC FORMAT;
        VALUE SEX 1='MALE' 2='FEMALE';
6       VALUE RACE 1='WHITE' 2='AFRICAN AM.' 3='HISPANIC';
7       VALUE YESNO 0='NO' 1='YES';
8    RUN;
9    PROC FREQ DATA=IGOOFED;
10      VAR GENDER RACE QUES1-QUES25 / CHISQ;
11   RUN;
12   PROC MEANS MAXDEC=2 N MEAN STD MIN MAX;
13      BY RACE;
14      VAR AGE;
15   RUN;
16
```

提示和评论：

INPUT 语句是正确的。指针（@ 符号）和格式列表（1.）在第 12 章中有所阐述。总共四处错误。

第4章

处理日期数据和追踪数据

1. 简介

处理日期数据是数据分析人员经常要面对的任务。SAS 软件包含了许多处理日期数据的资源，包括读取各种格式的日期数据，或计算两个日期之间所间隔的天、月或者年。

同一批被试在不同时间点上收集到的数据称为追踪数据。这样的数据往往需要用特别的技术进行分析。本章就让我们看看 SAS 软件如何处理与时间有关的数据。

2. 处理日期变量

假设你想要读取下面的信息，并生成一个 SAS 数据集：

患者编号	出生日期	入院日期	出院日期	诊断	费用
001	10/21/1946	12/12/2004	12/14/2004	8	8000
002	05/01/1980	07/08/2004	08/08/2004	4	12000
003	01/01/1960	01/01/2004	01/04/2004	3	9000
004	06/23/1998	11/11/2004	12/25/2004	7	15123

我们可以按照栏位来排列数据，就像这样：

变量名	描述	栏位
ID	患者编号	1-3
DOB	出生日期	4-13
ADMIT	入院日期	14-23
DISCHRG	出院日期	24-33
DX	诊断	34
FEE	住院费用	35-39

你可能想这么编写 INPUT 语句：

```
INPUT ID       1-3
      DOB      4-13
      ADMIT    14-23
      DISCHRG  24-33
      DX       34
      FEE      35-39;
```

这样的话，就不能将带有数字和斜杠的 10 位日期数据读取成数字格式（你将会接收到错误信息）。你可以把日期读成字符串，但是不能对这些数值做任何运算（至少不能直接运算）。那么我们要怎么做呢？ SAS 软件包含了处理日期和时间变量所需的各种手段。读取日期的第一步，就是告诉程序日期的输入方式。通常的例子如下：

例子	解释	SAS 输入格式
102150	月 - 日 -2 位数字年份	MMDDYY6.
10211950	月 - 日 -4 位数字年份	MMDDYY8.
10/21/50	月 - 日 -2 位数字年份	MMDDYY8.
10/21/1950	月 - 日 -4 位数字年份	MMDDYY10.
211050	日 - 月 -2 位数字年份	DDMMYY6.
21101950	日 - 月 -4 位数字年份	DDMMYY8.
501021	2 位数字年份 - 月 - 日	YYMMDD6.
19501021	4 位数字年份 - 月 - 日	YYMMDD8.
21OCT50	日，3 位字符月份，2 位数字年份	DATE7.
21OCT1950	日，3 位字符月份，4 位数字年份	DATE9.
OCT50	月份以及 2 位数字年份	MONYY5.
OCT1950	月份以及 4 位数字年份	MONYY7.

只要告诉程序我们使用的是何种格式，SAS 就可以读取以上任何形式的日期。一旦 SAS 知道读入的是日期，那么时间就被转换成与固定时间（1960 年 1 月 1 日）相距的天数。日期在固定时间点之前或者之后并不重要，1960 年 1 月 1 日以前的日期将会是负值。这样我们就能够将两个日期相减，以计算它们之间间隔的天数。我们也可以将 SAS 内部的日期数据转换成任何 SAS 支持的日期输出格式，以作报告之用。就如我们上一章所提到的那样，可以在输出变量的时候使用格式进行限定。我们也可以通过 INFORMAT 语句指定程序如何读取日期数据。例如，SAS 的输入格式 MMDDYY10.，就可以按照月 - 日 - 年的顺序读取数据，在这个格式中的 10 是指明日期数据所占的字符位数。因此，我们要使用空格或者其他的分隔符让 SAS 知道如何读取数据。

我们可以使用指针和输入格式来读取数据（这被称为格式化输入）。栏位指针（@）首先告诉程序从哪一个栏位开始读取。之后我们要附上变量名，并且说明我们要读取的数据的类型，数据的类型就被称为输入格式。两种非常常见的输入格式是 W.n 和 $W。W.n 是数字型输入格式，告诉程序读取栏位数为 W 的数据，并且将最后 n 位数字作为小数部分。举例来说，输入格式 6.1 告诉程序读取栏位 6，并且在最后一位数字之前加上小数点。如果你没有指明小数点位数，那么在句号的右边就不必填写数字。也就是说输入格式 6. 和 6.0 是一样的。输入格式 $W. 是用来读取栏位 W 的字符型数据。MMDDYY10. 用来读取 10/21/1950 或者 10-21-1950 这样格式的数据。参照我们之前分配的栏位数，可以这样写 INPUT 语句：

```
INPUT @1   ID          $3.
      @4   DOB      MMDDYY10.
      @14  ADMIT    MMDDYY10.
      @24  DISCHRG MMDDYY10.
      @34  DX             1.
      @35  FEE            5.;
```

符号 @ 是栏位指针，告诉程序从哪一个栏位开始读取下一个数据值。我们所用的三个日期都是 MMDDYY 的格式，占用 10 位，所以使用的是 MMDDYY10. 的输入格式。若你的日期中不包括两个斜杠，则数据只占用 8 个栏位，那么就应该使用 MMDDYY8. 的输入格式。记得在所有输出格式或者输入格式后面都要加上句点（句点后或带数字），以便和变量名区分开来。上面的程序中，栏位指针并非必需的。例如，程序在没有 @1 指针的情况下也会从第一列开始读取数据，同样的，当 ID 变量在第三列结束后，生日变量自动从第四列开始，指针 @4 也是多余的。但是建议大家还是在每个变量前都加上栏位指针，以养成良好的编程习惯。（第 12 章详细阐述了如何使用 INPUT 语句。）

接下来，我们将从这些数据中计算出两个新变量。首先，我们计算每个患者入院时的年龄。其次，计算他们住院的时间。此时我们的工作仅仅将两个日期相减，就能够得到两个日期之间间隔的天数。因此，将刚才的程序补充完整如下：

```
DATA HOSPITAL;
   INPUT @1   ID          $3.
         @4   DOB     MMDDYY10.
         @14  ADMIT   MMDDYY10.
         @24  DISCHRG MMDDYY10.
         @34  DX            1.
         @35  FEE           5.;
   LENGTH_STAY = DISCHRG-ADMIT + 1;
   AGE = ADMIT - DOB;
DATALINES;
00110/21/194612/12/200412/14/20048 8000
00205/01/198007/08/200408/08/2004412000
00301/01/196001/01/200401/04/20043 9000
00406/23/199811/11/200412/25/2004715123
;
```

住院时间（LENGTH_STAY）的计算相当直接：出院时间减去入院时间再加 1（我们将住院的那天和出院的那天都算进了住院时间里）。如果我们将入院时间（ADMIT）减去出生日期（DOB），那么就得到了按**天**计算的年龄。那么得到的数据如下：

Listing of Data Set HOSPITAL

ID	DOB	ADMIT	DISCHRG	DX	FEE	LENGTH_ STAY	AGE
001	-4820	16417	16419	8	8000	3	21237
002	7426	16260	16291	4	12000	32	8834
003	0	16071	16074	3	9000	4	16071
004	14053	16386	16430	7	15123	45	2333

这一奇怪的列表清楚地展示了 SAS 是如何存储日期的。例如我们看被试 003 的出生日期，注意，其值为 0。为什么？因为这个人是在 1960 年 1 月 1 日出生的，而这一天在 SAS 的定义中是零点。不过你肯定不想把这样的输出结果给你的老板或者同事看。那么我们如何将这些日期值转换成我们所熟知并喜欢的格式呢？就像我们在上一章中使用输出格式语句对数值输出进行转换那样，现在也可以使用输出格式转换日期数值的输出形式。我们甚至不需要使用 PROC FORMAT 语句创造这些格式，

因为 SAS 程序早就将这一步做好了。有两种十分常用的日期格式：MMDDYY10. 和 DATE9.。为了更进一步了解程序是如何工作的，我们把出生日期的输出格式定义为 MMDDYY10.，把入院和出院日期的输出格式定义为 DATE9.。现在只需要在 DATA 步骤中添加一行语句：

```
FORMAT DOB MMDDYY10. ADMIT DISCHRG DATE9.;
```

那么我们的数据列表就成了这样：

```
Listing of Data Set HOSPITAL

                                                           LENGTH_
ID          DOB       ADMIT      DISCHRG    DX     FEE      STAY     AGE

001   10/21/1946   12DEC2004   14DEC2004    8     8000        3    21237
002   05/01/1980   08JUL2004   08AUG2004    4    12000       32     8834
003   01/01/1960   01JAN2004   04JAN2004    3     9000        4    16071
004   06/23/1998   11NOV2004   25DEC2004    7    15123       45     2333
```

注意一下两种 SAS 输出格式的结果。（当某些国家使用月 - 日 - 年日期格式，而另一些使用日 - 月 - 年格式时，用于表示入院和出院日期的 DATE9. 格式是相当有用的。）下面，我们要将年龄的表达转换成以年为单位，而不是以天为单位。在这里，我们是这样做的：

入院日期减去出生日期得到两个日期之间的间隔天数。将这个日期除以 365.25（每 4 年都有一个闰年，这里进行近似的校正）得到以年为单位的年龄。那么语句应该写成：

```
AGE = (ADMIT - DOB) / 365.25;
```

不过，还有一种更合适的方法来计算两个日期之间的间隔年数，就是使用 SAS 函数 YRDIF。你只要提供给 YRDIF 函数两个日期，它就能计算两个日期之间间隔的年数。例如计算入院时的准确年龄就应该写成：

```
AGE = YRDIF (DOB, ADMIT, 'ACTUAL');
```

SAS 函数（详见第 17 和 18 章）是 SAS 系统的一个部分，通常用于计算。在这个例子中，YRDIF 函数中的三个自变量分别是：第一个日期、第二个日期以及计算方法。注意一下，这里的三个自变量（也就是提供给函数的信息）之间是用逗号隔开的，并且放置在函数名之后的圆括号当中的。

如果你想要知道一个人在某一个特定日期时的年龄，例如 2005 年 1 月 1 日，那要如何计算呢？在 2005 年 1 月 1 日和 1960 年 1 月 1 日之间有多少天？不知道吧？我们也不知道。让 SAS 帮我们计算吧。你可以指定一个日期常数，例如 2005 年 1 月 1 日就等于：

```
'01JAN2005'D
```

SAS 日期常数的形式是由 1 或 2 个数位的日期、3 个数位的月份缩写及 2 个或 4 个数位的年份（最好使用 4 位年份）组成，以上内容加上单引号或双引号，后面再加上一个大写或者小写的字母 'D'。因此如果你想要计算一个人在 2005 年 1 月 1 日时的年龄，应该这样表达：

```
AGE = YRDIF(DOB, '01JAN2005'D,'ACTUAL');
```

如果你想要知道在运行 SAS 程序这天那人的年龄呢？那么使用 TODAY 函数将返回当前的日期。所以，如果想计算运行 SAS 程序这天的年龄，应该按照如下表达：

```
AGE = YRDIF(DOB, TODAY(),'ACTUAL');
```

请注意这个 TODAY 函数，尽管没有任何自变量，但是其后仍有括号。函数后面跟上括号是**所有** SAS 函数的一致规则。

我们可能想这样定义年龄：在某人未到 18 岁生日之前，都不算是 18 岁。这就是说，我们要省略掉整数年龄之后的小数部分。SAS 中的 INT 函数就能够实现这一步。我们可以采用如下的表达式将年龄数值之后的小数部分去除掉：

```
AGE = INT(AGE)
```

你也可以使用“嵌套”函数（将一个函数置于另一个函数之中）。就像下面所示的那样，让你这部分程序看起来更加紧凑和简洁。

```
AGE = INT(YRDIF(DOB,ADMIT,'ACTUAL'));
```

在这里，括号的使用使得程序更加直接。如果我们想要将年龄取值保留到小数点后一位，那就要使用 ROUND 函数。这个函数有两个自变量：需四舍五入的数字和舍入单位。要使年龄取值保留到小数点后一位，应该这样表达：

```
AGE =ROUND(YRDIF(DOB,ADMIT,'ACTUAL'),.1);
```

要四舍五入到以年为单位的整数，函数式就该写成：

```
AGE =ROUND(YRDIF(DOB,ADMIT,'ACTUAL'));
```

注意：如果你没有填写 ROUND 函数的第二个自变量，函数默认你想要约算到最接近的整数。

必须牢牢记住的是，一旦 SAS 将日期转换成距离 1960 年 1 月 1 日的按天计算的数字，那么这数字就和其他的数值没有什么两样了。因此，如果我们要输出结果（例如使用 PROC PRINT 语句），那么结果看起来并不会像是一个日期。我们需要提供给 SAS 一个输出格式用于列印日期。输出格式不需要与我们之前读取数据时所使用的格式一样。以下列出了一些比较常用的日期输出格式及其输出结果：

采用不同的输出格式输出 1950 年 10 月 21 日

输出格式	输出结果
MMDDYY6.	102150
MMDDYY8.	10/21/50
MMDDYY10.	10/21/1950
DATE7.	21OCT50
DATA9.	21OCT1950
WORDDATE.	October 21, 1950

注意，你可以使用输入格式 MMDDYY8. 读取 10/21/50 或者 10211950 这两种日期数据。SAS 能够辨认不带斜杠的 8 位数日期，但是必须使用 4 位数的年份。

3. 处理两位数的年份数值（Y2K 问题）

如果你的原始数据是两位数年份的日期会发生什么呢？SAS 如何读取 10/21/04？是 1904 年 10 月 21 日还是 2004 年 10 月 21 日？SAS 有一个相当有用的系统选项：YEARCUTOFF=value。其中 value 一项你可以写入一个 4 位年份限定某个 100 年时间区间的起始点。所有的两位数年份日期都会落在这 100 年的区间当中。从 SAS 7.0 版本开始，YEARCUTOFF 选项的默认值是 1920。因此，任意的两位数年份都会落在 1920 年到 2019 年之间。例如 1/1/40 将会被读取为 1940 年 1 月 1 日；1/1/15 将被读取为 2015 年 1 月 1 日。如果你想要改变 YEARCUTOFF 选项的值，就要使用 OPTION 语句。要将值设回 1900 年，你需要这样使用该语句：

```
OPTION YEARCUTOFF = 1900;
```

此外，在第 17 章第 4 节包含了许多非常有用的处理日期时使用的 SAS 函数，例如月、日、年的数值可以组合形成一个 SAS 数据集，或者你可以从一个 SAS 日期中抽取某个月份或年份的信息。

4.　追踪数据

追踪数据是一种需要特别关注的数据。追踪数据收集了一组被试在不同时间点的数据。注意：这部分内容有一定难度，可能"对你的健康有害"！

在探讨分析追踪数据的特殊技术之前，让我们先看一个简单的例子。假设我们收集了一组患者的数据。（同样的数据收集方案也可以应用在周期性的商业数据或者重复测量的社会科学数据上。）每次患者来访，我们都会填写一个表格，收集的数据包括：

患者ID
来访日期（月 日 年）
心率（HR）
收缩压（SBP）
舒张压（DBP）
诊断代码（DX）
处方费（DOCFEE）
检验费（LABFEE）

现在，假设每个患者一年最多来访 4 次。那么以下是编排所需要的 SAS 数据集的一种方法（每次来访都单独占用一行）：

```
***Note: This is a very poor way to structure your data set.
This is
   for instructional purposes only;
DATA HOSP_PATIENTS;
   INPUT #1
      @1  ID         $3.
      @4  DATE1   MMDDYY8.
      @12 HR1          3.
      @15 SBP1         3.
      @18 DBP1         3.
      @21 DX1          3.
      @24 DOCFEE1      4.
      @28 LABFEE1      4.
         #2
      @4  DATE2   MMDDYY8.
      @12 HR2          3.
      @15 SBP2         3.
      @18 DBP2         3.
      @21 DX2          3.
      @24 DOCFEE2      4.
```

[Continued]

```
      @28 LABFEE2        4.
         #3
      @4  DATE3   MMDDYY8.
      @12 HR3            3.
      @15 SBP3           3.
      @18 DBP3           3.
      @21 DX3            3.
      @24 DOCFEE3        4.
      @28 LABFEE3        4.
         #4
      @4  DATE4   MMDDYY8.
      @12 HR4            3.
      @15 SBP4           3.
      @18 DBP4           3.
      @21 DX4            3.
      @24 DOCFEE4        4.
      @28 LABFEE4        4.;
   FORMAT DATE1-DATE4 MMDDYY10.;
DATALINES;
00710211983070120080014004001500
0071201198307213009002000500200
007
007
00909031983066110070137003000000
009
009
009
00507051983074140082013009000000
00501151982080180096014020015000
00506181982070170084014008004000
00507031983064140084014008002000
;
```

在 INPUT 语句里的 # 号表示每个被试有多行的数据。因为我们的日期是月 - 日 - 年的格式，所以使用 MMDDYY8. 的输入格式。这里还包含了一个 FORMAT 语句用来控制日期的输出格式。该 FORMAT 语句与本章之前的例子中所使用的语句规则相同。MMDDYY10. 的输出格式表示在输出中将月 - 日 - 年之间用斜杠隔开。

每个患者每次来访占用一行数据，采用此方法后，我们需要在来访次数少于 4 的患者数据后插入空行，使得每个患者的记录都是 4 行。这样的做法不仅笨拙，而且占用了大量的空间。如果想要计算被试内数据的平均数，则应该在 DATALINES 语句之前写下：

```
AVEHR = MEAN(OF HR1-HR4);
AVESBP = MEAN(OF SBP1-SBP4);
AVEDBP = MEAN(OF DBP1-DBP4);
        etc.
```

“MEAN” 是 SAS 的内置函数,能够计算括号内所列出的所有变量的平均数。(注意:如果 MEAN 函数中的变量有缺失值,运算结果只包括没有缺失值的变量值的平均数。更多细节参见第 17 章第 2 节。)同样的,因为要使用 VAR1-VAR4 形式的变量列表,你得在变量列表前加上 OF。如果没有加上 OF,SAS 只会计算两个变量的平均数。对此更好的方法是将每个患者的每次来访都作为一个独立的观测值。那么我们的程序就应该这样编写:

```
DATA PATIENTS;
   INPUT @1  ID          $3.
         @4  DATE   MMDDYY8.
         @12 HR          3.
         @15 SBP         3.
         @18 DBP         3.
         @21 DX          3.
         @24 DOCFEE      4.
         @28 LABFEE      4.;
   FORMAT DATE MMDDYY10.;
DATALINES;
```

现在我们只需要输入和患者来访次数一样行数的数据,不需要用空行来填补不足 4 次的患者了。我们的变量名也就不需要使用 HR1、HR2 这样的系列命名,从而变得更加简单。数据集 PATIENTS 的结果如下:

Listing of Data Set PATIENTS

ID	DATE	HR	SBP	DBP	DX	DOCFEE	LABFEE
007	10/21/1983	70	120	80	14	40	150
007	12/01/1983	72	130	90	20	50	200
009	09/03/1983	66	110	70	137	30	0
005	07/05/1983	74	140	82	13	90	0
005	01/15/1982	80	180	96	14	200	1500
005	06/18/1982	70	170	84	14	80	400
005	07/03/1983	64	140	84	14	80	200

那么如何分析这个数据集呢?

由于我们想将一个患者多次来访的数值放在一起求平均,因此不能简单地对变量 HR、SBP 或者 DOCFEE 使用 PROC MEANS 过程。如果只是报告每个患者每次来访的处方费，那么直接使用 PROC MEANS 还是可以的，但是对于心率和血压的统计则应使用加权平均数，权重由每个患者的来访次数决定。我们如何计算患者的平均心率和血压？关键就在于将 ID 变量作为一个 CLASS 或者 BY 变量。

程序如下（包含样本数据）：

```
DATA PATIENTS;
   INPUT @1  ID          $3.
         @4  DATE   MMDDYY8.
         @12 HR          3.
         @15 SBP         3.
         @18 DBP         3.
         @21 DX          3.
         @24 DOCFEE      4.
         @28 LABFEE      4.;
   FORMAT DATE MMDDYY10.;
DATALINES;
0071021198307012008001400400150
0071201198307213009002000500200
0090903198306611007013700300000
0050705198307414008201300900000
0050115198208018009601402001500
0050618198207017008401400800400
0050703198306414008401400800200
;

PROC MEANS DATA=PATIENTS NOPRINT NWAY;
   CLASS ID;
   VAR HR -- DBP DOCFEE LABFEE;
   OUTPUT OUT=STATS MEAN=M_HR M_SBP M_DBP M_DOCFEE M_LABFEE;
RUN;
```

每个患者的 HR、SBP 等变量的平均数将存储在一个新的数据集 STATS 中，其变量名 M_HR 等（本章第 8 节和第 9 节详细阐述了如何使用 PROC MEANS 过程创建输出结果的数据集）。OUTPUT 语句中 MEAN= 之后出现的变量表示 VAR 语句后出现的变量的平均数，两者的顺序是一样的。因此，数据集 STATS 中的 M_HR 是数据集 PATIENTS 中 HR 的平均数。在本例中，数据集 STATS 的结果如下（我们可以通过 PROC PRINT 语句获得以下结果）：

Listing of Data Set STATS

ID	_TYPE_	_FREQ_	M_HR	M_SBP	M_DBP	M_DOCFEE	M_LABFEE
005	1	4	72	157.5	86.5	112.5	525
007	1	2	71	125.0	85.0	45.0	175
009	1	1	66	110.0	70.0	30.0	0

这个数据集包含了每个患者的 HR、SBP 等一系列变量的平均值，这样我们就可以使用其他 SAS 程序对这个数据集进行分析以探索变量间的关系，或者计算每个患者平均数的描述统计量。

5. 选择每个患者的第一次或最近一次来访

如果我们想从先前的数据集 PATIENTS 中分析每个患者的最近一次或第一次来访的数据，要怎么做呢？如果将数据按照每个患者的来访日期排序，那么最近一次来访将会是每个患者的最后一个观测值。我们可以通过以下程序将此观测值抽取出来：

```
PROC SORT DATA=PATIENTS;
   BY ID DATE;
RUN;
DATA RECENT; ①
   SET PATIENTS; ②
   BY ID; ③
   IF LAST.ID; ④
RUN;
```

首先将数据按照 ID 和 DATE 进行排序。哪怕我们确信每个患者的观测值已经按照日期排好序了，还是建议将 DATE 纳入排序语句中。语句①创建了数据集 RECENT。SET 语句②与 INPUT 语句的工作方式相似，不同之处在于，它是从 SAS 数据集 PATIENTS 中将数据一个一个读取过来，而不是从原始数据中读取。

在 SET 语句之后，我们使用了 BY 变量③，前提是该数据集之前已依据某相同变量排序过。使用 BY 语句的结果是，SAS 数据集中生成两个新变量：FIRST. 和 LAST.。本例中，由于 BY 变量是 ID，因此自动生成的是 FIRST.ID 和 LAST.ID。这两个变量只在 DATA 步骤中可用，而不会被添加进数据集中（FIRST. 和 LAST. 变量将被自动舍弃）。FIRST. 和 LSAT. 是逻辑变量，因此他们的取值只能是真（1）或者假（0）。当我们读取的是某个 ID 的第一个观测值时 FIRST.ID 取值为真（1），而其他情况下取值为假（0）。而 LAST.ID 只会在我们读取某个 ID 的最后一个观测值的时候为真（1），其他情况下取值为假（0）。为了进一步阐明这点，下面将呈现数据集中的观测值及 FIRST.ID 和 LAST.ID 的取值。注意，FIRST.ID 和 LAST.ID **并不真正**存在于 SAS 数据集中（但是他们保存在 PDV 中，因此在 DATA 步骤中可用），同时，现在所看到的数据集 PATIENTS 已经按照 ID 和 DATE 的顺序进行排列。

```
ID  DATE      HR  SBP  DBP  DX  DOCFEE  LABFEE  FIRST.ID  LAST.ID
 5  01/15/82  80  180   96  14    200    1500       1        0
 5  06/18/82  70  170   84  14     80     400       0        0
 5  07/03/83  64  140   84  14     80     200       0        0
 5  07/05/83  74  140   82  13     90       0       0        1
 7  10/21/83  70  120   80  14     40     150       1        0
 7  12/01/83  72  130   90  20     50     200       0        1
 9  09/03/83  66  110   70 137     30       0       1        1
```

通过添加 IF 语句④，我们可以选择每个患者的最近一次来访（在本例中，保留的是第 4、6 和 7 次观测值）。你可以将这个 IF 语句当成是 IF 语句的子集，因为其中没有 THEN 从句。一个 IF 子集语句符合以下格式：

```
IF condition;
```

那么，它如何运行呢？如果条件成立，程序继续处理 IF 语句后的操作；如果条件不成立，程序就返回 DATA 步骤的顶端。就本例来说，如果 LAST.ID 取值为真，程序就继续运行，而此时已经到了 DATA 步骤的末尾，观测值将自动写入数据集 RECENT。如果 LAST.ID 取值为假，程序就返回 DATA 步骤的顶端（同时，这个观测值也不会写入数据集 RECENT）。

另外一种书写 IF 子集语句的方法如下：

```
IF LAST.ID= 1;
```

不过，因为 LAST.ID 是一个逻辑变量，只可能取值为真（1）或者假（0），所以你可以忽略后面等于 1 的部分。

列出数据集 RECENT 确认一下我们已经从数据集 PATIENTS 中读取了每个患者的最近一次来访（如下表所示）。

Listing of Data Set RECENT

ID	DATE	HR	SBP	DBP	DX	DOCFEE	LABFEE
005	07/05/1983	74	140	82	13	90	0
007	12/01/1983	72	130	90	20	50	200
009	09/03/1983	66	110	70	137	30	0

6.　计算追踪数据中观测值之差

假设你想要计算来访者的心率和血压这类变量在来访时的变化（差异）。如果你的数据将每个患者的每次来访都作为一个观测值，计算上就需要一点技巧了。观测值之间差异的计算有两个非常有用的工具：LAG 函数和保留变量。首先让我们看看 LAG 函数是如何运行的。

或许你曾碰到过“滞后值”。举例来说，在一个与哮喘相关的研究中，研究者关注臭氧含量的影响，想要看看当天的臭氧含量和前一天的臭氧含量有何关系。那么前一天的臭氧含量，就可视为滞后 24 小时的值。现在看看 LAG 函数的定义：LAG 函数返回其上一次执行时自变量的值。这是什么意思呢？下面这个例子或许能帮助我们理解，看看它的程序。

```
DATA LOOKING_BACK;
   INPUT DAY OZONE;
   OZONE_LAG24 = LAG(OZONE);
   OZONE_LAG48 = LAG2(OZONE);
DATALINES;
1 8
2 10
3 12
3 7
;
PROC PRINT DATA=LOOKING_BACK;
   TITLE "Demonstrating the LAG Function";
RUN;
```

那么输出结果就是：

```
Demonstrating the LAG Function

                           OZONE_     OZONE_
Obs     DAY     OZONE       LAG24      LAG48

 1       1        8           .          .
 2       2       10           8          .
 3       3       12          10          8
 4       3        7          12         10
```

在本例中，OZONE_LAG24 的值是 OZONE 前一天的值。它在第一个观测值上是缺失的，因为第一个观测值没有前一天的数据。看了程序和结果之后，你可能会发现，LAG2 函数返回的值是两天前的值。没错，因为 LAG 函数是一个庞大的家族。现在你可能觉得这个定义看起来有点奇怪，为什么我们不直接说 LAG 函数返回上一个观测值？事实上它并不总是这样的。仔细看看下面的程序：

```
DATA LAGGARD;
   INPUT X;
   IF X GT 5 THEN LAG_X = LAG(X);
DATALINES;
7
9
1
8
;
PROC PRINT DATA=LAGGARD;
   TITLE "Demonstrating a Feature of the LAG Function";
RUN;
```

以下是 LAGGARD 数据集的输出结果：

```
Demonstrating a Feature of the LAG Function

Obs    X    LAG_X

 1     7      .
 2     9      7
 3     1      .
 4     8      9
```

让我们深入程序内部，看看它是怎样运行的吧。在观测值 1 中，X 的值为 7，IF 条件为真，所以执行 LAG 函数并且返回了一个缺失值（因为没有先前的 X 值）。在观测值 2 中，X 值为 9，IF 条件也为真，因此 LAG 函数返回了上一次 LAG 函数运行时 X 的值，也就是观测 1 中的值 7。在第 3 个观测值中，X 值为 1，IF 条件为假，所以 LAG 函数没有执行，LAG_X 仍然是缺失值。（这是因为在每次 DATA 步骤循环中，都先将所有的变量设为缺失值，然后通过从原始数据中读取数值，或通过赋值语句创建数值来代替缺失值。）在观测值 4 中，X 的值为 8，IF 条件为真，那么 LAG 函数上次运行时的 X 值是多少？回到观测值 2，X 的值为 9，这就是 LAG 函数所返回的值了。那么，根本问题是什么呢？一般来说，我们不需要有条件地执行 LAG 函数。只要在每一次 DATA 步骤循环中都执行 LAG（或 LAG2 或 LAG3，等等）函数，就可以认为该函数返回的是上一个观测值。

现在我们就能计算来访者在来访时心率和血压的差异了。先给出程序，然后再进行解释：

```
*Assume data set PATIENTS is already sorted by ID and DATE;
DATA DIFFERENCE;
   SET PATIENTS;
   BY ID;
   DIFF_HR = HR Ð LAG(HR);
   DIFF_SBP = SBP Ð LAG(SBP);
   DIFF_DBP = DBP Ð LAG(DBP);
   IF NOT FIRST.ID THEN OUTPUT;
RUN;
```

对于那些已经或即将成为“编程高手”的读者，推荐你使用 DIF 函数而不是 LAG 函数以节约敲击键盘的次数，就像这样：

```
DATA DIFFERENCE;
   SET PATIENTS;
   BY ID;
   DIFF_HR = DIF(HR);
   DIFF_SBP = DIF(SBP);
   DIFF_DBP = DIF(DBP);
   IF NOT FIRST.ID THEN OUTPUT;
RUN;
```

你会发现，DIF(X) 相当于 X-LAG(X)。

回到使用 LAG 函数的原始程序，我们不想输出每个患者第一次来访的观测值，因为没有差异可以计算。而且这个值在任何情况下返回都是错误的。假设我们刚刚读取了第二个患者第一次来访的数值。LAG 函数实际上计算的是这个患者的心率和上一个患者最近一次来访的心率的差异！不要惊慌，我们不会输出这样的观测值。你是否尝试过写出下面的赋值语句？

```
IF NOT FIRST.PATIENT THEN DIFF_HR = HR - LAG(HR)
```

千万不要这样做！你必须对每个观测值都执行一次 LAG 函数，才能进入下一步操作。只要我们不输出第一次来访的观测值就行了。

下面是数据集 DIFFERENCE 的输出结果：

```
Listing of Data Set DIFFERENCE

ID        DATE HR SBP DBP DX DOCFEE LABFEE DIFF_HR DIFF_SBP DIFF_DBP

005 01/15/1982 80 180  96 14    200   1500       6       40       14
005 06/18/1982 70 170  84 14     80    400     -10      -10      -12
005 07/03/1983 64 140  84 14     80    200      -6      -30        0
007 12/01/1983 72 130  90 20     50    200       2       10       10
```

7. 计算每个被试第一次和最近一次来访的差异

如果你想要知道每个患者第一次来访和最近一次来访的心率和血压之差，要怎么做？你需要找到一种方法，让程序“记住”上一次观测的数值。SAS 工具中的保留变量能够帮助我们完成这样的任务。RETAIN 语句可以告诉 SAS，在 DATA 步骤循环时，不要把 PDV（程序数据载体）中的这个值设为缺失。所以，如果你将某个值设定为保留变量，程序就会保留这个数值直到你改变它。让我们看看如何通过这种方法计算出数值的差异。以下是程序：

```
DATA FIRST_LAST;
   SET PATIENTS;
   BY ID;
   ***Data set PATIENTS is sorted by ID and DATE;
   RETAIN FIRST_HR FIRST_SBP FIRST_DBP; ①
   ***Omit patients with only one visit;
   IF FIRST.ID AND LAST.ID THEN DELETE; ②
   ***If it is the first visit assign values to the
      retained variables;
   IF FIRST.ID THEN DO; ③
      FIRST_HR = HR;
      FIRST_SBP = SBP;
      FIRST_DBP = DBP;
   END; ④
   IF LAST.ID THEN DO;
      D_HR = HR - FIRST_HR;
      D_SBP = SBP - FIRST_SBP;
      D_DBP = DBP - FIRST_DBP;
      OUTPUT;
   END;
RUN;
```

我们使用 RETAIN 语句告诉 SAS，在 DATA 步骤循环的过程中，不要将这些变量的值设为缺失。如果一个患者只来访了一次，我们无法计算他第一次和最近一次来访的差异，所以我们删除了这样的观测值（如果一个患者只来访一次，FIRST.ID 和 LAST.ID 都为 1，那么语句②就为真）。当读取每个患者的第一次来访时，我们以他们各自的值建立了三个保留变量。DO 语句③可以理解成“执行下面的语句直到 END 语句④为止”。这些值只要没有被再次赋值，都会保存在 PDV 中，而且不会被 SAS 设为缺失值。所以当读取到每个患者的最近一次来访时，我们就可以用该数值减去第一次来访的数值。由于每个患者只需要输出一个表示差异的观测值，所以在 DO 循环的内部加上了 OUTPUT 语句。正常情况下，SAS 在 DATA 步骤结束时会自动输出观测值，但是当我们在 DATA 步骤中间加入了外显的 OUTPUT 语句时，系统将以这个外显的输出语句为准，而不再执行自动的输出。那么数据集 FIRST_LAST 的数据结果输出如下：

```
Listing of Data Set FIRST_LAST

ID          DATE      HR     SBP     DBP     DX     DOCFEE     LABFEE

005    07/03/1983     64     140      84     14       80         200
007    12/01/1983     72     130      90     20       50         200

             FIRST_     FIRST_
FIRST_HR       SBP        DBP      D_HR     D_SBP     D_DBP

   74          140        82        -10        0         2
   70          120        80          2       10        10
```

编程高手（就像本书作者之一）永远都不会只用一种方法解决问题。以下程序和上面的程序都能产生一样的结果。不过它使用的是非常少见的技巧，通过有条件地执行 LAG 函数达到目的（注意，我们建议你永远不要这么做）。你完全可以跳过这一部分，但是这个程序能够让你更加深刻地认识到 LAG 函数是怎样运行的。

```
DATA FIRST_LAST;
   SET PATIENTS;
   BY ID;
   ***Data set PATIENTS is sorted by ID and DATE;
   ***Omit patients with only one visit;
   IF FIRST.ID AND LAST.ID THEN DELETE;
   ***If it is the first or last visit execute the LAG
      function;
   IF FIRST.ID OR LAST.ID THEN DO;
      D_HR = HR - LAG(HR);
      D_SBP = SBP - LAG(SBP);
      D_DBP = DBP - LAG(SBP);
   END;
   IF LAST.ID THEN OUTPUT;
RUN;
```

如你所见，LAG 函数只在读取每个患者的第一次或者最近一次来访的时候执行。当我们读取最近一次来访（LAST.ID 为真）时，所计算的差异正好是现在的值减去 LAG 函数上一次运行时的值——也就是第一次来访时的值。所以当 LAST.ID 为真时，我们才输出结果。

8. 计算追踪数据的频数

要计算诊断的频数，就要使用 PROC FREQ 语句对原始数据集（PATIENTS）进行分析。那么应该这样写程序：

```
PROC FREQ DATA=PATIENTS ORDER=FREQ;
   TITLE "Diagnoses in Decreasing Frequency Order";
   TABLES DX;
RUN;
```

PROC FREQ 语句中的“DATA=”这一选项保证我们是在原始数据集中计算频数。“ORDER=”选项用于控制 PROC FREQ 语句输出的分类顺序。正常情况下，诊断分类将按照存储顺序排列。而“ORDER=FREQ”选项将诊断分类从最为常见的到最少的进行排列。与排序有关的另一种常见“ORDER=”选项是“ORDER=FORMATTED”，它将按照诊断的格式（如果已经设定）对诊断进行排序。注意：对原始数据集（每个患者多次来访的数据集）执行 PROC FREQ 过程，将计算每个诊断被做出了多少次。因此，如果一个患者来访 3 次，每次都得到同样的诊断，那么我们就将在该诊断的频数上加上 3。但是有些情况下，我们希望不管这个患者来了多少次，只要对他的诊断是一样的，那么这个诊断的频数只记一次。要实现这个任务，就需要对原始数据集按照 ID 和 DX 进行排序，得到如下的数据集：

ID	DX	FIRST.ID	FIRST.DX
5	13	1	1
5	14	0	1
5	14	0	0
5	14	0	0
7	14	1	1
7	20	0	1
9	137	1	1

现在，如果使用逻辑变量 FIRST.ID 和 FIRST.DX，就可以对每个患者的每种诊断只计算一次。逻辑变量 FIRST.DX 的取值只会在每个新 ID 获得新诊断时才为真。数据集和程序如下所示（假设我们已经将数据按照 ID 和 DX 进行了排序）：

```
DATA DIAG;
   SET PATIENTS;
   BY ID DX;
   IF FIRST.DX;
RUN;
```

```
PROC FREQ DATA=DIAG ORDER=FREQ;
   TABLES DX;
RUN;
```

我们已经达到了对每个患者每种诊断只计算一次的目的。正如你所看到的那样，SAS 内置变量 FIRST. 和 LAST. 是相当有用的。当你需要处理某些变量第一次或最近一次发生的情况时，记得使用这两个变量。

9. 用 PROC MEANS 或 PROC SUMMARY 创建汇总数据集

PROC MEANS 和 PROC SUMMARY（添加了 NOPRINT 选项的 PROC MEANS 过程，和 PROC SUMMARY 过程完全一致）不仅可以通过 CLASS（或 BY）变量进行不同分类的描述统计，还能够用描述统计的结果创建新的数据集。这对于我们的工作相当有帮助。比如说，某个研究收集了关于学生的原始数据，但是出于比较教师的目的，你想将班级平均数作为观测的单位。或者在商业研究中，原始数据是按天为单位收集的，但你想比较每个季度的销售额。在医学领域，你有许多患者多次来访的临床数据，但是想要对每个患者的平均数进行更深入的分析。

为了阐明如何创建汇总数据集，假设我们收集了许多学生的数据，包括学生编号、性别、教师姓名、教师年龄和两次测验成绩（前测和后测）。我们用以下的数据作为示例：

被试 (SUBJECT)	性别 (GENDER)	教师姓名 (TEACHER)	教师年龄 (T_AGE)	前测成绩 (PRETEST)	后测成绩 (POSTTEST)
1	M	Jones	35	67	81
2	F	Jones	35	98	86
3	M	Jones	35	52	92
4	M	Black	42	41	74
5	F	Black	42	46	76
6	M	Smith	68	38	80
7	M	Smith	68	49	71
8	F	Smith	68	38	63
9	M	Hayes	23	71	72
10	F	Hayes	23	46	92
11	M	Hayes	23	70	90
12	F	Wong	47	49	64
13	M	Wong	47	50	63

注：在“真实”的研究中，我们会在不同的数据集输入教师的姓名和年龄，然后将教师数据和学生数据进行合并，这样只需要输入一次教师数据即可。但是在本例中，为了简便，我们让每个观测值都包含教师的信息。

第一步，我们先看看如何计算前测和后测成绩的平均数以及每个老师的增益分数（gain score）。程序如下所示：

```
DATA SCHOOL;
   LENGTH GENDER $ 1 TEACHER $ 5; ①
   INPUT SUBJECT
         GENDER  $
         TEACHER $
         T_AGE
         PRETEST
         POSTTEST;
   GAIN = POSTTEST - PRETEST;
DATALINES;
1 M JONES 35 67 81
2 F JONES 35 98 86
3 M JONES 35 52 92
4 M BLACK 42 41 74
5 F BLACK 42 46 76
6 M SMITH 68 38 80
7 M SMITH 68 49 71
8 F SMITH 68 38 63
9 M HAYES 23 71 72
10 F HAYES 23 46 92
11 M HAYES 23 70 90
12 F WONG 47 49 64
13 M WONG 47 50 63
;
PROC MEANS DATA=SCHOOL N MEAN STD MAXDEC=2;
   TITLE "Means Scores for Each Teacher";
   CLASS TEACHER;
   VAR PRETEST POSTTEST GAIN;
RUN;
```

这个程序非常简单直接。首先在 DATA 步骤中计算了增益分数，然后在 PROC MEANS 过程中将每个教师作为一个 CLASS（分类）变量，对每个教师的情况进行统计。LENGTH 语句①用于指定字符变量 GENDER 和 TEACHER 的字符数。使用了该语句的原因是在列表输入过程中，对于所有的字符变量默认 8 位长度。以下是输出结果：

Means Scores for Each Teacher

The MEANS Procedure

TEACHER	N Obs	Variable	N	Mean	Std Dev
BLACK	2	PRETEST	2	43.50	3.54
		POSTTEST	2	75.00	1.41
		GAIN	2	31.50	2.12
HAYES	3	PRETEST	3	62.33	14.15
		POSTTEST	3	84.67	11.02
		GAIN	3	22.33	22.59
JONES	3	PRETEST	3	72.33	23.46
		POSTTEST	3	86.33	5.51
		GAIN	3	14.00	26.00
SMITH	3	PRETEST	3	41.67	6.35
		POSTTEST	3	71.33	8.50
		GAIN	3	29.67	10.79
WONG	2	PRETEST	2	49.50	0.71
		POSTTEST	2	63.50	0.71
		GAIN	2	14.00	1.41

结果输出并不能满足我们的要求，我们还希望建立一个新数据集，将 TEACHER（教师）而不是 SUBJECT（被试个体）作为观测的单位。在本例中，我们只有 5 名教师，但是我们也可能有 100 名教师，他们可能在不同的学校中，使用不同的教学方法。为了建立一个新的数据集，我们将做如下处理：

```
PROC MEANS DATA=SCHOOL NOPRINT NWAY; ①
   CLASS TEACHER;
   VAR PRETEST POSTTEST GAIN;
   OUTPUT OUT=TEACHSUM ②
          MEAN=M_PRE M_POST M_GAIN;
RUN;
*To get a list of what was produced and therefore what
is contained in the data set TEACHSUM, add the following:;
PROC PRINT DATA=TEACHSUM;
   TITLE "Listing of Data Set TEACHSUM";
RUN;
*Hey! This is a good example of why comments
are useful. ;
```

行①的 NOPRINT 选项告诉程序，不用输出这个过程的结果（因为我们在上一次运行中已经有了结果，或者列出的结果过长，是我们并不愿意看到的）。还有另一种方法，你可以使用不带 NOPRINT 选项的 PROC SUMMARY 过程。它与带有

NOPRINT 语句的 PROC MEANS 语句是相等的。你可以随意挑选。我们想要将统计结果（本例中是平均数）存储在一个新的数据集中。为了达到这一目的，我们在 PROC MEANS 过程中使用了 OUTPUT 语句②。OUTPUT 语句将建立一个新的数据集，可以由我们自主命名（如 OUT = TEACHSUM），并决定存入什么统计量，给这些统计量赋予什么名字。

把 PROC MEANS 的可选项（如 N、MEAN、STD 等）作为 OUTPUT 语句的关键词，可以将 PROC MEANS 过程中生成的任何统计量都输出到新的数据集中。程序将计算所有 VAR 列表中的变量，并根据 CLASS 变量进行分类。因为我们在新数据集中只需要分数的平均数，所以写成："MEAN=M_PRE M_POST M_GAIN"。新变量的值就是 VAR 语句中所列变量的平均数，并且排列顺序是一一对应的。因此，M_PRE 表示 PRETEST 的平均值，M_POST 表示 POSTTEST 的平均值，而 M_GAIN 表示 GAIN 的平均值。你也可以把这些变量命名为 MANNY、MOE 和 JACK。SAS 不会在乎你怎么命名，我们使用 M_PRE、M_POST 和 M_GAIN，是因为这有助于记忆，它们分别代表着 PREtest、POSTtest 和 GAIN 的平均数。

最后，我们要解释一下行①中的 NWAY 选项。它告诉程序在新的数据集中只呈现每个教师（CLASS 变量）的结果，而不呈现总体均值。请记住这一点，随后我们将解释，如果没有写这个选项会发生什么。我们得到的新数据集（使用 PROC PRINT 过程）如下所示：

```
Listing of Data Set TEACHSUM

Obs    TEACHER    _TYPE_    _FREQ_     M_PRE      M_POST     M_GAIN

 1      BLACK       1         2       43.5000    75.0000    31.5000
 2      HAYES       1         3       62.3333    84.6667    22.3333
 3      JONES       1         3       72.3333    86.3333    14.0000
 4      SMITH       1         3       41.6667    71.3333    29.6667
 5      WONG        1         2       49.5000    63.5000    14.0000
```

TYPE 变量我们留到下一个例子再解释。_FREQ_ 变量提供了 CLASS 变量的每个水平上所包含观测值的数量（无论是否缺失）。如果返回原始数据，你会发现教师 BLACK 有 2 名学生，HAYES 有 3 名学生，以此类推。

如果你想将教师年龄纳入新数据集中，要怎么做呢？（这样就可以考察年龄与增益分数的关系。）在 PROC MEANS 过程中使用 ID 语句，可以轻松达到目的。所以，我们要在这个数据集中纳入教师的年龄，可以使用如下的程序：

```
PROC MEANS DATA=SCHOOL NOPRINT NWAY; ①
   CLASS TEACHER;
   ID T_AGE;
   VAR PRETEST POSTTEST GAIN;
   OUTPUT OUT=TEACHSUM ②
          MEAN=M_PRE M_POST M_GAIN;
RUN;
```

现在形成的数据集（TEACHSUM）就包含了变量 T_AGE。还有一种方法，你可以将 TEACHER 和 T_AGE 都作为 CLASS 变量，也能得到一样的结果。

现在我们来看一个更加复杂的例子，本例中我们将使用 PROC MEANS 过程和 CLASS 语句生成新数据集，并且 CALSS 变量不止一个。是的，请扶好你的眼镜，这需要一点技巧。首先，这是原始数据：

被试 (SUBJ)	性别 (GENDER)	地区 (REGION)	身高 (HEIGHT)	体重 (WEIGHT)
01	M	North	70	200
02	M	North	72	220
03	M	South	68	155
04	M	South	74	210
05	F	North	68	130
06	F	North	63	110
07	F	South	65	140
08	F	South	64	108
09	F	South	.	220
10	F	South	67	130

接下来，我们通过如下程序建立一个 SAS 数据集：

```
DATA DEMOG;
   LENGTH GENDER $ 1 REGION $ 5;
   INPUT SUBJ GENDER $ REGION $ HEIGHT WEIGHT;
DATALINES;
01 M North 70 200
02 M North 72 220
03 M South 68 155
04 M South 74 210
05 F North 68 130
06 F North 63 110
07 F South 65 140
08 F South 64 108
09 F South  . 220
10 F South 67 130
;
```

为了计算不同性别、不同地区的被试数量、平均数和标准差，我们使用了带有 CALSS 语句的 PROC MEANS 过程，程序如下：

```
PROC MEANS DATA=DEMOG N MEAN STD MAXDEC=2;
   TITLE "Output from PROC MEANS";
   CLASS GENDER REGION;
   VAR HEIGHT WEIGHT;
RUN;
```

记住，当你在 PROC MEANS 过程中使用 CALSS 语句时，并不需要事先对数据进行排序。在本例中，我们不再像以前一样只使用一个 CLASS 变量，而是使用了两个 CLASS 变量。这段程序的结果如下：

```
Output from PROC MEANS

The MEANS Procedure

                      N
GENDER    REGION    Obs    Variable     N           Mean          Std Dev
--------------------------------------------------------------------------
F         North       2    HEIGHT       2          65.50             3.54
                           WEIGHT       2         120.00            14.14

          South       4    HEIGHT       3          65.33             1.53
                           WEIGHT       4         149.50            48.86

M         North       2    HEIGHT       2          71.00             1.41
                           WEIGHT       2         210.00            14.14

          South       2    HEIGHT       2          71.00             4.24
                           WEIGHT       2         182.50            38.89
```

我们现在有两个 CALSS 变量，所以将会计算 GENDER（性别）和 REGION（地区）的不同水平相结合时的统计量。

首先，我们解释一下将 GENDER 和 REGION 作为 CLASS 变量，使用 PROC MEANS 过程创建输出数据集时，发生了什么。以下是程序：

```
PROC MEANS DATA=DEMOG NOPRINT; ①
   CLASS GENDER REGION;
   VAR HEIGHT WEIGHT;
   OUTPUT OUT=SUMMARY  ②
          MEAN=M_HEIGHT M_WEIGHT;
RUN;
***Add a PROC PRINT to list the observations in SUMMARY;
PROC PRINT DATA=SUMMARY;
   TITLE "Listing of Data Set SUMMARY";
RUN;
```

不要被注释中的三个星号搞糊涂了。记住，第一个星号表示开始注释，而分号表示结束。我们增加两个星号是为了让注释看起来更加明显。（作者是一个喜欢挑战编程的人，他认为你可能想知道这个细节。）

如前所示，行①的 NOPRINT 选项告诉程序不用输出任何结果。不过，我们想将这些值纳入新的SAS数据集中，因此在PROC MEANS过程中加上了OUTPUT语句②。OUTPUT 语句帮助我们建立了一个新的数据集，并选择在数据集中纳入哪些统计量，以及这些统计量的名字。输出数据集的名字放在关键词"OUT="之后，而要输出平均数的变量列在关键词"MEAN="之后。"MEAN="之后的两个变量分别用于表示 HEIGHT 和 WEIGHT 的平均数。这里的排列顺序和 VAR 语句后的变量排列顺序是一一对应的。在本例中，变量 M_HEIGHT 表示 HEIGHT（身高）的平均数，而变量 M_WEIGHT 表示 WEIGHT（体重）的平均数。其他的关键词（第 2 章第 2 节中列出的 PROC MEANS 的统计量在这里都可用）也可以用来输出如标准差（STD=）或总和（SUM=）一类的统计量。

下面使用 PROC PRINT 过程检查新数据集 DATA=SUMMARY 中的内容，得到如下结果：

```
Listing of Data Set SUMMARY

Obs    GENDER    REGION    _TYPE_    _FREQ_    M_HEIGHT    M_WEIGHT

 1                           0         10       67.8889     162.300
 2               North       1          4       68.2500     165.000
 3               South       1          6       67.6000     160.500
 4      F                    2          6       65.4000     139.667
 5      M                    2          4       71.0000     196.250
 6      F        North       3          2       65.5000     120.000
 7      F        South       3          4       65.3333     149.500
 8      M        North       3          2       71.0000     210.000
 9      M        South       3          2       71.0000     182.500
```

除了 GENDER 和 REGION 在每个水平结合上的平均数，我们看到还有多出来的 5 个观测值和 _TYPE_、_FREQ_ 两个变量。接下来解释一下它们的含义。第一个观测值，其 _TYPE_ 值为 0，表示的是所有未缺失值（9 个 HEIGHT 值和 10 个 WEIGHT 值）的平均数，又叫做总平均数；接下来两个观测值的 _TYPE_ 值为 1，分别表示在每个 REGION 水平上 HEIGHT 和 WEIGHT 的平均数；再接下来两个观测值的 _TYPE_ 值为 2，表示每个 GENDER 水平上 HEIGHT 和 WEIGHT 的平均数；最后四个观测值，其 _TYPE_ 值为 3，分别表示每个 GENDER 和 REGION 水平结合上的平均数（也叫做单元格平均数）。这看起来很复杂！放轻松一点，接下来将用另一种方式告诉你在这样的分组数据中 _TYPE_ 值是什么含义。

仔细回顾一下 CLASS 语句，它是这样写的：

```
CLASS GENDER REGION;
```

首先，我们用二进制的方法进行计算（记为 0、1、10、11、100、101 等），并且将二进制的值写在 CLASS 变量底下，就像这样：

CLASS GENDER REGION;

二进制数		_TYPE_	解释
0	0	0	总平均数
0	1	1	不同 REGION 的平均数
1	0	2	不同 GENDER 的平均数
1	1	3	单元格平均数

下面，我们依循一个简单的规律来思考。当用二进制的写法表示 _TYPE_，在某个 CLASS 变量旁标注了下标 1，则统计结果需要根据这个变量的取值进行分组。例如 _TYPE_ 取值为 1，按照二进制的写法就应该写成 01（这并不难），也就是说当 _TYPE_=1 时统计量表示的是每个地区的均值。仍然感到很糊涂？没关系，这并不是一件容易的事。

此外，还可以用 PROC MEANS 过程（或者 PROC SUMMARY 过程）中的选项 CHARTYPE 来解释 _TYPE_ 变量。该选项使得 _TYPE_ 变成了一堆 0、1 字符组成的**字符**变量。在先前的程序中加入 CHARTYPE 选项，得到如下的程序：

```
PROC MEANS DATA=DEMOG NOPRINT CHARTYPE;
   CLASS GENDER REGION;
   VAR HEIGHT WEIGHT;
   OUTPUT OUT=SUMMARY
          MEAN=M_HEIGHT M_WEIGHT;
RUN;
```

那么结果数据集 SUMMARY 就会是这样的：

```
Listing of Data Set SUMMARY

GENDER    REGION    _TYPE_    _FREQ_    M_HEIGHT    M_WEIGHT

                      00        10      67.8889     162.300
          North       01         4      68.2500     165.000
          South       01         6      67.6000     160.500
  F                   10         6      65.4000     139.667
  M                   10         4      71.0000     196.250
  F       North       11         2      65.5000     120.000
```

```
F      South      11      4      65.3333      149.500
M      North      11      2      71.0000      210.000
M      South      11      2      71.0000      182.500
```

注意现在 _TYPE_ 已经是一堆 0 和 1 的字符了。你可以用这个变量进行选择，哪些平均数是你所需要的。假如你想要将各 _TYPE_ 变量取值的平均数存储进不同的数据集，则可以一次性创建多个数据集，就像这样：

```
DATA GRAND REGION GENDER GENDER_REGION;
   SET SUMMARY;
   IF _TYPE_ = '00' THEN OUTPUT GRAND;
   ELSE IF _TYPE_ = '01' THEN OUTPUT REGION;
   ELSE IF _TYPE_ = '10' THEN OUTPUT GENDER;
   ELSE IF _TYPE_ = '11' THEN OUTPUT GENDER_REGION;
RUN;
```

这段程序展示了许多内容。首先，你可以在一个 DATA 步骤中创建多个 SAS 数据集。方法就是在 DATA 语句中列出所有想要创建的数据集，并对其命名。其次，你可以在 DATA 步骤中使用 OUTPUT 语句进行强制输出。这时必须写明要输出的数据集名称，否则 SAS 会把每个观测值输出到你列出的所有数据集中。最后，你可以看看 _TYPE_ 变量是如何选择输出相应的平均数的。PROC MEANS 过程中的 CHARTYPE 选项会让选择正确的 _TYPE_ 值变得更加容易。因此你不用非得学会如何用二进制进行计算！

对大多数人而言，根本不必看到 _TYPE_ 的值。大部分应用研究只需要单元格平均数（按照 CLASS 变量进行分组后的结果），也就是说，只需要 _TYPE_ 变量取值最大的那些结果。如果在 PROC MEANS 语句后使用了 NWAY 选项，那就只有单元格平均数会被输出到新的数据集中。因此，如果你只想要 GENDER 和 REGION 的每个水平结合上 HEIGHT 和 WEIGHT 的平均数，就需要这样编写 PROC MEANS 语句：

```
PROC MEANS DATA=DEMOG NOPRINT NWAY;
   CLASS GENDER REGION;
   VAR HEIGHT WEIGHT;
   OUTPUT OUT=SUMMARY
          MEAN=M_HEIGHT M_WEIGHT;
RUN;
PROC PRINT DATA=SUMMARY;
   TITLE "Listing of Data Set SUMMARY with NWAY Option";
RUN;
```

新数据集（如下所示）中只包含 _TYPE_ 取值为 3 的观测值。

```
Listing of Data Set SUMMARY

Obs   GENDER   REGION   _TYPE_   _FREQ_   M_HEIGHT   M_WEIGHT

1     F        North    3        2        65.5000    120.0
2     F        South    3        4        65.3333    149.5
3     M        North    3        2        71.0000    210.0
4     M        South    3        2        71.0000    182.5
```

FREQ 变量表示每个分类中的观测值的数量（无论缺失与否）。举例来说，有 2 名女性来自 North（北部地区），所以在汇总数据集中的观测 1 中，_FREQ_ 的取值为 2。如果想要知道用于计算统计量的数据中未缺失的观测值的数量，则需要在创建数据集时使用关键词 "N="。以下的程序就能达到这一目的：

```
PROC MEANS DATA=DEMOG NOPRINT NWAY;
   CLASS GENDER REGION;
   VAR HEIGHT WEIGHT;
   OUTPUT OUT  = SUMMARY
          N    = N_HEIGHT N_WEIGHT
          MEAN = M_HEIGHT M_WEIGHT;
RUN;
PROC PRINT DATA=SUMMARY;
   TITLE1 "Listing of Data Set SUMMARY with NWAY Option";
   TITLE2 "with Requests for N= and MEAN=";
RUN;
```

在这段程序中，我们用变量 N_HEIGHT 和 N_WEIGHT 表示未缺失的观测值数量。下面的结果输出中，_FREQ_ 和 "N=" 变量的结果有明显差异：

```
Listing of Data Set SUMMARY with NWAY Option
with Requests for N= and MEAN=

GENDER  REGION  _TYPE_  _FREQ_  N_HEIGHT  N_WEIGHT  M_HEIGHT  M_WEIGHT

  F     North     3       2        2         2      65.5000    120.0
  F     South     3       4        3         4      65.3333    149.5
  M     North     3       2        2         2      71.0000    210.0
  M     South     3       2        2         2      71.0000    182.5
```

对于来自 South（南部地区）的女性，N_HEIGHT 取值为 3，而 _RFREQ_ 的取值为 4（来自 South 的女性中，HEIGHT 数据有一个缺失值）。

最后，如果你使用了 NWAY 选项，就没有必要在输出的数据集中保留 _TYPE_

变量了。你可以使用数据集选项 DROP= 来舍弃这些变量。修改后的程序如下：

```
PROC MEANS DATA=DEMOG NOPRINT NWAY;
   CLASS GENDER REGION;
   VAR HEIGHT WEIGHT;
   OUTPUT OUT    = SUMMARY(DROP=_TYPE_)
          N      = N_HEIGHT N_WEIGHT
          MEAN   = M_HEIGHT M_WEIGHT;
RUN;
```

有些懒惰的编程者在只需要一种统计量的时候常常省略掉变量列表。比如，如果你只想要每个 GENDER 和 REGION 水平结合上的平均数，可以这样写：

```
PROC MEANS DATA=DEMOG NOPRINT NWAY;
   CLASS GENDER REGION;
   VAR HEIGHT WEIGHT;
   OUTPUT OUT = SUMMARY(DROP=_TYPE_)
          MEAN =;
RUN;
```

用这样的方法，新的汇总数据集中的变量名与 VAR 语句中所列的变量名是一样的。因此表示身高平均值的变量名是 HEIGHT，而表示体重平均值的变量名是 WEIGHT。有时候这并非一个好方法，因为你可能意识不到这个变量名表示的是汇总统计量，而不再是原始数据了。（实际上，许多编程者甚至连“DROP=_TYPE_”都不写，他们根本不在乎结果输出中有多余的变量。）

10.　输出其他统计量

我们已经学习了如何在 PROC MEANS 过程中使用 OUTPUT 语句创建新的数据集，数据集中包括了 VAR 语句中列出的所有变量的均值，并且可以根据 CLASS 或者 BY 语句中的变量进行分组。关键词“MEAN=”指明我们想要输出的是平均值。其实 PROC MEANS 过程还有许多可用的选项（详见第 2 章第 2 节），都可以用来在新数据集中生成其他统计量。

假设你想要得到 DEMOG 数据集中每个 GENDER 和 REGION 水平结合上的未缺失值的数量、平均数、中数、最小值和最大值。以下的程序就能够完成这一过程：

```
PROC MEANS DATA=DEMOG NOPRINT NWAY;
   CLASS GENDER REGION;
   VAR HEIGHT WEIGHT;
   OUTPUT OUT = SUMMARY
          MEAN = MEAN_HEIGHT MEAN_WEIGHT
          N = M_HEIGHT N_WEIGHT
          MEDIAN = MEDIAN_HEIGHT MEDIAN_WEIGHT
          MIN = MIN_HEIGHT MIN_WEIGHT
          MAX = MAX_HEIGHT MAX_WEIGHT;
RUN;
```

注意，你可以对新生成的统计量随意命名，但是为了使结果清晰明了，选择像 MEDIAN_HEIGHT 这样的变量名，更容易让人记住它的意义。

如果你想要让 SAS 自动对所有的汇总变量命名，可以在 OUTPUT 中加入选项 AUTONAME。当你使用这个选项时，SAS 将在统计量名和 VAR 语句中所列变量名之间加上一个下划线，作为新的变量名。为了解释清楚，让我们随意地从 DEMOG 数据集中输出一些统计量并让 SAS 自动命名。程序如下：

```
PROC MEANS DATA=DEMOG NOPRINT NWAY;
   CLASS GENDER REGION;
   VAR HEIGHT WEIGHT;
   OUTPUT OUT = SUMMARY(DROP=_TYPE_ RENAME=(_FREQ_ = NUMBER))
          MEAN =
          N =
          MEDIAN =
          MIN =
          MAX = / AUTONAME;
RUN;
```

在使用 AUTONAME 选项的同时，我们也添加了 RENAME 选项将 SUMMARY 数据集中的变量 _FREQ_ 重命名为 NUMBER。仔细观察一下 SUMMARY 数据集的结果输出，你就知道 AUTONAME 这个选项的用处有多大。

Demonstrating the AUTONAME option

GENDER	REGION	NUMBER	HEIGHT_ Mean	WEIGHT_ Mean	HEIGHT_N	WEIGHT_N
F	North	2	65.5000	120.0	2	2
F	South	4	65.3333	149.5	3	4
M	North	2	71.0000	210.0	2	2
M	South	2	71.0000	182.5	2	2

```
HEIGHT_    WEIGHT_    HEIGHT_    WEIGHT_    HEIGHT_    WEIGHT_
 Median     Median      Min        Min        Max        Max

  65.5      120.0       63         110        68         130
  65.0      135.0       64         108        67         220
  71.0      210.0       70         200        72         220
  71.0      182.5       68         155        74         210
```

练习题

练习题的数据集和程序均可从网上下载：www.prenhall.com/cody

4.1　我们按照问卷收集了如下的数据：

变量	起始栏位	长度	描述
ID	1	3	被试 ID
DOB	5	8	MMDDYY 格式的出生年月
ST_DATE	13	8	MMDDYY 格式的起始日期
END_DATE	21	8	MMDDYY 格式的结束日期
SALES	29	5	总销售额

以下是一些样本数据：

```
         1         2         3
123456789012345678901234567890  Column Indicators
------------------------------------------------
001 1021194611121980122819887343
002 0913195502021980020419880123
005 0606194003121981031220040000
003 0705194411151980111320009544
```

（a）写一段 SAS 程序来读取上述数据。

（b）计算开始工作时的年龄（以年为单位）以及 ST_DATE 和 END_DATE 之间的时间长度（以年为单位）。

（c）计算工作时每年的销售额。

（d）按照如下的格式输出报告：

```
ID      DOB      AGE      LENGTH  SALES_YR
```

其中 LENGTH 是(b)中计算的工作年数，SALES_YR 是(c)中计算的年度销售额。使用 MMDDYY10. 格式输出 DOB。

（e）修改程序，以最近一次的生日为准计算年龄（AGE），同时将每年的销售额四舍五入到十位数上（单位：美元）。尝试使用 DOLLAR6. 格式输出 SALES_YR。

4.2 运行下面的 DATA 步骤，创建 SAS 数据集 ABC_CORP。创建一个新的数据集 AGES，其中包含 ABC_CORP 中的所有变量以及三个新加入的变量。一个是 AGE_ACTUAL，即被试从出生（DOB）到 2005 年 1 月 15 日为止的准确年龄；第二个是 AGE_TODAY，计算程序运行时被试的年龄，并四舍五入到小数点后一位（单位：岁）。第三个是 AGE，计算被试在来访日期（VIST_DATE）当天的年龄，并省略掉小数部分。最后输出新的数据集。

```
***Program to create data set ABC_CORP;
DATA ABC_CORP;
   DO SUBJ = 1 TO 10;
      DOB = INT(RANUNI(1234)*15000);
      VISIT_DATE = INT(RANUNI(0)*1000) + '01JAN2000'D;
      OUTPUT;
   END;
   FORMAT DOB VISIT_DATE DATE9.;
RUN;
```

4.3 有 8 只老鼠，记录了它们的出生日期、发病日期和死亡日期。此外，这些老鼠被分成了两组（A 或 B）。给你如下的数据，计算发病时的年龄、从发病到死亡的时间和死亡时的年龄。所有的时间都以天为单位计算。最后分组计算其平均数、标准差和标准误。以下是数据：

老鼠编号 (RAT_NO)	出生日期 (DOB)	发病日期 (DISEASE)	死亡日期 (DEATH)	分组 (GROUP)
1	23MAY1990	23JUN1990	28JUN1990	A
2	21MAY1990	27JUN1990	05JUL1990	A
3	23MAY1990	25JUN1990	01JUL1990	A
4	27MAY1990	07JUL1990	15JUL1990	A
5	22MAY1990	29JUN1990	22JUL1990	B
6	26MAY1990	03JUL1990	03AUG1990	B
7	24MAY1990	01JUL1990	29JUL1990	B
8	29MAY1990	15JUL1990	18AUG1990	B

你可以随意安排这些数据的栏位数。**提示：**使用 DATE9. 输入格式来读取表格中的数据。

4.4 运行下面的程序，创建 SAS 数据集 CLINICAL。使用这个数据集计算相邻两次来访时的体重之差。

```
DATA CLINICAL;
   *Use LENGTH statement to control the order of
    variables in the data set;
```

```
    LENGTH PATIENT VISIT DATE_VISIT 8;
    RETAIN DATE_VISIT WEIGHT;
    DO PATIENT = 1 TO 25;
       IF RANUNI(135) LT .5 THEN GENDER = 'Female';
       ELSE GENDER = 'Male';
       X = RANUNI(135);
       IF X LT .33 THEN GROUP = 'A';
       ELSE IF X LT .66 THEN GROUP = 'B';
       ELSE GROUP = 'C';
       DO VISIT = 1 TO INT(RANUNI(135)*5);
          IF VISIT = 1 THEN DO;
             DATE_VISIT = INT(RANUNI(135)*100) + 15800;
             WEIGHT = INT(RANNOR(135)*10 + 150);
          END;
          ELSE DO;
             DATE_VISIT = DATE_VISIT + VISIT*(10 +
INT(RANUNI(135)*50));
             WEIGHT = WEIGHT + INT(RANNOR(135)*10);
          END;
          OUTPUT;
          IF RANUNI(135) LT .2 THEN LEAVE;
       END;
    END;
    DROP X;
    FORMAT DATE_VISIT DATE9.;
RUN;
```

***4.5** 使用本章第 4 节的数据集 PATIENTS（带有样本数据的程序），编写必要的 SAS 语句创建一个新的数据集（PROB4_5）。这个数据集中，省略了每个患者第一次来访的数据。之后，使用该数据集计算每个患者的平均 HR、SBP、DBP。（9 号患者只有一次来访，所以将被删去。）

4.6 使用练习题 4.4 的数据集 CLINCAL，创建一个新的数据集（CHANGE）。在新数据集中，使每名被试对应一个观测值，并计算每名被试第一次和最近一次来访时的体重差异，以及间隔的天数。只来访过一次的患者不纳入新数据集中。

***4.7** 写一个与练习题 4.5 类似的程序，不同的是这次要将每个患者的所有数据都纳入新数据集中，只有一次来访的患者除外。这次不输出结果，而是用 PROC MEANS 创建数据集 PAT_MEAN，其中包含每个患者的平均数（使用输出选项 AUTONAME 给变量命名）。

4.8 使用练习题 4.4 的数据集 CLINICAL 创建一个新数据集，其中每个患者对应一个观测值，其变量包括每个患者体重的平均数、中数、最小值和最大值。

***4.9** 我们有一个数据集 BLOOD，其中每个被试对应了 1 到 5 个观测值，每个观测都包含了变量 ID、GROUP、TIME、WBC（白细胞）以及 RBC（红细胞）。运行下面的程序建立

这个数据集：

```
***Program to create data set BLOOD;
DATA BLOOD;
   LENGTH GROUP $ 1;
   INPUT ID GROUP $ TIME WBC RBC @@;
DATALINES;
1 A 1 8000 4.5 1 A 2 8200 4.8 1 A 3 8400 5.2
1 A 4 8300 5.3 1 A 5 8400 5.5
2 A 1 7800 4.9 2 A 2 7900 5.0
3 B 1 8200 5.4 3 B 2 8300 5.4 3 B 3 8300 5.2
3 B 4 8200 4.9 3 B 5 8300 5.0
4 B 1 8600 5.5
5 A 1 7900 5.2 5 A 2 8000 5.2 5 A 3 8200 5.4
5 A 4 8400 5.5
;
```

请创建一个新的数据集，其中包括每个被试 WBC 和 RBC 的平均数。这个新的数据集应该包括变量 ID、GROUP、M_WBC 和 M_RBC，其中 M_WBC 和 M_RBC 表示每名被试的平均数。最后，我们想要删除在原始数据集中观测值的数量小于或等于 2 的被试（假设没有缺失值）。

提示：建议使用带有 CLASS 语句的 PROC MEANS 过程。由于我们想要在新的数据集中包含变量 ID 和 GROUP，你可以把它们都作为 CLASS 变量或者使用 ID 语句（ID GROUP;），使得 GROUP 出现在输出数据集中。同时，记住变量 _FREQ_ 由 PROC MEANS 过程创建，该变量在删除原始数据集中观测值数量小于或等于 2 的被试时有着重要的作用。

***4.10** 使用练习题 4.4 的数据集 CLINICAL，创建一个汇总数据集，其中包含了按性别和小组分类（使用 CLASS 语句）的平均数、中数和标准差。通过这个汇总数据集，创建以下四个数据集（在一个 DATA 步骤中）：（1）总体平均数；（2）不同性别的统计量；（3）不同小组的统计量；（4）性别和小组的各水平结合上的统计量。**提示：**CHARTYPE 选项可以让问题变得简单。最后使用 PROC PRINT 列出这个汇总数据集。

4.11 修改练习题 4.9 的程序，使之包含每名被试的 WBC 和 RBC 的标准差。

4.12 使用练习题 4.10 的概要数据集创建四个新的数据集 GRAND、BY_GENDER、BY_GROUP、BY_GENDER_GROUP——使用 _TYPE_ 变量以控制观测值，让它们分别进入到不同的数据集。你可以在一个 DATA 步骤中完成以上内容。使用 CHARTYPE 选项可以让问题变得简单。

第5章

相关和简单回归分析

1. 简介
2. 相关
3. 相关系数的显著性
4. 如何解释相关系数
5. 偏相关
6. 线性回归
7. 分解平方和
8. 生成散点图和回归线
9. 在回归方程中加入二次项
10. 转换数据

练习题

1. 简介

描述两个连续变量之间线性关系强度的常用统计指标，称为皮尔逊相关系数，有时直接称为相关系数(也有其他的相关系数,但皮尔逊相关最常用)。相关系数是 -1 到 1 之间的一个数字。正向相关表示一个变量增长,另一个变量的值也有增长的趋势。相关系数较小或为零表示两变量是不相关的。负相关系数表示两变量间相反的关系：一个增长，另一个随之减少。

本章也涉及简单的回归分析（只有一个自变量）。回归分析与相关有些类似，它主要适用于根据一个已知变量预测另一变量的情况。回归也表示两变量之间的数学关系，而不仅仅是连接的强度。多元回归（多个自变量）的情况见第 9 章。

2. 相关

我们记录了7个被试的性别（GENDER）、身高（HEIGHT）、体重（WEIGHT）和年龄（AGE），现在想要计算HEIGHT和WEIGHT，HEIGHT和AGE，以及WEIGHT和AGE之间的相关。程序如下：

```
DATA CORR_EG;
   INPUT GENDER $ HEIGHT WEIGHT AGE;
DATALINES;
M 68 155 23
F 61 99 20
F 63 115 21
M 70 205 45
M 69 170 .
F 65 125 30
M 72 220 48
;
PROC CORR DATA=CORR_EG;
   TITLE "Example of a Correlation Matrix";
   VAR HEIGHT WEIGHT AGE;
RUN;
```

结果输出如下：

```
Example of a Correlation Matrix

The CORR Procedure

   3  Variables:    HEIGHT   WEIGHT   AGE
                            Simple Statistics

Variable            N          Mean       Std Dev           Sum

HEIGHT              7      66.85714       3.97612     468.00000
WEIGHT              7     155.57143      45.79613          1089
AGE                 6      31.16667      12.41639     187.00000

            Simple Statistics

Variable        Minimum        Maximum

HEIGHT         61.00000       72.00000
WEIGHT         99.00000      220.00000
AGE            20.00000       48.00000
```

```
            Pearson Correlation Coefficients
               Prob > |r| under H0: Rho=0
                  Number of Observations

                  HEIGHT           WEIGHT           AGE

HEIGHT           1.00000          0.97165       0.86614
                                   0.0003        0.0257
                       7                7             6

WEIGHT           0.97165          1.00000       0.92496
                  0.0003                         0.0082
                       7                7             6

AGE              0.86614          0.92496       1.00000
                  0.0257           0.0082
                       6                6             6
```

PROC CORR 用于计算 VAR 变量的简单描述统计量和相关矩阵。该矩阵的每行或每列上显示了相关系数（最上面的数字）、p 值（第二个数字）以及用来计算相关的配对组数量（第三个数字）。如果各个变量组合的配对组数量都是一样的，将不会输出第三个数字，而是将数字呈现在表格的顶端。

在这一列表中，我们看到 HEIGHT 和 WEIGHT 的相关是 .97165，显著性水平是 .0003；HEIGHT 和 AGE 的相关 .86614（p=.0257）；WEIGHT 和 AGE 相关 .92496（p=.0082）。让我们看一看 HEIGHT 和 WEIGHT 的相关，p 值很小，这意味着如果 7 名被试是从相关为 0 的人群中随机挑选出来的，那么得到 .97165 这般高相关的可能性很小。这只是一个例子，在社会科学数据中很少有这么高的相关。

要生成相关矩阵（由各组配对变量的相关系数构成），可以使用下面的一般句式：

```
PROC CORR options;
   VAR list-of-variables;
RUN;
```

术语"list-of-variables"可以用一组变量名来代替，以空格分开。如果没有具体选项，那么将默认计算皮尔逊相关系数和简单描述统计。之后我们会讨论到其他非参数相关系数的计算。选项 SPEARMAN 用于计算斯皮尔曼等级相关，KENDALL 计算肯德尔系数，HOEFFDING 对应的是 Hoeffding 的 D 统计量。假如你采用了其中任意一个选项，例如 SPEARMAN，如果还想计算皮尔逊相关，则需要加上 PEARSON。如果不想进行简单描述统计，在选项列中加入 NOSIMPLE 即可。

例如，如果你想同时计算皮尔逊和斯皮尔曼相关，又不想显示简单描述统计，则可以这样写：

```
PROC CORR DATA=CORR_EG PEARSON SPEARMAN NOSIMPLE;
   TITLE "Example of a Correlation Matrix";
   VAR HEIGHT WEIGHT AGE;
RUN;
```

CORR 过程将计算 VAR 列表中所有变量之间的配对相关。如果列表中的变量很多，结果会是一大堆的系数。如果你只想看某些相关系数（比如绝对值最高的几个系数），那么在 PROC CORR 的选项中添加 BEST=number，可以将相关系数按降序排列。

如果你只想看看数据集中一组变量和另一组变量之间的相关，则采用 WITH 语句。PROC CORR 将计算 WITH 列表中每个变量和 VAR 列表中每个变量的相关。例如，假设数据集 RESULTS 中含有变量 IQ 和 GPA，以及学生在 10 个测验上的成绩（TEST1 到 TEST10）。如果要计算 IQ 和 GPA 这两个变量与每个测验之间的相关，程序如下：

```
PROC CORR DATA=RESULTS;
   VAR IQ GPA;
   WITH TEST1-TEST10;
RUN;
```

这样写可以大大节约计算时间。

3. 相关系数的显著性

你或许会问："相关系数多大时，我才能确信这两个变量之间确实存在相关？" PROC CORR 每计算一个相关系数，也会相应地计算一个与之有关的概率。它表示的是只凭运气得到这一相关系数的概率（也就是说，此时这两个变量之间实际上是零相关）。

相关系数的显著性是相关值和样本大小的函数。如果样本量很大，即使很小的相关系数也能是显著的。例如，10 个样本，.63 或以上的相关是显著的（在 .05 水平上）；100 个样本，.195 的相关就可以显著。注意，负相关和正相关的强度是一样的，虽然关系是相反的，比如 -.40 和 +.40 的相关强度是相同的。

相关仅仅表示一种关系的强度，它不能推导因果。例如，我们可能发现医院的数量和宠物的数量有很高的相关。这是否意味着宠物导致人生病，因此需要更多的医院？这很值得怀疑。最有可能的解释是这两个变量（宠物数量和医院数量）都与人口数量有关。

“**显著**”与“**重要**”或“**强烈**”并不是一个意思。知道相关系数的显著性并不能告诉我们什么。一旦发现相关系数显著，我们得深入探究这一相关的重要性。让我们先离题解释一下，相关系数的显著性意味着什么。假设我们有变量 x 和 y，其相关为 0，我们可以画两者的散点图：

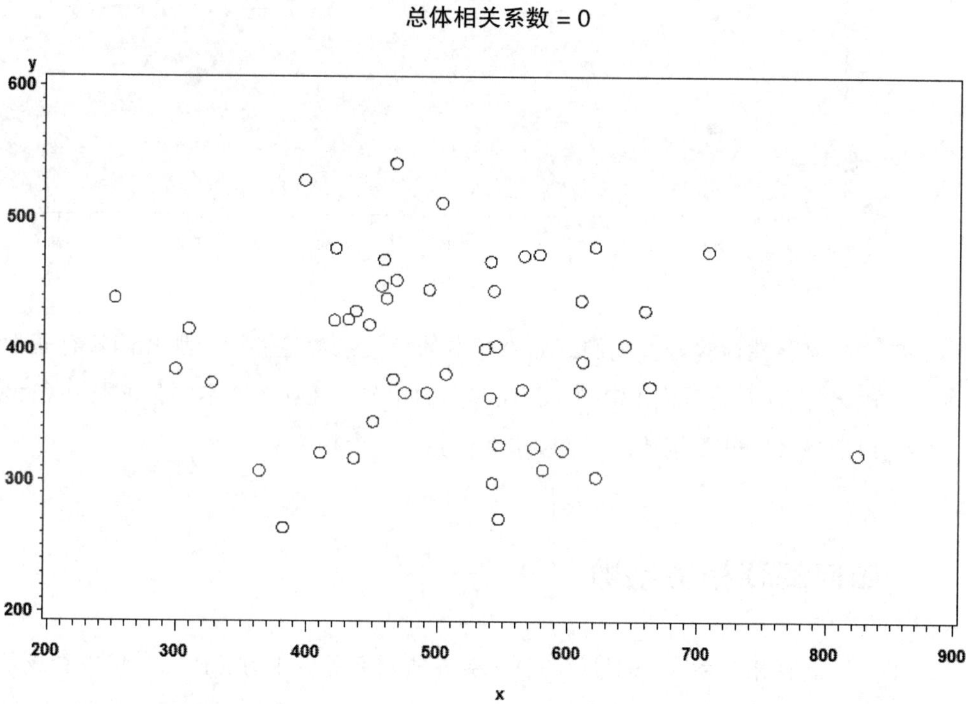

假设接下来，我们从这一组数据挑选了 10 个小的样本点，下图的黑点表示我们随机挑选的样本：

总体相关系数=0

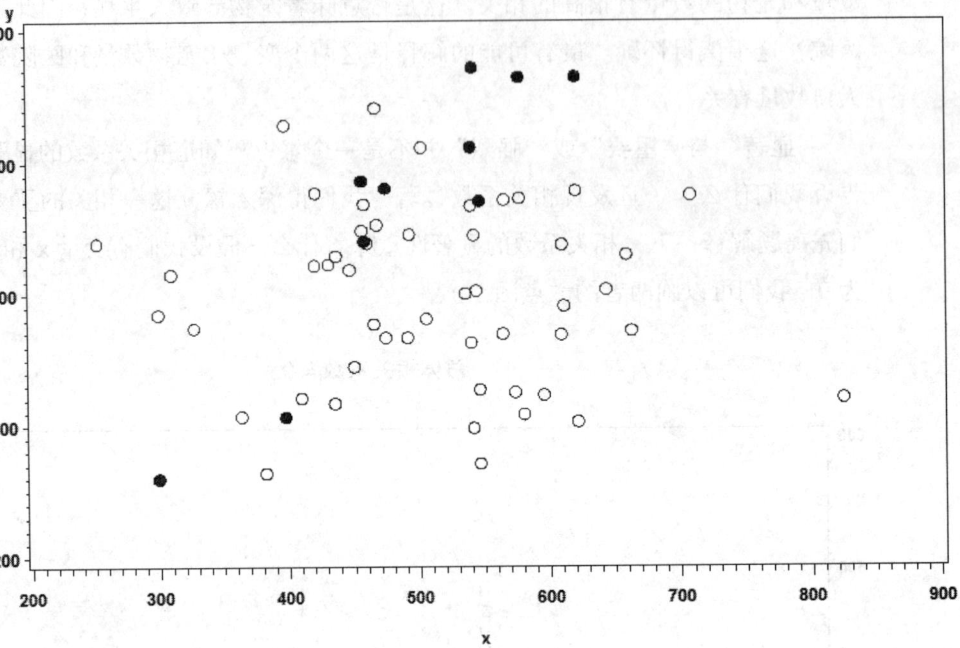

显著性检验告诉我们，如果样本的相关系数足够大，那我们就有非常大的把握确信，（较大的）总体中确实存在非零的相关。在这一样本中，非零相关确实发生了，可能显著也可能不显著，必须重新检验每一个相关。

4. 如何解释相关系数

解释相关系数 r 的最好方法，就是查看系数的平方（r^2）。r^2 可以看成是一个变量的变异可以由另一个变量的变异所解释的比例。例如，身高 / 体重的相关是 .97，r^2 是 .94，也就是说体重的变异中有 94% 可以由身高的变异所解释。同时，1-94%，也就是体重的变异中有 6% 是由于身高之外的其他因素导致的。按照这种解释方法，如果一个相关系数是 .40，我们就可以知道某个变量的变异只有 16%（.16）可以由另一个变量的变异解释。

解释相关系数需要注意的一点是：一定要看看数据的散点图（使用 PROC PLOT 或 PROC GPLOT）。一两个极端值很有可能导致相关系数大于预期值。数据输入的错误就可以戏剧性地颠倒相关系数。

相关系数的一个重要假设是，每对 x 和 y 都是相互独立的。也就是说，每一对数据都来自于不同的被试。假设我们有 20 个被试，每个人都测量了血压和心率（此为一对数据），就可以采用这 20 对配对数据计算相关系数。假设我们不是测了一次，而是对每个被试测了 10 次血压和心率，那么这 200 对数据（20 个被试，每人有 10 对数据）就无法计算出有效的相关，因为每个被试的 10 对数据之间不是独立的。最好的方法是计算出每个被试的平均血压和平均心率，然后使用平均数计算相关系数。

5. 偏相关

研究者想知道，当移除了其他变量的影响后，某两个变量之间的关系强度。一种方法是计算偏相关系数。采用 PARTIAL 语句列出你想要避免其干扰的变量。例如，使用第二节的 CORR_EG 数据集，移除了 AGE 的影响之后，我们计算 HEIGHT 与 WEIGHT 之间的相关：

```
PROC CORR DATA=CORR_EG NOSIMPLE;
   TITLE "Example of a Partial Correlation";
   VAR HEIGHT WEIGHT;
   PARTIAL AGE;
RUN;
```

结果显示，HEIGHT 和 WEIGHT 之间的偏相关仍然是显著的（p=.0272），但是系数比之前变小了（.91934）。

```
Example of a Partial Correlation

The CORR Procedure

   1 Partial Variables:   AGE
   2         Variables:   HEIGHT   WEIGHT

Pearson Partial Correlation Coefficients, N = 6
       Prob > |r| under H0: Partial Rho=0

              HEIGHT        WEIGHT
HEIGHT        1.00000       0.91934
                             0.0272

WEIGHT        0.91934       1.00000
               0.0272
```

6. 线性回归

有了某人的身高数据，他/她预期的体重是多少？我们怎样才能更好地确定身高和体重的关系？通过下面的图表，我们可以看到，这种关系接近线性。如果在图上画一条直线，那么大部分的数据会落到直线附近。每个数据点到直线的垂直距离称为残差。

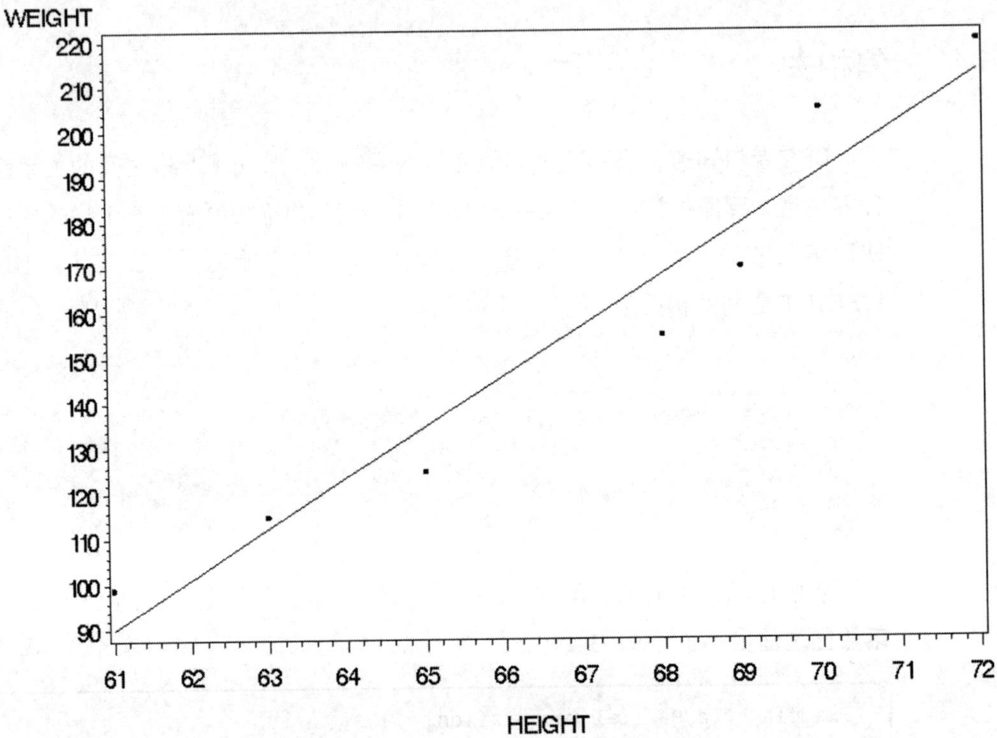

如何确定用来拟合数据的最佳直线？我们通常采用最小二乘法，它可以找到残差平方和最小的回归线。残差就是被试的期望分数和真实分数之间的差异。

PROC REG（regression 的简写）的一般形式是：

```
PROC REG options;
   MODEL dependent variable(s) = independent-variables / options;
RUN;
```

采用身高/体重的数据建立回归方程，如下：

```
PROC REG DATA=CORR_EG;
   TITLE "Regression Line for Height-Weight Data";
   MODEL WEIGHT = HEIGHT;
RUN;
```

结果输出如下：

```
Regression Line for Height-Weight Data

The REG Procedure
Model: MODEL1
Dependent Variable: WEIGHT

Number of Observations Read          7
Number of Observations Used          7

                     Analysis of Variance

                               Sum of           Mean
Source                 DF     Squares         Square   F Value   Pr > F

Model                   1       11880          11880     84.45   0.0003
Error                   5   703.38705      140.67741
Corrected Total         6       12584

Root MSE             11.86075    R-Square     0.9441
Dependent Mean      155.57143    Adj R-Sq     0.9329
Coeff Var             7.62399

                     Parameter Estimates

                       Parameter       Standard
Variable      DF        Estimate          Error    t Value    Pr > |t|
Intercept      1      -592.64458       81.54217      -7.27      0.0008
HEIGHT         1        11.19127        1.21780       9.19      0.0003
```

首先看最后两行，有 INTERCEPT 和 HEIGHT 两个参数的估计值。直线的方程一般可写为：

$$y = a + bx$$

在这里，a = 截距，b = 斜率。

根据身高 / 体重的数据，最佳的直线方程应该是：

$$WEIGHT = -592.64 + 11.19 \times HEIGHT$$

这样，我们就可以用身高预测体重。比如，一个70英寸高的人，其期望体重是：

$$WEIGHT = -592.64 + 11.19 \times 70 = 190.66 \text{ lb}$$

“Parameter Estimates”（参数估计）下面还有“Standard Error”（标准误），“t Value”（t值）和“Pr > |t|”等统计数据。T值和相应的概率（Pr > |t|）检验了参数为零的假设。如果真实的斜率和截距为零，那么偶然获得一个比实际值相等或更大的值的概率是多少呢？这里的标准误与平均数的标准误差不多，它反映了我们能知道的真实斜率和截距的精确度。

在本例中，斜率是11.19，斜率的标准误是1.22。这样，我们就可以通过取平均数上下两个标准误，得到斜率的95%置信区间：8.75-13.63。实际上，由于本例中的样本量太小（n=7），应该通过t值表（t-table）找到计算95%置信区间所需要的平均数上下标准误的数值。（当n小于30时，应该这么做。）在t值表中，我们查看自由度（df）等于n-2，显著性水平（双侧）等于.05时对应的t值。df=5、p=.05时对应的t值是2.57。因此95%置信区间应当是11.19加减2.57×1.22=3.14。

结果输出中的“Analysis of Variance portion”（变异来源的分析）包括均方根、R平方、因变量平均数、校正后的R平方及变异系数（Coeff Var）。均方根（Root MSE）是误差变异的平方根，也就是残差的标准差。R平方（R-Square）是复相关系数的平方。由于我们只有一个自变量（HEIGHT），R平方等于HEIGHT与WEIGHT的皮尔逊相关系数的平方。正如之前所言，相关系数的平方告诉我们，因变量的变异有多大比例由自变量的变异所解释。如果自变量不止一个，R平方就反映了因变量的变异由所有自变量的线性组合所解释的比例（第9章会有详细讨论）。因变量平均值（Dependent Mean）就是因变量（在本例中是WEIGHT）的算术平均数。变异系数（Coeff Var）是衡量变异程度的统计量，也就是标准差与平均数的比率。最后，校正后的R平方（Adj R-Sq）是根据方程中的自变量数量对R平方进行校正后的结果。校正可能会降低R平方的值，不过差异一般很小，只有在处理多重自变量时，这一差异会变大一些，而且也更重要（详见第9章）。

7. 分解平方和

PROC REG结果的最上端呈现了回归的变异分析表。它将因变量的变异分解为若干来源。为了理解这一表格，可以考虑某个被试的体重。这个被试的体重值可能等于所有被试体重的平均数加上（或减去）某个值，因为他可能高于（或低于）平均身高。回归的结果显示，越高的人体重越重。不过，预测总是不完美的。我们从平均值开始，根据回归上下浮动，又根据误差（或残差）上下浮动。变异分析表将这些变异要素分解开，看每一部分对总平方和的贡献。

总平方和是每个被试的体重和总平均数之间差异的平方之和。这一平方和（SS）可以分解为两个部分：回归（或说模型）平方和与误差（有时也叫残差）平方和。残差平方和反映了每个被试的真实体重和预测体重之间的偏差。MODEL（模型）平方和反映了预测值和总平均数之间的偏差。写着 Mean Square（均方）的那一列是平方和除以自由度的值。本例有 7 个数据，自由度就是 n-1=6。模型的自由度为 1，残差的自由度等于总自由度减去模型的自由度，即 5。我们可以把均方分别看做两个部分变异的变异（标准差的平方）。直觉告诉我们，如果回归线的偏差（误差均方）比起预测值和平均数之间的偏差（模型均方）要小，那么我们就可以得到一条比较好的回归线。均方的比率是：

$$F = \frac{\text{模型均方}}{\text{误差均方}}$$

这个比率越大，拟合越好（对于一定数量的数据）。结果中显示了 F 值，以及仅凭几率得到这一 F 值的概率。本例只有一个自变量，F 统计量的概率与相关系数的概率相同。如果这一概率较大（超过 .05），则说明该模型没有很好地描述变量之间的关系。

8.　生成散点图和回归线

下面我们使用 PROC GPLOT 对身高 / 体重的数据绘制坐标图：

```
PROC GPLOT DATA=CORR_EG;
   PLOT WEIGHT*HEIGHT;
RUN;
```

如果不想使用默认的绘图记号（+ 号），可以在 PROC GPLOT 运行前添加 SYMBOL 语句，如下：

```
SYMBOL VALUE=DOT COLOR=BLACK;
***You can abbreviate VALUE as V= and COLOR as C=;
PROC GPLOT DATA=CORR_EG;
   PLOT WEIGHT*HEIGHT;
RUN;
```

除了 DOT（黑色大圆点）以外，其他常用的绘图记号有 CIRCLE（空心圆圈）、SQAURE（空心方块）、TRIANGLE（三角形）和 PLUS（加号）。在 SAS 帮助窗口中输入 SYMBOL，或者通过 Online Doc™ 都可以看到完整的绘图记号列表。如果你选择了内插法（例如 JOIN 或 SMOOTH），不想在图上看到单个的数据点，则可以可以选择 VALUE=NONE。

SAS 显示数据点和回归线的方法有两种。第一种是 PROCREG 中使用 PLOT 语句，格式如下：

```
PLOT y_variable * x_variable / options;
```

y_variable 和 *x_variable* 分别是 y 轴和 x 轴上的变量名称。PROC REG 将绘制数据点并呈现回归线。另外，PLOT 语句中也有一些特殊的“变量名”。例如，PREDICTED. 和 RESIDUAL.（注意，“.”是变量名的一部分）就可以用于绘制预测值和残差值。

第二种方法是 PROC GPLOT 过程中使用适当的 SYMBOL 语句。

先看看 PROC REG 里的 PLOT 选项。假设我们想看看 WEIGHT 和 HEIGHT 的坐标图，以及前面 PROC REG 中的回归线。下面的语句可以生成散点图，并画出回归线。这里我们还将生成残差和 x 值（身高）的坐标图：

```
SYMBOL1 VALUE=DOT COLOR=BLACK;
PROC REG DATA=CORR_EG;
   TITLE "Regression and Residual Plots";
   MODEL WEIGHT = HEIGHT;
   PLOT WEIGHT * HEIGHT
        RESIDUAL. * HEIGHT;
RUN;
QUIT;
```

关键词 RESIDUAL. 表示残差值（真实的 y 值减去预测值）。SYMBOL 语句指定了大圆点作为绘图记号，颜色为黑色。第二个图显示了残差和身高的关系（此图中的记中与在 SYMBOL 1 中定义过）。两个坐标图如下：

回归线和残差分布图

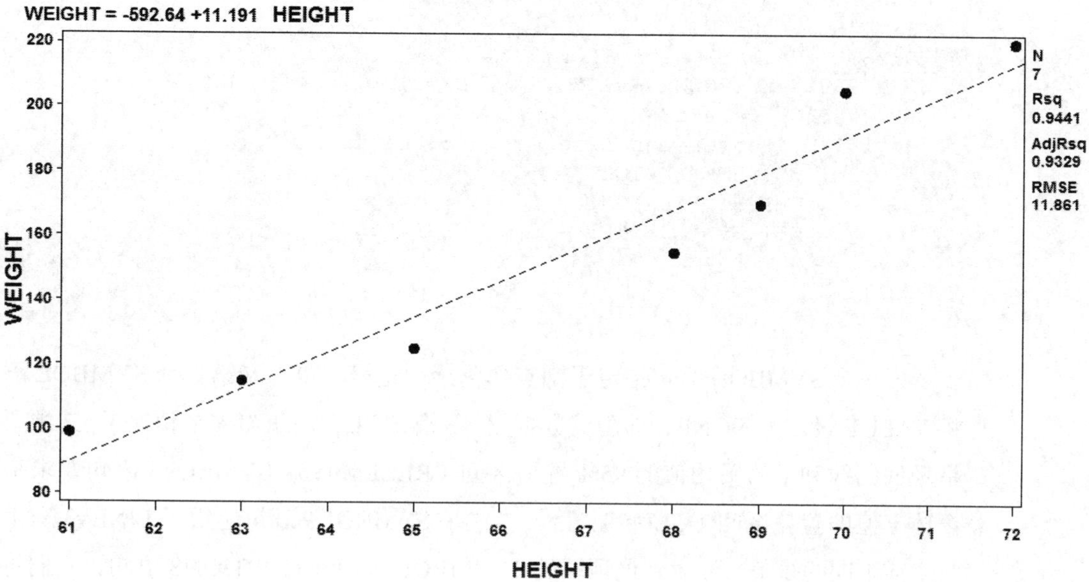

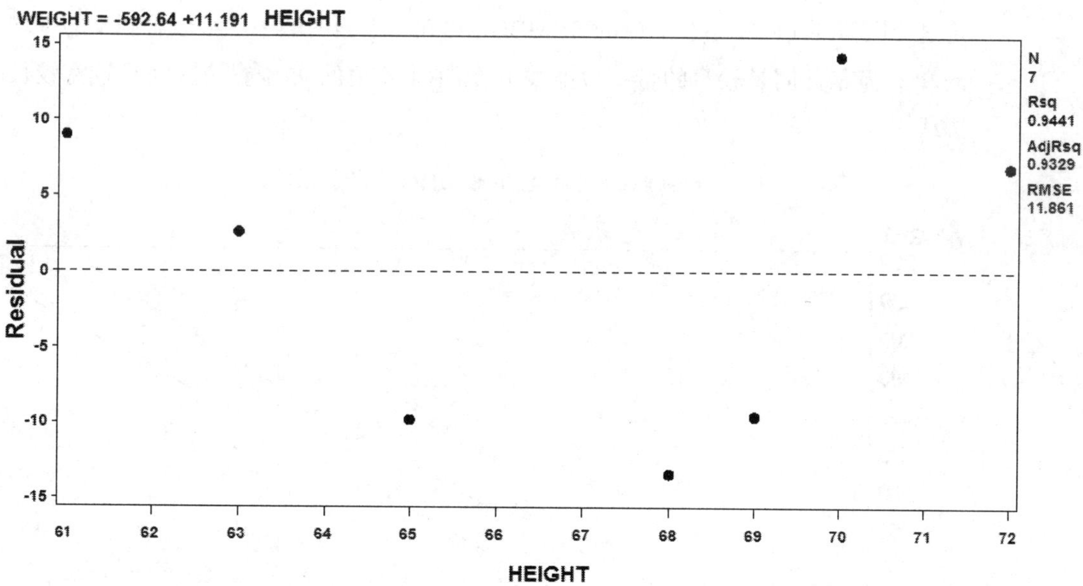

使用 GPLOT 过程可以显示 WEIGHT 与 HEIGHT 之间的散点图、回归线以及两种 95% 置信区间。回归线最常见的置信区间通常是 y 的平均数最可能落脚的区间。另一种比较少见的置信区间是每个数据点的区间。这种区间限制了每个 y 值可能落脚的位置。下面的 PROC GPLOT 语句将生成 WEIGHT 和 HEIGHT 的散点图及两种置信区间。你将看到 y 的平均数的置信区间比单个数据点的置信区间要窄许多。

```
GOPTIONS CSYMBOL=BLACK;
SYMBOL1 VALUE=DOT;
SYMBOL2 VALUE=NONE I=RLCLM95;
SYMBOL3 VALUE=NONE I=RLCLI95 LINE=3;
PROC GPLOT DATA=CORR_EG;
   TITLE "Regression Lines and 95% CI's";
   PLOT WEIGHT * HEIGHT = 1
        WEIGHT * HEIGHT = 2
        WEIGHT * HEIGHT = 3 / OVERLAY;
RUN;
QUIT;
```

第一个 SYMBOL 语句指定了圆点作为绘图记号。第二和第三个 SYMBOL 语句将 VALUE 设定为 NONE，即隐藏数据点。SYMBOL2 中的“I=(插值法)”选项要求呈现回归线和 y 的平均值的 95% 置信区间（RLCLM95）。SYMBOL3 语句要求呈现个体 y 值的置信区间（CLI95）。另外，这一 SYMBOL3 语句还用了 LINE=3 来生成与之前不同的线条。注意到最顶端的 CSYMBOL 选项和 GOPTIONS 语句，它们将所有绘图记号的颜色设为黑色。PLOT 语句要求生成叠加的图，而 =1、=2、=3 则是指定这个图需要用到哪一个对应的 SYMBOL 语句。下面的图中，可以看到 y 的平均数的 95% 置信区间是较窄的带（短虚线），而单个 y 值的 95% 置信区间是较宽较长的虚线。

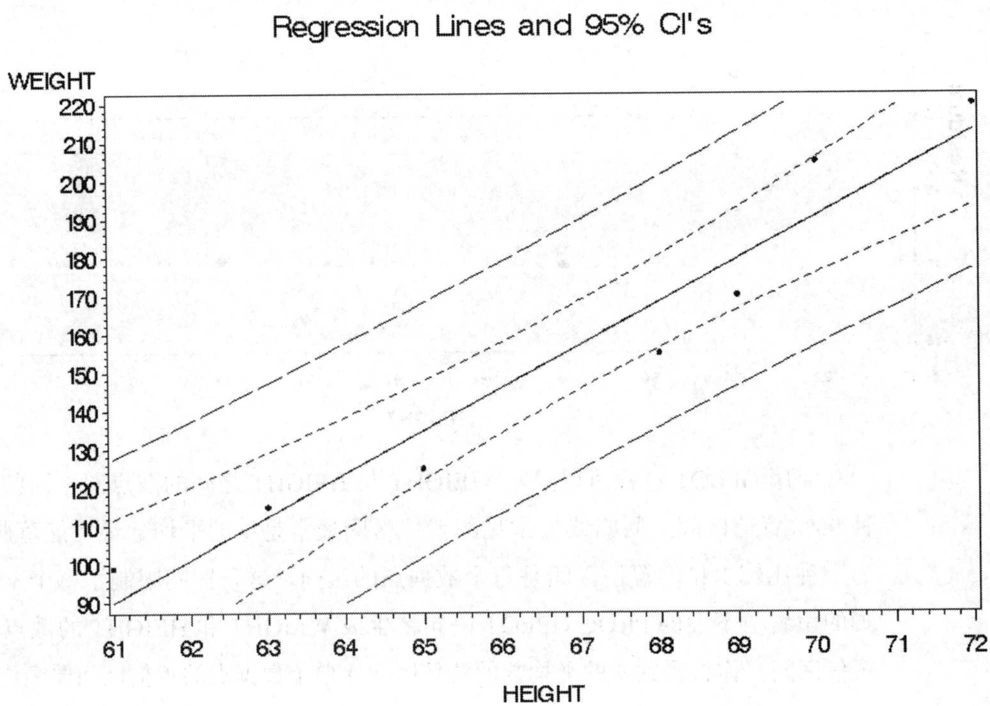

9.　在回归方程中加入二次项

上一节的残差图显示，在模型中加入二次项（身高的平方）可能会增加模型的拟合度。因为数据点看起来不是随机的，而是组成了一条曲线，可能拟合二次项方程。虽然本章主要讨论线性回归的问题，我们也可以很快地看一看如何探究身高和体重之间可能存在的二次关系。首先，我们需要在 DATA 步骤中添加一行，来计算身高的平方。在 INPUT 语句之后，添加下面这一行：

```
HEIGHT2 = HEIGHT*HEIGHT;
```

或者写成：

```
HEIGHT2 = HEIGHT**2;
```

采用 PLOT 语句或者 PROC REG 来绘制该模型的残差图：

```
SYMBOL VALUE=DOT COLOR=BLACK;
PROC REG DATA=CORR_EG;
   MODEL WEIGHT = HEIGHT HEIGHT2;
   PLOT R. * HEIGHT;
   ***Note: R. is short for RESIDUAL.;
RUN;
```

运行这一程序，将得到 .9743 的 R 平方，比起线性模型的 .9441 而言，模型的拟合程度提高了。下面的残差图显示残差的分布比起之前要随机多了。需要注意的是，首先，谨记本例里的数据量非常小，而且最初的相关就很高。其次，虽然还可以进行三次项的运算，但我们不仅要考虑模型的拟合度，更要考虑结果的可解释性。

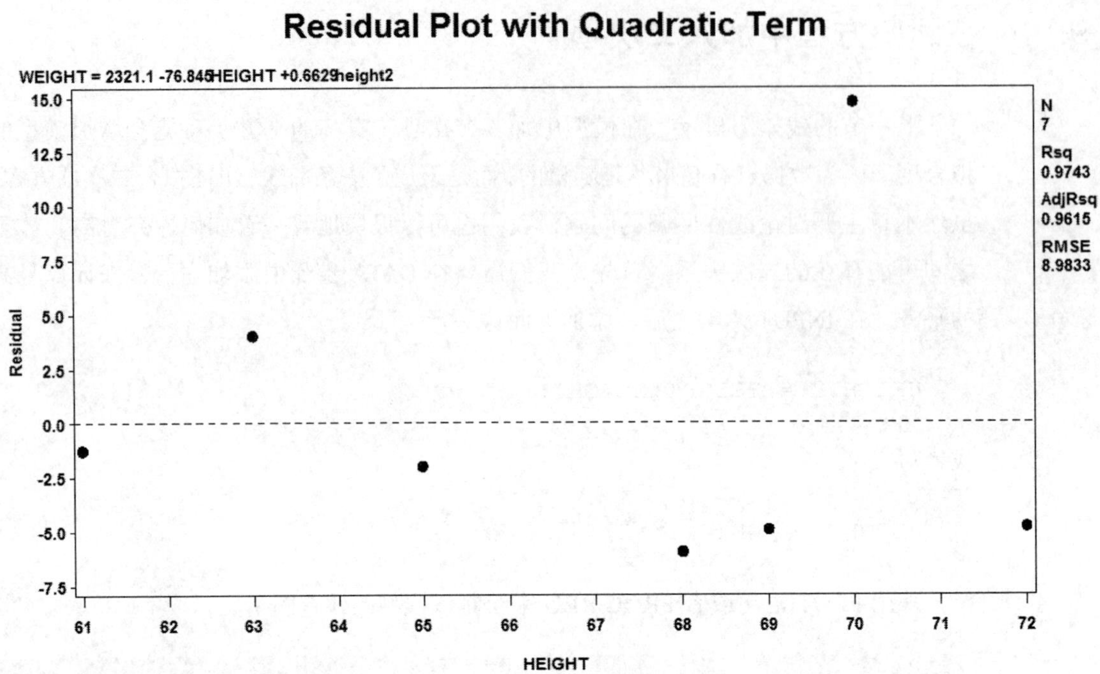

10. 转换数据

下面这个例子用于阐述回归分析时一些必要的额外步骤。10 个被试的数据如下：

被试	药物量	心率
1	2	60
2	2	58
3	4	63
4	4	62
5	8	67
6	8	65
7	16	70
8	16	70
9	32	74
10	32	73

下面的程序用于定义这些数据，并生成药物量和心率的坐标图。

```
DATA HEART;
   INPUT DOSE HR @@;
   ***The double @ at the end of the INPUT statement allows you to
      read several observations from one data line.  It is an
      instruction not to move the pointer to a new line when you
      reach the bottom of the DATA step (default action);
DATALINES;
2 60 2 58 4 63 4 62 8 67 8 65 16 70 16 70 32 74 32 73
;
SYMBOL VALUE=DOT COLOR=BLACK I=SM;

***I = SM produces a smooth line through the data points. You can
follow SM by a number from 0 to 99 to control how much the line
should try to touch each data point (low values such as SM1 produce
lots of wiggle high values such as SM80, give smoother lines).
Also, you can add an "S" to the end of this option if your x-values
are not sorted (example: I=SM80S);

PROC GPLOT DATA=HEART;
   PLOT HR*DOSE;
RUN;
PROC REG DATA=HEART;
   MODEL HR = DOSE;
RUN;
```

结果图和 PROC REG 的结果输出如下：

```
Investigating the Dose/HR Relationship

The REG Procedure
Model: MODEL1
Dependent Variable: HR

Number of Observations Read          10
Number of Observations Used          10

                        Analysis of Variance

                                 Sum of          Mean
Source                DF        Squares        Square   F Value   Pr > F

Model                  1      233.48441     233.48441     49.01   0.0001
Error                  8       38.11559       4.76445
Corrected Total        9      271.60000

Root MSE             2.18276    R-Square     0.8597
Dependent Mean      66.20000    Adj R-Sq     0.8421
Coeff Var            3.29722
                                                             [Continued]
```

```
                        Parameter Estimates

                        Parameter       Standard
Variable      DF         Estimate          Error    t Value    Pr > |t|

Intercept      1         60.70833        1.04492      58.10      <.0001
DOSE           1          0.44288        0.06326       7.00      0.0001
```

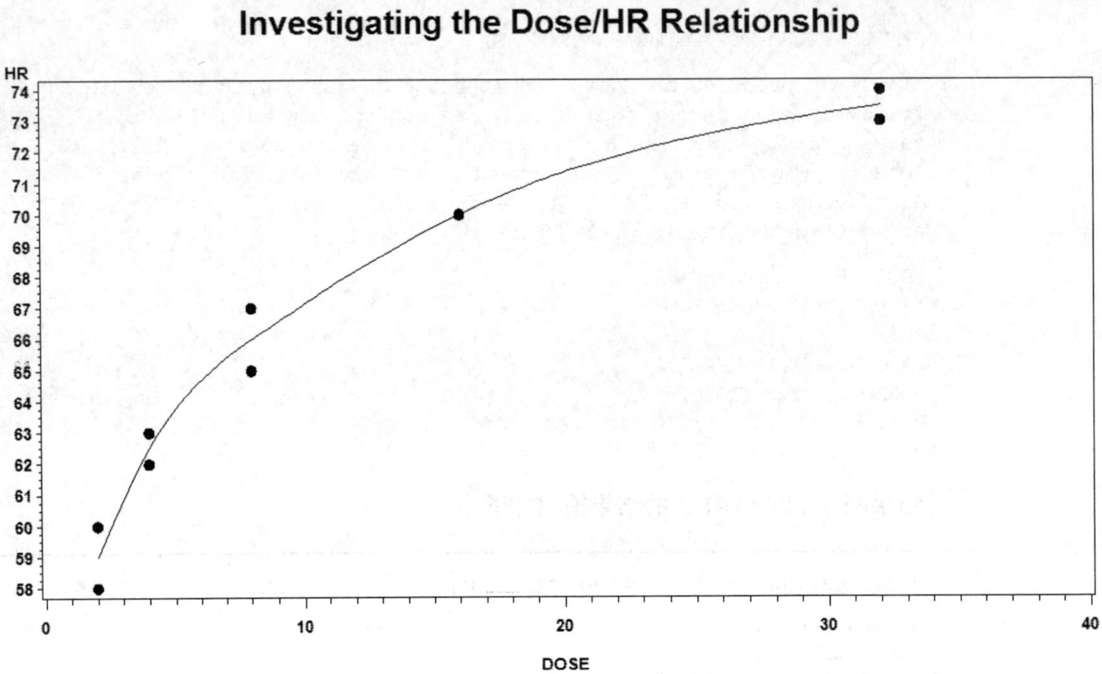

无论从临床判断还是图形勘察，我们都能确定这一关系绝非线性的。可以看到，药物量增加一倍，心率等距地增加。因此，如果我们用药物量的对数和心率绘制坐标图，可以预期二者存在线性关系。SAS 有一系列的内置函数，例如对数函数或三角函数，第 17 章会有详细描述。我们可以写一个数学方程来定义新的变量，放置在 INPUT 和 DATALINES 语句之间。加减乘除符号分别是 +，-，* 和 /。幂写为 **。要生成药物量的对数，可以这么写程序：

```
DATA HEART;
   INPUT DOSE HR @@;
   LDOSE = LOG(DOSE);
   LABEL LDOSE = "Log of Dose";
DATALINES;
2 60 2 58 4 63 4 62 8 67 8 65 16 70 16 70 32 74 32 73
;
```

```
PROC REG DATA=HEART;
   TITLE "Investigating the Dose/HR Relationship";
   MODEL HR = LDOSE;
RUN;

SYMBOL VALUE=DOT;
PROC GPLOT DATA=HEART;
   PLOT HR*LDOSE;
RUN;
```

结果呈现如下。转换变量需要注意的一点是，不要再将转换过的变量和未转换的变量相提并论。也就是说，不要将“药物量的对数”误用为“药物量”。一些变量是经常要进行转换的：例如收入，组群大小，地震等级，都常常呈现为对数形式或其他函数形式。

```
Investigating the Dose/HR Relationship

The REG Procedure
Model: MODEL1
Dependent Variable: HR

Number of Observations Read          10
Number of Observations Used          10

                         Analysis of Variance

                                 Sum of          Mean
Source                   DF     Squares        Square   F Value   Pr > F

Model                     1   266.45000     266.45000    413.90   <.0001
Error                     8     5.15000       0.64375
Corrected Total           9   271.60000

Root MSE                0.80234    R-Square     0.9810
Dependent Mean         66.20000    Adj R-Sq     0.9787
Coeff Var               1.21199

                         Parameter Estimates

                                  Parameter     Standard
Variable    Label          DF      Estimate        Error   t Value   Pr > |t|

Intercept   Intercept       1      55.25000      0.59503     92.85     <.0001
LDOSE       Log of Dose     1       5.26584      0.25883     20.34     <.0001
```

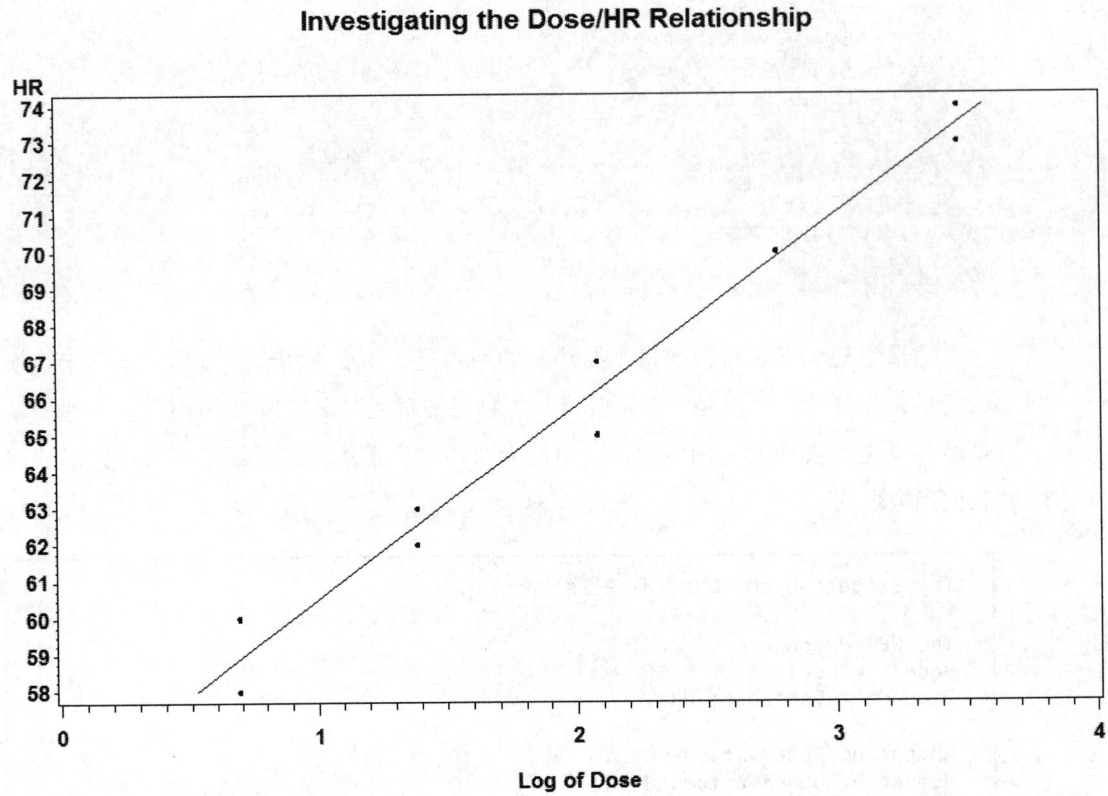

可以看到数据点和回归线十分接近，误差的均方根（MEAN SQUARE ERROR）这一项变小了，R 平方变大了，证明了我们的结论：药物量和心率在对数曲线上比线性直线拟合得更好。

练习题

练习题的数据集和程序均可从网上下载：www.prenhall.com/cody

5.1 有下列数据：

X	Y	Z
1	3	15
7	13	7
8	12	5
3	4	14
4	7	10

（a）写一个 SAS 程序计算 X 和 Y 之间、X 和 Z 之间的皮尔逊相关系数。每个相关的显著性是怎样的?

（b）生成相关矩阵。也就是说，每个变量之间的两两相关。

5.2 十个学生参加了一项 8 道题目的测验。每一道题目的作答（0/1 计分）储存在数据集 EXAM 中，变量名为 Q1 到 Q8。运行下面的程序创建此数据集。

```
DATA EXAM;
   INPUT (Q1-Q8)(1.);
DATALINES;
10101010
11111111
11110101
01100000
11110001
11111111
11111101
11111101
10110101
00010110
;
```

计算测验的原始总分（Q1 到 Q8 之和），以及每一个题目与总分之间的相关。这一相关称为点二列相关系数。

5.3 有下列数据：

年龄 (AGE)	收缩压 (SBP)
15	116
20	120
25	130
30	132
40	150
50	148

SBP 的变异有多大比例能够被 AGE 的变异所解释?（计算 SBP 和 AGE 之间的相关。）

5.4 运行下列程序，创建数据集 SCORES。

```
DATA SCORES;
   DO SUBJECT = 1 TO 100;
      IF RANUNI(1357) LT .5 THEN GROUP = 'A';
      ELSE GROUP = 'B';
      MATH = ROUND(RANNOR(1357)*20 + 550 + 10*(GROUP EQ 'A'));
      SCIENCE = ROUND(RANNOR(1357)*15 + .4*MATH + 300);
                                                  [Continued]
```

```
      ENGLISH = ROUND(RANNOR(1357)*20 + 500 + .05*SCIENCE +
                .05*MATH);
      SPELLING = ROUND(RANNOR(1357)*15 + 500 + .1*ENGLISH);
      VOCAB = ROUND(RANNOR(1357)*5 + 400 + .1*SPELLING +
              .2*ENGLISH);
      PHYSICAL = ROUND(RANNOR(1357)*20 + 550);
      OVERALL = ROUND(MEAN(MATH, SCIENCE, ENGLISH, SPELLING, VOCAB,
                      PHYSICAL));
      OUTPUT;
   END;
RUN;
```

（a）生成所有测验分数和总分的相关矩阵。使用相关的选项，省略 PROC CORR 过程产生的简单描述统计。

（b）PHYSICAL 与其他测验分数都独立，单单与 OVERALL（总分）相关，为什么?

（c）写一个语句，计算每个分数和 OVERALL（总分）的相关。

5.5 使用练习题 5.1 中的 X 和 Y 的数据：

（a）计算回归线（Y 对于 X）。Y 是因变量，X 是自变量。

（b）斜率和截距是多少?

（c）它们是否显著地不为零?

5.6（a）使用练习题 5.4 中的数据集 SCORES，计算用数学成绩（MATH）预测科学成绩（SCIENCE）的回归方程。绘制图表呈现数据点和回归线，并绘制残差和 x 值的坐标图（使用 PROC REG 过程的 PLOT 语句完成）。

（b）绘制 MATH（x 轴）和 SCIENCE（y 轴）的散点图。包括回归线和 y 平均值的 95% 置信区间。使用 PROC GPLOT 过程和相应的 SYMBOL 语句完成。

5.7 使用练习题 5.1 的数据，计算三个新变量 LX、LY 和 LZ，分别是原始值的自然对数。计算三个新变量的相关矩阵。提示：计算自然对数的函数是 LOG 函数（第 17 章有详细介绍）。

5.8 下面的数据收集了药物量（DOSE）、收缩压（SBP）和舒张压（DBP）。创建 SAS 数据集 DOSE_RESPONSE，计算两个回归方程。其一是 SBP 对 DOSE 的回归，其二是 DBP 对 DOSE 的回归。绘制 SBP 对 DOSE，残差（SBP- 预测 SBP）对 DOSE，DBP 对 DOSE，和 DBP 残差对 DOSE 的坐标图。使用 PROC REG 过程的 PLOT 语句完成任务。

药物量	收缩压	舒张压
4	180	110
4	190	108
4	178	100
8	170	100
8	180	98
8	168	88
16	160	80
16	172	86
16	170	86
32	140	80
32	130	72
32	128	70

5.9 生成：

（a）Y 对 X 的坐标图（练习题 5.1 的数据）。

（b）原始数据和回归线同在一张图上的坐标图。

5.10 使用 DOSE 的自然对数（LOG 函数）代替 DOSE，重复练习题 5.8。比较拟合统计量，对 SBP 和 DBP 而言，哪一个方程更好地拟合了数据？

5.11 有下列数据：

地区 (COUNTRY)	人口 (POP)	医院 (HOSPITAL)	火警 (FIER_CO)	农村 (RURAL)
1	35	1	2	YES
2	88	5	8	NO
3	5	0	1	YES
4	55	3	3	YES
5	75	4	5	NO
6	125	5	8	NO
7	225	7	9	YES
8	500	10	11	NO

（a）使用该数据，写一个程序创建 SAS 数据集。

（b）运行 PROC UNIVARIATE 检验变量 POP、HOSPITAL 和 FIRE_CO 的分布。

（c）计算变量 POP、HOSPITAL 和 FIRE_CO 的相关矩阵，同时计算皮尔逊和斯皮尔曼相关系数，哪一个更合理？

（d）重新编码 POP、HOSPITAL 和 FIRE_CO，使其只有两个水平（使用中位数切分，或者临近第 50 百分位数的某个值）。绘制变量 RURAL 和重新编码的变量的交叉表。

5.12 重复练习题 5.4（a），但是要将组 A 和组 B 分别进行分析。这样分析对相关系数和 p 值的大小有什么影响?

5.13 下面的程序有什么问题?（注意：X、Y 和 Z 可能有缺失值。）

```
DATA MANY-ERR;
   INPUT X Y Z;
   IF X LE 0 THEN X=1;
   IF Y LE 0 THEN Y=1;
   IF Z LE 0 THEN Z=1;
   LOGX = LOG(X);
   LOGY = LOG(Y);
   LOGZ = LOG(Z);
DATALINES;
1 2 3
. 7 8
4 . 10
7 8 11
;
PROC CORR DATA=MANY-ERR / PEARSON SPEARMAN;
   VAR X - LOGZ;
RUN;
```

第6章

T 检验和非参数比较

1. 简介
2. T 检验：两个平均数间的差异检验
3. 被试的随机分配
4. 两组独立样本：自由分布 T 检验
5. 单侧检验和双侧检验
6. 配对 T 检验（相关样本）

练习题

1. 简介

假设检验的第一个重要话题就是两组比较。当满足一些假设时，我们采用 T 检验；不满足时，我们采用非参数比较。本章将介绍如何使用 SAS 进行两组之间的比较。另外，我们还将介绍怎样写一个简单的 SAS 程序，将被试随机分为两组或多组。

2. T 检验：两个平均数间的差异检验

通常，实验设计都是将被试随机分配到处理组或控制组，然后测量一个或多个被假设认为受处理影响的变量。为了确定处理组和控制组的被试是否显著地有差异，我们设定了一种叫做“零假设”（H_0）的东西。它表示，如果我们大量（无穷地）重复实验，处理组和控制组的均值是一样的，并且每一次实验中的差异可归因于随机将被试分配到处理组和控制组。还有一种假设（H_A），与零假设不同的是，它认为某个均值比另一个大（单侧检验）；或者两个均值是不同的，但是研究者事先不知道哪一个更大（双侧检验）。研究者可以自己定义这两种假设。

收集到数据后，我们使用T检验来检查平均数之间的差异仅仅由几率导致的概率是多大。如果差异由几率导致的概率越低，那么其由处理和控制导致的概率越大。下面的例子阐述了SAS是如何进行T检验的。

学生被随机分配到控制或处理组（给予药物）。他们对于某个刺激的反应时（单位：毫秒）测量如下：

控制组	处理组
80	100
93	103
83	104
89	99
98	102

处理组所在总体的平均数是否与控制组所在总体的平均数有所差异？控制组的平均数是88.6，处理组是101.6。回想一下第2章讲过的平均数的标准误。当我们用样本估计总体平均数，平均数的标准误反映了估计总体平均数的精确度。等一会我们用SAS程序来分析这一实验，控制组平均数的标准误是3.26，处理组平均数的标准误是0.93。由于平均数之差有11.8，相差了数个标准误之多，因此认为他们之间存在着显著的差异。

实施这一检验之前，需要满足一些假设。第一，两个组必须是独立的。这通过随机分配可以实现。第二，样本平均数的理论分布应该是正态的（当样本量非常大，并且分数分布不是特别不正常的话，一般来说都会满足正态分布）。第三，两个组的方差必须大致相同。最后一个假设在每次进行T检验时都会自动进行检查。SAS的T检验结果包括了方差齐性和不齐性情况下的T值和概率。我们待会儿会看到，当数据接近正态分布时，检验是如何进行的。（注意，数据不一定非得正态分布，只需要样本平均数的抽样分布是正态的。如果数据的分布合适，样本量很大，关于抽样分布的假设就可以得到满足。）最后，当T检验的假设没有得到满足，还有其他的方法可以使用；本章后面会讨论到非参数的比较。

现在可以写一个程序来描述我们的数据，并进行T检验了。我们知道被试属于哪一个组，也知道他们的反应时，程序如下：

```
DATA RESPONSE;
   INPUT GROUP $ TIME;
DATALINES;
C 80
C 93
```

```
C 83
C 89
C 98
T 100
T 103
T 104
T 99
T 102
;
PROC TTEST DATA=RESPONSE;
   TITLE "T-test Example";
   CLASS GROUP;
   VAR TIME;
RUN;
```

PROC TTEST 过程采用 CLASS 语句指定自变量——即区分两组被试的变量。本例中，变量 GROUP 有两个水平，控制组（C）和处理组（T）。

VAR 语句之后的变量是因变量，本例中是反应时（TIME）。当 VAR 后列出多个因变量时，程序会分别对每个因变量进行 T 检验。

TTEST 的结果输出如下：

T-test Example

The TTEST Procedure

Statistics

Variable	GROUP	N	Lower CL Mean	Mean	Upper CL Mean	Lower CL Std Dev
TIME	C	5	79.535	88.6	97.665	4.3741
TIME	T	5	99.025	101.6	104.17	1.2424
TIME	Diff (1-2)		−20.83	−13	−5.173	3.6249

Statistics

Variable	GROUP	Std Dev	Upper CL Std Dev	Std Err	Minimum	Maximum
TIME	C	7.3007	20.979	3.265	80	98
TIME	T	2.0736	5.9587	0.9274	99	104
TIME	Diff (1-2)	5.3666	10.281	3.3941		

T-Tests

Variable	Method	Variances	DF	t Value	Pr > |t|
TIME	Pooled	Equal	8	−3.83	0.0050
TIME	Satterthwaite	Unequal	4.64	−3.83	0.0141

[Continued]

Equality of Variances

Variable	Method	Num DF	Den DF	F Value	Pr > F
TIME	Folded F	4	4	12.40	0.0318

结果输出中有控制组和处理组反应时的平均数、标准差和标准误。在这之下有两组 T 值、自由度和概率。第一组适用于方差齐性的情况，第二组适用于方差不齐性的情况。一般来说这两个值都是非常接近的，除非方差的差异太大。最后一行给出了方差齐性的检验结果。人们通常采用这一规则：如果概率小于 .05，就拒绝方差相等的假设。因此采用标记着"Unequal"的 T 检验结果。如果 PROB>F 的值大于 .05，就采用方差齐性时的 T 检验结果。

这里需要指出的是，这一规则也有缺陷。当样本量很小，方差齐性的检验力很低时，有可能不能拒绝方差齐性的零假设。当然，这只是当假设对于执行恰当的 T 检验尤为重要的情况。同时，当样本量很大（此时方差齐性的假设对于 T 检验就不是那么重要了），方差齐性的零假设通常会被拒绝。因此，一些统计学者可以提前决定方差齐性的假设是否合理，然后坚持这一决定，不管最后检测出来的方差是否真的齐性。

本例中，我们看看 T 检验结果输出列表的最后一行，方差齐性检验的 F 值（等于较大的方差除以较小的方差）为 12.40。仅仅通过几率得到这一值的概率是 0.0318。也就是说，如果这两个样本来自于方差相等的总体，得到 12.40 的样本方差比的概率非常小（0.0318）。这样，我们就可以决定使用方差非齐性检验下的 T 值了。

3. 被试的随机分配

在讨论 T 检验时，我们提到要随机将被试分到处理组或控制组。这是实验中非常重要的步骤，我们可以用 SAS 程序来完成这一分配。

我们可以将有所被试排成一行，抛硬币决定分组，抛到正面的分到处理组，反面的分到控制组。但是我们更希望每组的被试量相同。一种方法是将所有被试的名字放进一个箱子摇匀，抽出一半的被试作为处理组，其他人作为控制组。这就是 SAS 程序要做的，其关键是 SAS 的随机数函数。

函数 RANUNI(*seed*) 将生成区间 0 到 1 之间的伪随机数。函数的自变量称为 seed（种子），可以是零或者任何数字。零（或负数）指定随机函数使用时钟来生成一个随机种子，开启随机数序列。如果采用零种子，每次程序运行时都将得到完全不同的随机数序列（除非在每天的同一时间运行程序）。如果想生成你自己的种子，可以使用任何其他数字。每次运行你自己的种子的程序,都将得到完全相同的随机数序列。你可以自行决定是使用自己的种子还是时钟。需要注意的是，种子的序列值总是被 DATA 步骤中你第一个使用的随机数函数所决定。在同一个 DATA 步骤中，无论你在其他随机数函数（RANUNI、RANNOR 等）中使用了什么自变量作为种子，随机数序列（时钟或用户指定）只能被第一个使用的随机数函数所决定。如果你需要更多地了解如何控制种子的值，可以参看 SAS Online Doc™ 或 *SAS Functions by Example*（Cody, SAS Institute, Cary, NC, 2004）中关于随机数生成规则的部分。

SAS 可以通过 RANUNI 函数生成 0 到 1 之间的随机数来完成随机组分配。接着我们就可以使用这一数字决定某个人是处理组还是控制组。下面的小程序将 50 个被试进行了随机分组：

```
DATA ASSIGN;
   DO SUBJ = 1 TO 50;  ①
      IF RANUNI(123) LE .5 THEN GROUP = 'A';  ②
      ELSE GROUP = 'B';
      OUTPUT;  ③
   END;
RUN;
OPTIONS PS=16 LS=72;
PROC REPORT DATA=ASSIGN PANELS=99 NOWD;
   TITLE "Simple Random Assignment";
   COLUMNS SUBJ GROUP;
   DEFINE SUBJ / WIDTH=4;
   DEFINE GROUP / WIDTH=5;
RUN;
```

该程序中，DO 循环①为变量 SUBJ 生成了 1 到 50 的数字。这个循环在 SUBJ 等于 1 的时候开始重复。接下来生成 0 到 1 的均匀随机数②。如果这一值比 0.5 小（平均来说有一半的概率会小于 0.5），变量 GROUP 就设定为‘A’。不然，GROUP 就设为‘B’。OUTPUT 语句③在 DO 循环每次重复时输出一个观测值。循环末尾的 END 语句使循环回到最顶端，SUBJ 增加 1。这一循环将一直持续下去，直到 SUBJ 达到 51。由于这个值比预先设定的循环最大值（50）大，因此循环终止，程序接下来执行 END 语句之后的语句。此时已经达到了 DATA 步骤的尾端，因此程序结束。

该程序的另一部分是使用 PROC REPORT 来生成列表。当然，PROC PRINT 也可以完成同样的工作。这里采用 PROC REPORT 的原因是想告诉你，RANELS=option 是非常有用的一个语句。当你让 PANELS 等于一个较大的数字，PROC REPORT 会尽量在页面中填充列数。我们现在将页面大小设为一个较小的数字（16），这样你就看到这一部分是怎样工作的了。SAS 书籍、手册和 Online Doc™ 上有关于 PROC REPORT 的更多细节。

数据集 ASSIGN 的列表如下：

```
Simple Random Assignment

 SUBJ  GROUP      SUBJ  GROUP      SUBJ  GROUP      SUBJ  GROUP
   1   B            14   A           27   A           40   B
   2   A            15   B           28   B           41   A
   3   A            16   B           29   B           42   A
   4   B            17   B           30   A           43   B
   5   A            18   B           31   B           44   B
   6   A            19   A           32   A           45   B
   7   B            20   B           33   B           46   B
   8   A            21   B           34   A           47   A
   9   A            22   B           35   B           48   B
  10   A            23   B           36   B           49   B
  11   B            24   A           37   A           50   A
  12   A            25   B           38   A
  13   B            26   B           39   B
```

这一程序运行得很好，可惜不能完全将两组被试数量控制得一模一样。

确保每组被试数量相同的办法是：首先，使用 SAS 生成数据集中每个被试的随机数。然后，将中位数以下的被试分配到‘A’组，中位数以上的被试分配到‘B’组。如果有两组以上，可以将随机数分割成我们需要的组数（当然也需要被试数是组数的倍数）。这里这个程序可以将 20 个被试平均分为两组：

```
PROC FORMAT;
   VALUE GRPFMT 0='CONTROL' 1='TREATMENT';
RUN;
DATA RANDOM;
  DO SUBJ = 1 TO 20;
     GROUP=RANUNI(0);
     OUTPUT;
  END;
RUN;
PROC RANK DATA=RANDOM GROUPS=2 OUT=SPLIT;
  VAR GROUP;
RUN;
PROC PRINT DATA=SPLIT NOOBS;
  TITLE "Subject Group Assignments";
  VAR SUBJ GROUP;
  FORMAT GROUP GRPFMT.;
RUN;
```

这一程序的关键在于 RANUNI 函数，它给每个被试赋予了 0 到 1 之间的一个随机数。PROC RANK 中的 GROUPS=2 选项根据随机变量 GROUP 的值将被试分为两组（0 和 1）。低于中位数的值全变为 0，高于中位数的变为 1。输出格式 GRPFMT 将 0 和 1 分别贴上标签"CONTROL"和"TREATMENT"。通过改变 PROC RANK 中"GROUPS="这一选项，我们可以将被试随机分成若干组。这一程序的结果如下：

```
Subject Group Assignments

SUBJ      GROUP

  1     TREATMENT
  2     CONTROL
  3     TREATMENT
  4     TREATMENT
  5     CONTROL
  6     CONTROL
  7     TREATMENT
  8     TREATMENT
  9     CONTROL
 10     CONTROL
 11     TREATMENT
 12     CONTROL
 13     CONTROL
 14     TREATMENT
 15     TREATMENT
 16     CONTROL
 17     CONTROL
 18     TREATMENT
 19     TREATMENT
 20     CONTROL
```

你可以使用 PROC FREQ 检验控制组和处理组是不是有相同的被试量。虽然这一随机分配被试的过程看起来很复杂，但我们仍然建议你使用这一程序，或者使用类似的程序来完成被试的随机分配。其他的方法，例如间隔着将被试分到处理组，可能导致未知的偏差。

4.　两组独立样本：自由分布 T 检验

应用 T 检验时经常出现假设得不到满足的情况。一种常见的问题就是数据不是正态分布的，而且样本量很小。例如，假设我们在心理学实验中收集到如下的反应时数据：

0 6 0 5 7 6 9 4 8 0 7 0 5 6 6 0 0

频数分布是这样的：

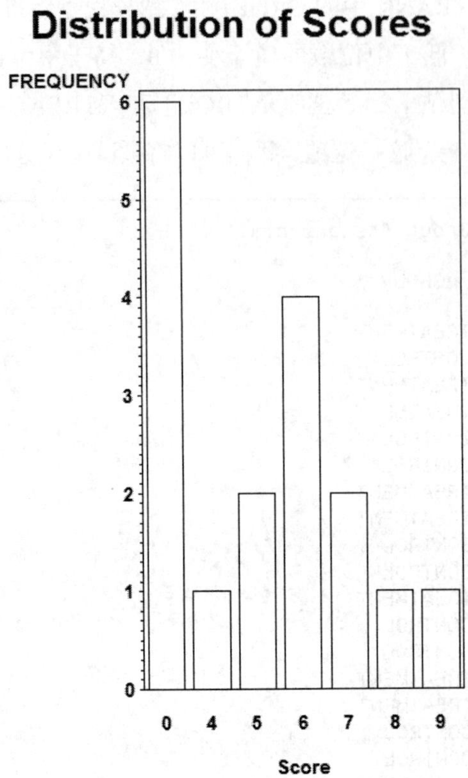

我们可以明显看到阈值效应。反应时要么是 0（没有探测到刺激），一旦探测到了刺激，平均反应时就是 6。这种数据将会人为地增大样本的标准差（同时也增大了标准误）。这种情况下虽然也可以进行 T 检验，但我们认为使用非参数检验会更安全一些（非参数检验不需要正态分布的假设）。

另一个常见的问题是，数据可能并不代表等级分类。例如量表中，1= 非常轻微、2= 轻微、3= 适合、4= 强烈、5= 非常强烈代表了反应的强度，但我们不能说 4 分（强烈）是 2 分（轻微）的两倍。这一类量表通常称为顺序量表。（目前为止，本书中使用的量表大多是等距量表或比率量表。）我们需要用非参数检验来分析顺序量表的中心化趋势的差异。最后，对于小样本而言，由于一般难以满足数据分布的假设，因此非参数检验通常更为合适。

SAS 提供了许多种比较两个组的非参数检验方法。Wilcoxon 秩和检验（相当于 Mann-Whitney U 检验）是其中的一种。

有下面的实验。我们有 A、B 两组被试。B 组服用了预防肿瘤的药物。两组被试都曾经接触过刺激肿瘤生长的化学药剂。A、B 两组被试的肿瘤大小（克为单位）如下：

```
A:      3.1   2.2   1.7   2.7   2.5
B:      0.0   0.0   1.0   2.3
```

组 A 和 B 之间肿瘤大小有差异吗？我们将选择非参数检验的方法，因为该数据不符合正态分布，而且样本量太小。Wilcoxon 检验首先将所有数据（A 和 B 组）按升序排列，本实验中如下：

大小	0.0	0.0	1.0	1.7	2.2	2.3	2.5	2.7	3.1
组	B	B	B	A	A	B	A	A	A
排序	1.5	1.5	3	4	5	6	7	8	9

然后计算 A 组和 B 组的序列和：

$$\text{A 组序列和} = 4 + 5 + 7 + 8 + 9 = 33$$

$$\text{B 组序列和} = 1.5 + 1.5 + 3 + 6 = 12$$

如果 B 组的肿瘤患者更少，我们就可以期望 B 组的排序比 A 组低，从而秩和更小。是不是 A 组的秩和比 B 组足够大，从而两组之间的差异由几率造成的可能性就很小（小于 .05）？ Wilcoxon 检验给我们提供了在几率情境下得到这一秩和差的概率。

对于中等的样本量大小，Wilcoxon 检验和与其相当的参数检验 T 检验的检验力都差不多。因此，如果对数据的分布有疑问，或者数据是顺序的，千万不要犹豫，使用 Wilcoxon 检验吧！

使用 Wilcoxon 检验分析该实验的程序如下：

```
DATA TUMOR;
   INPUT GROUP $ MASS @@;
DATALINES;
A 3.1 A 2.2 A 1.7 A 2.7 A 2.5
B 0.0 B 0.0 B 1.0 B 2.3
;
PROC NPAR1WAY DATA=TUMOR WILCOXON;
   TITLE "Nonparametric Test to Compare Tumor Masses";
   CLASS GROUP;
   VAR MASS;
   EXACT WILCOXON;
RUN;
```

第 5 章曾介绍过，双 @ 符号允许我们将多个观测值放在同一行。回顾一下：每次 DATA 步骤到达了末端，就循环回顶端读取下一行原始数据，一个内部的指针移到下一行的数据上。INPUT 语句中的双 @ 符号指引程序“保持在该行上”，而不自动跳到一行新的数据上去读取下一个观测值。有这种方法，我们就可以将多个观测值放在同一行上。附带说说，单 @ 符号也可以保持行数，但是当遇到 DATALINES 语句或者 DATA 步骤结束时，它就会跑到下一行数据上去。第 12 章详细阐述了单 @ 符号和双 @ 符号的应用。

PROC NPAR1WAY 执行非参数检验。WILCOXON 选项要求执行 Wilcoxon 秩和检验。CLASS 和 VAR 语句与 T 检验中的用法一样。EXACT 语句要求程序计算语句之后所列检验的精确的 p 值（通常计算的是渐进的近似值）。本例中，我们要求进行 Wilcoxon 秩和检验的精确 p 值。建议样本量很小的时候纳入 EXACT 语句。

NPAR1WAY 过程的结果如下：

```
Nonparametric Test to Compare Tumor Masses

The NPAR1WAY Procedure

              Wilcoxon Scores (Rank Sums) for Variable MASS
                      Classified by Variable GROUP

                       Sum of      Expected       Std Dev          Mean
GROUP         N        Scores      Under H0       Under H0         Score
-------------------------------------------------------------------------
A             5          33.0          25.0       4.065437          6.60
B             4          12.0          20.0       4.065437          3.00

                  Average scores were used for ties.

     Wilcoxon Two-Sample Test

Statistic (S)               12.0000

Normal Approximation
Z                           -1.8448
One-Sided Pr <  Z            0.0325
Two-Sided Pr > |Z|           0.0651

t Approximation
One-Sided Pr <  Z            0.0511
Two-Sided Pr > |Z|           0.1023

Exact Test
One-Sided Pr <=  S           0.0317
Two-Sided Pr >= |S - Mean|   0.0635

Z includes a continuity correction of 0.5.

   Kruskal-Wallis Test

Chi-Square           3.8723
DF                        1
Pr > Chi-Square      0.0491
```

AB 组的秩和以及其期望值呈现在列表中。该检验的精确双侧 p 值为 .0635，与正常逼近（Normal Approximation）值 .0651 十分接近。意味着 A 组被试的肿瘤大小确实比 B 组的大，虽然 p 值尚没有达到 .05 的显著性水平。

5.　单侧检验和双侧检验

当我们实施类似于上一节中的肿瘤实验时，也可以从备择假设出发。本例中的零假设是 A 组和 B 组被试的肿瘤大小相同，备择假设是 A 组和 B 组的肿瘤大小不同。如果 A>B 或者 B>A 时，我们将拒绝零假设。这种类型的假设需要用双侧检验。如果使用 T 检验，则需要考察 t 值的绝对值是否大于临界值。如果我们的 α 水平是 .05，那么 t 分布的两端各有 .025。大多数统计检验都进行双侧检验。就算你希望结果有特殊的指向，或者前测结果发现了某种指向性，也最好采用双侧检验。在医学研究中，如果你已经知道了结果的指向，那么进行临床实验就是不道德的。临床实验与其他领域的假设检验一样，都是在不知道结果的指向时才进行。如果你对结果有所怀疑，也最好进行双侧检验。

如果你要比较两种止痛药（你和竞争者生产的）的效果，你可能只希望证明一种处理（你的药）比另一种处理（竞争者的药）好，因此你可能会选择进行单侧检验。如果你能证实备择假设的指向，也可能会选择进行单侧检验。但是，当你选择进行单侧检验，如果产生了与你预期相反的结果，你也无法拒绝零假设——实际上，得到这样的结果，比得到预期结果有趣多了。在单侧检验中，.05 的 α 水平定位在曲线一侧的 5%，这样就增加了研究的检验力（如果确实存在差异，那么该差异更容易达到显著性水平）。如果上面的肿瘤例子进行的是单侧检验，我们就要把 p 值除以 2，得到 p=.0317 的 Wilcoxon 检验概率。

进行单侧检验的决定取决于研究的理论建构，而不是为了使 p 值降低到 .05 以下而采用的方法。

6.　配对 T 检验（相关样本）

第二节中的 T 检验例子将被试随机分配到控制组或处理组。因此，两组之间可以看做是独立的。

但是也有每个被试接受两种处理的实验情景。例如，每个被试在不服用药物（控制）和服用药物（处理）的情境下接受了测量。控制组和处理组的反应时就不再是独立的。我们可能预期，一个在控制情境下反应是很快的人，在处理情境下反应时也会很快（比起其他处理组的被试而言）。控制组和处理组的值有正相关。

这样，由于组之间不再是独立的，就不能再使用常规的T检验。这时我们需要使用T检验的变式，称为配对T检验，来计算每个被试在处理和控制情境下的反应时差异。如果大多数差异为正值，就认为药物延长了反应时；如果大多数为零，认为药物没有起作用。配对T检验计算差异的均值和标准误，确定由于几率导致的平均差异的绝对值大于零的概率。

在用程序解决这一问题之前，我们需要提醒你，这是一个非常差的实验。如果反应时的增长仅仅是因为被试疲倦了呢？如果每个被试测量两次，不给药物，第二次的值是否会因为其他因素的影响而不同呢？一种解决办法是将一半的被试分出来，首先测量其药物反应时，然后在药物失效后测量控制反应时。第8章重复测量设计中，我们会介绍解决这一问题的更好办法。

测量同一被试在不同情景下的反应称之为重复测量实验。它从一开始就有问题：一个测量可能会影响下一个。但是，如果能控制这一问题，在样本量较小的情况下它比常规T检验更容易显示出处理效应。

如果我们使用的是两组独立的被试，我们会发现由于存在个体差异，控制组和处理组内部的反应时也存在变异。但是，如果在两种情境下测量同一被试，即使这人比其他被试的反应时更长或更短，两个分数的差异也会相对比较接近。因此，每个被试就是自己的控制条件，该过程也控制了被试之间的自然变异。

我们可以通过在PROC TTEST中使用PAIRED语句指明配对的两个变量，来进行配对T检验。下面是我们想进行配对检验的数据：

被试	控制情景	处理情景
1	90	95
2	87	92
3	100	104
4	80	89
5	95	101
6	90	105

程序如下：

```
DATA PAIRED;
   INPUT CTIME TTIME;
DATALINES;
```

```
90 95
87 92
100 104
80 89
95 101
90 105
;
PROC TTEST DATA=PAIRED;
   TITLE "Demonstrating a Paired T-test";
   PAIRED CTIME * TTIME;
RUN;
```

变量 CTIME 和 TTIME 代表控制情景和处理情境下的反应时。在 PAIRED 语句中我们用这两个变量表示配对数据，之间放置一个星号。如果配对的值多余一组，我们可以将几个组同时放到 PAIRED 语句中。例如，你有 BEFORE1、AFTER1、BEFORE2、AFTER2，想比较每一组 BEFORE 和 AFTER 是否有差异，则写成 :

```
PAIRED BEFORE1 * AFTER1 BEFORE2 * AFTER2;
```

配对检验的结果如下 :

```
Demonstrating a Paired T-test

The TTEST Procedure

                                    Statistics

                          Lower CL              Upper CL   Lower CL
Difference          N        Mean      Mean        Mean    Std Dev    Std Dev

CTIME - TTIME       6      -11.67    -7.333      -2.998     2.5787     4.1312

                               Statistics

                   Upper CL
Difference          Std Dev     Std Err     Minimum     Maximum

CTIME - TTIME        10.132      1.6865         -15          -4

                          T-Tests

Difference          DF     t Value     Pr > |t|

CTIME - TTIME        5       -4.35       0.0074
```

本例中，平均差异（CTIME 减去 TTIME）是负的（时间增加了），等于 -7.333。由于几率得到这一差异的概率是 .0074。我们可以得出结论，比起控制情境下，药物处理后的反应时更长。如果平均差异为正，我们就可以认为反应时在药物处理情景下更短。

练习题

练习题的数据集和程序均可从网上下载：www.prenhall.com/cody

6.1 下面的表格显示了被试从头痛开始到缓解的时间（以分钟为单位）：

阿司匹林	泰诺
40	35
42	37
48	42
35	22
62	38
35	29

写一个 SAS 程序读取这些数据并进行 T 检验。一种产品起效是否比另一种快（在 .05 水平上）？

***6.2** 有 14 个被试参加了 Cody 阅读项目，另有 14 个被试参加了 Smith 阅读项目。两个项目最后的阅读速度如下（为了更有挑战性，希望你写一个程序，将 Cody 项目的 14 个分数放在一行，Smith 项目的 14 个分数放在另一行）：

```
Cody Program:  500 450 505 404 555 567 588 577 566 644 511 522 543 578
Smith Program: 355 388 440 600 510 501 502 489 499 489 515 520 520 480
```

对这些数据进行 T 检验和 Wilcoxon 秩和检验。对于 Wilcoxon 秩和检验，使用 EXACT Wilcoxon 语句，计算精确估计的 p 值。这个值和 T 检验的结果比起来如何？

6.3 使用练习题 6.1 的数据，进行 Wilcoxon 秩和检验，加入计算精确 p 值的语句。

6.4 运行下面的程序，创建数据集 QUES6_4，其中包含变量 GROUP（‘A’、‘B’ 和 ‘C’），X 和 Y。

```
DATA QUES6_4;
   DO GROUP = 'A','B','C';
      DO I = 1 TO 10;
         X = ROUND(RANNOR(135)*10 + 300 +
                   5*(GROUP EQ 'A') Ð 7*(GROUP EQ 'C'));
         Y = ROUND(RANUNI(135)*100 + X);
         OUTPUT;
```

```
      END;
    END;
    DROP I;
RUN;
```

只用组 A 和组 B 进行 X 和 Y 之间的 T 检验，但不要在 DATA 步骤完成组别的挑选。(提示：注意到我将挑选组别的语句放在哪里了吗？)

6.5 我们测量了 8 个被试，考察 A 和 B 两种药物哪一种对治疗头痛更好。8 个被试都尝试了两种药物，测量了疼痛缓解的时间。忽略顺序效应，你会采用哪一种检测，来考察一种药物是不是比另一种好？下面是数据，请写一个 SAS 程序来运行合适的分析：

被试	药物 A	药物 B
1	20	18
2	40	36
3	30	30
4	45	46
5	19	15
6	27	22
7	32	29
8	26	25

6.6 有 12 各患者参加了 5 周的节食项目。节食项目前后的体重记录如下。运行配对 T 检验比较前后的值。然后将这些数据看作没有配对来进行分析。两个分析的 p 值有何不同？注意：如果你想让这个问题更容易，按被试读取数据。如果你希望接受挑战，可以同时读取所有前测数据（最好用数组），然后读取所有后测数据，接着创建一个数据集，其中每个观测值包含被试的编号，其前测数据和后测数据。

被试	1	2	3	4	5	6	7	8	9	10	11	12
前测	300	350	190	400	244	321	330	250	190	160	260	240
后测	290	331	200	395	240	300	332	242	185	158	256	220

***6.7** 一个研究者想随机将 30 个患者分配到三个处理组。每个被试有一个独特的被试编码（SUBJ）。写一个 SAS 程序完成被试的随机分配，并生成列表，显示被试及其分组，并按照被试编号升序排列。

***6.8** 你想将 48 个被试随机分为两组（安慰剂组和药物组）。写一个 DATA 步骤完成这一任务，保证每一组恰好有 24 个被试。你能想出来怎样做，才能使 8 个被试中，恰好有 4 个在安慰剂组、4 个在药物组？（提示：创建六个组块，每个组块中有 8 个被试。）

6.9 下面的程序有什么问题？

```
DATA DRUGSTDY;
   INPUT SUBJ 1-3 DRUG 4 HEARTRATE 5-7 SBP 8-10
         DBP 11-13;
AVEBP=DBP + (SBP-DBP)/3;
DATALINES;
0011064130080
0021068120076
0031070156090
0042080140080
0052088180092
0062098178094
;
PROC NPAR1WAY DATA=DRUGSTDY WILCOXON MEDIAN;
   TITLE "MY DRUG STUDY";
   CLASS DRUG;
   VAR HEARTRATE SBP DBP AVEBP;
RUN;
PROC T-TEST DATA=DRUGSTDY;
   CLASS DRUG;
   VAR HEARTRATE SBP DBP AVEBP;
RUN;
```

第7章

方差分析

1. 简介

当数据多于两组时，T 检验（或者相应的非参数方法）就不再适用。这时我们将使用方差分析的技术。本章包括单个或多个独立变量的方差分析设计，以及比较高级的统计问题，例如解释交互作用的显著性、非平衡设计及协方差分析。下一章读者还将看到如何分析重复测量设计。

2. 单因素方差分析

我们通常用 T 检验分析两组数据。当数据多于两组时该怎么办呢？假设我们有三个处理组：A，B，C。一种方法是用 T 检验分别比较 A 和 B，A 和 C，B 和 C。有四组（ABCD）时，分别比较 AB、AC、AD、BC、BD、CD。随着组数增加，需要比较的对数也快速增加。这种多重比较会出现什么问题呢？当我们说两组均值显著不同时，我们会得到一个显著性概率。假设我们有 20 对多重比较，每对都在 .05

的显著性水平上进行比较。就算组与组之间没有实质上的差异，我们也极有可能找到一对比较在 .05 水平上显著。（而实际上，仅仅凭运气得到至少有一对显著不同的概率为 .64。）比较组数越多，至少一对比较存在显著差异的概率越大。

现在，进行三组以上比较的方法叫作方差分析（ANOVA）。该方法的优势在于比较多组间是否存在差异时只使用一个概率。零假设为所有组的均值相等。在我们举例子之前，需要说明进行方差分析需要满足的假设。

首先，ANOVA 也需要满足与 T 检验相同的假设。也就是说，组与组之间必须是独立的（重复测量设计除外）；样本分布服从正态分布；各组来自于方差相等的总体（也叫作方差齐性）。

方差分析技术被认为是“稳健”的，也就是说即使不能满足有些假设，仍然可以使用该技术。因此，如果数据分布不是精确的正态，或者方差不齐性，我们仍可进行方差分析。如何衡量数据是否违背假设请咨询你身边的统计学专家。（Winer 曾详细讨论过方差齐性假设不满足时的方差分析。）建议你最好采用平衡设计（每种实验条件下被试数量相同），而不要采用非平衡设计，特别是在组间方差不齐的时候。

我们来看看下面的实验：

我们随机把 15 个被试分配到三个处理组，X、Y 和 Z（每种处理 5 个被试）。每组被试接受了不同的快速阅读方法的训练。训练后进行一项阅读测验，记录每个被试每分钟阅读的单词数。下面为数据：

X	Y	Z
700	480	500
850	460	550
820	500	480
640	570	600
920	580	610

零假设为每组被试都来自平均数相等的总体。用符号表示就是：

$$H_0: \mu_X = \mu_Y = \mu_Z$$

备择假设为不是所有平均数都相等。有一对或一对以上的平均数（X 与 Y，X 与 Z，或 Y 与 Z）存在显著的差异。X、Y、Z 组均值分别为 786、518、548。我们怎样才能知道这些平均数的差异是由于阅读方法的差异还是随机抽样误差造成的呢？有可能我们选择的被试中，X 组阅读速度恰巧比 Y 和 Z 组快。

这个例子中，15 个被试的平均阅读速度（叫作总平均数）为 617.33。通常当被试得分为 580 时，我们仅仅认为他的分数为 580 分，但我们也可以把 580 分看成比总平均数低 37.33 的分数。

我们会问："是什么导致得分围绕总平均变化呢？"本例中有两种可能的变异来源，第一种来源为训练方法（X，Y 或 Z）。如果方法 X 更好，一般来说我们会期望 X 组被试得分比 Y 或 Z 组得分更高。我们所说的"一般来说得分更高"，意思是由于被试被分配到了 X 组，才导致了他的分数增加。

变异的第二种来源为个体差异。因此，每组内都会存在差异。这样，我们就可以用一个公式来代表每个被试的得分：

个人得分 = 总平均 + 由个体所在组引起的差异 + 个体间的不同引起的差异

说完了我们的思想，现在简要看一下数学推导。

为了简化数学推导，我们不考虑与总平均数的分数差异，而只考虑分数差异的平方。偏差的平方之和称为总平方和（总 SUM OF SQUARES，或总 SS）。

现在我们用刚才的例子计算总 SS，来明确推导过程。用每个人的得分减去总平均（617.33），把得到的差（通常叫偏差）平方，将所有的结果相加，即：

$$SS= (700-617.33)^2 + (850-617.33)^2 + \cdots + (610-617.33)^2$$

前面我们提过，可以把总变异分为两部分：一部分来自阅读方法（通常叫作组间平方和，SUM OF SQUARES BETWEEN），另一部分来自被试间差异（通常叫作误差平方和，SUM OF SQUARES ERROR）。这里的误差（ERROR）不是指"错误"，而是指我们无法精确测量造成的得分差异。有些统计学家也将误差（ERROR）叫做残差（RESIDUAL）。

直觉上，我们认为如果来自于总体的组间平均数没有差异，那么平均来说，样本组间平均数的差异大小就与观测值间差异的大小有关。实际上，这一点的逻辑虽然简单，却需要许多篇幅来阐述清楚，这里我们不多做解释，读者仅仅需要记住结论即可。如果我们把来自组间差异的"平均"平方和（组间均方）除以来自被试差异的"平均"平方和（误差均方），结果叫 F 比值：

$$F = \frac{\text{组间均方}}{\text{均方误差}} = \frac{\text{组间平方和}/(k-1)}{\text{误差平方和}/(N-K)}, \quad k = \text{组个数}$$

如果组间变异比组内变异大，这个比将大于 1。若零假设为真，两个平均数相等，F 统计量等于 1.00。离 1.00 有多远才不能把变异归因于随机因素？ F 值是组数和组内被试数的函数。SAS 的方差分析程序将计算在零假设下的 F 比值以及仅凭几率得到大于或等于 F 值的可能性。

下面方框给出了如何计算 F 比值的更多细节。（读者也可以跳过。）

考虑有三组（A，B，C），每组有三个被试的单因素 ANOVA。设计如下：

	A	B	C	
	50	70	20	
	40	80	15	
	60	90	25	
均值	50	80	20	总平均数 50

如果要估计组内方差（也叫误差方差），我们可以用得分减去其组平均数得到偏差，对偏差取平方，求出所有组的偏差平方和，最后除以自由度。（自由度 N-k 中，N 为被试总数，k 为组数。）前面的例子中，组内方差等于：

$$[(50 - 50)^2 + (40-50)^2 + (60 - 50)^2 + (70-80)^2 + \cdots$$
$$+ (25 - 20)^2]/6 = 450/6 = 75.0$$

这个组内方差估计（75.0）可与组间方差作比较，后者计算方法为，对每组平均数减去总平均后的偏差取平方，每个偏差乘以对应组的被试数，最后除以自由度（k - 1）。我们的例子中组间方差为：

$$[3(50 - 50)^2 + 3(80 - 50)^2 + 3(20 - 50)^2]/2 = 2700$$

如果零假设为真，组间方差的估计值与组内方差将非常接近，它们的比

$$F = \frac{组间方差}{组内方差}$$

将接近 1。我们的例子中，F = 270/75 = 36.0，相应的概率为 .0005。

我们可以这样写程序（使用我们前面提供的快速阅读的数据）：

```
DATA READING;
  INPUT GROUP $ WORDS @@;
DATALINES;
X 700   X 850   X 820   X 640   X 920
Y 480   Y 460   Y 500   Y 570   Y 580
Z 500   Z 550   Z 480   Z 600   Z 610
;
```

```
PROC ANOVA DATA=READING;
   TITLE "Analysis of Reading Data";
   CLASS GROUP;
   MODEL WORDS = GROUP;
   MEANS GROUP;
RUN;
```

如果对 @ 符号有任何疑问，请参看第 12 章。这种安排数据的方法对于 PROC ANOVA 过程并非必须的，我们只是在节省空间。当然，每行放置一个观测值也是可以的。

现在，看到以“PROC ANOVA”语句开头的段落。我们首先要通过 CLASS 语句指定自变量。这里的自变量是 GROUP，我们也可以用数据集中的 GENDER，TREAT 或其他任意一个变量作为自变量。一般来说 ANOVA 中的自变量的水平都比较少。然后，我们要指定用于进行分析的模型（MODEL）。实际上就是指出什么自变量和因变量将参与分析。MODEL 后列出了因变量或因变量列表，以空格隔开。如果因变量多于一个，将分别分析这些变量。最简单的单因素 ANOVA 中，因变量后跟一个等号，然后列出自变量。必须保证这里列出的自变量都在之前的 CLASS 语句中出现过。下一行的 MEANS GROUP 表示将计算变量 GROUP 的每个水平上因变量（WORDS）的平均数。下面是该程序的结果输出：

```
Analysis of Reading Data

The ANOVA Procedure

   Class Level Information

Class          Levels    Values

GROUP               3    X Y Z

Number of Observations Read          15
Number of Observations Used          15

Dependent Variable: WORDS

                                      Sum of
Source                      DF       Squares    Mean Square    F Value

Model                        2   215613.3333    107806.6667      16.78

Error                       12    77080.0000      6423.3333

Corrected Total             14   292693.3333

                                                            [Continued]
```

```
Source                    Pr > F
Model                     0.0003
Error
Corrected Total

R-Square      Coeff Var       Root MSE      WORDS Mean
0.736653      12.98256        80.14570       617.3333

Source                      DF        Anova SS     Mean Square    F Value
GROUP                        2     215613.3333     107806.6667      16.78

Source                    Pr > F
GROUP                     0.0003

Level of                ------------WORDS------------
GROUP          N                 Mean          Std Dev

X              5           786.000000       113.929803
Y              5           518.000000        54.037024
Z              5           548.000000        58.051701
```

结果输出首先概括了统计分析的细节。如果你同时运行了几个 ANOVA 程序，这一概要就特别有帮助。你需要查看每个 CLASS 变量的水平，确保没有数据错误，否则有可能导致 CLASS 变量出现额外的水平。之后还呈现了观测值的数量和因变量名称。

接下来是统计分析的结果。通常有两个部分：整个模型的分析和对每个自变量的分析。这里 ANOVA 只有一个自变量（单因素 ANOVA），因此这两个部分的结果很相似。首先看第一部分。术语有“Source”（来源）、“DF”（自由度）、“Sum of Squares”（平方和）、“Mean Square”（均方）、“F Value”（F 值）、“Pr > F =”（p 值）。Source（来源）告诉我们分析的项目，这里有“Model”（模型）、“Error”（误差）、“Corrected Total”（校正后总和）三项。其中 Model 表示自变量及其所有交互作用之和。Error 表示移除模型变异后的残差变异。单因素 ANOVA 中，在模型这一项里我们只需考虑变量 GROUP，其自由度为 2（df），平方和（SS）为 215613.33，均方（SS/df）为 107806.67。第二行是误差项的信息。第三行是校正后的总平方和（即总平均的总平方和）的自由度和平方和。右边是 F 统计量和 P 值。在这一表格的下面呈现了模型的 R-SQUARE、变异系数（CV）、因变量的平均数和标准差。

第二部分与前面各项的描述类似，只是将每个自变量或交互作用分别列出。这里只有一个自变量，结果与前面看起来一样。本例中，F 值（自由度为 2 和 12）为 16.78，p 值 .0003，因此拒绝零假设，得出结论：阅读方法是存在差异的。

现在我们已经知道阅读方法之间存在差异，但是是哪些方法间存在差异呢？是 X 比 Y 和 Z 都好么？还是 Y 和 Z 的均值太接近而无法分辨？一般来说，在已经拒绝零假设之后找出具体的组间差异，此方法叫事后检验，或多重检验。SAS 提供了许多种检验方法来考察自变量不同水平间的差异，其中包括 Duncan 多重范围检验（Duncan's multiple range test）、Student-Newman-Keuls 多重范围检验（Student-Newman-Keuls' multiple-range test）、最小显著差异检验（least-significant-difference test）、Tukey 学生化范围检验（Tukey's studentized range test），Scheffe 多重比较过程（Scheffe's multiple-comparison procedure）等。若要进行事后检验，将检验的选项名放在 MEANS 的斜杠（/）后面。前面列出检验的 SAS 关键字分别为 DUNCAN、SNK、LSD、TUKEY、SCHEFFE。实际应用中，方差分析的同时进行多重比较检验是非常简单的。如果方差分析不显著，**我们就不应进行事后检验**。（这是我们的建议。一些统计学家则不同意，特别是针对一些特定的事后检验。）我们的例子将使用 Student-Newman-Keuls（SNK）进行事后检验。当然你也可以选择其他的方法。Winer（见第 1 章）的书是一本很好的方差分析和实验设计的参考教材，其中讨论了许多事后检验的方法。

本例中语句为：

```
MEANS GROUP / SNK;
```

除非特别指定，组间差异检验的显著性水平默认为 .05。你可以在事后检验的选项后面加上 ALPHA=.1 或 ALPHA=.01，指定显著水平为 .1 和 .01。例如，指定 Scheffe 检验的显著水平为 .1，我们应该写成：

```
MEANS GROUP / SCHEFFE ALPHA = .1;
```

下面是 SNK 检验的结果输出：

```
Analysis of Reading Data

The ANOVA Procedure

Student-Newman-Keuls Test for WORDS

NOTE: This test controls the Type I experimentwise error rate under the
complete null hypothesis but not under partial null hypotheses.

                                                            [Continued]
```

```
Alpha                           0.05
Error Degrees of Freedom          12
Error Mean Square           6423.333

Number of Means                2             3
Critical Range         110.44134     135.22484

Means with the same letter are not significantly different.

S
N
K

G
r
o
u
p
i
n
g          Mean       N    GROUP

A        786.00       5    X

B        548.00       5    Z
B
B        518.00       5    Y
```

这个列表使用了下面的方法呈现组间差异：

右边为组名。次序由各组平均数决定，从高到低排列。最左边是标记为"SNK分组"的列。在这一列中,平均数之间没有显著差异的组将会分配到同一字母。例如，Y和Z在GROUPING列中的字母均为B，表示两组之间没有显著差异。Y和Z行的中间还放置了一个字母B，这仅仅是出于视觉的便利，帮助我们看清楚Y和Z之间确实没有显著的差异（在.05水平上）。X组在GROUPING列上的字母为A，因此该组与Y组和Z组之间存在着显著的差异（$p<.05$）。

根据SNK多重比较检验的结果，我们得到以下结论：

1. 方法X比方法Y和Z都好。
2. 方法Y和Z之间没有显著差异。

在期刊中我们该如何描述这些统计方法和实验结果呢？实际上并没有"标准"的格式，我们这里给出一个参考，其关键是要清晰易读。下面是我们的建议：

方法。本研究比较了三种阅读方法：（1）Smith快速阅读法，（2）标准方法，（3）Evelyn Tree的方法。15个被试随机分配到三种方法中的一种。经过训练后进行标准阅读测验（Cody 记单词测验 2.1 版）。

结果。三种方法的平均阅读速度为：

方法	阅读速度（每分钟单词数）
1. Smith’s	786
2. 标准方法	518
3. Tree’s	548

采用单因素分析进行检验的结果是，F 值为 16.78（df = 2.12，p = .0003）。Student-Newman-Keuls 检验（p = .05）表明 Smith 方法显著地优于 Tree 方法和标准方法。Tree 方法和标准方法在 .05 水平上没有区别。

SNK 多重检验的结果在只有三个分组时很容易描述。当有四个或更多的分组，特别是结果比较复杂时，我们最好使用另一种方法。下表是针对四个处理组的 SNK 检验结果：

分组	平均数	N	组别
A	80	10	1
A			
A B	75	10	3
B			
B	72	10	2
C	60	10	4

首先注意到各组平均数按照从高到低排列，分别是组 1、组 3、组 2 和组 4。组 1 和组 3 没有显著差别。（在分组列都是字母“A”）。组 2 和组 3 也没有显著差别。记住“没有显著差别”不代表“相等”。这里组 1 和组 2 就有显著差别了！

最后，4 组与其他所有的组显著不同（p<.05）。我们可以在期刊中这样描述结果：

	分组			
	1	3	2	4
平均数	80	75	72	60

SNK多重比较示例

有下划线的两组之间没有显著区别（p<.05）。

最后一种呈现方式，你还可以在文章中简单描述结果（例如“组 4 与组 1、2、3 存在显著差异；组 1 和组 2 之间也存在显著的差异”）。

3. 对比检验

现在回到前面那个关于阅读的例子。假设在你实验之前，就想要进行一些特定的比较检验。例如，如果 X 是一种新方法，Y 和 Z 是传统方法，你想通过比较方法 X 和方法 Y、Z 来考察新方法和传统方法是否有区别。同时还要比较 Y 和 Z，看传统方法之间是否有区别。这种比较叫对比检验，也称为计划比较检验或事前比较检验。对比检验与之前提到的多重比较检验不同的是，它没有任何措施降低我们犯 I 类错误的概率；不过它允许你在处理组之间作比较。

要进行特定的比较检验，你需要用 PROC GLM（广义线性模型）来代替 PROC ANOVA。PROC GLM 与 PROC ANOVA 有很多类似的选项和语句。但 PROC GLM 是更广泛的程序，不仅可以用来计算对比检验，还可用于分析非平衡的实验设计（见第 7 节）。

下面是进行对比检验的 CONTRAST 语句：

```
PROC GLM DATA=READING;
   TITLE "Analysis of Reading Data - Planned Comparions";
   CLASS GROUP;
   MODEL WORDS = GROUP;
   CONTRAST 'X VS. Y AND Z' GROUP   -2 1 1;
   CONTRAST 'METHOD Y VS Z' GROUP   0 1 -1;
RUN;
```

单因素设计中，CONTRAST 语句就是在关键词 CONTRAST 后跟对比检验的标签（放在单引号内）、自变量（CLASS）和 k 个系数集（k 的数量等于 CLASS 变量的水平数）。

规则很简单：(1) 系数之和必须为 0。(2) 如果没有给 CLASS 变量设定输出格式，那么系数的顺序必须与 CLASS 变量的各个水平的字母顺序相匹配。如果为 CLASS 变量指定了输出格式，那么系数顺序就与格式化的值的顺序一致（通过在 PROC GLM 中添加选项 ORDER=DATA，可以使 CLASS 变量的各个水平按照数据的值排序，而不再是格式化顺序，这样就可以避开设定系数顺序的问题）。(3) 系数 0 表示在比较检验中不纳入相应的水平。(4) 负系数所对应的水平与正系数所对应的水平进行比较。

上面程序中的第一个 CONTRAST 语句表示要比较方法 X、方法 Y 和 Z 的平均数。第二个 CONTRAST 语句只比较方法 Y 和 Z。

下面是对比检验的部分结果输出：

```
Contrast                    DF    Contrast SS    Mean Square    F Value

X VS. Y AND Z                1    213363.3333    213363.3333      33.22

Contrast                 Pr > F

X VS. Y AND Z            <.0001

Contrast                    DF    Contrast SS    Mean Square    F Value

METHOD Y VS Z                1      2250.0000      2250.0000       0.35

Contrast                 Pr > F

METHOD Y VS Z            0.5649
```

结果显示，在 .05 水平上，方法 X 与方法 Y、方法 Z 有着显著的差异，而方法 Y 和 Z 之间没有显著差异。

4.　两个自变量的方差分析

假设同样是进行阅读方法比较，不过现在我们有 15 个男性被试和 15 个女性被试。除了比较阅读方法，我们还想比较男性与女性的阅读速度是否有区别。最后，我们还想知道不同的阅读方法对男性和女性的影响是否相同。

这个实验设计叫作两因素方差分析。“两因素”表示有两个自变量：组别（GROUP）和性别（GENDER）。该实验可以用下图表示：

		组别		
		X	**Y**	**Z**
性别	男性	700	480	500
		850	460	550
		820	500	480
		640	570	600
		920	580	610
	女性	900	590	610
		880	540	660
		899	560	525
		780	570	610
		899	555	645

该设计显示，在 GENDER 的每个水平上（男性 / 女性）都有三种阅读方法（由变量 GROUP 指定）。这种类型的设计叫做因子设计。GROUP 和 GENDER 的每个水平相结合叫单元。本例中，X 组的男性为一个单元。一般来说，因子设计中的单元数是自变量水平数的乘积。因此，本例中 GROUP 的 3 个水平乘以 GENDER 的 2 个水平，一共有 6 个单元。

总平方和现在被分为四部分。来自 GROUP 差异的平方和，来自 GENDER 差异的平方和。GROUP 和 GENDER 的结合也是一种变异来源（叫作交互作用项），最后是误差平方和。本章稍后将讨论交互作用项。

这个设计中每个单元的被试数相同，因此称为“平衡设计”（一些统计学家也称之为“正交设计”）。如果我们的模型中有一个以上的自变量，并且设计是不平衡的，将不能使用 PROC ANOVA。对非平衡设计，应使用 PROC GLM（广义线性模型）。平衡设计实验与单因素方差分析的程序类似。程序如下：

```
DATA TWOWAY;
   INPUT GROUP $ GENDER $ WORDS @@;
DATALINES;
X M 700  X M 850  X M 820  X M 640  X M 920
Y M 480  Y M 460  Y M 500  Y M 570  Y M 580
Z M 920  Z M 550  Z M 480  Z M 600  Z M 610
X F 900  X F 880  X F 899  X F 780  X F 899
Y F 590  Y F 540  Y F 560  Y F 570  Y F 555
Z F 520  Z F 660  Z F 525  Z F 610  Z F 645
;
PROC ANOVA DATA=TWOWAY;
   TITLE "Analysis of Reading Data";
   CLASS GROUP GENDER;
   MODEL WORDS = GROUP | GENDER;
   MEANS GROUP | GENDER / SNK;
RUN;
```

同前面一样，CLASS 后面是自变量列表。在 MODEL 语句里的 GROUP 和 GENDER 之间的竖线表明我们使用因子设计（也叫交叉设计）。如果不用竖线，将不会估计交互作用。一些计算机的键盘上没有“|”符号，那么本例中 GROUP|GENDER 可写为：

```
GROUP GENDER GROUP*GENDER
```

遇到多维因子设计时“|”符号将非常有用，例如 GROUP|GENDER|DOSE。否则将写为：

```
GROUP GENDER DOSE GROUP*GENDER GROUP*GENDER GROUP*DOSE
GENDER*DOSE GROUP*GENDER*DOSE
```

也就是说，要指定每个变量，以及两因素和三因素的交互作用。

让我们仔细研究前面例子的结果输出，看看能得到什么结论。第一部分结果输出如下：

```
Analysis of Reading Data

The ANOVA Procedure

   Class Level Information

Class          Levels    Values

GROUP               3    X Y Z

GENDER              2    F M

Number of Observations Read          30
Number of Observations Used          30

Dependent Variable: WORDS

                                    Sum of
Source                  DF         Squares   Mean Square  F Value

Model                    5     531436.1667   106287.2333    23.92

Error                   24     106659.2000     4444.1333

Corrected Total         29     638095.3667

Source              Pr > F

Model               <.0001

Error

Corrected Total

R-Square     Coeff Var      Root MSE    WORDS Mean

0.832848      10.31264      66.66433      646.4333

Source                  DF        Anova SS   Mean Square  F Value

GROUP                    2     503215.2667   251607.6333    56.62
GENDER                   1      25404.3000    25404.3000     5.72
GROUP*GENDER             2       2816.6000     1408.3000     0.32

Source              Pr > F

GROUP               <.0001
GENDER              0.0250
GROUP*GENDER        0.7314
```

最上面名为“Class Level Information”（分类水平信息）指明两个自变量及其

每个水平的信息。下面的方差分析表给出模型和误差的平方和以及均方。整体的F值（23.92）和概率p = .0001说明从总体上来说，模型较好地解释了总平均数的变异。这一结果对于我们想在某些特定的研究中建立一个一般的、预测力较好的模型而言，有着重要的意义。在本例中，我们对变异的来源（GROUP、GENDER和GROUP*GENDER）更感兴趣。

表格中每个变异来源都有其F值和仅凭几率得到此F值的概率。在我们的例子中，GROUP变量显著（p=.0001），GENDER变量也是显著的(p=.0250)。由于GENDER只有两个水平，我们就不需要使用SNK检验来判断男性和女性在阅读速度上是否有显著不同（p=.025）。

在两因素方差分析中，当考察GROUP的效应时，我们是在没有考虑GENDER的情况下比较GROUP的各水平。也就是比较GROUP时合并了两种性别的数据。同样，当我们比较男性和女性时，也合并了三个处理组的数据。

GROUP*GENDER项叫作交互项。如果各个阅读组对于男性和女性的差异是不同的，那么交互效应将是显著的。例如，如果男性在方法A比方法B表现好，而女性在方法B比方法A表现好，那么交互作用就应当是显著的。本例中，GROUP和GENDER间的交互作用不显著（p=.73）。（我们下一个例子将展示交互作用显著的情况。）

下面呈现语句“MEANS GROUP|GENDER /SNK”的部分输出结果：

```
Student-Newman-Keuls Test for WORDS

NOTE: This test controls the Type I experimentwise error rate under
the complete null hypothesis but not under partial null hypotheses.

Alpha                         0.05
Error Degrees of Freedom        24
Error Mean Square         4444.133

Number of Means                  2            3
Critical Range            61.53152    74.452114

Means with the same letter are not significantly different.

S
N
K

G
r
o
```

```
u
p
i
n
g          Mean      N    GROUP

A        828.80     10    X

B        570.00     10    Z
B
B        540.50     10    Y

Student-Newman-Keuls Test for WORDS

NOTE: This test controls the Type I experimentwise error rate under
the complete null hypothesis but not under partial null hypotheses.

Alpha                          0.05
Error Degrees of Freedom         24
Error Mean Square          4444.133

Number of Means                 2
Critical Range          50.240276

Means with the same letter are not significantly different.

S
N
K

G
r
o
u
p
i
n
g          Mean      N    GENDER

A        675.53     15    F

B        617.33     15    M

Level of       Level of             ------------WORDS-----------
GROUP          GENDER        N              Mean          Std Dev

X              F             5        871.600000        51.887378
X              M             5        786.000000       113.929803
Y              F             5        563.000000        18.574176
Y              M             5        518.000000        54.037024
Z              F             5        592.000000        66.011363
Z              M             5        548.000000        58.051701
```

第一个比较检验的表格说明X组与Y组、Z组存在显著的差异（p<.05）。第二个表格则说明女性的阅读速度显著地快于男性。实际上由于GENDER是显著的（p=.025），而且GENDER只有男女两个水平，我们在之前的方差分析表格中已经知道了这个事实。两个SNK检验的表格下面是GROUP和GENDER每个水平相结合的平均阅读速度，也就是我们的实验设计中这六个单元的均值。

5. 解释显著的交互作用

现在我们来看一个交互作用项显著的例子。有两组小孩，一组是正常的，而另一组患有多动症（即注意缺陷多动障碍或ADHD，这里简称多动症）。每组小孩随机分为两组，一组接受安慰剂，而另一组接受利他林的药物处理。之后测量每个小孩的活跃度，数据如下：

	安慰剂 (PLACEBO)	利他林(RITALIN)
正常 (NORMAL)	50	67
	45	60
	55	58
	52	65
多动症 (HYPERACTIVE)	70	51
	72	57
	68	48
	75	55

研究中的变量命名为GROUP（NORMAL或HYPER）、DRUG（PLACEBO或RITALIN）、ACTIVITY（活跃度得分）。这个设计是平衡的（每个单元格的被试个数相同），因此可以用PROC ANOVA进行分析。DATA和PROC步骤的程序如下：

```
DATA RITALIN;
   DO GROUP = 'NORMAL','HYPER ';
      DO DRUG = 'PLACEBO','RITALIN';
         DO SUBJ = 1 TO 4;
            INPUT ACTIVITY @;
            OUTPUT;
         END;
      END;
   END;
DATALINES;
50 45 55 52 67 60 58 65 70 72 68 75 51 57 48 55
```

```
;
PROC ANOVA DATA=RITALIN;
   TITLE "Activity Study";
   CLASS GROUP DRUG;
   MODEL ACTIVITY=GROUP | DRUG;
   MEANS GROUP | DRUG;
RUN;
```

讨论 ANOVA 的结果之前，让我们先花些时间看看 DATA 步骤的程序。读入数据的一种简单直接的方法是用 INPUT DRUG $ GROUP $ ACTIVITY 语句。不过这里我们使用了 DO 循环，可以让你更好地了解 SAS 程序。这里要注意两件事：第一，在 DATA 步骤中，可以将 DO 循环的循环变量赋予字符型的数值，这是程序非常有用和强大的部分。第二，当使用嵌套的 DO 循环（把一个循环放在另一个里面），循环的规则是首先完成内部的循环，然后再跳到外面的循环去。因此，此例中首先给 GROUP 赋值 'NORMAL'，给 DRUG 赋值 'PLACEBO'，然后再读入 ACTIVITY 的值。如果仍难理解这种 DATA 步骤，那么也可以使用不带循环的普通的 INPUT 语句。

这个 ANOVA 设计也是一种两因素因子设计。MODEL 语句和 MEANS 语句中 GROUP 和 DRUG 之间的竖线表示这是一个因子设计，GROUP 和 DRUG 的水平是交叉的。这里每个自变量只有两个水平，因此不需要进行多重比较检验。

部分结果输出如下：

```
Source                      DF      Anova SS    Mean Square   F Value

GROUP                        1   121.0000000    121.0000000      8.00
DRUG                         1    42.2500000     42.2500000      2.79
GROUP*DRUG                   1   930.2500000    930.2500000     61.50

Source                  Pr > F

GROUP                   0.0152
DRUG                    0.1205
GROUP*DRUG              <.0001
```

首先我们看到，GROUP*DRUG 的交互作用极其显著（p<.0001）。当交互作用显著时，我们必须非常小心地解释主效应（GROUP 和 DRUG 的效应）。也就是说，我们必须首先理解交互作用的性质，才能进一步考察主效应。

进一步看看 GROUP 和 DRUG 的交互作用，我们就能知道为什么方差分析表中的主效应可能是误导的。解释两因素交互作用的最好方法是用单元格的均值画图。语句 MEANS 的结果输出部分可以看到这些单元格均值，这部分的结果如下：

Level of GROUP	Level of DRUG	N	----------ACTIVITY---------- Mean	Std Dev
HYPER	PLACEBO	4	71.2500000	2.98607881
HYPER	RITALIN	4	52.7500000	4.03112887
NORMAL	PLACEBO	4	50.5000000	4.20317340
NORMAL	RITALIN	4	62.5000000	4.20317340

我们可以利用这些平均数画一个交互作用图。首先选一个自变量（我们选DRUG）作为横轴，然后在另一个自变量（GROUP）每个水平上画出表示因变量平均数的线条。这一过程可以手动，利用SAS的绘图过程完成。用SAS绘图时，首先需通过PROC MEANS过程创建一个包含单元格平均数的数据集，语句如下：

```
PROC MEANS DATA=RITALIN NWAY NOPRINT;
   CLASS GROUP DRUG;
   VAR ACTIVITY;
   OUTPUT OUT=MEANS MEAN=M_HR;
RUN;
```

这里我们用GROUP和DRUG作为CLASS变量，PROC MEANS过程的NWAY选项，因为这样可以使输出数据显示出最明显的交互作用。接下来，我们用PROC GPLOT过程（如果没安装SAS Graph™也可用PROC PLOT过程）绘制交互作用图。可以选择任何一个自变量作为横轴，对另一个自变量的每个水平分别画图。我们用DRUG作为横轴变量，对GROUP的每个水平画图，并将GROUP的值作为绘图记号。下面是程序：

```
SYMBOL1 V=SQUARE COLOR=BLACK I=JOIN;
SYMBOL2 V=CIRCLE COLOR=BLACK I=JOIN;
PROC GPLOT DATA=MEANS;
   TITLE "Interaction Plot";
   PLOT M_HR * DRUG = GROUP;
RUN;
```

如果用PROC PLOT代替PROC GPLOT，可以省略SYMBOL语句，这时将使用GENDER的第一个字符作为画图的符号。而在PROC GPLOT中，你则需要用两个SYMBOL语句指定GENDER的每个水平用什么符号来表示，还需要特别说明用直线将这些点连起来。在这些SYMBOL语句中，我们用VALUE的缩写V和INTERPOLATE的缩写I，来分别表示绘图记号和插值的方法。

得到的图形如下：

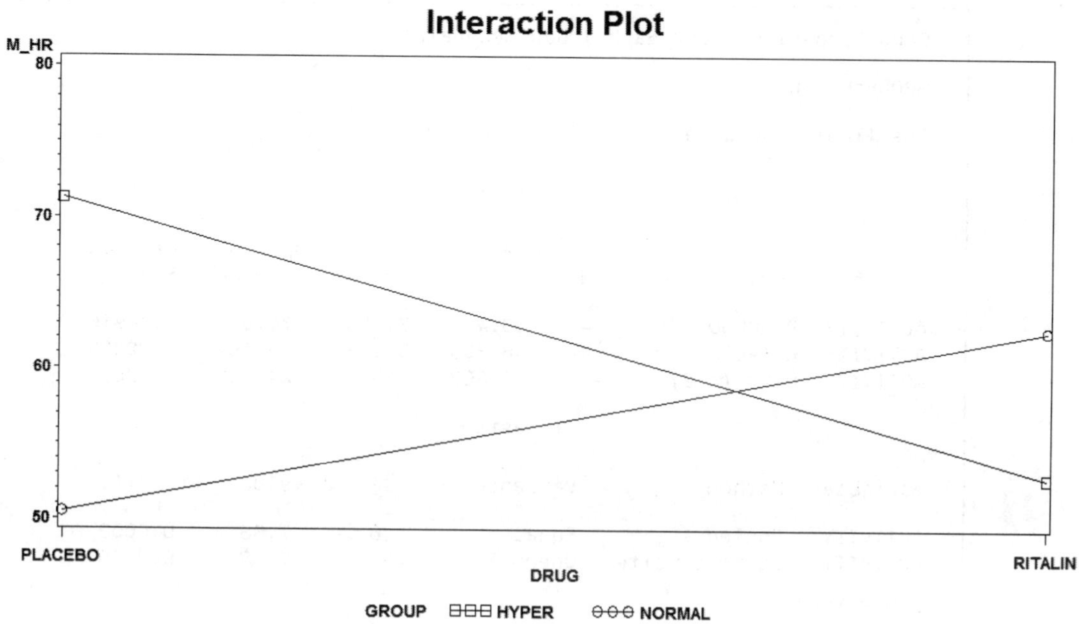

上图说明正常小孩在服用利他林后，活跃度增加了，而多动症小孩服用利他林后活跃度反而降低了。这个方差分析中，安慰剂和利他林之间的比较是在合并了正常小孩和多动症小孩的数据后进行的。这些值趋向于互相抵消，因此安慰剂组和利他林组的平均活跃度基本相同。仅仅知道这一点并不能帮助我们了解服用利他林是否影响了孩子的活跃水平。这就是为什么在考察主效应之前必须要理解交互作用的原因了。如果我们要考察利他林的效应，我们要分别考察正常组和多动症组小孩的反应。每组中，DRUG 都有两个水平。因此我们可以分别在正常组和多动症组中对安慰剂和利他林做 T 检验。从第 6 章我们已经知道，T 检验首先要将数据集按 GROUP 排序，然后指定 BY 变量。程序为：

```
PROC SORT DATA=RITALIN;
   BY GROUP;
RUN;
PROC TTEST DATA=RITALIN;
   TITLE "Drug Comparisons for Each Group Separately";
   BY GROUP;
   CLASS DRUG;
   VAR ACTIVITY;
RUN;
```

这一语句的部分结果输出如下：

```
Drug Comparisons for Each Group Separately

GROUP=HYPER

The TTEST Procedure

                                   Statistics

                                  Lower CL             Upper CL   Lower CL
Variable   DRUG              N        Mean      Mean       Mean    Std Dev

ACTIVITY   PLACEBO           4      66.498     71.25     76.002     1.6916
ACTIVITY   RITALIN           4      46.336     52.75     59.164     2.2836
ACTIVITY   Diff (1-2)               12.362      18.5     24.638     2.2859

                                    T-Tests

Variable    Method           Variances       DF    t Value    Pr > |t|

ACTIVITY    Pooled           Equal            6       7.38      0.0003
ACTIVITY    Satterthwaite    Unequal       5.53       7.38      0.0005

GROUP=NORMAL

The TTEST Procedure

                                   Statistics

                                  Lower CL             Upper CL   Lower CL
Variable   DRUG              N        Mean      Mean       Mean    Std Dev

ACTIVITY   PLACEBO           4      43.812      50.5     57.188     2.3811
ACTIVITY   RITALIN           4      55.812      62.5     69.188     2.3811
ACTIVITY   Diff (1-2)               -19.27       -12     -4.728     2.7085

                                    T-Tests

Variable    Method           Variances       DF    t Value    Pr > |t|

ACTIVITY    Pooled           Equal            6      -4.04      0.0068
ACTIVITY    Satterthwaite    Unequal          6      -4.04      0.0068
```

注意到两组小孩中，两种药物的平均数显著不同（p<.05）。在正常组，利他林平均数比安慰剂均值高，多动症组则相反。所以，我们才要特别小心交互作用！

还有另一种进行上述T检验的方法。将原始自变量的每个处理水平相结合，生成一个新的自变量（CLASS），这样就把两因素ANOVA分解成单因素ANOVA了。本例中，我们将用DRUG和GROUP的每个水平结合来创建一个新变量（叫做CONDITION）。也就是说，CONDITION有4个水平，分别为NORMAL-PLACEBO，NORMAL-RITALIN，HYPER-PLACEBO，HYPER-RITALIN。快速而简单的创建此变量的方法是将两个原始自变量串联起来。在SAS系统中，用串联符号‘||’（两个

感叹号'！！'也行)可创建 CONDITION 变量。在我们的 DATA 步骤中加入下面语句：

```
CONDITION=GROUP||DRUG;
```

此行创建一个新变量（CONDITION），它有四个水平（NORMAL PLACEBO，NORMAL RITALIN，HYPER PLACEBO，HYPER RITALIN）。使用第 18 章介绍的 TRIM 函数可以删除 GROUP 和 DRUG 之间的空格：

```
CONDITION = TRIM(GROUP) || '-' || DRUG;
```

如果你使用的是 SAS 9.1 或更高级的版本，则可以用 CATX 函数串联两个甚至更多字符串，编辑字符串，还可以选择字符串之间的分隔符（函数的第一个自变量）。语句如下：

```
CONDITION = CATX('-',GROUP,DRUG); /* Version 9 and higher */
```

现在我们处理的是一个有四个水平的单因素（CONDITION）设计。SAS 分析单因素 ANOVA 的语句为：

```
PROC ANOVA DATA=RITALIN;
   TITLE "One-way ANOVA Ritalin Study";
   CLASS CONDITION;
   MODEL ACTIVITY = CONDITION;
   MEANS CONDITION / SNK;
RUN;
```

部分结果输出如下：

```
One-way ANOVA Ritalin Study
The ANOVA Procedure
                         Class Level Information
Class          Levels  Values
CONDITION           4  HYPER-PLACEBO HYPER-RITALIN NORMAL-PLACEBO
                       NORMAL-RITALIN
Dependent Variable: ACTIVITY
Source                      DF        Anova SS   Mean Square  F Value
CONDITION                    3     1093.500000    364.500000    24.10
                                                             [Continued]
```

```
Source              Pr > F

CONDITION           <.0001

Student-Newman-Keuls Test for ACTIVITY

NOTE: This test controls the Type I experimentwise error rate under
the complete null hypothesis but not under partial null hypotheses.

Means with the same letter are not significantly different.

S
N
K

G
r
o
u
p
i
n
g        Mean      N     CONDITION

A      71.250      4     HYPER-PLACEBO

B      62.500      4     NORMAL-RITALIN

C      52.750      4     HYPER-RITALIN
C
C      50.500      4     NORMAL-PLACEBO
```

这个分析给我们的信息远远多于之前的两个 T 检验。除了证实在每个组（NORMAL、HYPER）中 PLACEBO 和 RITALIN 的平均数不同外，我们还看到其他配对比较。最后，该分析用所有的数据估计了误差项。

除了上面提到的两种方法，还有第三种在 GROUP 的每个水平下比较两种药物的方法。如果用 PROC GLM 代替 PROC ANOVA，我们就可以通过两个 CONTRAST 语句实现组内比较。这种方法利用所有数据来估计误差变异，因此一些统计学家认为它比两组 T 检验的估计方法更精确，而和前面的单因素分析是一样的。其理论基础比较困难，这里不多作解释。程序如下：

```
PROC GLM DATA=RITALIN;
   TITLE "Demonstrating the CONTRAST Statement of GLM";
   CLASS GROUP DRUG;
   MODEL ACTIVITY = GROUP | DRUG / SS3;
   CONTRAST 'Hyperactive only' DRUG 1 -1
                               GROUP*DRUG 1 -1 0 0;
   CONTRAST 'Normals only'    DRUG 1 -1
                              GROUP*DRUG 0 0 1 -1;
RUN;
```

第一个 CONTRAST 比较了多动症组小孩在安慰剂和利他林上的差异。第二个 CONTRAST 只对正常小孩进行了比较。这些 CONTRAST 语句设计的方法是很复杂的。这里仅仅给出了针对两因素设计的简单算法。CLASS 语句中的变量次序非常重要。必须注意，CLASS 变量每个水平的顺序是由格式值（如果定义了输出格式）或者原始数据值决定（如果没有定义输出格式）。本例中有：

```
GROUP (HYPER-NORMAL) and DRUG(PLACEBO-RITALIN)
```

注意到 HYPER 在 NORMAL 前面，这是因为字母序中‘H’在‘N’前面。对 GROUP 的每个水平，我们都要列出 DRUG 的所有水平：

```
HYPER-PLACEBO HYPER-RITALIN NORMAL-PLACEBO NORMAL-RITALIN
```

首先选择 GROUP 的第一个水平，列出 DRUG 的所有水平，然后再选择 GROUP 的下一个水平。现在，我们要比较药物的效应，首先在 CONTRAST 语句列出 DRUG，系数为 1 和 -1。然后比较交互作用 GROUP*DRUG，把系数 1 和 -1 放在想比较的位置。也就是说，要比较 HYPER-PLACEBO 和 HYPER-RITALIN，编码则为 1、-1、0、0。比较 NORMAL-PLACEBO 和 NORMAL-RITALIN，编码则为 0、0、1、-1。如果仍然无法理解这种方法，那么还是用前文讲过的两种分析方法，或咨询懂统计学的朋友吧。下面是运行两个 CONTRAST 的结果：

```
The GLM Procedure

Dependent Variable: ACTIVITY

Contrast                  DF     Contrast SS     Mean Square    F Value

Hyperactive only           1     684.5000000     684.5000000      45.26
Normals only               1     288.0000000     288.0000000      19.04

Contrast              Pr > F

Hyperactive only      <.0001
Normals only          0.0009
```

如果我们在之前创建 CONDITION 变量（表示 GROUP 和 DRUG 的四个处理水平结合）的那个单因素模型中也使用 CONTRAST 语句，也可以得到相同的结构。我们将使用 PROC GLM 代替 PROC ANOVA，在 MODEL 语句后加入两个 CONTRAST 语句：

```
PROC GLM DATA=RITALIN;
   TITLE "One-way ANOVA Ritalin Study";
   CLASS CONDITION;
   MODEL ACTIVITY = CONDITION;
   CONTRAST 'Hyperactive only'  CONDITION  1  -1  0   0;
   CONTRAST 'Normals only'      CONDITION  0   0  1  -1;
RUN;
```

这种方法比双因素设计中的 CONTRAST 语句更简单易懂。

6. 多因素设计

双因素方差分析中的方法可以扩展到有任意多个自变量的情况。这里给出一个有 3 个自变量（GROUP GENDER DOSE）的例子（我们没有创建名为 THREEWAY 的数据集）：

```
PROC ANOVA DATA=THREEWAY;
   TITLE "Three-way Analysis of Variance";
   CLASS GROUP GENDER DOSE;
   MODEL ACTIVITY = GROUP | GENDER | DOSE;
   MEANS GROUP | GENDER | DOSE;
RUN;
```

有 3 个自变量时，我们有 3 个主效应（GROUP GENDER DOSE）、3 个两因素交互作用（GROUP*GENDER GROUP*DOSE GENDER*DOSE）和 1 个三因素交互作用（GROUP*GENDER*DOSE）。因为高阶交互作用相对于主效应和低阶交互作用太复杂，通常希望它们是不显著的。（Winer 的书对这个问题有更详细的讨论。）

没有专家的协助，有大量自变量的因子设计是非常困难的。而且，要使每个单元格有足够的被试，这种实验需要的被试数也是非常庞大的。

7. 非平衡设计：PROC GLM

正如前面提到的，每个单元的被试数不等时的设计叫非平衡设计。（不过，非平衡研究者却没有对单元格被试数相等的实验命名。）非平衡的设计（除了单因素设计）不能再用 PROC ANOVA，而只能用 PROC GLM。PROC GLM 中 CLASS、MEANS、

MODEL 的用法与 PROC ANOVA 中相同。唯一不同的地方是两个程序的数学计算方式，以及 PROC GLM 在计算时一些额外的信息。真正的差异其实是对结果的解释。

下面是一个非平衡的双因素方差分析。

一个糖果公司要检验新产品的市场反应。产品有三种甜度和两种口味。每个被试品尝一种糖果，从 1 到 10 打分。数据如下：

	甜度水平		
	1	2	3
香草	9	8	6
	7	7	5
	8	8	7
	7		
巧克力	9	8	4
	9	7	5
	7	6	6
	7	8	4
	8		4

SAS DATA 步骤创建数据集：

```
DATA PUDDING;
   LENGTH FLAVOR $ 9;
   INPUT FLAVOR $ SWEET RATING @@;
DATALINES;
VANILLA 1 9  VANILLA 2 8  VANILLA 3 6
VANILLA 1 7  VANILLA 2 7  VANILLA 3 5
VANILLA 1 8  VANILLA 2 8  VANILLA 3 7
VANILLA 1 7
CHOCOLATE 1 9  CHOCOLATE 2 8  CHOCOLATE 3 4
CHOCOLATE 1 9  CHOCOLATE 2 7  CHOCOLATE 3 5
CHOCOLATE 1 7  CHOCOLATE 2 6  CHOCOLATE 3 6
CHOCOLATE 1 7  CHOCOLATE 2 8  CHOCOLATE 3 4
CHOCOLATE 1 8                 CHOCOLATE 3 4
;
```

由于每个单元被试数不同，因此使用 PROC GLM。

```
PROC GLM DATA=PUDDING;
   TITLE  "Pudding Taste Evaluation";
   TITLE3 "Two-way ANOVA - Unbalanced Design";
   TITLE4 "---------------------------------";
   CLASS SWEET FLAVOR;
   MODEL RATING = SWEET | FLAVOR / SS3;
   LSMEANS SWEET | FLAVOR / PDIFF ADJUST=TUKEY;
RUN;
```

注意新的语句LSMEANS。在非平衡设计中，MEANS语句给出未校正的平均数；LSMEANS 语句将使用最小二乘法校正主效应的平均数。我们加入了 PDIFF 选项，用于计算所有配对差异的概率。这些配对比较实际上是一系列的 T 检验，也存在多重 T 检验的所有问题，因此需要加入选项 ADJUST=TUKEY，对多重检验进行校正。

部分结果输出如下：

```
Pudding Taste Evaluation

Two-way ANOVA - Unbalanced Design
---------------------------------

The GLM Procedure

Dependent Variable: RATING
                                       Sum of
Source                     DF         Squares     Mean Square    F Value

Model                       5     39.96666667      7.99333333       9.36

Error                      18     15.36666667      0.85370370

Corrected Total            23     55.33333333

Source                 Pr > F

Model                  0.0002

Source                     DF     Type III SS     Mean Square    F Value

SWEET                       2     29.77706840     14.88853420      17.44
FLAVOR                      1      1.56666667      1.56666667       1.84
SWEET*FLAVOR                2      2.77809264      1.38904632       1.63

Source                 Pr > F
SWEET                  <.0001
FLAVOR                 0.1923
SWEET*FLAVOR           0.2241

The GLM Procedure
Least Squares Means
Adjustment for Multiple Comparisons: Tukey-Kramer

                RATING        LSMEAN
SWEET           LSMEAN        Number

1           7.87500000            1
2           7.45833333            2
3           5.30000000            3
```

```
     Least Squares Means for effect SWEET
     Pr > |t| for H0: LSMean(i)=LSMean(j)

          Dependent Variable: RATING

i/j              1              2              3

   1                          0.6550         <.0001
   2         0.6550                          0.0009
   3         <.0001           0.0009

The GLM Procedure
Least Squares Means
Adjustment for Multiple Comparisons: Tukey-Kramer

                                     H0:LSMean1=
                         RATING        LSMean2
FLAVOR                   LSMEAN        Pr > |t|

CHOCOLATE            6.61666667          0.1923
VANILLA              7.13888889

The GLM Procedure
Least Squares Means
Adjustment for Multiple Comparisons: Tukey-Kramer


                                      RATING       LSMEAN
SWEET     FLAVOR                      LSMEAN       Number

1         CHOCOLATE              8.00000000            1
1         VANILLA                7.75000000            2
2         CHOCOLATE              7.25000000            3
2         VANILLA                7.66666667            4
3         CHOCOLATE              4.60000000            5
3         VANILLA                6.00000000            6

          Least Squares Means for effect SWEET*FLAVOR
              Pr > |t| for H0: LSMean(i)=LSMean(j)

                   Dependent Variable: RATING

i/j           1          2          3          4          5          6
   1                0.9984     0.8265     0.9958     0.0002     0.0758
   2     0.9984                0.9700     1.0000     0.0009     0.1819
   3     0.8265     0.9700                0.9904     0.0052     0.5065
   4     0.9958     1.0000     0.9904                0.0029     0.2810
   5     0.0002     0.0009     0.0052     0.0029                0.3424
   6     0.0758     0.1819     0.5065     0.2810     0.3424
```

注意到我们选择了第 III 类平方和（MODEL 语句中的 SS3 选项），没有这个选项，GLM 将同时给出 I 类和 III 类平方和。当设计的单元频数不等时，I 类和 III 类平方和对所有变量而言可能是不等的。I 类和 III 类平方和的区别为，I 类平方和假定：每个变量将按照 MODEL 语句中指定的顺序，一个一个进入模型，于是列出每个变量的平方和。因此可以将其看做增量平方和。如果两个或两个以上的变量有共同的变异，那么将变异归于第一个进入模型的变异。有时候这么计算很方便，但有时候也会让我们很不满意。III 类平方和把每个变量看作是最后一个进入模型的，然后计算其平方和。也就是说，在排除了其他因素的影响后，再来评估每个变量的效应。在任何给定情况下，不管 I 类和 III 类，平方和都是不同的；不过，在大多数方差分析中，通常都采用 III 类平方和。

回到结果列表，模型中只有甜度是显著的（p<.0001），甜度 / 口味的交互作用不显著。单元平均数比较中，不喜欢甜巧克力的人中甜度的差别更明显。口味以及口味与甜度交互作用的 p 值分别为 .1923 和 .2241。

程序中我们加入了另一种形式的 TITLE 语句。读者应该能猜出，TITLE3 表示第三行标题；TITLE4 表示第四行标题。没有 TITLE2，因此第 2 行为空白。一般 TITLEn 表示 SAS 输出中的第 n 行，n 为整数。TITLE 与 TITLE1 是等价的。

带 PDIFF 选项的 LSMEANS 语句给出 SWEET 校正后的平均数（ADJUST= TUKEY），同时还给出了一个 3 × 3 的所有多重比较的矩阵。下面的列表中，甜度水平 1 和 3 以及 2 和 3 之间都存在显著的差异。再往下看，口味的两个水平没有显著的差异。这里的 p 值（.1923）与列表顶部 ANOVA 表中 FLAVOR 主效应的 p 值相同。最后，LSMEANS 提供了校正的单元格（SWEET 和 FLAVOR 的每个水平结合）均值，以及每个单元格配对比较的矩阵。可以通过列标签 LSMEAN number（1 到 6）查看在 6 × 6 矩阵中比较的是哪两个单元均值。这里，1 对 5（SWEET = 1，FLAVOR = CHOCOLATE 对 SWEET = 3，FLAVOR = CHOCOLATE）、2 对 5（SWEET = 2，FLAVOR = CHOCOLATE 对 SWEET = 3，FLAVOR = CHOCOLATE）、3 对 5（SWEET = 2，FLAVOR = CHOCOLATE 对 SWEET = 3，FLAVOR = CHOCOLATE）、4 对 5（SWEET = 2，FLAVOR = VANILLA 对 SWEET = 3，FLAVOR = CHOCOLATE）在 p<.05 水平上全部显著，说明他们真的不喜欢甜巧克力。

8. 协方差分析

如果有一个变量，例如 IQ，影响因变量的测量，那么在分析因变量之前，我们想校正由混淆变量导致的差异。考虑下面的数据集：

组别			
A		B	
数学成绩	IQ	数学成绩	IQ
260	105	325	126
325	115	440	135
300	122	425	142
400	125	500	140
390	138	600	160

我们要比较 A 组和 B 组的数学成绩（MATH）。然而我们发现，数学成绩（MATH）似乎和 IQ 有关系，B 组的 IQ 比 A 组 IQ 要高些。可以通过计算相关系数检验数学成绩和 IQ 间的关系，并且通过 T 检验考察 IQ 在 A 和 B 组间是否有显著的差异。下面是程序：

```
DATA COVAR;
   LENGTH GROUP $ 1;
   INPUT GROUP MATH IQ @@;
DATALINES;
A  260  105   A  325  115   A  300  122   A  400  125   A  390  138
B  325  126   B  440  135   B  425  142   B  500  140   B  600  160
;
PROC CORR DATA=COVAR NOSIMPLE;
   TITLE "Covariate Example";
   VAR MATH IQ;
RUN;
PROC TTEST DATA=COVAR;
   CLASS GROUP;
   VAR IQ MATH;
RUN;
```

这里我们也进行了数学成绩的 T 检验。结果如下（经过了编辑）：

```
Covariate Example

The CORR Procedure

   2  Variables:    MATH      IQ

Pearson Correlation Coefficients, N = 10
       Prob > |r| under H0: Rho=0

                MATH            IQ

MATH         1.00000       0.92456
                            0.0001

IQ           0.92456       1.00000
              0.0001

                                             [Continued]
```

```
Covariate Example

The TTEST Procedure

                              Statistics

                                    Lower CL               Upper CL   Lower CL
Variable   GROUP             N        Mean       Mean       Mean      Std Dev

IQ         A                 5      105.82        121      136.18      7.3256
IQ         B                 5       125.1      140.6       156.1      7.4784
IQ         Diff (1-2)               -37.62      -19.6      -1.581      8.3454
MATH       A                 5      261.02        335      408.98      35.697
MATH       B                 5      332.25        458      583.75       60.68
MATH       Diff (1-2)               -244.2       -123       -1.82      56.123

Variable    Method          Variances        DF    t Value    Pr > |t|

IQ          Pooled          Equal             8      -2.51      0.0365
IQ          Satterthwaite   Unequal           8      -2.51      0.0365
MATH        Pooled          Equal             8      -2.34      0.0474
MATH        Satterthwaite   Unequal        6.47      -2.34      0.0547
```

可以看到 IQ 和数学分数高度相关（r = .92456，p = .0001），并且各组的 IQ（p = .0365）和数学分数（p = .0474）有显著的差异。因此我们需要通过协方差分析来校正 IQ 的影响。

协方差分析之前，必须首先检验一个重要的假设——协变量和因变量的关系在不同组间是一致的。本例中，协变量（IQ）和因变量（MATH）的关系在 A 组和 B 组中都应该是相同的。这可以通过简单的回归检验，在 GROUP 的两个水平下把 MATH 作为 IQ 的函数纳入模型，然后检验 IQ 和 GROUP 的交互作用。PROC GLM 和其中的 MODEL 语句可以完成建模和回归系数比较：

```
PROC GLM DATA=COVAR;
  CLASS GROUP;
  MODEL MATH = IQ GROUP IQ*GROUP / SS3;
RUN;
```

IQ*GROUP 项将检验两组的回归系数是否不同。运行上面的程序，得到部分结果：

```
Covariate Example

Source                 DF    Type III SS    Mean Square    F Value

IQ                      1    41278.21495    41278.21495      25.81
GROUP                   1     3634.41141     3634.41141       2.27
IQ*GROUP                1     3816.96372     3816.96372       2.39

Source              Pr > F
```

```
IQ                    0.0023
GROUP                 0.1824
IQ*GROUP              0.1734
```

从上面的结果知道 MATH 和 IQ 的关系在各组间没有显著的差异（IQ*GROUP 交互项：F = 2.39，p = .1734），因此我们可以继续运行协方差分析：

```
PROC GLM DATA=COVAR;
   CLASS GROUP;
   MODEL MATH = IQ GROUP / SS3;
   LSMEANS GROUP;
RUN;
```

结果（见下）说明当校正了 IQ 分数后，两组间的数学成绩不再有任何差异。LSMEANS 语句输出了校正 IQ 后的两组数学成绩：

```
Covariate Example

The GLM Procedure

Dependent Variable: MATH

Source                  DF     Type III SS    Mean Square    F Value

IQ                       1     41815.68621    41815.68621      21.82
GROUP                    1        96.59793       96.59793       0.05

Source              Pr > F

IQ                  0.0023
GROUP               0.8288

Covariate Example

The GLM Procedure
Least Squares Means

GROUP       MATH LSMEAN

A            392.345889
B            400.654111
```

练习题

练习题的数据集和程序均可从网上下载：www.prenhall.com/cody

7.1 练习题 7.1 和 7.3 是作者科迪在观看法国网球公开赛时突然产生的灵感。（McEnroe 对 Lendl（1984），Lendl 在第 5 局中胜出。）

检测三种牌子的网球鞋，看几个月会磨破鞋底。品牌 A、N 和 T 的网球鞋各有 8 双，随机分配给 24 个志愿者。下表为研究结果：

	品牌 A	品牌 N	品牌 T
使用时间（以月为单位）	8	4	12
	10	7	8
	9	5	10
	11	5	10
	10	6	11
	10	7	9
	8	6	9
	12	4	12

各个牌子质量一样吗？写一个 SAS 程序，用 ANOVA 解决这个问题。请包含 SNK 多重比较的语句。

7.2 两种降低胆固醇的药物（statins）和安慰剂（placebo），分别给 10 个胆固醇高于 240 的志愿者服用。6 周之后，记录到下面的胆固醇总量：

Statin A：220 190 180 185 210 170 178 200 177 189

Statin B：160 168 178 200 172 155 159 167 185 199

Placebo：240 220 246 244 198 238 277 255 190 188

读入这个数据，创建 SAS 数据集。作为一个有趣的练习，请试着这么读数据：

```
220 190 180 185 210 170 178 200 177 189
160 168 178 200 172 155 159 167 185 199
240 220 246 244 198 238 277 255 190 188
```

你要在程序中创建处理变量（叫 TREAT），取值 'A'、'B' 和 'Placebo'。然后运行单因素 ANOVA，同时进行 Student-Newman-Keuls 多重范围检验。

7.3 利用仪器检验网球的在弹跳高度损失 30%之前能弹多少次。比较了两种牌子（W 和 P）的网球，同时考虑了这两个品牌的使用时间。每种品牌球中，一半已使用了 6 个月，另一半是新球。用双因素方差分析能得到什么结论？数据如下：

使用时间		品牌 W	品牌 P
	新球	67	75
		72	76
		74	80
		82	72
		81	73
	旧球	46	63
		44	62
		45	66
		51	62
		43	60

7.4 比较四种准备大学入学考试的方法。标签为‘A’、‘B’、‘C’、‘D’。下表是四种方法的考试分数：

方法								
A	560	520	530	525	575	527	580	620
B	565	522	520	530	510	522	600	590
C	512	518	555	502	510	520	516	
D	505	508	512	520	543	523	517	

比较四种准备方法。随意选择一种多重比较的方法进行配对比较。然后进行两个对比检验：第一个比较方法 A 和 B 对 C 和 D，第二个比较方法 D 对其他三种方法。

7.5 一个研究考察流行软饮品牌 C 和 P 的消费者偏好，同时记录了消费者的年龄（1 = 小于 20，2 = 20 或以上）。偏好数据（1 到 10 的量表）如下：

年龄		品牌 C	品牌 P
	<20	7	9
		6	8
		6	9
		5	9
		6	8
	>=20	9	6
		8	7
		8	6
		9	6
		7	5
		8	
		8	

（a）写一个 SAS 程序，用双因素方差分析分析这个数据。（小心：该设计是平衡的么？）

注意：把数据看作等距数据来处理，不过严谨的统计学家更希望你使用非参数检验的方法。

（b）用 SAS 绘制交互作用图。

（c）分别针对每个年龄组，用 T 检验比较品牌 C 和 P。

7.6 有两组病人，一组有遗传缺陷（Genetic Deficiency），一组是正常的（Normal），同时给予他们抗抑郁药物（Anti-Depression Prug）或安慰剂。所有被试在标准化抑郁量表上的分数如下：

	抗抑郁药物	安慰剂
遗传缺陷	9	9
	11	6
	10	6
	10	7
正常	5	12
	4	11
	7	10
	7	11

用双因素方差分析检验不同药物和不同遗传的差异。

7.7 一个制造商想再分析练习题 7.1 中的数据，但是这一次希望忽略品牌 N 的数据。给出合适的分析。

7.8 运行下面的程序创建名为 CO_VARY 的数据集。计算 IQ 和 SCORE 间的相关并用 T 检验比较各组的 IQ 和 SCORE。然后，检验 IQ 对 SCORE 的斜率在各组是否一致。最后，进行协方差分析，校正了 IQ 后，检验各组的平均分数是否不同。

```
DATA CO_VARY;
   DO I = 1 TO 20;
      DO GROUP = 'A','B';
         SUBJ + 1;
         IQ = INT(RANNOR(124)*10 + 120 + 15*(GROUP EQ 'A'));
         SCORE = INT(.7*IQ + RANNOR(0)*10 + 100 + 10*(GROUP EQ 'B'));
         OUTPUT;
      END;
   END;
   DROP I;
RUN;
PROC PRINT DATA=CO_VARY NOOBS;
   TITLE "Listing of CO_VARY";
RUN;
```

7.9　下面的程序有什么问题？

```
1   DATA TREE;
2      INPUT TYPE $ LOCATION $ HEIGHT;
3   DATALINES;
    PINE NORTH 35
    PINE NORTH 37
    PINE NORTH 41
    PINE NORTH 41
    MAPLE NORTH 44
    MAPLE NORTH 41
    PINE SOUTH 53
    PINE SOUTH 55
    MAPLE SOUTH 28
    MAPLE SOUTH 33
    MAPLE SOUTH 32
    MAPLE SOUTH 22
   ;
4  PROC ANOVA DATA=TREE;
5     CLASS TYPE LOCATION;
6     MODEL HEIGHT = TYPE | LOCATION;
7     MEANS TYPE LOCATION TYPE*LOCATION;
8  RUN;
```

7.10　下面是老鼠走迷宫速度的数据。老鼠分为三个年龄组和两个遗传品系。以 AGE 和 STRAIN 作为自变量，SPEED 作为因变量进行两因素方差分析。数据如下：

Rat Maze Data

Age	Strain	Speed	Age	Strain	Speed	Age	Strain	Speed
3 Mo.	A	12	3 Mo.	B	18	9 Mo.	A	14
3 Mo.	A	14	6 Mo.	A	22	9 Mo.	A	14
3 Mo.	A	9	6 Mo.	A	20	9 Mo.	A	10
3 Mo.	A	17	6 Mo.	A	12	9 Mo.	A	15
3 Mo.	A	10	6 Mo.	A	12	9 Mo.	A	17
3 Mo.	A	11	6 Mo.	A	17	9 Mo.	A	12
3 Mo.	A	9	6 Mo.	A	14	9 Mo.	A	19
3 Mo.	A	10	6 Mo.	A	17	9 Mo.	B	27
3 Mo.	B	24	6 Mo.	B	23	9 Mo.	B	29
3 Mo.	B	17	6 Mo.	B	26	9 Mo.	B	27
3 Mo.	B	22	6 Mo.	B	34	9 Mo.	B	23
3 Mo.	B	16	6 Mo.	B	20			

***7.11** 你想要考察年龄 12 到 18 岁的三组学生在标准化数学测验上的平均分数是否有差异。尽管测验所涵盖的数学问题很简单，12 岁的学生也能够理解，不过你仍然想在校正和不校正年龄两种情况下进行分析。

（a）使用下面的样本数据，首先用单因素 ANOVA 比较三组的数学分数和年龄。

（b）检验年龄和数学分数的关系在三组中是否一致。

（c）如果B中的检验通过，进行协方差分析，比较校正了年龄后三组间的数学分数。

A、B、C组的数学分数和年龄

A组		B组		C组	
数学分数	年龄	数学分数	年龄	数学分数	年龄
90	16	92	18	97	18
88	15	88	13	92	17
72	12	76	12	88	16
82	14	78	14	92	17
65	12	90	17	99	17
74	13	68	12	82	14

第8章

重复测量设计

1. 简介

本章介绍的是重复测量设计的分析方法。首先，在开始本话题之前先对术语进行一下解释。使用“重复”一词是基于在医学领域的普遍使用以及在 B. J. Winer（1991）所著的《*Statistical Principles in Experimental Design*》（第二版）一书的描述而做出的。我们在本章使用“重复”一词表示所有被试都接受了某个因素的所有水平下的测量。举例来说，测量一个田径运动员在两种不同跑道表面上跑步的时间，我们就认为“跑道表面”是一个重复测量因素。有些作者使用“重复”一词，只是指那些不能随机分配的因素，例如时间。当把处理随机分配给被试，那么对显著效应的解释就可以归咎于处理而不是处理呈现的顺序。重复测量通常也被称为分块设计或者被试内设计。如果你使用上述“重复”一词的后一种解释，在本章的例子中你可以随时对实验设计的术语进行替换。这些设计通常被归入统计学家所说的混合设计或者包含被试内因素的实验设计。

本章的实验设计主要考察在一个分析单位上（通常是被试）重复测量一个或者多

个自变量的情况。例如，某个实验中每个被试都接受了4种药物的处理，或者每个被试在5小时内、每小时都需要接受一次测量，这都需要重复测量的技术。在SAS6软件的介绍中，REPEATED语句被添加进了方差分析的程序（ANOVA和GLM），这大大简化了重复测量设计的编码。你将会看到，有些时候我们会采用REPEATED语句进行数据分析，而有些时候则不用。本章的每个重复测量设计都会同时展示这两种分析方法。

通常我们会将时间或者被试这样的因素看成是随机因素（相对于处理或者性别这样的固定因素来说）。尽管本章的程序能得到正确的F值（以及相应的p值），但是仍然建议你思考一下，是否应该使用PROC MIXED过程以得到更为精确的标准误估计。混合模型的讨论已经超出的本书的范围，因此我们建议你阅读几本关于混合模型的书籍：

Littell, Ramon C., Milliken, George A., Stroup, Walter, W., and Wolfinger, Russell D. 1996 SAS® *System for Mixed Models*. Cary, NV: SAS Institute Inc.

SAS/STAT 9.1 User's Guide. Cary, NC: SAS Institute. 2004.

2. 单因素实验设计

让我们来看看下面的问题。有四种止痛的药物（1、2、3和4），每个被试都服用了这四种药物，然后测量每名被试的疼痛缓解程度。服用两种药物之间都保证有足够的时间间隔，使得前一种药物不会留有残余的效应。在临床术语中，这一时间被称为“清洗期”。

零假设是：

MEAN(1) = MEAN(2) = MEAN(3) = MEAN(4)

如果方差分析在 $p < .05$ 时显著，我们就要使用多重检验或者其他事后检验程序对药物进行配对比较。

注意这个实验与没有重复测量的单因素方差分析有什么区别。迄今为止，我们讨论的设计中，每个被试只接受四种药物的其中一种。在本设计中，每个被试在四种药物条件下都进行了测量。这种重复测量的设计有许多优点。

首先，每个被试都可作为自己的控制因素。意思是，药物的效应是通过计算每种药物的分数与每个被试在每种药物上的平均分数之间的差异得到的。因此，被试间差异可以从误差平方和中分离出来。让我们看一下以下的药物实验数据表：

被试	药物 1	药物 2	药物 3	药物 4
1	5	9	6	11
2	7	12	8	9
3	11	12	10	14
4	3	8	5	8

为了分析这个实验，我们考虑将被试作为一个自变量，这样我们就有了两个自变量：被试和药物。

有一种排列数据的方法以及相应的 INPUT 语句如下：

```
DATA PAIN;
   INPUT SUBJ DRUG PAIN;
DATALINES;
1 1 5
1 2 9
1 3 6
1 4 11
2 1 7
(more data lines)
```

不过，每个被试占用一行是更加便捷的排列数据的方式，就象这样：

SUBJ	DRUG1	DRUG2	DRUG3	DRUG4
1	5	9	6	11
2	7	12	8	9
3	11	12	10	14
4	3	8	5	8

我们将按照上述的数据排列方法读取数据，不过会将其重组，最后得到第一个程序中数据的样式：

```
DATA PAIN;
   INPUT SUBJ @;        ①
   DO DRUG = 1 to 4;      ②
      INPUT PAIN @;     ③
      OUTPUT;         ④
   END;  ⑤
DATALINES;
1   5   9   6  11
2   7  12   8   9
3  11  12  10  14
4   3   8   5   8
;
```

第一个 INPUT 语句①读取了被试的编号。在 SUBJ 之后的“@”符号指示程序继续在同一个数据行内读取数据。（更多讨论 @ 符号的细节参见第 12 章。）语句②开始一个循环语句。DRUG 的值首先被赋予 1。然后，执行 INPUT 语句③。再强调一下，如果忽略了“@”，程序将从下一个数据行读取一个值（这不是我们想要的）。OUTPUT 语句④使得一个观测值被写入到 SAS 数据集中。先看一下我们的第一行数据。我们已经将 SAS 数据集中的第一个观测值写为 SUBJ=1、DRUG=1 以及 PAIN=5。当到达 END 语句⑤，程序就返回到 DO 语句②，此时 DRUG 被赋值为 2，然后从数据中读取一个新的 PAIN 值（因为有 @ 符号，所以仍然是从第一行读取的），接着一个新的观测值就又被写入了 SAS 数据集。这个过程一直继续直到 DRUG=4。通常来说，当 DATA 步骤到达结尾的时候，我们会以 DATALINES 或者 RUN 语句结束语句，这时一个观测值就被自动写入 SAS 数据集。但是，一旦我们在 DATA 步骤中加入了一个 OUTPUT 语句来输出观测值，那么程序在 DATA 步骤结束时就不会再次自动输出观测值了。（如果它自动输出，那么在 DRUG=4 时我们会得到两个重复的观测值。）DO 循环完成后，程序将自动返回 DATA 步骤最顶端的语句①，然后从下一个被试编号开始读取一行新的数据。

DO 语句的一般形式如下：

```
DO variable = start TO end BY increment;
   (SAS Statements)
END;
```

在其中，“start”是“variable”的初始值，“end”是结束值，而“increment”是增量。如果省略“increment”，增量默认为 1。

上述程序创建的 SAS 数据集呈列如下：

OBS	SUBJ	DRUG	PAIN
1	1	1	5
2	1	2	9
3	1	3	6
4	1	4	11
5	2	1	7
6	2	2	12
7	2	3	8
8	2	4	9
9	3	1	11
	等等……		

我们可以将程序做一些小的变动，这样就不必在每行数据中都输入被试编号。新的程序如下：

```
DATA PAIN;
   SUBJ + 1;    ①
   DO DRUG = 1 TO 4;
      INPUT PAIN @;
      OUTPUT;
   END;
DATALINES;
 5   9   6  11
 7  12   8   9
11  12  10  14
 3   8   5   8
;
```

语句①建立了一个 SUBJ 变量，它的初始值是 1，并且每次当这个语句运行的时候都自动增加 1。这是因为：variable（变量）+ increment（增量）形式的 SAS 语句称为 SUM 语句。注意这不是赋值语句（没有等号）。SAS 是这样处理 SUM 语句的：variable 被保留着并初始化为 0。（如果变量不被保留，那在 DATA 步骤的每次循环中都会返回缺失值。）SUM 语句同样也会忽略 increment（增量）的缺失。

现在我们准备好用 PROC 语句对数据进行分析了。在这个设计中，有很多种方法来写 MODEL 语句，其中一种可以这样写：

```
PROC ANOVA DATA=PAIN;
   TITLE "One-way Repeated Measures ANOVA";
   CLASS SUBJ DRUG;
   MODEL PAIN = SUBJ DRUG;
   MEANS DRUG / SNK;
RUN;
```

注意我们并没有写下：SUBJ | DRUG。这说明我们只分别计算 SUBJ 和 DRUG 的主效应，而他们之间并没有交互项。一旦我们从总平均数中排除了被试和药物各自产生的变异，那么剩下的变异就是误差变异了。

以下是这个单因素重复测量实验的输出结果的一部分：

```
One-way Repeated Measures ANOVA

The ANOVA Procedure

   Class Level Information

Class        Levels     Values

SUBJ              4     1 2 3 4

DRUG              4     1 2 3 4

Number of Observations Read           16
Number of Observations Used           16

Dependent Variable: PAIN

                                 Sum of
Source               DF         Squares    Mean Square   F Value   Pr > F

Model                 6     120.5000000     20.0833333     13.64   0.0005

Error                 9      13.2500000      1.4722222

Corrected Total      15     133.7500000

R-Square          Coeff Var          Root MSE          PAIN Mean

0.900935           14.06785          1.213352           8.625000

Source               DF        Anova SS    Mean Square   F Value   Pr > F

SUBJ                  3     70.25000000    23.41666667     15.91   0.0006
DRUG                  3     50.25000000    16.75000000     11.38   0.0020

Student-Newman-Keuls Test for PAIN

NOTE: This test controls the Type I experimentwise error rate under the
      complete null hypothesis but not under partial null hypotheses.

Alpha                             0.05
Error Degrees of Freedom             9
Error Mean Square             1.472222

Number of Means                      2                3               4
Critical Range               1.9407923        2.3954582       2.6784122

Means with the same letter are not significantly different.

S
N
K
```

```
G
r
o
u
p
i
n
g          Mean      N    DRUG

A       10.5000      4    4
A
A       10.2500      4    2

B        7.2500      4    3
B
B        6.5000      4    1
```

从这些结果中我们可以得出怎样的结论？关注一下方差分析表的最后，我们可以找到 F 值为 11.38，并且 p 值为 .0020。因此我们可以拒绝平均数相等的零假设。也就是说这四种药物在止痛上的效果是不同的。注意，SUBJ 一项在方差分析表中也有一个 F 值和 p 值。这只不过是告诉我们被试之间的变异有多大，而不能像药物因素那样进行解释。我们将它包含在模型中是因为我们不想让被试所产生的变异也归入到误差平方和中去。大多数的研究者都会将 SUBJ 作为一个随机效应而不是固定效应。也就是说，我们并不是真对这四个特定的被试感兴趣，他们只不过是无穷个被试中抽取的一个随机样本而已。之后我们还会让你看到如何使用 PROC MIXED 过程，将这个设计当成一个混合模型进行处理（不过没有任何细节的解释）。

现在我们知道这些药物的效果是不相等的，我们可以看看 Student-Newman-Keuls（SNK）检验的结果。这里将药物分成两组。假设平均值越高表示疼痛越剧烈，我们可以认为药物 1 和 3 在减轻疼痛上比药物 2 和 4 更有效。不过，在 .05 水平上不能说明药物 1 和 3 之间以及药物 2 和 4 之间有任何差异。

注意，误差平方和（Error SS）和被试平方和（SUBJECT SS），我们发现被试平方和（70.25）相比误差平方和（13.25）要大得多。但是，如果使用同样的数据，而实验设计是将 16 个被试随机分配到四种药物处理中，误差平方和将等于 83.5（13.25+70.25）。从而 DRUG 效应的的 F 值和 p 值将分别为 2.41 和 .118。（误差项的自由度将是 12 而不是 9。）

由此我们可以看到，在方差分析中控制了被试间的变异可以大大减少误差项，从而可以在被试量相对较少情况下发现较小的处理差异。

3. 使用 PROC ANOVA 过程的 REPEATED 语句

同样的设计也可以使用 REPEATED 选项进行分析，该功能在 SAS6 中首次采用。使用 REPEATED 语句需要的数据形式如下：

SUBJ PAIN1 PAIN2 PAIN3 PAIN4

其中 PAIN1 到 PAIN4 是每种药物处理的疼痛水平。注意，这个数据集中并没有 DRUG 这个变量。分析这个实验的 ANOVA 语句如下：

```
DATA REPEAT1;
   INPUT SUBJ PAIN1-PAIN4;
DATALINES;
1   5   9   6  11
2   7  12   8   9
3  11  12  10  14
4   3   8   5   8
;
PROC ANOVA DATA=REPEAT1;
   TITLE "One-way ANOVA Using the REPEATED Statement";
   MODEL PAIN1-PAIN4 = / NOUNI;
   REPEATED DRUG 4 (1 2 3 4);
RUN;
```

请注意以下这些细节。首先，这里没有 CLASS 语句；我们的数据集没有一个自变量。我们在 MODEL 语句的等号左边指定了四个因变量。由于没有 CLASS 变量，在等号的右边我们没有放置任何变量。NOUNI 选项（无单变量）要求系统不对四个 PAIN 变量分别进行分析。以后，当我们在设计中同时拥有重复和非重复因素，这个选项将尤为重要。重复语句表明我们想要将重复因素称为 DRUG。变量名之后的“4”表明 DRUG 有 4 个水平。这一系数是可选择的，如果省略它，程序将假设重复因素的水平数与 MODEL 语句中的变量数一致。如果我们有一个以上的重复测量因素，则需要指明水平数。最后“(1 2 3 4)”表示我们给 DRUG 的每个水平定义的标签。要进行多项式对比检验的时候，标签间需要用空格隔开。（更多细节详见 SAS/STAT 的操作手册。）下面摘录了该程序输出结果中的一部分：

```
One-way ANOVA Using the REPEATED Statement

The ANOVA Procedure

Number of Observations Read          4
Number of Observations Used          4

Repeated Measures Analysis of Variance

          Repeated Measures Level Information

Dependent Variable       PAIN1     PAIN2     PAIN3     PAIN4

     Level of DRUG           1         2         3         4

               MANOVA Test Criteria and Exact F Statistics
                   for the Hypothesis of no DRUG Effect
                      H = Anova SSCP Matrix for DRUG
                          E = Error SSCP Matrix

                          S=1    M=0.5    N=-0.5

Statistic                     Value   F Value  Num DF  Den DF  Pr > F

Wilks' Lambda            0.00909295     36.33       3       1  0.1212
Pillai's Trace           0.99090705     36.33       3       1  0.1212
Hotelling-Lawley Trace 108.97530864     36.33       3       1  0.1212
Roy's Greatest Root    108.97530864     36.33       3       1  0.1212

Univariate Tests of Hypotheses for Within Subject Effects

Source                     DF        Anova SS    Mean Square   F Value

DRUG                        3     50.25000000    16.75000000     11.38
Error(DRUG)                 9     13.25000000     1.47222222

                                       Adj Pr > F
Source                  Pr > F      G - G      H - F

DRUG                    0.0020     0.0123     0.0020
Error(DRUG)

Greenhouse-Geisser Epsilon      0.5998
Huynh-Feldt Epsilon             1.4433
```

F 值和概率（F=11.38, p=.002）与先前的结果一样。但是注意在这个输出中多了两个 p 值。右边的校正后的 p 值（标签为‘Adj.Pr>F’）是比较传统的，G-G 表示的是 Greenhouse-Geisser 校正，H-F 表示的是 Huynh-Feldt 值。（第 1 章的参考资料中，Kirk 的书上有详细的解释。）简单的解释如下：重复测量设计的某些假设相当复杂。你或许会碰见称为对称性检验或者球形检验的建设。简单来说，就是检验不同因变量的方差和相关都相等的假设。这多少拓展了 T 检验中方差齐性的假设，或者方差分析中斜率相等的假设。上面的 SAS 输出结果展示的是未校正的 p 值以及校正后的 G-G 和 H-F 值，相对传统的校正方法是 Greenhouse-Geisser。

当我们使用 REPEATED 语句，我们就不能对重复测量的因素使用 MEANS 语句。这种情况下计算配对比较的唯一方法就是在 REPEATED 语句中使用关键词 CONTRAST(n)。格式如下：

```
REPEATED factor_name CONTRAST(n);
```

其中 factor_name 是一个有效的 SAS 名（而不是你数据集中的变量），n 是一个 1 到 k 的数，k 表示重复测量因素的水平数。CONTRAST(1) 将因素的第一个水平和其他水平进行比较。例如第一个水平是控制组，那 CONTRAST(1) 将比较控制组和其他药物组。如果我们想要所有的配对对比，则需要写 k-1 个 REPEATED 语句。在我们的药物例子中，我们有 4 个药物水平，就需要这样写：

```
PROC ANOVA DATA=REPEAT1;
   TITLE "One-way ANOVA Using the Repeated Statement";
   MODEL PAIN1-PAIN4 = / NOUNI;
   REPEATED DRUG 4 CONTRAST(1)/ NOM SUMMARY;
   REPEATED DRUG 4 CONTRAST(2)/ NOM SUMMARY;
   REPEATED DRUG 4 CONTRAST(3)/ NOM SUMMARY;
RUN;
```

这三个 CONTRAST 语句将生成所有的两两比较的结果。（CONTRAST(1) 比较 1 对 2、3、4；CONTRAST(2) 比较 2 对 1、3、4；CONTRAST(3) 比较 3 对 1、2、4。）对比检验与各个水平之间的多重 T 检验是等同的，因此如果你想要避免犯 I 类错误的话，就需要使用 Bonferroni 校正或者其他的一些方法。选项 NOM 表示不输出多元统计结果；选项 SUMMARY 要求生成每个对比检验的方差分析表。

4. 使用 PROC MIXED 过程计算混合（随机效应）模型

这个“简单”的设计似乎已经让我们激动得快要失去控制了。下面我们还将用 PROC MIXED 过程对它进行分析，该过程能将被试变量作为随机效应处理（大多数人认为是正确的）。这个模型的 PROC MIXED 过程语句是：

```
PROC MIXED DATA=PAIN;
   TITLE "One Factor Experiment - Mixed Model";
   CLASS SUBJ DRUG;
   MODEL PAIN = DRUG;
   RANDOM SUBJ;
RUN;
QUIT;
```

除了将 SUBJ 作为随机效应（而不是作为重复效应）之外，这个模型看起来很像是 ANOVA 模型。混合模型的使用已经超出了本书的讨论范围，因此我们只列出输出结果，并建议你参考本章第 1 节列出的其中一本资料以获得更多帮助。以下是结果（已编辑）：

```
One Factor Experiment - Mixed Model

The Mixed Procedure

                   Model Information

Data Set                        WORK.PAIN
Dependent Variable              PAIN
Covariance Structure            Variance Components
Estimation Method               REML
Residual Variance Method        Profile
Fixed Effects SE Method         Model-Based
Degrees of Freedom Method       Containment

              Class Level Information

Class      Levels     Values

SUBJ            4     1 2 3 4
DRUG            4     1 2 3 4

            Dimensions

Covariance Parameters              2
Columns in X                       5
Columns in Z                       4
Subjects                           1
Max Obs Per Subject               16

          Number of Observations

Number of Observations Read              16
Number of Observations Used              16
Number of Observations Not Used           0

                                             [Continued]
```

```
                    Iteration History

 Iteration    Evaluations    -2 Res Log Like      Criterion

         0              1        62.87898203
         1              1        52.54100308      0.00000000

                 Convergence criteria met.

 Covariance Parameter
       Estimates

 Cov Parm      Estimate

 SUBJ            5.4861
 Residual        1.4722

            Fit Statistics

 -2 Res Log Likelihood           52.5
 AIC (smaller is better)         56.5
 AICC (smaller is better)        57.9
 BIC (smaller is better)         55.3

         Type 3 Tests of Fixed Effects

                   Num      Den
 Effect             DF       DF     F Value     Pr > F

 DRUG                3        9       11.38     0.0020
```

注意固定效应（DRUG）的 p 值与使用固定效应模型所获得的是一样的。

5. 重复测量一个因素的双因素实验设计

一种常见的重复测量设计如下表所示：

	被试	前测	后测
控制组	1		
	2		
	3		
处理组	4		
	5		
	6		

被试被随机分配到控制组或实验组。然后，每个被试在实验处理之前和之后都

接受测量。很明显，在这样的情况下，时间因素（前测和后测）是无法随机化的。控制组的“实验处理”可以是服用安慰剂，也可以完全不做任何处理。这种实验设计的目的就是比较控制组和实验组的前 / 后测的变化。这样的设计与简单的单组（在设计中只有一个实验组）前 / 后测设计相比有一个明显的优点：简单的前 / 后测设计无法确定实验处理是不是造成变化的原因（例如，时间效应也可能起作用）。通过添加一个前 / 后测控制组，我们可以比较控制组的前 / 后测分数和实验组的前 / 后测分数，因此也可以控制所有内部的、系统的前 / 后测变化。

分析这个设计的一种简单方法是对每个被试计算一个差异分数（后测减去前测），这样每个被试最后只有一个分数（差异分数）。然后就可以使用 T 检验看控制组和实验组的差异分数是否有显著的不同。不过，如果时间的水平多于两个，就应当使用方差分析。

以下是样本数据，以及计算差异分数和 T 检验的 SAS 程序：

	被试	前测	后测
控制组	1	80	83
	2	85	86
	3	83	88
处理组	4	82	94
	5	87	93
	6	84	98

```
DATA PREPOST;
   INPUT SUBJ GROUP $ PRETEST POSTEST;
   DIFF = POSTEST-PRETEST;
DATALINES;
1   C   80   83
2   C   85   86
3   C   83   88
4   T   82   94
5   T   87   93
6   T   84   98
;
PROC TTEST DATA=PREPOST;
   TITLE "T-test on Difference Scores";
   CLASS GROUP;
   VAR DIFF;
RUN;
```

分析的结果显示实验组的差异分数与控制组的差异分数存在显著的差异（p=.045）。结果如下：

```
T-test on Difference Scores

The TTEST Procedure

                                  Statistics

                                   Lower CL                 Upper CL    Lower CL
Variable    GROUP           N        Mean        Mean         Mean      Std Dev

DIFF        C               3      -1.968           3       7.9683       1.0413
DIFF        T               3      0.3244      10.667       21.009       2.1677
DIFF        Diff (1-2)             -15.07      -7.667       -0.263       1.9568

                                  Statistics

                                    Upper CL
Variable    GROUP        Std Dev    Std Dev    Std Err    Minimum    Maximum

DIFF        C                  2     12.569     1.1547          1          5
DIFF        T             4.1633     26.165     2.4037          6         14
DIFF        Diff (1-2)     3.266      9.385     2.6667

                                   T-Tests

Variable    Method           Variances      DF    t Value    Pr > |t|

DIFF        Pooled           Equal           4      -2.88      0.0452
DIFF        Satterthwaite    Unequal      2.88      -2.88      0.0671

                          Equality of Variances

Variable    Method      Num DF    Den DF    F Value    Pr > F

DIFF        Folded F         2         2       4.33    0.3750
```

如果我们假设两组方差齐性，组间差异是显著的，p=.0452。我们也可以换种方式，用重复测量时间因素的双因素方差分析对这个实验进行分析。这种方法在分析因素多于两个水平的实验设计时有很大的优势。

我们首先写一个使用 REPEATED 语句的方差分析程序。数据集没有必要做任何改变，方差分析的语句如下：

```
PROC ANOVA DATA=PREPOST;
   TITLE1 "Two-way ANOVA with a Repeated Measure on One Factor";
   CLASS GROUP;
   MODEL PRETEST POSTEST = GROUP / NOUNI;
   REPEATED TIME 2 (0 1);
   MEANS GROUP;
RUN;
```

REPPEATED 语句表示我们将重复测量因素称为 TIME，有两个水平，并且将它的标签定义为水平 0 和水平 1。

这个程序语句的输出结果（已编辑）如下所示：

```
Two-way ANOVA with a Repeated Measure on One Factor

                MANOVA Test Criteria and Exact F Statistics
                    for the Hypothesis of no TIME Effect
                       H = Anova SSCP Matrix for TIME
                            E = Error SSCP Matrix

                          S=1     M=-0.5     N=1

Statistic                         Value    F Value   Num DF   Den DF   Pr > F

Wilks' Lambda                0.13216314     26.27        1        4   0.0069
Pillai's Trace               0.86783686     26.27        1        4   0.0069
Hotelling-Lawley Trace       6.56640625     26.27        1        4   0.0069
Roy's Greatest Root          6.56640625     26.27        1        4   0.0069

                MANOVA Test Criteria and Exact F Statistics
                 for the Hypothesis of no TIME*GROUP Effect
                    H = Anova SSCP Matrix for TIME*GROUP
                            E = Error SSCP Matrix

                          S=1     M=-0.5     N=1

Statistic                         Value    F Value   Num DF   Den DF   Pr > F

Wilks' Lambda                0.32611465      8.27        1        4   0.0452
Pillai's Trace               0.67388535      8.27        1        4   0.0452
Hotelling-Lawley Trace       2.06640625      8.27        1        4   0.0452
Roy's Greatest Root          2.06640625      8.27        1        4   0.0452

Tests of Hypotheses for Between Subjects Effects

Source                  DF       Anova SSS    Mean Square   F Value   Pr > F

GROUP                    1     90.75000000    90.75000000     11.84   0.0263
Error                    4     30.66666667     7.66666667

                                                            [Continued]
```

```
Univariate Tests of Hypotheses for Within Subject Effects

Source                DF      Anova SS   Mean Square  F Value  Pr > F

TIME                   1   140.0833333   140.0833333    26.27  0.0069

TIME*GROUP             1    44.0833333    44.0833333     8.27  0.0452
Error(TIME)            4    21.3333333     5.3333333

Level of          ----------PRETEST----------    ----------POSTEST----------
GROUP      N            Mean        Std Dev            Mean        Std Dev

C          3      82.6666667     2.51661148      85.6666667     2.51661148
T          3      84.3333333     2.51661148      95.0000000     2.6457513
```

最后值得一提的是，也可以将前测作为一个协变量进行协方差分析。选择何种分析方法取决于研究问题所要求的精确程度。Bock（1975）讨论过这个问题。

我们将在展示分析这个实验的另外一种方法之后，再回来讨论 PROC ANOVA 过程的输出结果。不过上面的输出结果有一部分比较独特，需要在这里进行讨论。请注意标注着 Wilks' Lambda、Pillai's Trace、Hotelling-Lawley Trace 和 Roy's Greatest Root 的几行。这是关注多个因变量的多元统计结果。与单变量统计不同的是，当你使用多元的程序时，并不仅仅得到像 F 检验一样的一个检验结果，而是有一堆检验结果。问题就在于要使用哪一种。多元统计的研究者花了无数的时间讨论这个问题，答案却是模棱两可的：自行决定。Bock（1975；第 1 章的参考文献）对这个选择进行了详尽的讨论。而我们的建议是：当 p 值之间的差异很小时，使用哪一个统计量都可以。如果你仍然会觉得怀疑，我们有两种替代性的建议：（1）使用 Wilks' Lamda。这是一个似然比检验，通常都是适合的，或者（2）当 p 值之间存在差异时，咨询一下专业人士。

现在我们还是按两因素方差分析来分析这个实验，不过这一次不使用 PROC ANOVA 过程中的 REPEATED 语句。这样的话就需要用到"内置的"多重比较检验。（如果你更希望"保护"多元模型中计算出来的传统 F 值，你或许并不想采用这种方法。）要完成这一任务，我们必须创建一个新变量 TIME，它有两个水平：PRE 和 POST。每个被试有两个观测值，一个是 TIME=PRE，另一个是 TIME=POST。

和前面的单因素重复测量设计一样，将一名被试对应一个观测值转换成一名被试对应多个观测值，可以使用 OUTPUT 语句。

我们可以将下面的 SAS 语句加在前面程序的 DATA 步骤之后：

```
DATA TWOWAY;
   SET PREPOST;  ①
   LENGTH TIME $ 4;
   TIME = 'PRE';  ②
   SCORE = PRETEST;  ③
   OUTPUT;  ④
   TIME = 'POST';  ⑤
   SCORE = POSTEST;  ⑥
   OUTPUT;  ⑦
   KEEP SUBJ GROUP TIME SCORE;  ⑧
RUN;
```

这一部分的程序创建了一个叫 TWOWAY 的数据集，在数据集中有 SUBJ、GROUP、TIME 和 SCORE 几个变量。数据集的前几个观测值如下表所示：

SUBJ	GROUP	TIME	SCORE
1	C	PRE	80
1	C	POST	83
2	C	PRE	85
2	C	POST	86

接下来让我们跟着 SAS 程序一步步了解这个新的数据集究竟是怎么建立的吧。

SET 语句①从原始数据集 PREPOST 中读入所有观测值。第一个观测值应该是这样的：

```
SUBJ=1  GROUP=C  PRETEST=80  POSTEST=83  DIFF=3.
```

语句②创建了一个新变量 TIME，并将 TIME 的值设为 PRE。注意我们加入了一个 LENGTH 语句，将 TIME 的长度设为 4。没有这个语句，SAS 将会把 TIME 的长度设为 3，因为 SAS 是根据在 DATA 步骤中这个字符变量第一次被赋值时的长度决定这个变量的长度的。因此，如果没有使用 LENGTH 语句，SAS 将运行②行，而在单引号中有三位的字符，所以变量 TIME 的宽度也就被设为了 3。一种比较偷懒的方法是写程序时在 PRE 的‘E’后面打入一个空格，让 SAS 将 TIME 的长度设为 4。关于这点还有一个重要的注意事项：如果你把 LENGTH 语句放在将 TIME 赋值为 PRE 的语句之后，那是没有用的。语句③创建了一个新变量 SCORE，其值等于 PRETEST 的值。当 OUTPUT 语句④被执行时，TWOWAY 数据集的第一个观测值就成为这样：

```
SUBJ=1 GROUP=C PRETEST=80 POSTEST=83 DIFF=3 TIME=PRE SCORE=80.
```

但是，由于我们使用了 KEEP 语句⑥，数据集 TWOWAY 的第一个观测只包含变量 SUBJ、GROUP、TIME 和 SCORE。

接下来⑤设 TIME='POST'，⑥设变量 SCORE 为 POSTEST 的值。在第二个 OUTPUT 语句⑦之后，数据集 TWOWAY 的第二个观测值就被写入了。第二个观测值是 SUBJ=1 GROUP=C TIME=POST SCORE=83。

RUN 语句结束了 DATA 步骤，程序返回 DATA 步骤的顶端，并且从数据集 PREPOST 中读取一个新的观测值。

现在我们可以开始写 ANOVA 语句了。与之前例子不同的是，这一次我们要在 MODEL 语句中明确说明所有的项目，包括误差项。这是很有必要的，因为我们的主效应和交互作用项不是通过同一个误差项进行检验。因此，必须在 MODEL 语句中指明每个项目，这样才能够在后面假设检验时用到它们。在这个设计中，我们有一组被试被分配到控制组，而另一组被分配到实验组。在每个组内，每个被试在 TIME=PRE 和 TIME=POST 上进行了测量。因此可以说被试是被嵌套于小组中的。在 SAS 程序中，被试嵌套于小组的那个项写为：

```
SUBJ(GROUP)
```

因为模型语句定义了总体平均数的所有变异，所以 ANOVA 表中的的误差平方和（ERROR SUM OF SQUARE）这一项将等于 0。为了分清在设计中哪个误差项用来进行假设检验，我们在 MODEL 语句的说明之后使用 TEST 语句。一个 TEST 语句是由一个待检验的假设（H=）和相应的误差项（E=）组成。整个 ANOVA 程序就像下面写的那样：

```
PROC ANOVA DATA=TWOWAY;
   TITLE "Two-way ANOVA with TIME as a Repeated Measure";
   CLASS SUBJ GROUP TIME;
   MODEL SCORE = GROUP SUBJ(GROUP) TIME
                 GROUP*TIME TIME*SUBJ(GROUP);
   MEANS GROUP|TIME;
   TEST H=GROUP              E=SUBJ(GROUP);
   TEST H=TIME GROUP*TIME    E=TIME*SUBJ(GROUP);
RUN;
```

注意，GROUP 的误差项是 SUBJ(GROUP)（被试嵌套在分组中），TIME 的主效应和 GROUP*TIME 交互作用项的误差项是：TIME*SUBJ(GROUP)。

以下是 PROC ANOVA 的部分输出结果：

```
Two-way ANOVA with TIME as a Repeated Measure

The ANOVA Procedure

      Class Level Information

Class          Levels    Values

SUBJ                6    1 2 3 4 5 6

GROUP               2    C T

TIME                2    AFTER BEFORE

Number of Observations Read          12
Number of Observations Used          12

Dependent Variable: SCORE

                                   Sum of
Source                     DF     Squares   Mean Square  F Value  Pr > F

Model                      11 326.9166667    29.7196970        .       .

Error                       0   0.0000000             .

Corrected Total            11 326.9166667

R-Square     Coeff Var      Root MSE    SCORE Mean

1.000000             .             .      86.91667

Source                     DF    Anova SS   Mean Square  F Value  Pr > F

GROUP                       1  90.7500000    90.7500000        .       .
SUBJ(GROUP)                 4  30.6666667     7.6666667        .       .
TIME                        1 140.0833333   140.0833333        .       .
GROUP*TIME                  1  44.0833333    44.0833333        .       .
SUBJ*TIME(GROUP)            4  21.3333333     5.3333333        .       .

Level of             ------------SCORE------------
GROUP         N             Mean          Std Dev

C             6       84.1666667       2.78687400
T             6       89.6666667       6.28225013

Level of             ------------SCORE------------
TIME          N             Mean          Std Dev

AFTER         6       90.3333333       5.60951572
BEFORE        6       83.5000000       2.42899156

                                                             [Continued]
```

```
Level of     Level of              ------------SCORE------------
GROUP        TIME          N              Mean           Std Dev

C            AFTER         3        85.6666667        2.51661148
C            BEFORE        3        82.6666667        2.51661148
T            AFTER         3        95.0000000        2.64575131
T            BEFORE        3        84.3333333        2.51661148

 Tests of Hypotheses Using the Anova MS for SUBJ(GROUP) as an Error Term

Source                     DF      Anova SS    Mean Square  F Value  Pr > F

GROUP                       1   90.75000000    90.75000000    11.84  0.0263

                   Tests of Hypotheses Using the Anova MS
                    for SUBJ*TIME(GROUP) as an Error Term

Source                     DF      Anova SS    Mean Square  F Value  Pr > F

TIME                        1   140.0833333    140.0833333    26.27  0.0069
GROUP*TIME                  1    44.0833333     44.0833333     8.27  0.0452
```

由于所有的变异都包含在 MODEL 语句了，所以误差平方和等于 0，并且 F 值也无法定义（输出的是缺失值‘.’）。我们所进行的检验列在输出结果的下面。组间差异的 F=11.84，p=.0263。TIME 和 GROUP*TIME 的 F 值分别为 26.27 和 8.27，概率为 .0069 和 .0452。

在这个实验设计中，GROUP 和 TIME 的交互作用是最为重要的。交互作用项告诉我们前 / 后测的变化对于控制组和实验组的被试来说是否一样。交互作用图可以让它更加清晰。MEANS 的输出结果如下：

```
Level of            ------------SCORE------------
GROUP         N           Mean           Std Dev

C             6     84.1666667        2.78687400
T             6     89.6666667        6.28225013

Level of            ------------SCORE------------
TIME          N           Mean           Std Dev

AFTER         6     90.3333333        5.60951572
BEFORE        6     83.5000000        2.42899156

Level of     Level of              ------------SCORE------------
GROUP        TIME          N              Mean           Std Dev
```

C	AFTER	3	85.6666667	2.51661148
C	BEFORE	3	82.6666667	2.51661148
T	AFTER	3	95.0000000	2.64575131
T	BEFORE	3	84.3333333	2.51661148

我们可以使用最后一组平均数（GROUP 和 TIME 的交互作用）来绘制交互作用图。选择一个自变量（我们使用 TIME）作为 X 轴，之后将因变量的平均数在另一个自变量（GROUP）的不同水平上绘图。几行 SAS 语句就能生成需要的交互作用图，以下是相应的语句：

```
PROC MEANS DATA=TWOWAY NOPRINT NWAY;
   CLASS GROUP TIME;
   VAR SCORE;
   OUTPUT OUT=INTER
          MEAN=;
RUN;
OPTIONS LINESIZE=68 PAGESIZE=24;
SYMBOL1 VALUE=CIRCLE COLOR=BLACK INTERPOL=JOIN;
SYMBOL2 VALUE=SQUARE COLOR=BLACK INTERPOL=JOIN;

PROC GPLOT DATA=INTER;
   TITLE "Interaction Plot";
   PLOT SCORE*TIME=GROUP;
RUN;
```

输出图表如下。（注意：PRE 和 POST 的值被分别转换成了 1-PRE 和 2-POST，这样使得 X 轴上 PRE 的值将在 POST 的值前面显示。）

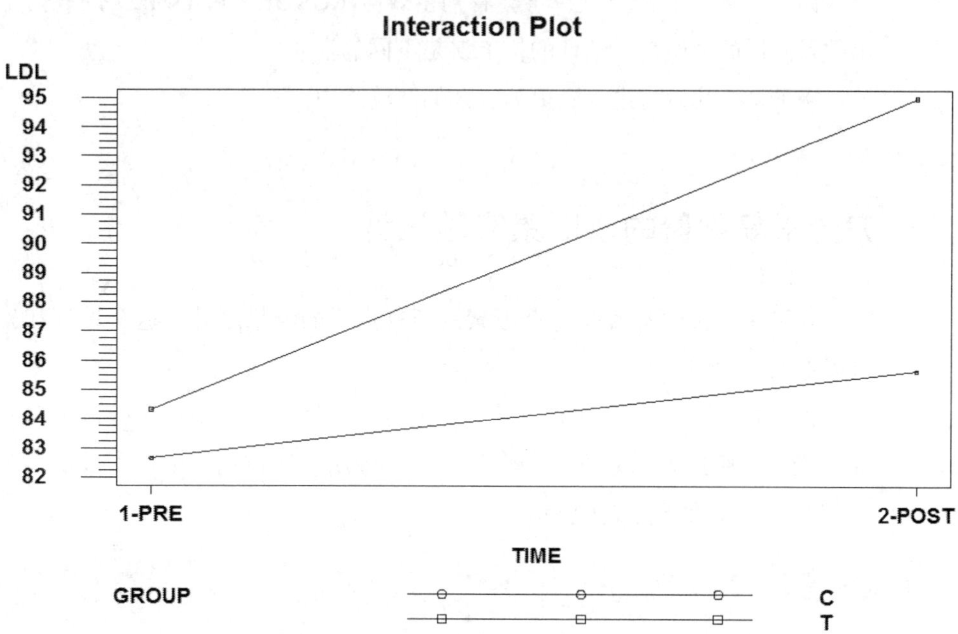

交互作用是显著的，表明两条前 / 后测线不是平行的。这告诉我们从前测到后测的变化是不同的，取决于被试被分配到了哪一组，这才是我们所关心的。实验组和控制组在使用药物前的疼痛减轻量很相似（平均数分别为 84.33 和 82.67）。在药物使用之后（后测），实验组的疼痛大大减轻，而控制组减轻的程序很小。GROUP × TIME 的 F 值（8.27）和 p 值（.045）告诉我们这种变化上的差异是大于偶然的。GROUP 的 F 值（F=11.84，p=.0263）告诉我们，如果我们综合前测和后测的结果，两个小组是显著不同的。这个结果将前测（我们期望他们是相等的）和后测（我们期望存在差异）的结果综合了起来，对我们而言没有什么意义。对于 TIME 而言，如果将控制组和实验组的结果综合起来分析，同样也没有什么意义。最后，注意 GROUP × TIME 的 p 值正好等于之前差异分数的 T 检验的 p 值，这是因为我们在两个分析中使用了相同的检验。

使用 PROC MIXED 语句（我们不给出解释）对这个模型进行分析的语句如下：

```
PROC MIXED DATA=TWOWAY;
   TITLE "Mixed Model for Two-way Design";
   CLASS GROUP TIME SUBJ;
   MODEL SCORE = GROUP TIME GROUP*TIME /SOLUTION;
   RANDOM SUBJ(GROUP);
   LSMEANS GROUP TIME;
RUN;
QUIT;
```

如果你运行这个模型，将会看到主效应（GROUP 和 TIME）的 p 值与先前所列出的是一样的。但是，估计的标准误是不同的。

接下来，我们将进入到更为复杂的情境之中。

6. 完全重复测量的双因素实验设计

除了每个被试都接受每个因素的所有水平的测量之外，这个设计和先前的设计是类似的。举例如下：

一组被试在两天的早上和下午都进行了测试。在其中一天，被试在实验进行的前一天晚上服用了强效安眠药；另一天，服用了安慰剂。记录了被试对某种刺激的反应时。实验的简表如下所示：

不同处理和时间上的反应时

	控制组		药物组	
被试	A.M.	P.M.	A.M.	P.M.
1	65	55	70	60
2	72	64	78	68
3	90	80	97	85

我们将考察药物是否对反应时有影响，以及这种影响在全天中不同时刻是否相同。因此，可以比较在控制日的上午/下午的测量与用药日的上午/下午测量是否相同。

因为每个被试接受了所有处理水平（用药或者安慰剂）和所有时间（上午/下午）下的测量，因此我们可以将这个实验当成被试 × 处理 × 时间的因素设计。但是，我们必须指明进行假设检验的误差项。

用以下的语句建立一个 SAS 数据集：

```
DATA SLEEP;
   INPUT SUBJ TREAT $ TIME $ REACT;
DATALINES;
1   CONT   AM   65
1   DRUG   AM   70
1   CONT   PM   55
1   DRUG   PM   60
2   CONT   AM   72
2   DRUG   AM   78
2   CONT   PM   64
2   DRUG   PM   68
3   CONT   AM   90
3   DRUG   AM   97
3   CONT   PM   80
3   DRUG   PM   85
;
```

ANOVA 语句如下所示：

```
PROC ANOVA DATA=SLEEP;
   TITLE "Two-way ANOVA with a Repeated Measure on Both Factors";
   CLASS SUBJ TREAT TIME;
   MODEL REACT = SUBJ|TREAT|TIME;
   MEANS TREAT|TIME;
   TEST H=TREAT        E=SUBJ*TREAT;
   TEST H=TIME         E=SUBJ*TIME;
   TEST H=TREAT*TIME   E=SUBJ*TREAT*TIME;
RUN;
```

在所有因素重复测量的设计中，就如本设计一样，我们可以将 SUBJ 看做在其他所有因素内交叉的变量（而不是嵌套）。因此，MODEL 语句与我们的因素设计是一样的。但是由于将 SUBJ 包含在模型中，误差项就会等于 0（就如先前的那个例子一样）。所以最后的方差分析表不会显示 F 值及其概率。像前例那样，我们可以通过在 MODEL 语句后使用 TEST 语句获得检验结果。

对每个假设检验的误差项都很容易识记：对 X 因素，误差项是 SUBJ*X。例如，检验 TREAT 的误差项是 SUBJ*TREAT；检验交互作用项 TREAT*TIME 的误差项是 SUBJ*TREAT*TIME。为了明确分清检验每个主效应和交互作用的误差项，在 MODEL 语句后添加了三个 TEST 语句，分别指明了用来计算 F 值的待检验假设和误差项。

PROC ANOVA 过程的部分输出结果如下所示：

```
Two-way ANOVA with a Repeated Measure on Both Factors

Dependent Variable: REACT

                                          Sum of
Source                     DF            Squares    Mean Square   F Value   Pr > F

Model                      11        1750.666667     159.151515         .        .

Error                       0           0.000000          .

Corrected Total            11        1750.666667

R-Square        Coeff Var        Root MSE     REACT Mean

1.000000                .               .       73.66667

Source                     DF           Anova SS    Mean Square   F Value   Pr > F

SUBJ                        2        1360.666667     680.333333         .        .
TREAT                       1          85.333333      85.333333         .        .
SUBJ*TREAT                  2           0.666667       0.333333         .        .
TIME                        1         300.000000     300.000000         .        .
SUBJ*TIME                   2           2.000000       1.000000         .        .
TREAT*TIME                  1           1.333333       1.333333         .        .
SUBJ*TREAT*TIME             2           0.666667       0.333333         .        .

Dependent Variable: REACT

 Tests of Hypotheses Using the Anova MS for SUBJ*TREAT as an Error Term

Source                     DF           Anova SS    Mean Square   F Value   Pr > F

TREAT                       1        85.33333333    85.33333333    256.00   0.0039
```

```
  Tests of Hypotheses Using the Anova MS for SUBJ*TIME as an Error Term

Source                    DF       Anova SS    Mean Square   F Value   Pr > F

TIME                       1    300.0000000    300.0000000    300.00   0.0033

                  Tests of Hypotheses Using the Anova MS
                    for SUBJ*TREAT*TIME as an Error Term

Source                    DF       Anova SS    Mean Square   F Value   Pr > F

TREAT*TIME                 1     1.33333333     1.33333333      4.00   0.1835
```

根据上述结果，我们可以获得什么结论呢？（1）药物增加了反应时（F=256.00，p=.0039）；（2）早上的反应时比下午的长（F=300.00，p=.0033）；（3）我们不能说药物对反应时的影响还受到一天中的不同时间的影响（实验处理和时间的交互作用并不显著；F=4.00，p=0.1835）。注意这个研究不是前面那个前 / 后测研究。即使这样，如果实验处理和时间的交互作用显著了，我们在解释实验处理和时间的主效应时也必须更加谨慎。

如果这是一个真实验，我们还要控制可能出现的学习效应。举例来说，如果我们对每个被试都按照一样的顺序进行测试，我们会发现从控制组的早上到实验组的下午，反应时会有一定的减少，因为被试对实验材料变得越来越熟悉。为了避免这一点，我们将让被试在实验前对实验设备、材料进行熟悉，保证学习效应是固定的；或者对被试的测试顺序进行平衡。

这个设计也可以使用带 REPEATED 语句的 PROC ANOVA 过程进行分析。如果我们将每个被试的四次反应时按这样的顺序读入：AM Control – AM Drug – PM Control – PM Drug（控制组早上 - 实验组早上 - 控制组下午 - 实验组下午），并且分别命名为：REACT1 到 REACT4。那么 SAS 程序书写如下：

```
DATA REPEAT2;
   INPUT REACT1-REACT4;
DATALINES;
65   70   55   60
72   78   64   68
90   97   80   85
;
PROC ANOVA DATA=REPEAT2;
   MODEL REACT1-REACT4 = / NOUNI;
   REPEATED TIME 2 , TREAT 2 / NOM;
RUN;
```

当重复测量的因素多于 1 个时，我们需要在每个因素名称后指明其水平数。我们命名的第一个因素水平排序在前。也就是说，前两个反应时是上午时间，REACT1 是控制组，REACT2 是实验组。而后两个是下午时间的反应时，REACT3 为控制组而 REACT4 为实验组。

7. 重复测量最后一个因素的三因素实验设计

在这个例子中，我们使用一个市场营销的实验。男性和女性被试分别给予三个不同品牌的咖啡。每个品牌各品尝两次；一次在早饭之后，另一次在晚饭之后（呈现的顺序已经进行了平衡）。被试对每个品牌的偏好，采用一个 1 到 10 的量表进行测量（1 为最不喜欢，10 为最喜欢）。这个实验的设计如下：

		品牌（咖啡）								
		A: 被试	早饭后	晚饭后	B: 被试	早饭后	晚饭后	C: 被试	早饭后	晚饭后
性别	男	1	7	8	7	4	5	13	8	9
		2	6	7	8	3	5	14	6	9
		3	6	8	9	3	5	15	5	8
	女	4	5	7	10	3	4	16	6	9
		5	4	7	11	4	4	17	6	9
		6	4	6	12	2	3	18	7	8

在这个实验中，品牌（BRAND）和性别（GENDER）两个因素是交叉因素，而餐时（MEAL）是重复测量因素（每个被试在早饭和晚饭后都品尝了咖啡）。因为一个被试只品尝一个品牌的咖啡，并且显然只有一个性别，因此被试项应该被认为是嵌套在 BRAND 和 GENDER 中的（写做 SUBJ(BRAND GENDER)）。我们可以用很多种方法编排数据。首先，我们可以将数据编排成方便使用 PROC ANOVA 中的 REPEATED 语句的形式。为了达到这一目的，我们将每个被试的所有数据都写在一行中。因此我们的程序看起来就是这样的：

```
DATA COFFEE;
   INPUT SUBJ BRAND $ GENDER $ SCORE_B SCORE_D;
DATALINES;
1  A  M  7  8
2  A  M  6  7
```

```
3   A   M   6   8
4   A   F   5   7
5   A   F   4   7
6   A   F   4   6
7   B   M   4   6
8   B   M   3   5
9   B   M   3   5
10  B   F   3   4
11  B   F   4   4
12  B   F   2   3
13  C   M   8   9
14  C   M   6   9
15  C   M   5   8
16  C   F   6   9
17  C   F   6   9
18  C   F   7   8
;
PROC ANOVA DATA=COFFEE;
   TITLE "Coffee Study";
   CLASS BRAND GENDER;
   MODEL SCORE_B SCORE_D = BRAND|GENDER / NOUNI;
   REPEATED MEAL;
   MEANS BRAND|GENDER;
RUN;
```

注意 BRAND 和 GENDER 是交叉的，而 MEAL 是重复测量因素。和之前一样，MODEL 语句中的 NOUNI 选项表明我们不需要对 SCORE_B 和 SCORE_D 的单变量统计结果。

这段程序的部分输出结果如下：

```
Coffee Study

   Class Level Information

Class          Levels    Values

BRAND               3    A B C

GENDER              2    F M

Number of Observations Read          18
Number of Observations Used          18

  Repeated Measures Level Information

Dependent Variable       SCORE_B  SCORE_D
```

[Continued]

```
    Level of MEAL            1        2

Repeated Measures Analysis of Variance
Tests of Hypotheses for Between Subjects Effects

Source                    DF      Anova SS   Mean Square  F Value  Pr > F

BRAND                      2   83.38888889   41.69444444    51.76  <.0001
GENDER                     1    6.25000000    6.25000000     7.76  0.0165
BRAND*GENDER               2    3.50000000    1.75000000     2.17  0.1566
Error                     12    9.66666667    0.80555556

Univariate Tests of Hypotheses for Within Subject Effects

Source                    DF      Anova SS   Mean Square  F Value  Pr > F

MEAL                       1   30.25000000   30.25000000    99.00  <.0001
MEAL*BRAND                 2    1.50000000    0.75000000     2.45  0.1278
MEAL*GENDER                1    0.02777778    0.02777778     0.09  0.7682
MEAL*BRAND*GENDER          2    2.05555556    1.02777778     3.36  0.0692
Error(MEAL)               12    3.66666667    0.30555556

Level of         ----------SCORE_B----------   ----------SCORE_D----------
BRAND       N           Mean         Std Dev           Mean         Std Dev

A           6     5.33333333      1.21106014     7.16666667      0.75277265
B           6     3.16666667      0.75277265     4.50000000      1.04880885
C           6     6.33333333      1.03279556     8.66666667      0.51639778

Level of         ----------SCORE_B----------   ----------SCORE_D----------
GENDER      N           Mean         Std Dev           Mean         Std Dev

F           9     4.55555556      1.58989867     6.33333333      2.23606798
M           9     5.33333333      1.73205081     7.22222222      1.56347192

Level of Level of       ---------SCORE_B---------  ---------SCORE_D---------
BRAND    GENDER    N          Mean       Std Dev          Mean       Std Dev

A        F         3    4.33333333    0.57735027    6.66666667    0.57735027
A        M         3    6.33333333    0.57735027    7.66666667    0.57735027
B        F         3    3.00000000    1.00000000    3.66666667    0.57735027
B        M         3    3.33333333    0.57735027    5.33333333    0.57735027
C        F         3    6.33333333    0.57735027    8.66666667    0.57735027
C        M         3    6.33333333    1.52752523    8.66666667    0.57735027
```

我们在介绍完下面这段程序以后再来解释上述的结果：

另外一种处理的程序是在 PROC ANOVA 过程中不使用 REPEATED 语句。尽管在一些模型中这并不能保证你得到传统的多元模型，但是你可能仍然想要运行这样的程序。为了达到这个目的，把数据集里面的数据编排成一个被试对应两个观测值，并且添加一个 MEAL 变量将更加实用。所以，如果数据按照这样编排：

SUBJ	BRAND	GENDER	MEAL	SCORE
1	A	M	BRKFST	7
1	A	M	DINNER	8
2	A	M	BRKFST	6
		……		

那 INPUT 语句就应该是这样的：

```
INPUT SUBJ BRAND $ GENDER $ MEAL $ MEAL;
```

而 ANOVA 语句如下所示：

```
PROC ANOVA DATA=COFFEE;
   CLASS SUBJ BRAND GENDER MEAL;
   MODEL SCORE = BRAND GENDER BRAND*GENDER SUBJ(BRAND GENDER)
                 MEAL BRAND*MEAL GENDER*MEAL BRAND*GENDER*MEAL
                 MEAL*SUBJ(BRAND GENDER);
   MEANS BRAND|GENDER / SNK E=SUBJ(BRAND GENDER);
   MEANS MEAL BRAND*MEAL GENDER*MEAL BRAND*GENDER*MEAL;
*ÐÐÐÐÐÐÐÐÐÐÐÐÐÐÐÐÐ---------------------------------------ÐÐÐ*
| The following TEST statements are needed to obtain the  |
| correct F and p-values:                                 |
*ÐÐÐÐÐÐÐÐÐÐÐÐÐÐÐÐÐ---------------------------------------ÐÐÐ*;
   TEST H=BRAND GENDER BRAND*GENDER
        E=SUBJ(BRAND GENDER);
   TEST H=MEAL BRAND*MEAL GENDER*MEAL BRAND*GENDER*MEAL
        E=MEAL*SUBJ(BRAND GENDER);
RUN;
```

第一个 TEST 语句将逐个检验误差项 SUBJ(BRAND GENDER) 所对应的待检验项（BRAND、GENDER 和 BRAND*GENDER）。而 MEAL、BRAND*MEAL、GENDER*MEAL 和 BRAND*GENDER*MEAL 的效应将通过误差项 MEAL*SUBJ(BRAND GENDER) 进行检验。同时，我们也对 MEANS 语句进行了修改，在 SNK 选项后加上了“E=”。这是因为除非特别指定，SNK 程序将使用残差平方和作为误差项。因为我们已经将模型中所有的误差来源都进行了定义，所以残差平方和为 0。在同一个 TEST 语句中，选项“E=error term”与选项“H=”中所使用的误差项是一样的。同时，因为不同的假设检验所使用的误差项不同，所以需要分别书写 MEANS 语句。这里 MEAL 只有两个水平，因此不需要进行多重比较的检验。

这个程序的部分运行结果如下所示：

```
The ANOVA Procedure

                    Class Level Information

Class          Levels    Values

SUBJ               18    1 2 3 4 5 6 7 8 9 10 11 12 13 14 15 16 17 18

BRAND               3    A B C

GENDER              2    F M

MEAL                2    BRKFST DINNER

Number of Observations Read          36
Number of Observations Used          36

Dependent Variable: SCORE

                                   Sum of
Source                   DF       Squares    Mean Square   F Value   Pr > F

Model                    35   140.3055556      4.0087302         .        .

Error                     0     0.0000000          .

Corrected Total          35   140.3055556

R-Square     Coeff Var      Root MSE     SCORE Mean

1.000000             .             .       5.861111

Source                   DF      Anova SS    Mean Square   F Value   Pr > F

BRAND                     2   83.38888889    41.69444444         .        .
GENDER                    1    6.25000000     6.25000000         .        .
BRAND*GENDER              2    3.50000000     1.75000000         .        .
SUBJ(BRAND*GENDER)       12    9.66666667     0.80555556         .        .
MEAL                      1   30.25000000    30.25000000         .        .
BRAND*MEAL                2    1.50000000     0.75000000         .        .
GENDER*MEAL               1    0.02777778     0.02777778         .        .
BRAND*GENDER*MEAL         2    2.05555556     1.02777778         .        .
SUBJ*MEAL(BRAN*GEND)     12    3.66666667     0.30555556         .        .

Student-Newman-Keuls Test for SCORE

NOTE: This test controls the Type I experimentwise error rate under the
      complete null hypothesis but not under partial null hypotheses.

Alpha                            0.05
Error Degrees of Freedom           12
Error Mean Square            0.805556
```

```
Number of Means                  2                3
Critical Range           0.7983504        0.9775036

Means with the same letter are not significantly different.

S
N
K

G
r
o
u
p
i
n
g        Mean       N    BRAND

A       7.5000     12    C

B       6.2500     12    A

C       3.8333     12    B

Level of    Level of               ------------SCORE------------
BRAND       GENDER          N           Mean              Std Dev

A           F               6       5.50000000         1.37840488
A           M               6       7.00000000         0.89442719
B           F               6       3.33333333         0.81649658
B           M               6       4.33333333         1.21106014
C           F               6       7.50000000         1.37840488
C           M               6       7.50000000         1.64316767

Level of                ------------SCORE------------
MEAL          N              Mean             Std Dev

BRKFST       18        4.94444444          1.66175748
DINNER       18        6.77777778          1.92676369

Level of    Level of               ------------SCORE------------
BRAND       MEAL            N           Mean              Std Dev

A           BRKFST          6       5.33333333         1.21106014
A           DINNER          6       7.16666667         0.75277265
B           BRKFST          6       3.16666667         0.75277265
B           DINNER          6       4.50000000         1.04880885
C           BRKFST          6       6.33333333         1.03279556
C           DINNER          6       8.66666667         0.51639778
```

[Continued]

```
Level of      Level of              ------------SCORE------------
GENDER        MEAL           N          Mean            Std Dev

F             BRKFST         9      4.55555556       1.58989867
F             DINNER         9      6.33333333       2.23606798
M             BRKFST         9      5.33333333       1.73205081
M             DINNER         9      7.22222222       1.56347192

Level of     Level of     Level of              ------------SCORE------------
BRAND        GENDER       MEAL           N          Mean            Std Dev

A            F            BRKFST         3      4.33333333       0.57735027
A            F            DINNER         3      6.66666667       0.57735027
A            M            BRKFST         3      6.33333333       0.57735027
A            M            DINNER         3      7.66666667       0.57735027
B            F            BRKFST         3      3.00000000       1.00000000
B            F            DINNER         3      3.66666667       0.57735027
B            M            BRKFST         3      3.33333333       0.57735027
B            M            DINNER         3      5.33333333       0.57735027
C            F            BRKFST         3      6.33333333       0.57735027
C            F            DINNER         3      8.66666667       0.57735027
C            M            BRKFST         3      6.33333333       1.52752523
C            M            DINNER         3      8.66666667       0.57735027

Dependent Variable: SCORE

                    Tests of Hypotheses Using the Anova MS
                    for SUBJ(BRAND*GENDER) as an Error Term

Source                   DF       Anova SS    Mean Square   F Value   Pr > F

BRAND                     2    83.38888889    41.69444444     51.76   <.0001
GENDER                    1     6.25000000     6.25000000      7.76   0.0165
BRAND*GENDER              2     3.50000000     1.75000000      2.17   0.1566

                   Tests of Hypotheses Using the Anova MS for
                    SUBJ*MEAL(BRAN*GEND) as an Error Term

Source                   DF       Anova SS    Mean Square   F Value   Pr > F

MEAL                      1    30.25000000    30.25000000     99.00   <.0001
BRAND*MEAL                2     1.50000000     0.75000000      2.45   0.1278
GENDER*MEAL               1     0.02777778     0.02777778      0.09   0.7682
BRAND*GENDER*MEAL         2     2.05555556     1.02777778      3.36   0.0692
```

我们可以从这个结果中得到什么结论呢？首先，变量 BRAND、MEAL 和 GENDER 的主效应都显著（BRAND 和 MEAL 在 p=.0001 水平上，而 GENDER 在 p=.016 水平上）。从 SNK 结果中我们发现，品牌 C 是被试最喜欢的品牌，然后是 A 和 B。另外，MEAL（早饭后或晚饭后）的主效应是显著的，而 BRAND*MEAL 的交互作用不显著，这告诉我们被试都比较倾向于在晚饭后饮用三个品牌的咖啡。

8.　重复测量两个因素的三因素实验设计

我们设计了一个虚拟实验，里面包括了阅读理解和“退步”这一概念。这将作为重复测量两个因素的三因素实验设计的例子。众所周知，很多学生秋季时的阅读理解水平相比之前春季时要略差一些，这时由于在暑假的时候存在一定的“退步”效应。当孩子渐渐长大，退步的效应就逐渐减少。同样的，高 SES（即社会经济地位——高 SES，简单来说，就是更加富有）的孩子相比低 SES 的来说退步得更少，因为高 SES 的孩子在暑假的时候会做更多的阅读练习。

为了检验这个设想，我们设计了以下的实验：

这个实验选取了一群高 SES 和低 SES 的学生。在连续三年中的每个春季和秋季都进行阅读理解测验。这个设计的图示如下：

阅读理解得分

	年份：	1		2		3	
		春季	秋季	春季	秋季	春季	秋季
高SES	被试						
	1	61	50	60	55	59	62
	2	64	55	62	57	63	63
	3	59	49	58	52	60	58
	4	63	59	65	64	67	70
	5	62	51	61	56	60	63
低SES	6	57	42	56	46	54	50
	7	61	47	58	48	59	55
	8	55	40	55	46	57	52
	9	59	44	61	50	63	60
	10	58	44	56	49	55	49

请注意，被试在每年的春季和秋季都进行了测试，所以季节（SEASON）和年份（YEAR）变量都是重复测量因素。在这个设计中，每个被试都只属于一个 SES 组，要么是高，要么是低。因此，被试是嵌套在 SES 中的。

我们现在有三种分析这个实验的 SAS 程序。第一种，在 PROC ANOVA 过程中使用 REPEATED 语句：

```
DATA READ_1;
   INPUT SUBJ SES $ READ1-READ6;
   LABEL READ1 = 'SPRING YR 1'
```

[Continued]

```
         READ2 = 'FALL YR 1'
         READ3 = 'SPRING YR 2'
         READ4 = 'FALL YR 2'
         READ5 = 'SPRING YR 3'
         READ6 = 'FALL YR 3';
DATALINES;
1 HIGH 61 50 60 55 59 62
2 HIGH 64 55 62 57 63 63
3 HIGH 59 49 58 52 60 58
4 HIGH 63 59 65 64 67 70
5 HIGH 62 51 61 56 60 63
6 LOW 57 42 56 46 54 50
7 LOW 61 47 58 48 59 55
8 LOW 55 40 55 46 57 52
9 LOW 59 44 61 50 63 60
10 LOW 58 44 56 49 55 49
;
PROC ANOVA DATA=READ_1;
   TITLE "Reading Comprehension Analysis";
   CLASS SES;
   MODEL READ1-READ6 = SES / NOUNI;
   REPEATED YEAR 3, SEASON 2;
   MEANS SES;
RUN;
```

由于重复测量因素多于一个的时候，REPEATED 语句经常让人感到迷惑，我们再详细看一下 SAS 是如何决定因素顺序的。MODEL 语句中列出的变量是按照以下的顺序进行排列的：

YEAR 1		YEAR 2		YEAR 3	
SPRING	**FALL**	**SPRING**	**FALL**	**SPRING**	**FALL**
1	2	3	4	5	6

在这里 YEAR 有三个水平，而 SEASON 有两个水平。关键词 REPEATED 之后的因素名的排列顺序是变化慢的在前，变化快的在后。例如，第一个数字（READ1）是 YEAR1 的 SPRING（第一年的春季），第二个数字（READ2）是 YEAR1 的 FALL（第一年的秋季）。因此，我们可以说 SEASON 这个变量变化得比 YEAR 要快。我们还必须在 REPEATED 语句中的每个变量后注明这个因素的水平数。

```
REPEATED YEAR 3, SEASON 2;
```

这个语句使得 ANOVA 程序先选择 YEAR 的第一个水平，然后循环选择 SEASON 因素的两个水平（SPRING 和 FALL），之后回到 YEAR 的第二个水平，再选择 SEASON 的两个水平，如此重复。因素的水平数乘积必须等于 MODEL 语句中因变量的个数。检查一下：3×2=6，而我们在 MODEL 语句有 READ1 到 READ6 的 6 个变量，二者相等。

运行上述程序后，部分结果呈现如下：

```
Reading Comprehension Analysis

The ANOVA Procedure

     Class Level Information

Class          Levels    Values

SES                 2    HIGH LOW

Number of Observations Read          10
Number of Observations Used          10

Repeated Measures Analysis of Variance

                    Repeated Measures Level Information

Dependent Variable     READ1    READ2    READ3    READ4    READ5    READ6

     Level of YEAR         1        1        2        2        3        3
   Level of SEASON         1        2        1        2        1        2

Repeated Measures Analysis of Variance
Tests of Hypotheses for Between Subjects Effects

Source                  DF      Anova SS    Mean Square   F Value   Pr > F

SES                      1   680.0666667    680.0666667     13.54   0.0062
Error                    8   401.6666667     50.2083333

Univariate Tests of Hypotheses for Within Subject Effects

Source                  DF      Anova SS    Mean Square   F Value   Pr > F

YEAR                     2   252.0333333    126.0166667     26.91   <.0001
YEAR*SES                 2     1.0333333      0.5166667      0.11   0.8962
Error(YEAR)             16    74.9333333      4.6833333

                       Adj Pr > F
Source               G - G      H - F

YEAR                0.0002     <.0001
YEAR*SES            0.8186     0.8700
Error(YEAR)

Greenhouse-Geisser Epsilon      0.6757
Huynh-Feldt Epsilon             0.8658
                                                              [Continued]
```

```
Source                        DF      Anova SS    Mean Square   F Value   Pr > F

SEASON                         1   680.0666667    680.0666667    224.82   <.0001
SEASON*SES                     1   112.0666667    112.0666667     37.05   0.0003
Error(SEASON)                  8    24.2000000      3.0250000

Source                        DF      Anova SS    Mean Square   F Value   Pr > F

YEAR*SEASON                    2   265.4333333    132.7166667    112.95   <.0001
YEAR*SEASON*SES                2     0.4333333      0.2166667      0.18   0.8333
Error(YEAR*SEASON)            16    18.8000000      1.1750000

                                 Adj Pr > F
Source                         G - G     H - F

YEAR*SEASON                   <.0001    <.0001
YEAR*SEASON*SES               0.7592    0.8168
Error(YEAR*SEASON)

Greenhouse-Geisser Epsilon     0.7073
Huynh-Feldt Epsilon            0.9221

Level of           -----------READ1-----------     -----------READ2-----------
SES        N            Mean          Std Dev            Mean          Std Dev

HIGH       5      61.8000000       1.92353841      52.8000000       4.14728827
LOW        5      58.0000000       2.23606798      43.4000000       2.60768096

Level of           -----------READ3-----------     -----------READ4-----------
SES        N            Mean          Std Dev            Mean          Std Dev

HIGH       5      61.2000000       2.58843582      56.8000000       4.43846820
LOW        5      57.2000000       2.38746728      47.8000000       1.78885438

Level of           -----------READ5-----------     -----------READ6-----------
SES        N            Mean          Std Dev            Mean          Std Dev

HIGH       5      61.8000000       3.27108545      63.2000000       4.32434966
LOW        5      57.6000000       3.57770876      53.2000000       4.43846820
```

稍安勿躁，我们等到另两个方法的程序呈现了之后再来讨论统计的结果。

现在,我们呈现另外两个不采用REPEATED语句的程序。第二种方法是这样的：我们将数据编排成每行数据只有实验设计中的一个单元格。在实际操作中，这会相当让人乏味，但是可以帮助你理解上一个程序。对数据集的转换如下：

```
DATA READ_2;
   INPUT SUBJ SES $ YEAR SEASON $ READ;
DATALINES;
1 HIGH 1 SPRING 61
1 HIGH 1 FALL 50
1 HIGH 2 SPRING 60
1 HIGH 2 FALL 55
1 HIGH 3 SPRING 59
1 HIGH 3 FALL 62
2 HIGH 1 SPRING 64
(more data lines)
```

为了简化数据录入（不过这样可能会让程序更加复杂），我们可以把每名被试的数据都写在一行中。由于前一种方法相对简单，你可以跳过下面这种更加复杂的程序，这并不会对你理解统计结果有任何的影响。

```
*-----------------------------------------------------------------*
| Alternative Program for reading in the data for the reading    |
| experiment with all the data for one subject on one line.      |
*-----------------------------------------------------------------*;
DATA READ_3;
   DO SES = 'HIGH','LOW';  ①
      SUBJ = 0;  ②
      DO N = 1 TO 5;  ③
         SUBJ + 1;  ④
         DO YEAR = 1 TO 3;  ⑤
            DO SEASON = 'SPRING','FALL';  ⑥
               INPUT SCORE @;  ⑦
               OUTPUT;  ⑧
            END;
         END;
      END;
   END;
DROP N;  ⑨
DATALINES;
61   50   60   55   59   62
64   55   62   57   63   63
59   49   58   52   60   58
63   59   65   64   67   70
62   51   61   56   60   63
57   42   56   46   54   50
61   47   58   48   59   55
55   40   55   46   57   52
59   44   61   50   63   60
58   44   56   49   55   49
;
```

（注意：程序的缩进不是必须的。这样做是为了从视觉上保持DO循环语句的清晰易读。）

这个程序并不像乍看之下那么复杂。我们的数据跟先前实验设计的示例表格中的编排是一样的。首先读取高SES的学生，然后是低SES学生。每名学生都有在三年中的春季和夏季进行的阅读理解测验的成绩。

数据是按照SES从高到低的顺序对学生进行编排的。DO循环①设定了正确的SES值。在DO循环中使用字符型数值对你来说是全新的，不过也是极其有用的，你就不必在DO循环中使用数字型数值，然后再将其格式转为字符型数值了。由于每个SES组有5名学生，DO语句③从1循环到5。加和语句④会给每个被试生成一个从1到5的编号(当所有的高SES的被试数据读取之后,编号会通过语句②进行重设)。因为每名被试的的数据顺序是按照YEAR、SEASON进行编排的，所以DO语句（⑤和⑥）在语句⑦读取每名被试的分数前，就设定好了每名被试的YEAR和SEASON的值。语句⑦中的@符号是必须的，这样才能让指针在读取满6个分数之前都不会跳入下一行。OUTPUT语句⑧将会使程序输出带有如下变量的观测值：

SES SUBJ YEAR SEASON READ

请注意，因为使用了DROP语句⑨，所以变量N并没有包含在内。但是丢弃N不是必须的；我们只是不需要用它而已。我们也可以把它保存在数据集中而不去使用它。

最后一条提示：在DO语句中使用字符型数值要特别小心，因为如果DO语句中的第一个值的长度比其他水平的长度要短，程序就会将后面的字符长度转换成与第一个字符长度一致。为了避免这个问题，要么在输入第一个值的时候打入空格，使得长度等于最长值的长度，严么使用LENGTH语句定义字符变量的长度。

对转换程序的讨论就到此为止了。

现在，不管你使用了什么SAS数据语句，ANOVA语句都会是这样的：

```
PROC ANOVA DATA=READ_3;
   TITLE "Reading Comprehension Analysis";
   CLASS SUBJ SES YEAR SEASON;
   MODEL SCORE = SES SUBJ(SES)
                 YEAR SES*YEAR YEAR*SUBJ(SES)
                 SEASON SES*SEASON SEASON*SUBJ(SES)
                 YEAR*SEASON SES*YEAR*SEASON YEAR*SEASON*SUBJ(SES);
   MEANS YEAR / SNK E=YEAR*SUBJ(SES);
   MEANS SES SEASON SES*YEAR SES*SEASON YEAR*SEASON
         SES*YEAR*SEASON;
   TEST H=SES                E=SUBJ(SES);
```

```
    TEST H=YEAR SES*YEAR         E=YEAR*SUBJ(SES);
    TEST H=SEASON SES*SEASON     E=SEASON*SUBJ(SES);
    TEST H=YEAR*SEASON SES*YEAR*SEASON
         E=YEAR*SEASON*SUBJ(SES);
RUN;
```

部分程序输出结果呈现如下：

```
Reading Comprehension Analysis

The ANOVA Procedure

Dependent Variable: SCORE

Level of                  ------------SCORE------------
SES             N              Mean            Std Dev

HIGH           30        59.6000000         4.92425384
LOW            30        52.8666667         6.23523543

Level of                  ------------SCORE------------
SEASON          N              Mean            Std Dev

FALL           30        52.8666667         7.26224689
SPRING         30        59.6000000         3.22276386

Level of     Level of                  ------------SCORE------------
SES          YEAR            N              Mean            Std Dev

HIGH         1              10        57.3000000         5.63816361
HIGH         2              10        59.0000000         4.13655788
HIGH         3              10        62.5000000         3.68932394
LOW          1              10        50.7000000         8.02842174
LOW          2              10        52.5000000         5.33853913
LOW          3              10        55.4000000         4.45221543

Level of     Level of                  ------------SCORE------------
SES          SEASON          N              Mean            Std Dev

HIGH         FALL           15        57.6000000         5.96178305
HIGH         SPRING         15        61.6000000         2.47270817
LOW          FALL           15        48.1333333         5.06904706
LOW          SPRING         15        57.6000000         2.61315354

Level of     Level of                  ------------SCORE------------
YEAR         SEASON          N              Mean            Std Dev

1            FALL           10        48.1000000         5.93389510
1            SPRING         10        59.9000000         2.80673792
2            FALL           10        52.3000000         5.71644800
2            SPRING         10        59.2000000         3.15524255
3            FALL           10        58.2000000         6.69659947
3            SPRING         10        59.7000000         3.91719855
```

[Continued]

```
Level of      Level of     Level of               ------------SCORE------------
SES           YEAR         SEASON        N              Mean          Std Dev

HIGH          1            FALL          5        52.8000000       4.14728827
HIGH          1            SPRING        5        61.8000000       1.92353841
HIGH          2            FALL          5        56.8000000       4.43846820
HIGH          2            SPRING        5        61.2000000       2.58843582
HIGH          3            FALL          5        63.2000000       4.32434966
HIGH          3            SPRING        5        61.8000000       3.27108545
LOW           1            FALL          5        43.4000000       2.60768096
LOW           1            SPRING        5        58.0000000       2.23606798
LOW           2            FALL          5        47.8000000       1.78885438
LOW           2            SPRING        5        57.2000000       2.38746728
LOW           3            FALL          5        53.2000000       4.43846820
LOW           3            SPRING        5        57.6000000       3.57770876

   Tests of Hypotheses Using the Anova MS for SUBJ(SES) as an Error Term

Source                      DF      Anova SS    Mean Square   F Value   Pr > F

SES                          1   680.0666667    680.0666667     13.54   0.0062

                     Tests of Hypotheses Using the Anova MS
                       for SUBJ*YEAR(SES) as an Error Term

Source                      DF      Anova SS    Mean Square   F Value   Pr > F

YEAR                         2   252.0333333    126.0166667     26.91   <.0001
SES*YEAR                     2     1.0333333      0.5166667      0.11   0.8962

                     Tests of Hypotheses Using the Anova MS
                      for SUBJ*SEASON(SES) as an Error Term

Source                      DF      Anova SS    Mean Square   F Value   Pr > F

SEASON                       1   680.0666667    680.0666667    224.82   <.0001
SES*SEASON                   1   112.0666667    112.0666667     37.05   0.0003

                   Tests of Hypotheses Using the Anova MS for
                     SUBJ*YEAR*SEASO(SES) as an Error Term

Source                      DF      Anova SS    Mean Square   F Value   Pr > F

YEAR*SEASON                  2   265.4333333    132.7166667    112.95   <.0001
SES*YEAR*SEASON              2     0.4333333      0.2166667      0.18   0.8333
```

像以前一样，我们在模型之后用 TEST 语句指明了假设检验和误差项，并且在 SNK 检验中纳入了恰当的误差项。

我们一开始时关于“退步”的想法是否通过这些数据得到了验证呢？

首先，我们检查一下所有的主效应和他们的交互作用。

根据这些结果，我们能得出什么结论呢？

1. 高 SES 的学生在阅读理解测验上得分高于低 SES 的学生（F=13.54，p=.0062）。
2. 阅读理解得分逐年增长（F=26.91，p=.0001）。但是，增长有一部分是因为前一年较小的“退步”造成的 [见（5）]。
3. 学生在春季时的阅读理解得分高于下一个秋季的得分（F=224.82，p=.0001）。
4. 低 SES 的学生“退步”效应更加明显（SES*SEASON 的交互作用显著 [F=37.05，p=0.0003]）。
5. 当学生长大后，“退步”效应减少了（YEAR*SEASON 的交互作用显著 [F=112.95，p=.0001]）。

重复测量设计对应用研究者来说是十分有力的工具。不过这也是一项有挑战的技术。举例来说，在我们的咖啡研究中，哪怕我们将第一次喝咖啡是在早饭后还是晚饭后的顺序进行了随机化，也有一个效应被我们忽视了。可能是被试对某个品牌（或者是所有）的咖啡都会有一点“适应了”。这可能导致被试在第二次饮用该咖啡的时候更加喜欢它（不管是早饭后还是晚饭后）。我们往往忽视了这个我们不应该忽视的问题。但是，如果没有随机化咖啡的饮用顺序，那么我们又可能把饮用顺序和餐时（MEAL）混淆。想要确认你是否从重复测量设计中获得了你想要的结果，最好是参阅相关文献或书籍。（掌握的人便能够完美地胜任这部分的工作。）

练习题

练习题的数据集和程序均可从网上下载：www.prenhall.com/cody

8.1　一个市场调查考察了人们对运动服的偏好。向四名评分者呈现一个问卷。每个评分者都要对三个品牌（X、Y 和 Z）的衣服进行打分。数据输入的格式如下：

市场调查表	
1. 评分者编号	□ 1
2. 品牌 (1=X，2=Y，3=Z)	□ 2
3. 颜色评分（9= 最好，1= 最差）	□ 3
4. 工艺评分	□ 4
5. 总体偏好	□ 5

按照如下的方式计算指数：

```
INDEX=(3* 总体偏好 +2* 工艺评分 + 颜色评分 )/6.0
```

收集的数据如下：

```
11836
21747
31767
41856
12635
22534
32546
42436
13988
23877
33978
43887
```

只用方差分析，比较三个品牌的颜色评分、工艺评分、总体偏好和指数。（提示：这是一个重复测量设计——每个评分者都对三个品牌进行了评分。）

8.2 运行如下的程序建立一个叫 STATIN 的 SAS 数据集。（注意：抑制剂（Statins）是一种降低胆固醇的药物。它提升了“好的”胆固醇 [HDL] 而降低“坏的”胆固醇 [LDL]，从而降低总体胆固醇。）每个病人在服用药物 6 周后测量了胆固醇水平。忽略数据集中的变量 GENDER 和 DIET，比较这三种药物的总体胆固醇水平（TOTAL）、LDL 和 HDL。

```
DATA STATIN;
   DO SUBJ = 1 TO 20;
      IF RANUNI(1557) LT .5 THEN GENDER = 'FEMALE';
      ELSE GENDER = 'MALE';
      IF RANUNI(0) LT .3 THEN DIET = 'HIGH FAT';
      ELSE DIET = 'LOW FAT';
      DO DRUG = 'A','B','C';
         LDL = ROUND(RANNOR(1557)*20 + 110
                  + 5*(DRUG EQ 'A')
                  - 10*(DRUG EQ 'B')
                  - 5*(GENDER EQ 'FEMALE')
                  + 10*(DIET EQ 'HIGH FAT'));
         HDL = ROUND(RANNOR(1557)*10 + 20
                  + .2*LDL
                  + 12*(DRUG EQ 'B'));
         TOTAL = ROUND(RANNOR(1557)*20 + LDL + HDL + 50
                  -10*(GENDER EQ 'FEMALE')
                  +10*(DIET EQ 'HIGH FAT'));
         OUTPUT;
      END;
   END;
RUN;
```

8.3 一个测试用来检测哪个城市的饮用水口感更好。有四名评分者饮用了四个城市的水样。评分量表是一个里克特量表，1= 最差，9= 最好。样本数据和编码方式如下所示：

栏位	描述
1-3	评分者编号
4	城市编号， 1= 纽约，2= 新奥尔良，3= 芝加哥，4= 丹佛
5	口感评分：1= 最差，9= 最好

数据：

```
00118
00126
00138
00145
00215
00226
00235
00244
00317
00324
00336
00344
00417
00425
00437
00443
```

写一段 SAS 程序描述这些数据并进行方差分析。将评分作为等距数据。注意，这里我们使用了重复测量设计。

***8.4** 使用习题 8.2 的 STATIN 数据集，将 GENDER 添加到模型中，并检验 GENDER 和 DRUG 的效应以及两者的交互作用。记住 DRUG 是一个重复测量变量，并且设计是非平衡的。分别生成 DRUG 与 LDL、HDL、TOTAL 的交互作用图，将 DRUG 作为 X 轴，GENDER 作为绘图记号。使用 PROC PLOT 或者 PROC GPLOT 过程完成任务。

***8.5** 使用练习题 8.3 的数据。不过这一次重新编排了数据，将每个评分者的 4 次评分放置在一行中。因此，栏位 1-3 是评分者编号，栏位 4 是对纽约的评分，栏位 5 是对新奥尔良的评分，栏位 6 是对芝加哥的评分，而栏位 7 是对丹佛的评分。我们将数据重新编排后如下：

```
0018685
0025654
0037464
0047573
```

编写一段 DATA 语句读入这种编排的数据。要求你建立一个变量 CITY，并且每个城市只有一个观测值。同时，使用 PROC ANOVA 过程的 REPEATED 语句对数据进行分析。两种方法有什么差别?

***8.6** 再次使用练习题 8.2 的 STATIN 数据集，将 DIET（不是重复测量因素）添加进模型中。自变量为 GENDER、DRUG（重复测量的）和 DIET。

*8.7 一个研究意在测试正常老鼠（NORMAL）和糖尿病老鼠（DIABETIC）的神经纤维。从每只老鼠身上抽取了末梢神经纤维（DISTAL）和近端神经纤维（PROXIMAL）的样本进行测试。因此，我们的自变量有 GROUP（正常组和糖尿病组），LOCATION（末梢和近端），而位置（LOCATION）是一个重复测量变量（每个老鼠的末梢神经和近端神经都进行了测量）。数据呈现如下：

	老鼠编号	末梢	近端
正常组	1	34	38
	2	28	38
	3	38	48
	4	32	38
糖尿病组	5	44	42
	6	52	48
	7	46	46
	8	54	50

写一段 SAS 程序输入这些数据，并运行一个双因素方差分析，将位置（LOCATION）作为一个重复测量因素。对 LOCATION 使用 REPEATED 选项。解释主效应的时候是否有困难？为什么？

8.8 重新建构 STATIN 数据集使得你能够使用 PROC GLM 过程（或者是 PROC MIXED 过程）的 REPEATED 语句。只对 LDL 胆固醇使用了这一方法。将 GENDER、LDL_A、LDL_B 和 LDL_C 都纳入你的模型中。将结果与练习题 8.4 的结果进行比较。

8.9 下面的程序有什么问题?

```
DATA FINDIT;
   DO GROUP='CONTROL','DRUG';
      DO TIME='BEFORE','AFTER';
         DO SUBJ=1 TO 3;
         INPUT SCORE
      END;
   END;
   END;
DATALINES;
10 13 15 20 (data for subject 1) Order is CONTROL TIME 1,
```

```
12 14 16 18 (data for subject 2) CONTROL TIME 2, DRUG TIME 1,
15 18 22 28 (data for subject 3) and DRUG TIME 2
;
PROC ANOVA DATA=FINDIT;
   TITLE "ANALYSIS OF VARIANCE";
    CLASS SUBJ GROUP TIME;
    MODEL SCORE = GROUP SUBJ(GROUP)
          TIME GROUP*TIME TIME*SUBJ(GROUP);
          TEST H=GROUP E=SUBJ(GROUP);
    TEST H=TIME GROUP*TIME E=TIME*SUBJ(GROUP);
    LSMEANS GROUP|TIME;
 RUN;
```

注意：括号内的注解不是程序的内容。

8.10 重复练习题 8.8，但是这次不将 DIET 加入模型。将结果和练习题 8.6 的结果进行比较。

第9章

多元回归

1. 简介

多元回归分析是将两个或两个以上自变量与一个因变量进行关联的方法。因变量必须是连续变量（Logistic 回归除外），自变量可以是连续的或分类的，例如“性别”或“药物类型”。如果自变量是分类的，我们需要创建虚拟变量而不是使用原来的各个水平。如果你所有的自变量都是分类的（或者大部分），建议你使用方差分析的技术。

这里有两种截然不同的多元回归，我们将分别进行论述。第一种用于自变量的水平被实验控制的情况（例如药物的使用量、施药的天数间隔等）。这一类回归被称为实验设计回归。第二种用于在自然情境下观测被试，记录其变量的情景（例如年龄、收入、焦虑程度等），这些变量与我们感兴趣的结果变量相关。这一类回归称为非实验设计回归。

误用回归是很有可能的。我们会提示一些易犯的错误，但是不会将其全部列举出来。判断误用的最佳准则就是常识。如果分析的结果没有任何意义，建议你向专家求助。最后，统计是用于帮助我们理解生活的工具。虽然理解生活可能很复杂，却不会是反常的。在接受完全基于统计分析的结论之前，最好与一个经验丰富的数据分析师进行探讨。许多离谱的数据分析结果往往是由于数据输入的错误造成的。

2.　实验设计回归

假设我们要研究体育锻炼和兴奋剂的使用对减肥的作用。24 个被试参与了实验，实验设计中兴奋剂（Dosage）有四个水平，体育锻炼（Exercise）有三个水平。24 个被试被随机分配到体育锻炼和兴奋剂的水平结合中，每个水平结合有 2 个被试。三周实验结束之后，测量每个被试减去的体重（后测体重 - 前测体重）。数据如下：

减肥实验的数据

被试	兴奋剂（毫克 / 天）	体育锻炼（小时 / 周）	减去的体重（磅）
1	100	0	-4
2	100	0	0
3	100	5	-7
4	100	5	-6
5	100	10	-2
6	100	10	-14
7	200	0	-5
8	200	0	-2
9	200	5	-5
10	200	5	-8
11	200	10	-9
12	200	10	-9
13	300	0	1
14	300	0	0
15	300	5	-3
16	300	5	-3
17	300	10	-8
18	300	10	-12
19	400	0	-5
20	400	0	-4
21	400	5	-4
22	400	5	-6
23	400	10	-9
24	400	10	-7

这个数据可以做 3×4 方差分析，或双变量的多元回归。回归方法假定锻炼和药物的效应是呈线性增长的；ANOVA 则没有这样的假定。如果我们使用多元回归的方法，程序如下：

```
DATA WEIGHT_LOSS;
   INPUT ID DOSAGE EXERCISE LOSS;
DATALINES;
1  100  0 -4
2  100  0  0
3  100  5 -7
4  100  5 -6
5  100 10 -2
6  100 10 -14
7  200  0 -5
8  200  0 -2
9  200  5 -5
10  200  5 -8
11  200 10 -9
12  200 10 -9
13  300  0 1
14  300  0 0
15  300  5 -3
16  300  5 -3
17  300 10 -8
18  300 10 -12
19  400  0 -5
20  400  0 -4
21  400  5 -4
22  400  5 -6
23  400 10 -9
24  400 10 -7
;
PROC REG DATA=WEIGHT_LOSS;
   TITLE "Weight Loss Experiment - Regression Example";
   MODEL LOSS=DOSAGE EXERCISE / P R;
RUN;
QUIT;
```

前三行创建了数据集。PROC REG 可以建立多种回归模型。MODEL 语句指明了因变量（等号左边）是 LOSS，两个自变量（或者称为预测变量，在等号右边）是 DOSAGE 和 EXERCISE。选项 P 和 R 表示要计算预测值和残差。注意，本程序末尾使用了 QUIT 语句。这是因为 PROC REG 与 PROC ANOVA、PROC GLM 一样，都是交互式的程序（也称为“RUN GROUP 过程”），也就是说，在 RUN 语句执行之后，你还需要提交其他的语句（比如说，新的模型或 QUIT 语句），不然 SAS 显示管理器的上方会一直呈现“running”。

该程序的输出结果如下：

```
Weight Loss Experiment - Regression Example

The REG Procedure
Model: MODEL1
Dependent Variable: LOSS

Number of Observations Read          24
Number of Observations Used          24

                        Analysis of Variance

                                     Sum of          Mean
Source                     DF       Squares        Square   F Value   Pr > F

Model                       2     162.97083      81.48542     11.19   0.0005
Error                      21     152.98750       7.28512
Corrected Total            23     315.95833

Root MSE              2.69910     R-Square       0.5158
Dependent Mean       -5.45833     Adj R-Sq       0.4697
Coeff Var           -49.44909

                        Parameter Estimates

                          Parameter       Standard
Variable        DF         Estimate          Error    t Value    Pr > |t|

Intercept        1         -2.56250        1.50884      -1.70      0.1042
DOSAGE           1          0.00117        0.00493       0.24      0.8151
EXERCISE         1         -0.63750        0.13495      -4.72      0.0001

                          Output Statistics

       Dependent  Predicted    Std Error             Std Error  Student
  Obs   Variable      Value Mean Predict   Residual   Residual  Residual

    1    -4.0000    -2.4458       1.1425    -1.5542      2.445    -0.636
    2          0    -2.4458       1.1425     2.4458      2.445     1.000
    3    -7.0000    -5.6333       0.9219    -1.3667      2.537    -0.539
    4    -6.0000    -5.6333       0.9219    -0.3667      2.537    -0.145
    5    -2.0000    -8.8208       1.1425     6.8208      2.445     2.789
    6   -14.0000    -8.8208       1.1425    -5.1792      2.445    -2.118
    7    -5.0000    -2.3292       0.9053    -2.6708      2.543    -1.050
    8    -2.0000    -2.3292       0.9053     0.3292      2.543     0.129
    9    -5.0000    -5.5167       0.6035     0.5167      2.631     0.196
   10    -8.0000    -5.5167       0.6035    -2.4833      2.631    -0.944
   11    -9.0000    -8.7042       0.9053    -0.2958      2.543    -0.116
   12    -9.0000    -8.7042       0.9053    -0.2958      2.543    -0.116
   13     1.0000    -2.2125       0.9053     3.2125      2.543     1.263
   14          0    -2.2125       0.9053     2.2125      2.543     0.870
   15    -3.0000    -5.4000       0.6035     2.4000      2.631     0.912

                                                               [Continued]
```

```
16   -3.0000   -5.4000      0.6035   2.4000     2.631    0.912
17   -8.0000   -8.5875      0.9053   0.5875     2.543    0.231
18  -12.0000   -8.5875      0.9053  -3.4125     2.543   -1.342
19   -5.0000   -2.0958      1.1425  -2.9042     2.445   -1.188
20   -4.0000   -2.0958      1.1425  -1.9042     2.445   -0.779
21   -4.0000   -5.2833      0.9219   1.2833     2.537    0.506
22   -6.0000   -5.2833      0.9219  -0.7167     2.537   -0.283
23   -9.0000   -8.4708      1.1425  -0.5292     2.445   -0.216
24   -7.0000   -8.4708      1.1425   1.4708     2.445    0.601

        Output Statistics

                            Cook's
Obs    -2-1 0 1 2              D

  1  |      *|      |       0.029
  2  |       |**    |       0.073
  3  |      *|      |       0.013
  4  |       |      |       0.001
  5  |       |***** |       0.566
  6  |   ****|      |       0.326
  7  |     **|      |       0.047
  8  |       |      |       0.001
  9  |       |      |       0.001
 10  |      *|      |       0.016
 11  |       |      |       0.001
 12  |       |      |       0.001
 13  |       |**    |       0.067
 14  |       |*     |       0.032
 15  |       |*     |       0.015
 16  |       |*     |       0.015
 17  |       |      |       0.002
 18  |     **|      |       0.076
 19  |     **|      |       0.103
 20  |      *|      |       0.044
 21  |       |*     |       0.011
 22  |       |      |       0.004
 23  |       |      |       0.003
 24  |       |*     |       0.026

Sum of Residuals                          0
Sum of Squared Residuals          152.98750
Predicted Residual SS (PRESS)     212.03588
```

输出结果首先呈现方差分析表格（analysis-of-variance table），这一表格与标准的ANOVA分析非常类似。模型中有两个自由度，一个来自于EXERCISE，另一个来自于DOSAGE。每一个自变量只有一个自由度，因为回归分析对每个变量都单独估计了一条直线，而不是估计出多个平均数。

模型的总平方和（162.971）告诉我们，减去的体重中有多少变异是来自于EXERCISE和DOSAGE这两个变量。模型的均方（81.485）是总平方和（162.971）

除以自由度（2）。均方除以误差均方（7.285）可得到回归的 F 统计量（11.185）。该 F 值的 p 值为 .0005。“C TOTAL”意指“校正的总和”，表示自变量的总自由度（23）和总平方和（315.958）。在回归中，校正的总自由度等于总样本量 -1，这是因为拿了 1 个自由度去估计组平均值。ROOT MSE（2.699）是误差的均方根，表示不能被 EXERCISE 和 DOSAGE 解释的变异（以标准差为单位）。Dependent Mean（因变量均值，-5.458）就是因变量 LOSS 的平均数。R-Square（R 平方，.5158）是 ECERCISE、DOSAGE 这两个自变量与 LOSS 的多元相关系数的平方，表示 LOSS 被自变量所解释的变异的比例。Adj R-Sq（校正后的 R 平方，.4697）考虑了方程中使用了多少个变量，稍微降低了估计值。Coeff Var（变异系数，-49.449）表示变异的系数，计算方法是用 ROOT MSE 除以平均数，再乘以 100。当平均数和标准差相关时（比如收入数据），CV 会是一个非常有用的值。

结果输出中的“Output Statistics”显示了每个观测值中 LOSS 的真值、预测值、两个值之间的差异（残差）。另外，“Student Residuals”将残差表示为 t 分数，“Cook’s D”是一种距离测度，表示某个观测值影响回归线的强度。D 的绝对值如果很大（大于 2），则表示模型可能有问题，或者该观测值需要仔细检查一下。

解释了方差分析表格中的术语，下面我们总结一下可以得到什么结论。基本上，表格指明了自变量与因变量是相关的（F 在 p=.0005 上显著）。此外，减轻的体重有 50% 左右的变异可以被两个实验处理所解释。许多研究者对 R 平方更加感兴趣，因为 R 平方代表了变量间相关的程度。结果输出的第二部分是对回归方程的参数估计。估计了三个参数 :（1）截距 ;（2）DOSAGE 的系数 ;（3）EXERCISE 的系数。每个参数估计都基于一个自由度（回归中一般都是这样的）。同时，每一个参数估计都包含标准误、t 统计量和 p 值。T 统计量是估计的参数除以标准误得到的值，它的估计是基于误差项的自由度（本例中是 21）。

“Parameters Estimates”（参数估计）的结果告诉我们，EXERCISE 确实导致了体重降低。DOSAGE 的系数没有显著地区别于 0（p=.8151）。这里，截距也没有显著地区别于 0，这一点没有关系。截距仅仅告诉我们回归线在哪里与 y 轴相交，却不能解释任何变异。

如果有这种情况，研究者一般会进行一个新的回归，将 DOSAGE 排除在外，重新估计 EXERCISE。因为这是一个设计性实验，我们建议按照设计的目的来进行回归。排除 DOSAGE 不会影响 EXERCISE 的估计，因为 DOSAGE 和 EXERCISE 是不相关的（由于设计导致）。当回归中的自变量不相关时，添加或移除某个变量并不会对回归系数的估计产生影响。如果自变量是相关的，添加或移除变量将很大地影响回归估计和假设检验。

3. 非实验设计回归

许多回归分析都用来处理自变量有某些相关的数据集。这种非实验设计的数据在各个领域都存在。心脏病或癌症的影响因素、学生特征对学生成绩的影响、有关经济趋势影响因素的研究都采用非实验设计的数据。研究者被非实验设计数据误导的可能性很大；对于研究新手来说，这几乎是肯定的。强烈建议你翻阅该领域的经典书籍(例如 Pedhazur 的《*Multiple Regression in Behavioral Research*》)或向专家请教。下面，让我们顶着风险进入非实验设计的数据的回归分析。

数据的性质

实验设计和非实验设计的数据集在表面上有许多相似的地方。第一，都有一个或多个结果变量（也叫因变量）。第二，都有多个自变量（有时非常之多）。两者间最基本的区别是自变量之间是否相关。这是因为在非实验设计研究中，研究者定义一个感兴趣的人群（比如有心脏病的人、六年级学生等），抽取一个样本，测量感兴趣的变量。研究目的是用自变量来解释因变量的变异。现在为止，听起来很简单。

问题是，自变量之间的相关会导致回归估计随着自变量的不同而有所变化。也就是说，B 对 A 的影响取决于 C 是否在回归方程中。如果没有 C，B 看起来是有影响的。但是加入 C，B 的影响就完全消失了！这一现象的原因是：回归系数告诉我们某个自变量对因变量有独特的贡献。因此，B 的系数告诉我们，B 本身在没有其他变量与之重叠的情况下，对 A 的贡献是独特的。如果 B 是方程中唯一的自变量，那就没有什么问题，但一旦加入 C，如果 B 和 C 是相关的，B 对 A 独特的贡献就会改变。让我们通过一个例子看看这一过程是怎么发生的。

被试是随机抽样的城市学校的六年级学生，每个被试测量了下面的变量：

1. ACH6：六年级末的阅读成绩
2. ACH5：五年级末的阅读成绩
3. APT：五年级测试的口语能力
4. ATT：五年级测试的对学校的态度
5. INCOME：家庭收入（千美元 / 年）

数据集如下（注：并非真实数据）：

ID	ACH6	ACH5	APT	ATT	INCOME
1	7.5	6.6	104	60	67
2	6.9	6.0	116	58	29
3	7.2	6.0	130	63	36
4	6.8	5.9	110	74	84
5	6.7	6.1	114	55	33
6	6.6	6.3	108	52	21
7	7.1	5.2	103	48	19
8	6.5	4.4	92	42	30
9	7.2	4.9	136	57	32
10	6.2	5.1	105	49	23
11	6.5	4.6	98	54	57
12	5.8	4.3	91	56	29
13	6.7	4.8	100	49	30
14	5.5	4.2	98	43	36
15	5.3	4.3	101	52	31
16	4.7	4.4	84	41	33
17	4.9	3.9	96	50	20
18	4.8	4.1	99	52	34
19	4.7	3.8	106	47	30
20	4.6	3.6	89	58	27

该研究的目的是考察什么因素影响了六年级学生的阅读成绩。下面的程序用于分析这一数据：

```
DATA NONEXP;
   INPUT ID ACH6 ACH5 APT ATT INCOME;
DATALINES;
1  7.5   6.6   104   60   67
2  6.9   6.0   116   58   29
3  7.2   6.0   130   63   36
4  6.8   5.9   110   74   84
5  6.7   6.1   114   55   33
6  6.6   6.3   108   52   21
7  7.1   5.2   103   48   19
8  6.5   4.4    92   42   30
9  7.2   4.9   136   57   32
10 6.2   5.1   105   49   23
11 6.5   4.6    98   54   57
12 5.8   4.3    91   56   29
13 6.7   4.8   100   49   30
                                     [Continued]
```

```
14 5.5   4.2    98   43   36
15 5.3   4.3   101   52   31
16 4.7   4.4    84   41   33
17 4.9   3.9    96   50   20
18 4.8   4.1    99   52   34
19 4.7   3.8   106   47   30
20 4.6   3.6    89   58   27
;
PROC REG DATA=NONEXP;
   TITLE "Nonexperimental Design Example";
MODEL ACH6 = ACH5 APT ATT INCOME /
   SELECTION = FORWARD;
MODEL ACH6 = ACH5 APT ATT INCOME /
   SELECTION = MAXR;
RUN;
QUIT;
```

PROC REG 中的 SELECTION=FORWARD 表示用前进回归法（forward regression），将 ACH6 作为因变量，ACH5、APT、ATT 和 INCOME 作为自变量。前进回归法中，每个变量都进行检验，F 值最大的最先进入方程（要求进入方程的变量的 p 值要小于设定的或默认的值）。因为我们没有指定进入模型的标准，默认的 p 是 .50。如果要改变进入模型的 p 值，在 MODEL 后添加选项 SLENTRY=p 值。而在另外一种回归方法——逐步回归法（stepwise regression）（进入模型的变量在之后的分析中也可能被剔除）中，我们还可以指定进入模型的 p 值（SLENTRY=p 值）和离开模型的 p 值（SLSTARY=p 值）。逐步回归法中默认的进入和离开方程的 p 值都是 .15。

在这个程序中，我们也想看看 MAXR 方法分析的结果。在检验结果之前，我们要先讨论一下逐步回归法和非实验设计数据之间的问题。

4. 逐步回归和其他变量选择的方法

在非实验设计的数据中，自变量并非完全独立的，它们之间存在相关。如果这些相关呈中到高度（.50 或更高），那么进入方程的自变量将极大地影响回归系数。如果有很多自变量，那么哪一组是最好的呢？变量选择方法（包括逐步回归法），就是用于帮助研究者寻找最理想的变量组。不幸的是，许多方法常常被误用。统计上最好的解决方法在实际操作中可能并不是最好的。也就是说，虽然解释了绝大部分变异，回归结果可能不十分有用，也没有太多意义。查看结果时，我们将讨论这一点。

逐步回归法检验一系列不同的回归方程。逐步回归的目的是将一组自变量同时放进方程，直到所有变量都添加进去，或者满足某个标准时。标准通常是统计显著性，或者能更好地解释变异。

SAS 支持一系列变量选择的方法：

1. **前进回归法**（FORWARD）：单独对每个自变量进行回归分析，选择 F 值最大的变量最先进入模型，在此基础上再寻找 F 值第二大的变量进入模型，以此类推。
2. **后退回归法**（BACKWARD）：先把所有的变量都纳入模型，再逐一剔除预测性最差的变量。
3. **逐步回归法**（STEPWISE）：类似于 FORWARD 回归法，不同的是，每添加一个新的变量，都会对模型中已有变量进行检验，看其是否还符合显著性的要求。
4. **MAXR 回归法**：比较复杂的过程，简单说来，它不停地把那些能够使 R-SQUARE 最高的变量纳入模型。
5. **MINR 回归法**：类似于 MAXR，选择方式上有些许不同。

下面我们看看程序的结果输出：

```
Nonexperimental Design Example

The REG Procedure
Model: MODEL1
Dependent Variable: ACH6

Number of Observations Read          20
Number of Observations Used          20

Forward Selection: Step 1

Variable ACH5 Entered: R-Square = 0.6691 and C(p) = 1.8755

                         Analysis of Variance

                                  Sum of           Mean
Source                  DF       Squares         Square   F Value   Pr > F

Model                    1      12.17625       12.17625     36.40   <.0001
Error                   18       6.02175        0.33454
Corrected Total         19      18.19800

            Parameter     Standard
Variable     Estimate        Error   Type II SS   F Value   Pr > F

Intercept     1.83725      0.71994      2.17866      6.51   0.0200
ACH5          0.86756      0.14380     12.17625     36.40   <.0001

Bounds on condition number: 1, 1
```

[Continued]

```
Forward Selection: Step 2

Variable APT Entered: R-Square = 0.7082 and C(p) = 1.7646

                           Analysis of Variance

                                    Sum of           Mean
Source                   DF        Squares         Square   F Value   Pr > F

Model                     2       12.88735        6.44367     20.63   <.0001
Error                    17        5.31065        0.31239
Corrected Total          19       18.19800

              Parameter       Standard
Variable       Estimate          Error   Type II SS   F Value   Pr > F

Intercept       0.64270        1.05398      0.11616      0.37   0.5501
ACH5            0.72475        0.16814      5.80435     18.58   0.0005
APT             0.01825        0.01210      0.71110      2.28   0.1497

Bounds on condition number: 1.464, 5.8559
--------------------------------------------------------------------------

No other variable met the 0.5000 significance level for entry into the
model.

                      Summary of Forward Selection

      Variable    Number    Partial     Model
Step  Entered     Vars In   R-Square    R-Square    C(p)     F Value   Pr > F

  1   ACH5            1      0.6691      0.6691     1.8755     36.40   <.0001
  2   APT             2      0.0391      0.7082     1.7646      2.28   0.1497

The REG Procedure
Model: MODEL2
Dependent Variable: ACH6

Number of Observations Read           20
Number of Observations Used           20

Maximum R-Square Improvement: Step 1

Variable ACH5 Entered: R-Square = 0.6691 and C(p) = 1.8755

                           Analysis of Variance

                                    Sum of           Mean
Source                   DF        Squares         Square   F Value   Pr > F
Model                     1       12.17625       12.17625     36.40   <.0001
Error                    18        6.02175        0.33454
Corrected Total          19       18.19800

              Parameter       Standard
Variable       Estimate          Error   Type II SS   F Value   Pr > F
```

Intercept	1.83725	0.71994	2.17866	6.51	0.0200
ACH5	0.86756	0.14380	12.17625	36.40	<.0001

Bounds on condition number: 1, 1

The above model is the best 1-variable model found.

Maximum R-Square Improvement: Step 2

Variable APT Entered: R-Square = 0.7082 and C(p) = 1.7646

Analysis of Variance

Source	DF	Sum of Squares	Mean Square	F Value	Pr > F
Model	2	12.88735	6.44367	20.63	<.0001
Error	17	5.31065	0.31239		
Corrected Total	19	18.19800			

Variable	Parameter Estimate	Standard Error	Type II SS	F Value	Pr > F
Intercept	0.64270	1.05398	0.11616	0.37	0.5501
ACH5	0.72475	0.16814	5.80435	18.58	0.0005
APT	0.01825	0.01210	0.71110	2.28	0.1497

Bounds on condition number: 1.464, 5.8559

The above model is the best 2-variable model found.

Maximum R-Square Improvement: Step 3

Variable ATT Entered: R-Square = 0.7109 and C(p) = 3.6194

Analysis of Variance

Source	DF	Sum of Squares	Mean Square	F Value	Pr > F
Model	3	12.93628	4.31209	13.11	0.0001
Error	16	5.26172	0.32886		
Corrected Total	19	18.19800			

Variable	Parameter Estimate	Standard Error	Type II SS	F Value	Pr > F
Intercept	0.80014	1.15586	0.15759	0.48	0.4987
ACH5	0.74740	0.18223	5.53198	16.82	0.0008
APT	0.01973	0.01299	0.75862	2.31	0.1483
ATT	−0.00798	0.02068	0.04893	0.15	0.7048

Bounds on condition number: 1.6336, 14.16

[Continued]

```
The above model is the best  3-variable model found.

Maximum R-Square Improvement: Step 4

Variable INCOME Entered: R-Square = 0.7223 and C(p) = 5.0000

                        Analysis of Variance

                                Sum of          Mean
Source              DF         Squares        Square   F Value   Pr > F

Model                4        13.14492       3.28623      9.76   0.0004
Error               15         5.05308       0.33687
Corrected Total     19        18.19800

              Parameter      Standard
Variable       Estimate         Error   Type II SS   F Value   Pr > F

Intercept       0.91165       1.17841      0.20162      0.60   0.4512
ACH5            0.71374       0.18933      4.78747     14.21   0.0019
APT             0.02394       0.01419      0.95826      2.84   0.1124
ATT            -0.02116       0.02681      0.20983      0.62   0.4423
INCOME          0.00899       0.01142      0.20864      0.62   0.4435

Bounds on condition number: 2.4316, 31.793
-----------------------------------------------------------------------

The above model is the best  4-variable model found.

No further improvement in R-Square is possible.
```

最先呈现的是前进回归法的结果。第一步，ACH5 最先进入回归方程，因为它与 ACH6 的相关最高。R 平方（能解释的变异）是 0.669，相对而言非常高。Cp 是一个统计量，用于确定有多少个变量在回归中被使用。第 1 章末尾的参考资料中有关于 Mallow's Cp 统计量的介绍。规则就是用方程中的自变量个数减 1（得到截距），当 Cp 达到此值时，就不需要再加入变量了。剩下的统计量和之前的 PROC REG 程序一样。第二步，加入 APT 可以使 R 平方的增幅最大。但是，R 平方仅仅从 0.669 增长到 0.708。此外，APT 回归系数是不显著的（p=.1497），这说明 APT 的加入并没有比 ACH5 单独预测时信息量更多。许多研究者可能将 APT 移除模型，采用一个变量（ACH5）的模型。第二步结束后，系统发现没有变量使得 p 值小于 .50，因此不再进入新的变量。我们一般都将 p 值设置为小于 .05，即使在回归分析中，设为 .10 也是很少见的。

MAXR 回归法先找到最好的单变量模型，再找到最好的双变量模型，依次寻找下去，直到完整模型（包含所有变量）。两种方法都得出了同样的结论：ACH5 是最好且最强的预测变量，其他的变量，除了 APT 可能有用外，都不需要纳入模型。

但是，这就有一个问题了。任何一个六年级的老师都知道五年级的成绩是六年级成绩的最佳预测指标，但是这对于实际工作并没有什么帮助。因此，在回归中删除ACH5，而将APT、ATT和INCOME纳入模型可能更有用。同时，将ACH5作为因变量，APT、ATT和INCOME作为自变量进行分析。另一种回归方法能快速检验大量的可能性，就是RSQUARE回归法。RSQUARE回归法可以呈现自变量列表中每一个、两个、三个……n个变量组合时所得到的R平方。下面的程序将生成以上提到的回归，我们将ACH5也作为因变量进行分析（MODEL中的C_p选项表示对每个模型都计算Mallow's C_p统计量）。

```
PROC REG DATA=NONEXP;
   MODEL ACH6 = INCOME ATT APT ACH5 / SELECTION=RSQUARE CP;
   MODEL ACH5 = INCOME ATT APT / SELECTION=RSQUARE CP;
RUN;
QUIT;
```

PROC REG中RSQUARE回归法的结果输出如下：

```
Nonexperimental Design Example

The REG Procedure
Model: MODEL1
Dependent Variable: ACH6

R-Square Selection Method

Number of Observations Read            20
Number of Observations Used            20

Number in
 Model        R-Square        C(p)     Variables in Model
    1          0.6691       1.8755     ACH5
    1          0.3892      16.9947     APT
    1          0.1811      28.2357     ATT
    1          0.1017      32.5248     INCOME
-----------------------------------------------------------
    2          0.7082       1.7646     APT ACH5
    2          0.6696       3.8459     INCOME ACH5
    2          0.6692       3.8713     ATT ACH5
    2          0.4563      15.3711     INCOME APT
    2          0.4069      18.0410     ATT APT
    2          0.1856      29.9919     INCOME ATT
-----------------------------------------------------------
    3          0.7109       3.6194     ATT APT ACH5
    3          0.7108       3.6229     INCOME APT ACH5
    3          0.6697       5.8446     INCOME ATT ACH5
    3          0.4593      17.2116     INCOME ATT APT
-----------------------------------------------------------
    4          0.7223       5.0000     INCOME ATT APT ACH5
                                                [Continued]
```

```
Model: MODEL2
Dependent Variable: ACH5

R-Square Selection Method

Number of Observations Read          20
Number of Observations Used          20

Number in
  Model       R-Square        C(p)     Variables in Model

     1          0.3169       2.8134    APT
     1          0.2612       4.3496    ATT
     1          0.1320       7.9081    INCOME
------------------------------------------------------------
     2          0.4127       2.1748    INCOME APT
     2          0.3878       2.8604    ATT APT
     2          0.2642       6.2652    INCOME ATT
------------------------------------------------------------
     3          0.4191       4.0000    INCOME ATT APT
```

第一部分呈现了以 ACH6 作为因变量时的结果，所有一个、两个、三个和四个自变量组合时的 R 平方值。从表格中我们可以得到很多信息。

如果我们不想将 ACH5 作为预测变量，从一个变量回归结果中，可以看到 APT 是第二好的预测变量（R 平方 =.389）。接下来，我们想问："什么是最好的双变量回归？" 或者 "R 平方的增加是否显著地大？"。可以看看两变量中包含 APT 的项目：

```
R-square for APT + ATT = .407
             APT + INCOME =.456
```

（记住：此刻，我们不考虑 ACH5。）

可见，APT 和 INCOME 的组合比较好，R 平方的增长是 .067(由 0.456-0.389 得到)。变异解释中 6.7% 的增幅是否值得将此变量纳入模型？或许值得，虽然从小样本的结果来看，这个值在统计上不是显著的。下面将 ACH5 作为结果变量，可以看到 APT 和 INCOME 仍然是最好的预测指标。要解释这一数据，我们可以说口语能力结合家庭财富能够很好地解释阅读成绩。要记住，统计分析一定要有意义。这里将提出的问题是，这两个变量如何影响了阅读成绩。一些研究者认为 APT 是心理学变量，而 INCOME 是社会学变量，两者不应该混合在同一个回归模型中。这不是本书应该讨论的问题，但是当我们进行非实验设计回归时，最好谨记以下两个指导原则：

1. 简约：预测变量越少越好。多加一个预测变量可以多解释一点变异，但会搞乱我们对生活的理解。

2. 常识：除了统计上的相关外，预测变量和因变量也应该存在逻辑上的相关。例如，ACH6 能很好地预测 ACH5，但在逻辑上是不可能的。

最后，无论何时，研究者都应该检查变量之间的相关系数。下面的语句用于创建所有感兴趣的变量之间的相关矩阵：

```
PROC CORR DATA=NONEXP NOSIMPLE;
   TITLE "Correlations from NONEXP Data Set";
   VAR APT ATTACH5 ACH6 INCOME;
RUN;
```

该程序的结果输出如下：

```
Correlations from NONEXP Data Set

The CORR Procedure

   5  Variables:    APT      ATT      ACH5      ACH6      INCOME

                 Pearson Correlation Coefficients, N = 20
                        Prob > |r| under H0: Rho=0

                  APT           ATT          ACH5          ACH6        INCOME

APT           1.00000       0.49741       0.56297       0.62387       0.09811
                             0.0256        0.0098        0.0033        0.6807

ATT           0.49741       1.00000       0.51104       0.42559       0.62638
               0.0256                      0.0213        0.0614        0.0031

ACH5          0.56297       0.51104       1.00000       0.81798       0.36326
               0.0098        0.0213                       <.0001        0.1154

ACH6          0.62387       0.42559       0.81798       1.00000       0.31896
               0.0033        0.0614        <.0001                      0.1705

INCOME        0.09811       0.62638       0.36326       0.31896       1.00000
               0.6807        0.0031        0.1154        0.1705
```

简单的相关分析往往可以更好地理解复杂的回归分析。可以看到，为什么 ATT 与 ACH6 相关显著（R=.42559），却没有纳入最后的模型中。这是因为 ATT 与 INCOME 高相关（R=.62638），也与 APT 相关（R=.49741），因此 ATT 与 ACH6 的相关就被 APT 和 INCOME 削弱了。同时，INCOME 和 APT 是不相关的（R=.09811），这使得它们在模型中不会相互干扰。简单的相关分析也可以避免错误地解释"抑制变量"（suppressor variables）。这里讨论起来太复杂了，总之，当一个变量与因变量没有显著相关，但却在多元回归中呈现出显著的回归系数（经常是负的）时，这种变量就会被勘察到。

使用逐步回归法有一个问题，即它的统计技术份量会盖过理论和逻辑的价值。许多研究者建议不要使用逐步回归。这样说可能太绝对了，总的来说，谨慎使用逐步回归是一种聪明的举动。

5. 创建虚拟变量

正如本章之前提到的，分类变量（例如性别或种族）在多元回归中作为自变量，但是需要首先创建虚拟变量。当分类变量只有两个水平（例如性别）时,这非常简单。变量编码为 FEMALE 和 NOT FEMALE（或者 MALE 和 NOT MALE），传统的做法是采用 0 和 1 的值对虚拟变量赋值。如果你有一个变量 GENDER，其值为 F 和 M，可以用下列语句创建虚拟变量：

```
IF GENDER = 'F' THEN FEMALE = 1;
ELSE IF GENDER = 'M' THEN FEMALE = 0;
```

当回归中使用的是虚拟变量时，FEMALE 的系数表示如果被试是女性，因变量的预期值将加或减（如果系数是负的）多少。这是因为我们将男性赋值为 0，也就是将男性作为参照水平（任何数字乘以 0 仍然等于 0）。注意，我们并没有这样编码：

```
IF GENDER = 'F' THEN FEMALE = 1;
ELSE FEMALE = 0;
```

这是因为任何不是 F 的值（缺失值或错误数据）都会被赋值为 0（这样就将缺失值和非法值都看做男性了）。任何时候使用 ELSE 语句时，如果之前没有 IF 做限定，都要格外谨慎。

用 SAS 创建 FEMALE 虚拟变量更为简单语句是：

```
IF GENDER IN ('M' 'F') THEN FEMALE = (GENDER EQ 'F');
```

这一逻辑语句中，GENDER EQ ‘F’ 返回到 0 或 1。任何缺失值或非法值都将得到 GENDER 中的缺失值。这一语句并不见得比之前的更好，不过如果你要给领导留下深刻印象，这非常管用!

如果分类自变量的水平多于两个，我们该怎么做呢？我们可以将其中一个水平作为“参照水平”，创建 k-1 个虚拟变量（k 是分类变量的水平数）。例如，变量

RACE（种族）有WHITE（白人）、AFRICAN AM（非裔美国人）和ASIAN（亚裔）三个水平，如果将WHITE作为参照水平，我们将创建两个虚拟变量——一个代表是否是AFRICAN AM，另一个代表是否是ASIAN。一种编码方式是：

```
IF RACE = 'AFRICAN  AM' THEN AF_AM = 1;
ELSE IF RACE NE ' ' THEN AF_AM = 0;
IF RACE = 'ASIAN' THEN ASIAN = 1;
ELSE IF RACE NE ' ' THEN ASIAN = 0;
```

更为简洁的方法是：

```
IF RACE IN ('AFRICAN AM' 'ASIAN' 'WHITE') THEN DO;
   AF_AM = (RACE EQ 'AFRICAN AM');
   ASIAN = (RACE EQ 'ASIAN');
END;
```

不过，如果水平数很多时，创建虚拟变量就成了一件难以完成的任务了。

6. 通过方差膨胀因子查看多重共线性

前面讨论了用一系列预测因子预测学业成绩的模型，我们发现自变量间的高相关使我们难以得到一个好的模型，我们也讨论了如何解释这些结果。一种探测交互相关效应的诊断方法是方差膨胀因子（variance inflaction factor，VIF）。这一指标表示当其他自变量与某个变量包含同样的信息时，这个变量的回归系数的变异受此影响膨胀了多少。这一指标较大，说明存在一定程度的多重共线性。如果超过10，则需要仔细检查。

MODEL中的VIF选项可以将这一诊断指标加入多元回归。我们用ACH5、APT、ATT和INCOME预测ACH6，加入VIF的语句如下：

```
PROC REG DATA=NONEXP;
   TITLE "Adding the Variance Inflation Factor to the Regression";
   MODEL ACH6 = ACH5 APT ATT INCOME / VIF;
RUN;
QUIT;
```

结果输出中包含VIF诊断指标的部分如下：

```
                          Parameter Estimates

                       Parameter      Standard                          Variance
Variable     DF        Estimate          Error   t Value   Pr > |t|    Inflation

Intercept     1         0.91165        1.17841      0.77     0.4512            0
ACH5          1         0.71374        0.18933      3.77     0.0019      1.72141
APT           1         0.02394        0.01419      1.69     0.1124      1.86921
ATT           1        -0.02116        0.02681     -0.79     0.4423      2.43159
INCOME        1         0.00899        0.01142      0.79     0.4435      1.92607
```

可以看到，结果中没有很大的 VIF 值，因此我们可以认为不存在多重共线性的问题。

7. Logistic 回归

当因变量只有两个水平（如生病 / 健康，成功 / 失败），多元回归方法将不再适用。假设我们将因变量编码，1 代表生病，0 代表健康，我们希望回归能得到一个 0 到 1 之间的数字，代表被试生病或者健康的概率是多少。但是，多元回归的方法则可能得到一个负值，或大于 1 的值，这很难解释。

Logistic 回归可以处理这类问题。Logistic 回归采用 Logit 转换使得预测方程得到 0 到 1 之间的值。Logistic 回归方程预测被试在某个分类中的优势的自然对数。另外，Logistic 回归方程的回归系数可以用于估计每个自变量的优势比。

关于 Logistic 回归的细节不是本书探讨的范围，不过我们也要用下面的数据来阐述运行 Logistic 回归的一些方法。

我们记录了被试的车祸情况（被试在过去一年是否发生过车祸？）、年龄、视力问题（VISION）、驾驶教育状况（DRIVE-ED）和性别。数据储存在 C:\APPLIED\ACCIDENT.DTA，列表如下（0= 否，1= 是）：

车祸状况	年龄	视力问题	驾驶教育	性别
1	17	1	1	F
1	44	0	0	M
1	48	1	0	F
1	55	0	0	M
1	75	1	1	F
0	35	0	1	F
0	42	1	1	F
0	57	0	0	M

（续）

车祸状况	年龄	视力问题	驾驶教育	性别
0	28	0	1	M
0	20	0	1	F
0	38	1	0	F
0	45	0	1	M
0	47	1	1	F
0	52	0	0	F
0	55	0	1	M
0	68	1	0	M
0	18	1	0	F
1	68	0	0	M
1	48	1	1	F
1	17	0	0	F
1	70	1	1	M
1	72	1	0	F
1	35	0	1	M
1	19	1	0	F
1	62	1	0	F
0	39	1	1	F
0	40	1	1	F
0	55	0	0	M
0	68	0	1	M
0	25	1	0	M
0	17	0	0	F
0	45	0	1	M
0	44	0	1	F
0	67	0	0	F
0	55	0	1	M
1	61	1	0	M
1	19	1	0	M
1	69	0	0	F
1	23	1	1	M
1	19	0	0	F
1	72	1	1	M
1	74	1	0	M
1	31	0	1	M
1	16	1	0	M
1	61	1	0	F

我们的目的是看年龄、视力问题和驾驶教育能否用于预测被试在一年内是否发生过车祸（性别变量 GENDER 在之后介绍 PROC LOGISTIC 的 CLASS 语句时才会用到）。下面的程序创建了一个叫 LOGISTIC 的数据集，包括三个新创建的变量（AGEGROUP、YOUNG 和 OLD），这在后面的章节会用到。运行前进逐步 Logistic 回归的语句如下：

```
*-------------------------------------------------------*
| Program Name: LOGISTIC.SAS in C:\APPLIED              |
| Purpose: To demonstrate logistic regression           |
| Date: April 13, 2004                                  |
*-------------------------------------------------------*;
PROC FORMAT;
   VALUE AGEGROUP   0 = '20 to 65 (inclusive)'
                    1 = '<20 or >65';
   VALUE VISION  0 = 'No Problem'
                 1 = 'Some Problem';
   VALUE YES_NO  0 = 'No'
                 1 = 'Yes';
RUN;
DATA LOGISTIC;
   INFILE 'C:\APPLIED\ACCIDENT.DTA' MISSOVER;
   INPUT ACCIDENT AGE VISION DRIVE_ED GENDER : $1.;
   IF NOT MISSING(AGE) THEN DO;
      IF AGE GE 20 AND AGE LE 65 THEN AGEGROUP = 0;
      ELSE AGEGROUP = 1;
      IF AGE LT 20 THEN YOUNG = 1;
      ELSE YOUNG = 0;
      IF AGE GT 65 THEN OLD = 1;
      ELSE OLD = 0;
   END;
   LABEL
      ACCIDENT = 'Accident in Last Year?'
      AGE      = 'Age of Driver'
      VISION   = 'Vision Problem?'
      DRIVE_ED = 'Driver Education?';
   FORMAT   ACCIDENT DRIVE_ED YOUNG OLD YES_NO.
            AGEGROUP AGEGROUP.
            VISION VISION.;
RUN;
PROC LOGISTIC DATA=LOGISTIC DESCENDING;
   TITLE "Predicting Accidents Using Logistic Regression";
   MODEL  ACCIDENT = AGE VISION DRIVE_ED /
      SELECTION = FORWARD
      CTABLE PPROB =(0 to 1 by .1)
      LACKFIT
      RISKLIMITS;
RUN;
QUIT;
```

DATA 步骤非常直接明了。MISSING 函数在其自变量缺失时返回 TRUE（1），否则返回 FALSE（0）。注意到这个函数的自变量既可以是字符，也可以是数字。

下面解释 PROC LOGISTIC 语句。PROC LOGISTIC 中最特殊的部分，便是方程预测的是因变量中较低的值的对数优势。程序默认通过变量的格式来确定其顺序。

本例中，‘NO’先于‘YES’，因此 PROC LOGISTIC 默认预测较低的值（‘NO’）的概率。因此，方程将预测没有发生车祸的对数优势。一种简易的反转方法是使用 DESCENDING 选项。本例中，使用这一选项让我们可以在有一系列预测或解释变量时预测发生车祸的对数优势。如果你发现对数优势看起来好像是预测了错误的方向，检查结果列表的最上端，程序将列出哪一个值作为了预测结果。

接下来，MODEL 语句和之前使用的 PROC REG 很相似。这一例子包含的 MODEL 选项有：变量选择方法采用了前进回归法（FORWARD）；分类表格（CTABLE）要求以 .1 为单位呈现所有的概率 (0-1 之间)；另外还要求进行 Hosmer 和 Lemeshow 拟合优度检验（LACKFIT），并呈现每个变量 95% 置信区间的对数优势（RISKLIMITS）。结果输出如下：

```
Predicting Accidents Using Logistic Regression

The LOGISTIC Procedure

                         Model Information

Data Set                      WORK.LOGISTIC
Response Variable             ACCIDENT              Accident in Last Year?
Number of Response Levels     2
Model                         binary logit
Optimization Technique        Fisher's scoring

Number of Observations Read          45
Number of Observations Used          45

         Response Profile  ①

 Ordered                   Total
   Value     ACCIDENT    Frequency

       1     Yes                25
       2     No                 20

Probability modeled is ACCIDENT='Yes'.

Forward Selection Procedure  ②

Step  0. Intercept entered:

                   Model Convergence Status

         Convergence criterion (GCONV=1E-8) satisfied.

-2 Log L = 61.827
                                                          [Continued]
```

```
    Residual Chi-Square Test

Chi-Square        DF      Pr > ChiSq

   10.7057         3        0.0134

Step  1. Effect VISION entered:

                     Model Convergence Status

         Convergence criterion (GCONV=1E-8) satisfied.

         Model Fit Statistics

                               Intercept
                  Intercept          and
Criterion              Only     Covariates

AIC                  63.827         59.244
SC                   65.633         62.857
-2 Log L             61.827         55.244

        Testing Global Null Hypothesis: BETA=0

Test                    Chi-Square       DF      Pr > ChiSq

Likelihood Ratio            6.5830        1          0.0103
Score                       6.4209        1          0.0113
Wald                        6.0756        1          0.0137

     Residual Chi-Square Test

Chi-Square        DF      Pr > ChiSq

    4.9818         2        0.0828

Step  2. Effect DRIVE_ED entered:

                     Model Convergence Status

         Convergence criterion (GCONV=1E -8) satisfied.

         Model Fit Statistics
                               Intercept
                  Intercept          and
Criterion              Only     Covariates
AIC                  63.827         56.287
SC                   65.633         61.707
-2 Log L             61.827         50.287

        Testing Global Null Hypothesis: BETA=0

Test                    Chi-Square       DF      Pr > ChiSq

Likelihood Ratio           11.5391        2          0.0031
Score                      10.5976        2          0.0050
Wald                        8.5949        2          0.0136

     Residual Chi-Square Test
```

Chi-Square	DF	Pr > ChiSq
0.1293	1	0.7191

NOTE: No (additional) effects met the 0.05 significance level for entry into the model.

Summary of Forward Selection ③

Step	Effect Entered	DF	Number In	Score Chi-Square	Pr > ChiSq	Variable Label
1	VISION	1	1	6.4209	0.0113	Vision Problem?
2	DRIVE_ED	1	2	4.8680	0.0274	Driver Education?

Analysis of Maximum Likelihood Estimates ④

Parameter	DF	Estimate	Standard Error	Wald Chi-Square	Pr > ChiSq
Intercept	1	0.1110	0.5457	0.0414	0.8389
VISION	1	1.7137	0.7049	5.9113	0.0150
DRIVE_ED	1	−1.5000	0.7037	4.5440	0.0330

Odds Ratio Estimates

Effect	Point Estimate	95% Wald Confidence Limits	
VISION	5.550	1.394	22.093
DRIVE_ED	0.223	0.056	0.886

Association of Predicted Probabilities and Observed Responses ⑤

Percent Concordant	67.2	Somers' D	0.532
Percent Discordant	14.0	Gamma	0.655
Percent Tied	18.8	Tau-a	0.269
Pairs	500	c	0.766

Wald Confidence Interval for Adjusted Odds Ratios ⑥

Effect	Unit	Estimate	95% Confidence Limits	
VISION	1.0000	5.550	1.394	22.093
DRIVE_ED	1.0000	0.223	0.056	0.886

Partition for the Hosmer and Lemeshow Test

		ACCIDENT = Yes		ACCIDENT = No	
Group	Total	Observed	Expected	Observed	Expected
1	11	2	2.20	9	8.80
2	11	6	5.80	5	5.20
3	10	6	5.80	4	4.20
4	13	11	11.19	2	1.81

[Continued]

```
Hosmer and Lemeshow Goodness-of-Fit Test  ⑦

Chi-Square       DF      Pr > ChiSq

    0.0756        2          0.9629
```

Classification Table ⑧

	Correct		Incorrect		Percentages				
Prob Level	Event	Non-Event	Event	Non-Event	Correct	Sensi-tivity	Speci-ficity	False POS	False NEG
0.000	25	0	20	0	55.6	100.0	0.0	44.4	.
0.100	25	0	20	0	55.6	100.0	0.0	44.4	.
0.200	23	0	20	2	51.1	92.0	0.0	46.5	100.0
0.300	23	9	11	2	71.1	92.0	45.0	32.4	18.2
0.400	23	9	11	2	71.1	92.0	45.0	32.4	18.2
0.500	17	9	11	8	57.8	68.0	45.0	39.3	47.1
0.600	11	14	6	14	55.6	44.0	70.0	35.3	50.0
0.700	11	18	2	14	64.4	44.0	90.0	15.4	43.8
0.800	11	18	2	14	64.4	44.0	90.0	15.4	43.8
0.900	0	18	2	25	40.0	0.0	90.0	100.0	58.1
1.000	0	20	0	25	44.4	0.0	100.0	.	55.6

结果输出的解释

我们来看看结果输出中的重要部分。首先是“Response Profile”①，列出了结果变量 ACCIDENT 中每个类别的观测值数量。这里特别需要注意的是顺序值（ordered value）的信息。因为我们在 PROC LOGISTIC 语句中使用了 DESCENDING 选项，值为 1 的“YES”呈现在顺序值中的第一位。这意味着 Logistic 模型将根据解释变量预测发生车祸的对数和概率。

下一部分是自变量或解释变量进入模型的顺序②。VISION 首先进入模型，结果输出附带了一些准则，可用于评价这个变量在预测因变量时的贡献。两个准则“-2 LOG L”和“Score”都是基于卡方分布来检验因变量是否显著的。可以看到，用任何一种准则来衡量，VISION 都是显著的解释变量。其他两个准则，“AIC”（Akaike Information Criterion，赤池信息准则）和“SC”（Schwartz Criterion，施瓦茨准则）也是相似的目的，不过它们校准了模型中解释变量的数量和观测值的数量。这些统计量在比较不同模型时很有用；统计量的值越低，说明模型拟合得越好。

接下来，DRIVE_ED（驾驶教育）进入了模型。模型整体属性提升了（AIC 和 SC 更低了，-2 LOG L 的 p 值更低）。同时，由于没有其他的变量符合进入模型的条件（显

著性达到 .05），模型建立完成。

“Summary”部分③显示了每一步变量选择的步骤，包括解释变量进入模型的顺序，其卡方检验结果和 p 值。

第④部分是 Logistic 回归模型的参数估计。本例中的方程是：

$$\text{Log}（\text{发生车祸的优势}）= .110 + 1.7139（\text{VISION}）- 1.5001（\text{DRIVE\_ED}）$$

将 VISION 和 DRIVE_ED 代入，就可以得到发生车祸的对数优势。要计算优势，则对此值取对数 e。要根据视力问题和驾驶教育来计算某人发生车祸的概率，可以使用这一关系式（P 为概率）：

$$\text{Odds} = \frac{P}{1-P}$$

解出 P，我们得到：

$$P = \frac{\text{Odds}}{1+\text{Odds}}.$$

这一方程可以用于预测某人发生车祸的优势和概率。对于一个没有视力问题（VISION=0），并且从没有接受过驾驶教育（DRIVE_ED=0）的人，计算式为：

$$\text{Log}（\text{Odds}）= .1110 + 1.7139 \times 0 - 1.5001 \times 0 = .1110$$

因此，此人发生车祸的优势是：

$$\text{Odds}（\text{发生车祸}）= \exp(.1110) = 1.1174$$

发生车祸的概率是：

$$P（\text{发生车祸}）= \frac{1.1174}{1+1.1174} = .5277$$

如果还有一个在其他方面都相似，只有视力没有问题（VISION=1）的人，我们再次计算优势和概率：

$$\text{Log}（\text{Odds}）= .1110 + 1.7139 \times 1 - 1.5001 \times 0 = 1.8249.$$

$$\text{Odds}（\text{发生车祸}）= \exp(1.8249) = 6.2022.$$

$$P（\text{发生车祸}）= \frac{6.2022}{1+6.2022} = .8612.$$

可以看到，如果一个人视力有问题，其发生车祸的优势从 1.1174 急剧上升到 6.2022。我们一般考察两个优势之比，

$$\frac{6.2022}{1.1174} = 5.5506.$$

用来描述解释变量对优势的效应。这一比率称为优势比（odds ratio），在结果列表的稍后部分呈现（第 3 章 12 节详细介绍了优势比）。

“Association of Predicted Probabilities”（预测概率的联合）⑤比较复杂。它是这样进行的：将所有观测值配对组合成 990 对，找到结果不一样的。本例中，有 500 对是其中一个发生了车祸，另一个没有发生车祸的情况。然后计算每一对中的两个人发生车祸的概率。如果计算出概率较高的那一个恰好发生了车祸，这一对就记为“Concordant”（一致）。如果计算出来恰好相反，就标记为“Discordant”（不一致）。如果两个人有相同的概率，记为“Tied”（打平）。我们当然希望一致的百分比高，而不一致的百分比少。

“Wald Confidence Interval for Adjusted Odds Ratios”（校正后优势比的 Wald 置信区间）⑥是 RISKLIMITS 选项的结果。对每个变量，它列出了优势比和这一比率的 95% 置信区间。注意到 VISION 的优势比是 5.550，与我们之前计算的一样。因为 95% 置信区间不包含 1，我们更有理由确信视力是模型中显著的解释变量。DRIVE_ED（驾驶教育）的优势比小于 1，这告诉我们驾驶教育有助于降低车祸率。

“Hosmer and Lemeshow Goodness-of-Fit”（Hosmer 和 Lemeshow 拟合优度检验）⑦是基于卡方检验的评价拟合优度的检验。零假设为数据拟合特定模型，因为我们不想拒绝零假设，因此 p 值越高越好。本例中，2 个自由度的卡方值为 .0756，p 值为 .9629，这意味着我们不能拒绝零假设：数据拟合模型。

最后是“Classification Table”（分类表）⑧显示了各种水平的概率下的敏感性（Sensitivity）、特异性（Specificity），假阳性率（False POS）和假阴性率（False NEG）。假设，我们设定预测概率大于 .30 时被认为是发生车祸的“阳性诊断”。也就是说，我们保守地断定某个人即使没有达到 .50 的概率，也有发生车祸的危险。基于分类表，这时的敏感性很高（92%），特异性很低（45%）。敏感性，是指数据中发生了车祸的人被预测为确实会发生车祸（>.30) 的比例；特异性，是指没有发生车祸的人的预测概率低于 .30 的比例。通过分类表，你可以根据想要的敏感性和特异性，选择“阳性诊断”的标准。之后的章节我们将采用 ROC 曲线（receiver operator characteristic curve，观察者操作特征曲线）的方法来讨论这一问题。

用年龄（AGE）创建分类变量

不管是检查数据还是凭经验，你可能发现年龄都没有进入方程。要更深入地研究这一问题，让我们首先来看看发生了车祸和没有发生车祸的人的年龄分布。首先可以做一个简单的 PROC GCHART（或 PROC CHART）的图，程序如下：

```
OPTIONS PS=24;
PATTERN COLOR=BLACK VALUE=EMPTY;
PROC GCHART DATA=LOGISTIC;
   TITLE "Distribution of Ages by Accident Status";
   VBAR AGE / MIDPOINTS=10 TO 90 BY 10
   GROUP=ACCIDENT;
RUN;
```

结果图表如下：

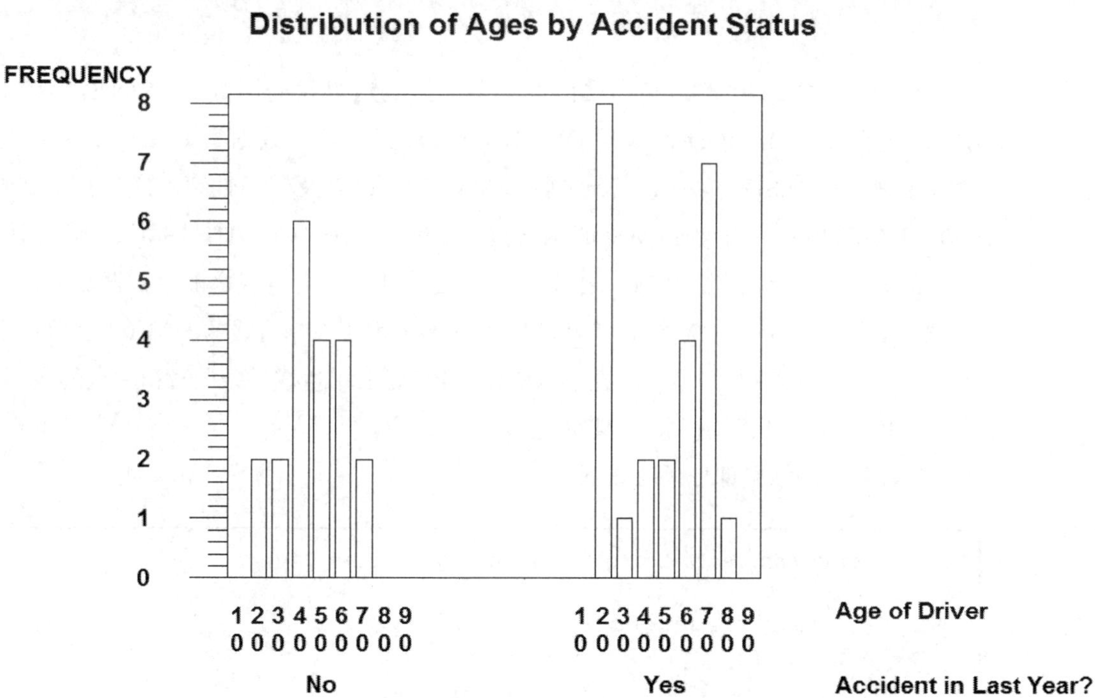

在没有发生车祸的人中，处于中间年龄段的被试很多，而在车祸组，年轻和年老的被试很多。基于此，我们可以创建一个新的变量 AGEGROUP（年龄段），给 20-65 岁的被试赋值为 0，其他被试为 1。之前我们已经创建了这个变量了。下面的程序经过了修改，加入了选项创建包含敏感性和 1- 特异性（假阳性率）的结果输出，并且之后还绘制 ROC 曲线：

```
PROC LOGISTIC DATA=LOGISTIC DESCENDING;
   TITLE "Predicting Accidents Using Logistic Regression";
   MODEL ACCIDENT = AGEGROUP VISION DRIVE_ED /
         SELECTION=FORWARD
         CTABLE PPROB =(0 to 1 by .1)
         LACKFIT
         RISKLIMITS
         OUTROC=ROC;
RUN;
QUIT;
OPTIONS LS=64 PS=32;
SYMBOL VALUE=DOT COLOR=BLACK INTERPOL=SMS60 WIDTH=2;
PROC GPLOT DATA=ROC;
   TITLE "ROC Curve";
   PLOT _SENSIT_ * _1MSPEC_ ;
   LABEL _SENSIT_ = 'Sensitivity'
         _1MSPEC_ = '1 - Specificity';
RUN;
```

PROC LOGISTIC 的语句和之前差不多，但是这里我们用 AGEGROUP 代替了 AGE，并且加入了 MODEL 选项 OUTROC=，来创建结果数据集（ROC），其中包含敏感性（_SENSIT_）和 1- 特异性（_1MSPEC_），以及假阳性率。之后用 PROC GPLOT 绘制 ROC 曲线。SYMBOL 语句指定了平滑方法 SMOOTH‘SM’，即采用样条拟合来连接各数据点，‘SM’之后的‘S’是用于在计算直线之前将数据在 x 轴上排序的指令，‘SMS’之后的数字可以从 0 到 99，用于控制直线的偏幅（0 表示直线经过每个数据点，99 几乎是一条直线）。WIDTH=2 是要求生成一条稍微粗一点的线（默认为 WIDTH=1；数字越大，线越粗）。

选择重要的结果部分呈现如下：

```
Predicting Accidents Using Logistic Regression

        Model Fit Statistics

                              Intercept
               Intercept            and
Criterion           Only     Covariates

AIC               63.827         52.434
SC                65.633         57.854
-2 Log L          61.827         46.434
```

Analysis of Maximum Likelihood Estimates

Parameter	DF	Estimate	Standard Error	Wald Chi-Square	Pr > ChiSq
Intercept	1	−1.3334	0.5854	5.1886	0.0227
AGEGROUP	1	2.1611	0.8014	7.2711	0.0070
VISION	1	1.6258	0.7325	4.9265	0.0264

Odds Ratio Estimates

Effect	Point Estimate	95% Wald Confidence Limits	
AGEGROUP	8.680	1.805	41.756
VISION	5.083	1.209	21.359

可以看到结果的明显差异！ AGEGROUP 成为第一个进入模型的变量，接着才是 VISION。可见，在运行程序之前，检查和理解数据是多么地重要。

下面的 ROC 曲线是一种传统的观察敏感性和假阳性率关系的方法。输出的数据集（ROC）中的变量 _SENSIT_ 和 _1MSPEC_ 分别表示敏感性和 1- 特异性（即假阳性率）。之前说过，我们可以任意决定阳性预测 (positive prediction) 的值——不一定需要达到 .5。我们可以选择任何一个大于 .3 的值作为阳性预测的临界值，这样可以增加敏感性（发生了车祸的人被预测为阳性），但同时会增加假阳性率（没有发生车祸的人也被预测为阳性）。下面的图就是 PROC GCHART 程序的结果：

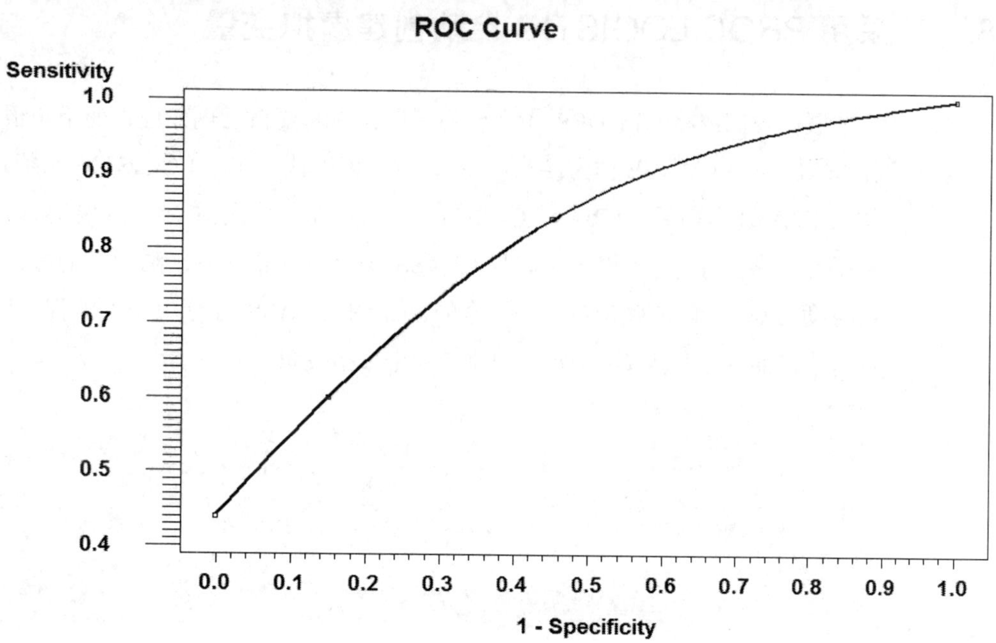

用年龄（AGE）创建两个虚拟变量

我们最后要做的事情是用年龄（AGE）创建两个虚拟变量，一个叫 YOUNG，其中小于 20 岁的人记为 1（真），其他人记为 0（假）。类似地，我们还将创建一个变量 OLD，其中大于 65 岁的人记为 1，其他人记为 0。创建这两个变量的代码已经包含在之前的 DATA 步骤里了。下面将基于这两个新变量，运行一段 PROC LOGISTIC 语句：

```
PROC LOGISTIC DATA=LOGISTIC DESCENDING;
   TITLE "Predicting Accidents Using Logistic Regression";
   TITLE "Using Two Dummy Variables (YOUNG and OLD) for AGE";
   MODEL ACCIDENT = YOUNG OLD VISION DRIVE_ED /
         SELECTION=FORWARD
         CTABLE PPROB=(0 to 1 by .1)
         LACKFIT
         RISKLIMITS
         OUTROC=ROC;
RUN;
QUIT;
```

不幸的时候，由于样本量太小，年轻组和年老组都没有足够的被试，因此这两个变量都没有进入模型。但是，如果数据集很大，这种方法会比按 AGEGROUP 分类更好，因为这样可以分别计算年轻组和年老组的优势比。

8. 采用 PROC LOGISTIC 自动创建虚拟变量

假设我们要将 GENDER 作为预测变量，则需要自己创建虚拟变量（根据需要选择 MALE 或 FEMALE 作为参照水平），或者可以让 PROC LOGISTIC 来帮我们完成。加入 CLASS 语句后，PROC LOGISTIC 可以自动创建虚拟变量。我们可以决定哪个水平作为参照水平。（提示：如果 CLASS 变量中有非法值，则创建的虚拟变量中该值自动为 0。所以请确定数据是干净的，再使用 CLASS 语句。）下面的程序以‘F’（女性）为参照水平，为 GENDER 创建了一个虚拟变量：

```
PROC LOGISTIC DATA=LOGISTIC DESCENDING;
   TITLE "Predicting Accidents Using Logistic Regression";
   CLASS GENDER (PARAM=REF REF='F');
   MODEL  ACCIDENT = GENDER VISION DRIVE_ED;
RUN;
QUIT;
```

PARAM 选项表示参数化方法（parameterization method），我们将其设定为 REF（意为参照，reference 的简写），同时指定参照的值为‘F’。使用 CLASS 语句操纵如 GENDER 或 RACE 一类的分类变量可以节省大量工作。部分结果列表如下：

```
Predicting Accidents Using Logistic Regression

The LOGISTIC Procedure

          Response Profile

 Ordered                        Total
   Value     ACCIDENT       Frequency

       1     Yes                   25
       2     No                    20

Probability modeled is ACCIDENT='Yes'.

   Class Level Information

                         Design
Class        Value     Variables

GENDER       F                 0
             M                 1

               Analysis of Maximum Likelihood Estimates

                                    Standard          Wald
Parameter       DF    Estimate       Error      Chi-Square    Pr > ChiSq

Intercept        1     -0.4078      0.6886          0.3508        0.5537
GENDER    M      1      0.9841      0.7655          1.6524        0.1986
VISION           1      2.0074      0.7777          6.6631        0.0098
DRIVE_ED         1     -1.6362      0.7346          4.9616        0.0259

                 Odds Ratio Estimates

                      Point          95% Wald
Effect             Estimate     Confidence Limits

GENDER   M vs F       2.675       0.597      11.995
VISION                7.444       1.621      34.177
DRIVE_ED              0.195       0.046       0.822
```

GENDER 的优势比是 2.675，这表示男性对于女性的优势比（女性是参照水平）。因此在这个模型中，男性的点估计是 2.675，95% 置信区间是 .597-11.995（但是不显著）。

练习题

练习题的数据集和程序均可从网上下载：www.prenhall.com/cody

9.1 我们想测试光照时间和水量对西红柿产量的影响。每一盆植物都接受了三种光照水平中的一种（1=5 小时，2=10 小时，3=15 小时），以及两种水平的水量中的一种（1=1 夸脱，2=2 夸脱），记录了每盆植物的产量（单位：磅）。结果如下：

产量	光照时间	水量	产量	光照时间	水量
12	1	1	20	2	2
9	1	1	16	2	2
8	1	1	16	2	2
13	1	2	18	3	1
15	1	2	25	3	1
14	1	2	20	3	1
16	2	1	25	3	2
14	2	1	27	3	2
12	2	1	29	3	2

写一个 SAS 程序读取这些数据，运行多元回归分析。将光照时间的值作为区间数据，使用 5、10 和 15 的值；水量的值使用 1 和 2。

9.2 练习题 9.1 中的光照时间和水量采用虚拟变量。对于三个光照时间的水平，采用 5 小时作为参照水平（提示：需要创建两个虚拟变量）。对于水量，采用 1 夸脱作为参照水平。

9.3 我们希望不用一本一本地数，就能估计出大学图书馆中藏书的数量。下面收集了全国若干个大学书籍的数量（百万）、学生数量（千）、最高学位（1= 学士，2= 硕士，3= 博士），以及主校区面积（英亩）：

书籍数量	学生数量	最高学位	主校区面积
4	5	3	20
5	8	3	40
10	40	3	100
1	4	2	50
.5	2	1	300
2	8	1	400
7	30	3	40
4	20	2	200
1	10	2	5
1	12	1	100

采用前进回归法，考察这三个因素对大学图书馆藏书量的影响。这一题中，将变量最高

学位（DEGREE）作为连续变量。

9.4 重复练习题 9.3，用 DEGREE 创建两个虚拟变量，采用 DEGREE=1 作为参照水平。同时，用 AREA 的自然对数代替 AREA（SAS 的函数 LOG 可以计算自然对数）。

9.5 我们想通过一系列的测试成绩预测学生在大学中的成绩。研究记录了一批志愿者的平均绩点（GPA）。采用 MAXR 方法，使用一系列测试成绩建立预测平均绩点的方程。数据如下：

平均绩点	高中平均绩点	大学入学成绩	智力测验成绩
3.9	3.8	680	130
3.9	3.9	720	110
3.8	3.8	650	120
3.1	3.5	620	125
2.9	2.7	480	110
2.7	2.5	440	100
2.2	2.5	500	115
2.1	1.9	380	105
1.9	2.2	380	110
1.4	2.4	400	110

9.6 运行下列程序，创建名为 EXERCISE 的数据集：

```
DATA EXERCISE;
   DO SUBJ = 1 TO 500;
      IF RANUNI(155) LT .5 THEN GENDER = 'Female';
      ELSE GENDER = 'Male';
      PRESS = INT(RANNOR(0)*20 + 95 + 50*(GENDER EQ 'Male'));
      CURL = RANNOR(0)*10 + 30 + .2*PRESS;
      PUSHUPS = INT(RANNOR(0)*3 + 5 + 5*(GENDER EQ 'Male')
                + .1*CURL);
      SITUPS = INT(RANNOR(0)*10 + 20 + .1*PRESS + PUSHUPS);
      OUTPUT;
   END;
RUN;
```

生成变量 PRESS（仰卧推举的重量）、CURL（举重的重量）、PUSHUPS（俯卧撑数量）和 SITUPS（仰卧起坐数量）。用逐步多元回归的方法，通过 GENDER、CURL、PUSHUPS 和 SITUPS 预测 PRESS。你需要从 EXERCISE 中重新生成另一个新的数据集，包含 GENDER 的虚拟变量（采用女性 Female 作为参照水平）。

9.7 选择 25 个人作为样本，记录其身高、腰围、右腿长度、手臂长度及体重。写一个 SAS 程序创建数据集，计算这些变量的相关矩阵。然后，运行逐步多元回归，将体重作为因变量，其他变量为自变量。

9.8 运行下面的程序，创建数据集 SMOKING。OUTCOME（病情）的值为 1 代表病例

（肺病患者），值为0代表控制组被试（非肺病患者）。生成OUTCOME（病情）和SMOKING（吸烟状况）的2×2表格。卡方值和优势比是多少？现在，只将SMOKING作为预测变量运行logistic回归。提示：PROC LOGISTIC将结果变量中的格式较低的值作为参照水平，因为‘Case’在‘Control’之前，你不需要使用DESCENDING选项。

```
PROC FORMAT;
   VALUE YESNO 1='YES' 0='NO';
   VALUE OUTCOME 1='Case' 0='Control';
RUN;
DATA SMOKING;
   DO SUBJECT = 1 TO 1000;
      DO OUTCOME = 0,1;
         IF RANUNI(567) LT .1 OR RANUNI(0)*OUTCOME GT .5 THEN
            SMOKING = 1;
         ELSE SMOKING = 0;
         IF RANUNI(0) LT .05 OR
            (RANUNI(0)*OUTCOME + .1*SMOKING) GT .6 THEN ASBESTOS = 1;
         ELSE ASBESTOS = 0;
         IF RANUNI(0) LT .3 OR OUTCOME*RANUNI(0) GT .9 THEN
            SES = '1-Low    ';
         ELSE IF RANUNI(0) LT .3 OR OUTCOME*RANUNI(0) GT .8 THEN
            SES = '2-Medium';
         ELSE SES = '3-High';
         OUTPUT;
      END;
   END;
   FORMAT SMOKING ASBESTOS YESNO. OUTCOME OUTCOME.;
RUN;
```

9.9 下面的程序有什么问题?

```
DATA MULTREG;
   INPUT HEIGHT WAIST LEG ARM WEIGHT;
DATALINES;
(data lines)
;
PROC CORR DATA=MULTREG;
   VAR HEIGHT Ñ WEIGHT;
RUN;
PROC REG DATA=MULTREG;
   MODEL WEIGHT=HEIGHT WAIST LEG ARM / SELECTION=STEPWISE;
RUN;
```

9.10 采用练习题9.8的数据集，用SMOKING，ASBESTOS和SES预测结果变量。采用CLASS语句为SES创建两个虚拟变量，将‘2-Medium’作为参照水平。（提示：CLASS SES (PARAM=REF REF=‘2-Medium’)；PROC LOGISTIC将结果变量中的格式较低的值作为参照水平，因为‘Case’在‘Control’之前，你不需要使用DESCENDING选项。）

9.11 在练习题 9.8 中加入必需语句，生成 ROC 曲线（敏感性对 1- 特异性）。采用 OUTROC= 数据集名称的 MODEL 选项来创建绘图所需的数据集。采用 PROC GPLOT（或 PROC PLOT）生成这一曲线。

9.12 重复练习题 9.8，但是这一次创建你自己的虚拟变量（不使用 CLASS 语句）。仍旧将 SES 的‘2-Medium’作为参照水平。

9.13 此处有与第 7 节类似的车祸数据。记录了过去的一年中是否发生车祸、饮酒问题及车祸史（以往是否曾经出过车祸）。运行前进回归法，写出 logistic 回归方程。计算下面两个被试的优势和车祸概率：（1）没有饮酒问题、未曾发生过车祸的人；（2）有饮酒问题、但未曾发生过车祸的人。将被试（2）的优势比与被试（1）相除，检查是否与 SAS 结果输出中一致（采用 MODEL 选项 RL 获得置信区间）。数据如下：

基于饮酒和车祸史的车祸数据

（1= 是，0= 否）

过去一年中是否发生车祸	饮酒问题	车祸史
1	0	1
1	1	1
1	1	1
1	0	0
1	1	1
0	0	1
0	1	0
0	1	0
0	0	1
0	0	0
0	1	0
0	0	1
0	1	0
0	0	0
0	0	0
1	1	0
1	0	1
1	1	1
1	1	1
1	0	1
1	1	1
1	1	0
1	0	1
1	1	0

（续）

过去一年中是否发生车祸	饮酒问题	车祸史
1	1	1
0	1	1
0	1	1
0	0	1
0	0	1
0	1	0
0	0	0
0	0	1
0	1	0
0	0	0
0	0	0
1	1	1
1	1	0
1	1	1
1	1	0
1	1	1
1	1	1
1	1	1

第10章

因子分析

1. 简介

欢迎来到因子分析的领域！因子分析（factor analysis）是一项将大量的变量（例如问卷中的各个问题）归结为少数几个宽泛概念（即因子）的统计过程。这些因子将用于之后深入的统计分析。但是要注意的是，因子分析可以将大量错综复杂的变量转变为几个清楚明晰的因子，有些时候对于统计者来说太具有诱惑性了，但你也不能因此而忽视它可能存在的问题。

2. 因子分析的类型

运行程序之前，让我们先看看因子分析的类型。一般来说，因子分析分为两类：探索性因子分析和验证性因子分析。SAS 都可以完成，但是本章中，由于验证性因子分析过于复杂，我们不做探讨，而仅仅讨论探索性因子分析。探索性因子分析有两个基本的方法：主成分分析法和因子分析法。推崇因子分析法的人对主成分分析法的使用非常不屑，甚至拒绝将其看做因子分析的一种方法。下面我们将先展示主成分分析法，然后采用因子分析法更合理地分析同样的数据，并且展示如何旋转结果（这可不是笑话），如何解释结果。另外，Pedhazur 和 Schmelkin（1991）浅显易懂的著作对于因子分析的初学者而言非常有用。

3. 主成分分析

主成分分析法在概念上比因子分析法更简单，因此本章先介绍此方法。但这并不是说我们推荐它；它仅仅是教学的过渡。假设你现在要编制一个关于抑郁和偏执的新量表，量表中包含六个题目。对每一个题目，被试采用下面的李克特量表进行作答：

1= 非常强烈地不同意

2= 强烈不同意

3= 不同意

4= 没意见

5= 同意

6= 强烈同意

7= 非常强烈地同意

这六个题目是：

1. 我经常感到忧郁。
2. 人们都在看我。
3. 有人跟踪我。
4. 我通常都很快乐。
5. 有人要伤害我。
6. 我喜欢参加聚会。

一开始，这个例子就被设定为有两个心理成分：抑郁和偏执。抑郁的人更倾向于同意问题 1、6，不同意问题 3；偏执的人更倾向于同意问题 2、4、5。因此，我们希望因子分析能将其归为两类。

样本数据呈现如下：

被试	问题 1	问题 2	问题 3	问题 4	问题 5	问题 6
1	7	2	3	4	5	6
2	6	3	2	1	3	2
3	3	6	7	3	6	3
4	2	2	2	5	3	4
5	3	4	2	4	2	3
6	6	3	4	2	3	2
7	1	2	3	7	2	2
8	3	3	2	3	4	3
9	2	1	1	6	2	5
10	6	2	3	2	2	2
11	3	5	4	2	3	3
12	6	7	6	2	6	2
13	5	1	1	2	6	2
14	2	1	1	6	1	5
15	1	2	1	7	1	7

假设我们将这些数据放在一个叫 FACTOR.DTA 的文件中，被试编号存于栏位 1 和 2，六个问题存于栏位 3 到 8（注意：数值之间没有空格）。有人说，要进行因子分析，被试数量至少是现在的十倍。但是，你或许宁可要至少 50 个被试，也不愿看到巨大的变量数。我们在这个简单的例子中违背了这一规则，只有 6 个变量和 15 个被试。

第一步是创建包含六个题目的数据集：

```
*-----------------------------------------------------------*
| Program Name: FACTOR.SAS in C:\APPLIED                    |
| Purpose: To perform a factor analysis on psychological Data |
*-----------------------------------------------------------*;
PROC FORMAT;
   VALUE LIKERT
    1 = 'V. Strong Dis.'
    2 = 'Strongly Dis.'
    3 = 'Disagree'
    4 = 'No Opinion'
    5 = 'Agree'
    6 = 'Strongly Agree'
    7 = 'V. Strong Agree';
RUN;
DATA FACTOR;
   INFILE 'C:\APPLIED\FACTOR.DTA' PAD;
   INPUT @1  SUBJ $2.
         @3 (QUES1-QUES6) (1.);
```

[Continued]

```
    LABEL QUES1 = 'Feel Blue'
          QUES2 = 'People Stare at Me'
          QUES3 = 'People Follow Me'
          QUES4 = 'Basically Happy'
          QUES5 = 'People Want to Hurt Me'
          QUES6 = 'Enjoy Going to Parties';
    FORMAT QUES1-QUES6 LIKERT.;
RUN;
```

本例中的 INPUT 语句将一列变量（QUES1-QUES6）放在括号中，之后加了个输入格式列表。输入格式“1.”表示每个答案占 1 个栏位。如果你喜欢，可以将每个数值中间以空格隔开，不使用输入格式，或者使用列表输入法。用 SAS 达成目的有很多途径。现在，回到因子分析的例子。运行因子分析的 SAS 语句是 :

```
PROC FACTOR DATA=FACTOR PREPLOT PLOT ROTATE=VARIMAX
            NFACTORS=2 OUT=FACT SCREE;
   TITLE "Example of Factor Analysis";
   VAR QUES1-QUES6;
RUN;
```

本例中包含了 PROC FACTOR 一些常见的选项。PREPLOT 选项会在旋转之前绘制因子图；PLOT 选项将在旋转之后生成因子图；ROTATE=VARIMAX 要求使用 VARIMAX 旋转；NFACTORS=2 指定最多抽取出两个因子；OUT=FACT 表示你希望因子分数（本例中是 FACTOR1 和 FACTOR2）与 DATA= 数据集中的所有变量一起，写入名为 FACT 的新数据集。SCREE 选项给出碎石图（之后会讨论）。下面是 PROC FACTOR 的结果输出 :

```
Example of Factor Analysis

The FACTOR Procedure
Initial Factor Method: Principal Components

Prior Communality Estimates: ONE  ①

Eigenvalues of the Correlation Matrix: Total = 6  Average = 1 ②

       Eigenvalue    Difference    Proportion    Cumulative

  1    3.46586271    2.30980407        0.5776        0.5776
  2    1.15605865    0.44820362        0.1927        0.7703
  3    0.70785502    0.31301451        0.1180        0.8883
  4    0.39484051    0.18582810        0.0658        0.9541
  5    0.20901241    0.14264172        0.0348        0.9889
  6    0.06637069                      0.0111        1.0000
```

2 factors will be retained by the NFACTOR criterion.

Initial Factor Method: Principal Components

Scree Plot of Eigenvalues ③

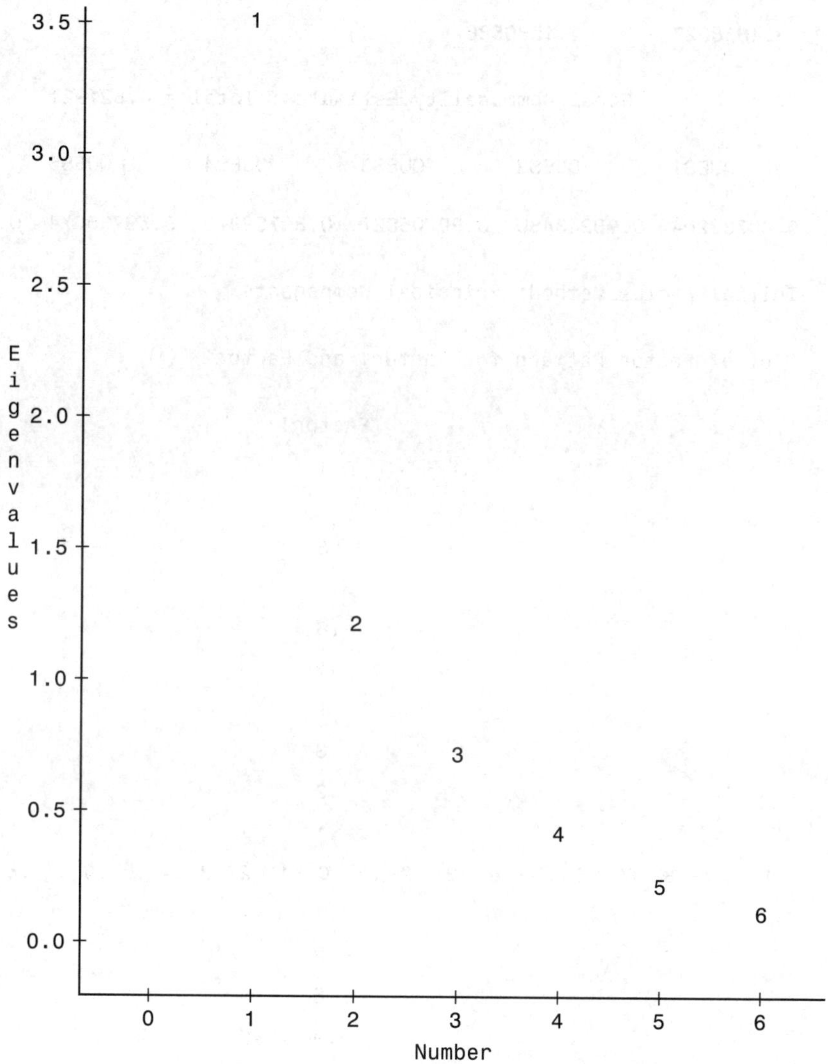

Initial Factor Method: Principal Components ④

Factor Pattern

		Factor1	Factor2
QUES1	Feel Blue	0.69624	−0.56841
QUES2	People Stare at Me	0.75121	0.58148
QUES3	People Follow Me	0.78710	0.53622
QUES4	Basically Happy	−0.85790	0.40191
QUES5	People Want to Hurt Me	0.77213	0.03344
QUES6	Enjoy Going to Parties	−0.68197	0.21137

[Continued]

```
Variance Explained by Each Factor ⑤

   Factor1         Factor2

 3.4658627       1.1560586

                     Final Communality Estimates: Total = 4.621921

      QUES1        QUES2        QUES3        QUES4        QUES5        QUES6

0.80783204   0.90243480   0.90705927   0.89752979   0.59730074   0.50976472

Initial Factor Method: Principal Components

Plot of Factor Pattern for Factor1 and Factor2 ⑥

                            Factor1
                               1

                              .9
                                                  C
                              .8
                                 E                 B
           A                  .7

                              .6

                              .5

                              .4

                              .3

                              .2
                                                               F
                              .1                               a
                                                               c
-1 -.9-.8-.7-.6-.5-.4-.3-.2-.1 0 .1 .2 .3 .4 .5 .6 .7 .8 .9 1.0t
                                                               o
                             -.1                               r
                                                               2
                             -.2

                             -.3

                             -.4

                             -.5

                             -.6

                             -.7    F

                             -.8
                                          D
                             -.9

                              -1
```

```
2 factors will be retained by the NFACTOR criterion.
Initial Factor Method: Principal Components

QUES1=A         QUES2=B         QUES3=C         QUES4=D         QUES5=E
QUES6=F

Rotation Method: Varimax ⑦

    Orthogonal Transformation Matrix

                        1                 2
        1        -0.74030           0.67228
        2         0.67228           0.74030

                    Rotated Factor Pattern

                                              Factor1          Factor2
QUES1       Feel Blue                        -0.89755          0.04728
QUES2       People Stare at Me               -0.16521          0.93549
QUES3       People Follow Me                 -0.22220          0.92611
QUES4       Basically Happy                   0.90530         -0.27922
QUES5       People Want to Hurt Me           -0.54912          0.54384
QUES6       Enjoy Going to Parties            0.64696         -0.30200

Variance Explained by Each Factor

   Factor1          Factor2

 2.4219214        2.2000000

          Final Communality Estimates: Total = 4.621921

     QUES1        QUES2        QUES3        QUES4        QUES5        QUES6

0.80783204   0.90243480   0.90705927   0.89752979   0.59730074   0.50976472

Scoring Coefficients Estimated by Regression

Squared Multiple Correlations of the Variables with Each Factor

   Factor1          Factor2
 1.0000000        1.0000000

              Standardized Scoring Coefficients ⑧

                                              Factor1          Factor2
QUES1       Feel Blue                        -0.47926         -0.22893
QUES2       People Stare at Me                0.17769          0.51807
QUES3       People Follow Me                  0.14371          0.49605
QUES4       Basically Happy                   0.41697          0.09096
QUES5       People Want to Hurt Me           -0.14548          0.17119
QUES6       Enjoy Going to Parties            0.26858          0.00307

                                                             [Continued]
```

```
  Plot of Factor Pattern for Factor1 and Factor2 ⑨

                                Factor1
                                   1
                           D      .9
                                  .8
                                  .7
                         F        .6
                                  .5
                                  .4
                                  .3
                                  .2                                   F
                                  .1                                   a
                                                                       c
 -1 -.9-.8-.7-.6-.5-.4-.3-.2-.1  0 .1 .2 .3 .4 .5 .6 .7 .8 .9 1.0t
                                 -.1                                   o
                                                                   B   r
                                 -.2                             C     2
                                 -.3
                                 -.4
                                 -.5                   E
                                 -.6
                                 -.7
                                 -.8
                                 -.9A
                                  -1

 QUES1=A        QUES2=B        QUES3=C        QUES4=D        QUES5=E
 QUES6=F
```

结果看起来相当混乱。让我们一步一步地来看。第一个结果，事先共同度估计（prior communality estimates）①为 1。这意味着每个变量在原始的相关矩阵中，给出了一个完整单位的变异用于因子分析。许多因子分析家认为，应当只对变量间共有的变异进行因子分析。当事先共同度估计等于 1，因子分析将分析所有变量中的所有变异，这种方法称为主成分分析。之后会有更详细的讨论。

第二个结果是相关矩阵的特征值（eigenvalues of the correlation matrix）②。特征值是来自于矩阵代数的术语。在本分析中，由于每个变量有 1 个单位的变异，一共 6 个变量，因此特征值总数为 6。之前说过，因子分析的目的是将变量缩减到较少的因子中，这些因子能解释原来变量的变异。那么在原来的 6 个单位变异中，有 3.4659 个单位被第一个因子解释了（或者说被第一个成分解释了，因为本例是一个主成分分析），第二个因子解释了 1.1561，以此类推。

我们最好从下面这种模式来考虑特征值。设想第一个因子是一个新变量，数据集中的每个人在这个变量上都有一个分数。我们可以将其在此因子上的分数与其在六个变量上的分数进行相关分析。如果我们将这些相关系数平方，则可以看到此因子对每个原始变量的变异解释了多少。如果将这六个平方后的相关系数相加，其和就是该因子的特征值。因此，第一个引子解释了变异的 3.6683 个单位，或者说解释了六个原始变量总变异的 3.6683/6=.6114。.6114 的值在结果列表的“Proportion”下列出。“Difference”是前一个因子的特征值减去后一个因子的特征值的结果。“Cumulative”一栏是累加的结果。

下面我们将看到，由于我们要求程序只保留两个因子，因此只有两个因子继续进行旋转。

下一节是“碎石图”（scree plot）的结果③。碎石图帮助我们决定保留多少个因子。它是特征值和因子数量的坐标图。查看折点处，或者说“拐点”。在该图中，很容易看出因子 1、2 和因子 3 到 6 有明显的差别，因此应该保留两个因子。结果支持了我们的设想。在确定保留因子的个数时，最好结合理论和数据。如果你之前没有较强的理论可依赖，最好先运行一个程序，看看应该保留几个因子。

下一节④呈现了最初的解决方案。简单来说，因子分析的目的是首先找到一个因子（可以看作一个新的变量），它与原始变量的相关最高（从而与原始变量的相关平方最大），因此特征值最大。之后，因子分析再找到第二个因子，把第一个因子能解释的原始变量的变异剔除后，它与原始变量的相关最大。这两个因子可以看作是不相关的（或正交的）。然后，根据剩下的变异再抽取出第三个因子，以此类推。

因子模式（Factor Pattern）之下是因子 1 和因子 2 在这一过程上的结果。如果我们说要保留三个因子，那么这里还会有因子 3。在主成分分析中，如果我们不指定因子的个数，PROC FACTOR 会保留与变量数相同的因子数。如果我们指定 PRIOR SMC（见第 5 节），因子个数将取决于解释的总变异的比例，可能比总变量数少。关于控制因子个数的更多细节，请参考《*SAS/STAT 9.1User's Guide*》（*SAS Institute, Cary NC*）。因子模式呈现了每个变量的“因子载荷”。这时的分析中，这些载荷仅仅是变量与因子之间的相关系数。

下一节⑤显示了每个因子所解释的变异（仍然只有两个因子），以及每个变量的共同度。共同度表示原始变量有多少变异被保留下来的因子所解释。这里我们看到，第一个变量 81%（精确一点是 .8078）的变异被前两个因子所解释。共同度的概念针对原始变量，而特征值针对因子。

下一部分是两个保留下来的因子的坐标图⑥。在图的下方标注了字母的含义。基本上，这些变量可以分为两组：A、B、C 和 E；F 和 D。我们仔细观察该图，可能会思考，坐标轴是否能适当旋转，这样就能直接穿过两组变量？好主意！问题是如何进行旋转。SAS有多种旋转方法，这里我们只学习两种。

第一种叫做VARIMAX（方差最大旋转）。它保持因子间的正交性质（不相关），尝试着使原始变量在一个因子上载荷高，而在另一个因子上载荷低。当达到此目的，称为简单结构。其他旋转方法的目的也都是得到简单结构。VARIMAX旋转的结果呈现在⑦上。

这里我们需要注意几个要点。第一，从旋转坐标轴得到的因子载荷通常很容易解释。这里可以看到，我们原来预期得到两个因子，每个因子包含三个变量（例子中的题目），这一想法得到了数据的强烈支持。第二，有些载荷是正的，有些是负的。虽然这些因子载荷在统计上不能再被解释为相关系数，但也可以用相同的方式来思考。我们期望“感到抑郁”和“很快乐”的关系在抑郁量表上应是相反的符号。第三，每个因子所解释的变异变化了。但是它们的和没有变化，只是分布更加平均了。共同度没有发生变化，因为每个原始变量解释的变异在旋转前后并不会发生改变；只是现在，更多的解释率分给了第二个因子（与旋转前相比），更少的留给了第一个。

本次分析还剩下两个部分的结果。第一部分是标准化得分系数矩阵（standardized scoring coefficient matrix）⑧。在给被试计算因子分数时会使用此矩阵（PROC FACTOR也可以通过“OUT=”这个程序选项自动完成这一计算）。虽然许多研究者认为这很有用，不过我们却不推荐。相反，我们推荐你用每个因子上变量的原始分数来计算分量表分数，理由有二：首先，这样更简单、更直接；其次，因子分析是高“样本依赖”的统计方法，也就是说，结果会根据数据集的差异而变化。记住，你只是在对一个相关矩阵进行分析，而我们都知道这是样本依赖的。

最后（耶！）一部分结果是旋转因子的坐标图⑨。可以看到新的坐标轴是如何正好穿过两组变量的。如果旋转让你糊涂了，设想如果有三个因子的情况。我们将得到三维的数据点群。现在想象任何一个三维物体：足球、钢笔或钻戒。当从不同的角度看去时，每一个物体都不一样。旋转坐标轴仅仅是改变了你的视角，使得我们能从最好的角度来看数据。

4. 斜交旋转

斜交旋转听起来很可笑。但我们之前说过，旋转的方法有多种。VARIMAX是最普遍的一种，PROMAX（斜交旋转）是另一种。它们在许多方面类似，但有一个重要的区别：PROMAX 不保证因子的正交性。它允许因子彼此相关。为什么一个研究者会对某种方法有所偏好呢？推崇正交旋转的人声称正交旋转使得数据更加清晰。如果因子是正交的，而你接下来想将它们作为回归中的自变量，就不存在共线性的问题。推崇非正交（斜交）旋转的人却认为，主观认定因子的潜在结构是不相关的，这一想法十分愚蠢。在本例中，认为抑郁和偏执是不相关的听起来很不合理。同时，有时候通过斜交旋转获得的结构会更简单。下面的程序是用我们的数据集进行 PROMAX 的斜交旋转：

```
PROC FACTOR DATA=FACTOR ROTATE=PROMAX NFACTORS=2;
   TITLE "Example of Factor Analysis - Oblique Rotation";
   VAR QUES1-QUES6;
RUN;
```

现在，结果列表的许多部分与正交旋转的例子一样，因此我们只需要关注下面这一部分的内容：

```
Example of Factor Analysis - Oblique Rotation

The FACTOR Procedure
      Inter-Factor Correlations

                 Factor1          Factor2

Factor1          1.00000         -0.41771
Factor2         -0.41771          1.00000

Rotation Method: Promax (power = 3)

  Rotated Factor Pattern (Standardized Regression Coefficients)

                                         Factor1         Factor2

QUES1       Feel Blue                   -0.95376        -0.15988
QUES2       People Stare at Me           0.04303         0.96714
QUES3       People Follow Me            -0.02045         0.94367
QUES4       Basically Happy              0.90739        -0.08770
QUES5       People Want to Hurt Me      -0.46207         0.45587
QUES6       Enjoy Going to Parties       0.62429        -0.17285
```

这里我们得到了因子这间的相关，以及旋转因子载荷矩阵。因子间的相关为 -.41771；如果我们有 4 个因子，将得到 4 × 4 的矩阵。观察因子载荷可以看到，虽然正交旋转的结果不错，但是斜交旋转使我们比之前更接近简单结构了。

5. 共同度

本次旅途的最后一站又回到了共同度的概念。当因子分析者困惑于什么才是真正的因子分析时，最需要考虑的是将什么放置在因子分析中相关矩阵的“主对角线”上。如果使用1.0，我们基本上就是在对相关矩阵进行因子分析。这一方法假设每个变量的重要程度相同，并且与其他变量的关联程度相同。在本例中，这一假设还算合理，但是在大多数情境下，一些变量比另外一些更重要，与分析中的其它变量相关更强，或者比其他变量的测量误差更小。如果这样的话，我们就需要一些指标来表明每个变量在多大程度上与其他变量匹配。这个想法可以通过改变主对角线上的共同度，让其小于1来实现。现在，最普遍的做法是拿出一个变量，用其他变量对其进行回归。回归得到的多元相关平方作为共同度的估计值。“哇，”你会说，“工作量太大了！”确实如此，但是PROC FACTOR可以完成这一切。我们需要做的仅仅是将PRIORS SMC语句加入到PROC FACTOR过程中。程序如下：

```
PROC FACTOR DATA=FACTOR PREPLOT PLOT ROTATE=VARIMAX
            NFACTORS=2 OUT=FACT SCREE;
   TITLE "Example of Factor Analysis";
   VAR QUES1-QUES6;
   PRIORS SMC; ***This is the new line;
RUN;
```

下面是一部分编辑过的结果输出：

```
Example of Factor Analysis

The FACTOR Procedure
Initial Factor Method: Principal Factors

                 Prior Communality Estimates: SMC

    QUES1       QUES2       QUES3       QUES4       QUES5       QUES6

0.73873589  0.81127039  0.80947810  0.84388077  0.48543730  0.55088279

           Eigenvalues of the Reduced Correlation Matrix:
             Total = 4.23968523   Average = 0.70661421

       Eigenvalue    Difference    Proportion    Cumulative

  1    3.18866680    2.24478623        0.7521        0.7521
  2    0.94388057    0.65753332        0.2226        0.9747
  3    0.28634725    0.27308801        0.0675        1.0423
  4    0.01325924    0.05986021        0.0031        1.0454
  5    -.04660097    0.09926669       -0.0110        1.0344
  6    -.14586766                     -0.0344        1.0000
```

```
2 factors will be retained by the NFACTOR criterion.

Initial Factor Method: Principal Factors

                        Factor Pattern

                                          Factor1       Factor2
QUES1      Feel Blue                      0.66964      -0.50702
QUES2      People Stare at Me             0.74470       0.52417
QUES3      People Follow Me               0.77759       0.48283
QUES4      Basically Happy               -0.85206       0.39577
QUES5      People Want to Hurt Me         0.68690       0.00487
QUES6      Enjoy Going to Parties        -0.61903       0.14926

Variance Explained by Each Factor

   Factor1        Factor2

 3.1886668      0.9438806

            Final Communality Estimates: Total = 4.132547

    QUES1       QUES2       QUES3       QUES4       QUES5       QUES6

0.70548390  0.82933259  0.83776353  0.88264013  0.47185185  0.40547537

Rotation Method: Varimax

   Orthogonal Transformation Matrix

                  1             2

      1       -0.73430       0.67883
      2        0.67883       0.73430

                    Rotated Factor Pattern

                                          Factor1       Factor2
QUES1      Feel Blue                     -0.83589       0.08227
QUES2      People Stare at Me            -0.19101       0.89042
QUES3      People Follow Me              -0.24322       0.88239
QUES4      Basically Happy                0.89433      -0.28779
QUES5      People Want to Hurt Me        -0.50108       0.46986
QUES6      Enjoy Going to Parties         0.55587      -0.31061

Variance Explained by Each Factor

   Factor1        Factor2

 2.1542516      1.9782958

            Final Communality Estimates: Total = 4.132547

    QUES1       QUES2       QUES3       QUES4       QUES5       QUES6

0.70548390  0.82933259  0.83776353  0.88264013  0.47185185  0.40547537
```

老实说，这里的结果比之前难多了，但是记住，这只是一个简单的例子。我们这里呈现的三个分析有重要的理论差异，但你也会发现，“因子分析”仅仅是本书的一章，而不是全书。你可以看看 Gorsuch（1983）关于因子分析的全面讨论，或者 Pedhazure 和 Schmelkin（1991）的书中的一些章节。

6. 如何反转题目分数

有些研究者喜欢保持题目本身的正向或负向性，基于这一信息来解释因子载荷的符号。另一些研究者喜欢先处理分数，将所有分数置于同一方向上。例如，题目 1 上的高分（同意）意味着抑郁。我们可以将题目 4 和 6 上的分数反转，也让高分意味着抑郁。一种反转方法如下：

```
DATA FACTOR;
   INFILE 'C:\APPLIED\FACTOR.DTA' PAD;
   INPUT @1  SUBJ $2.
         @3 (QUES1-QUES6) (1.);
   ***Reverse the scores for questions 4 and 6;
   QUES4 = 8 - QUES4;
   QUES6 = 8 - QUES6;
   LABEL QUES1 = 'Feel Blue'
         QUES2 = 'People Stare at Me'
         QUES3 = 'People Follow Me'
         QUES4 = 'Basically Happy'
         QUES5 = 'People Want to Hurt Me'
         QUES6 = 'Enjoy Going to Parties';
   FORMAT QUES1-QUES6 LIKERT.;
RUN;
```

如果需要反转的题目数量很大，那最好用 ARRAY（数组）来完成（见第 15 章）。来看一下当我们反转了这两个题目后，因子载荷的变化：

Rotated Factor Pattern

		Factor1	Factor2
QUES1	Feel Blue	0.83589	0.08227
QUES2	People Stare at Me	0.19101	0.89042
QUES3	People Follow Me	0.24322	0.88239
QUES4	Basically Happy	0.89433	0.28779
QUES5	People Want to Hurt Me	0.50108	0.46986
QUES6	Enjoy Going to Parties	0.55587	0.31061

很容易看到，因子载荷与分数没有反转时（PRIORS=SMC）的结果一样，只是现在没有一个载荷的符号为负了。

之前，我们曾要求 PROC FACTOR 创建包含原始数值和两个因子分数的新数据集。在将来的分析中可能会用到这些因子分数，不过使用前请看看第 3 节的提醒。我们将变量的数量从 6 降低到 2。另外，这两个因子分数互不相关，使得它们在回归模型中相当有用。最后，每个因子都代表着一个单独的心理维度（抑郁或偏执）。下面我们运行 PROC PRINT 来看看新数据集的内容：

```
PROC PRINT DATA=FACT NOOBS;
   TITLE "Output Data Set (FACT) Created by PROC FACTOR";
   TITLE2 "Questions 4 and 6 Reversed";
RUN;
```

Output Data Set (FACT) Created by PROC FACTOR
Questions 4 and 6 Reversed

SUBJ	QUES1	QUES2	QUES3	QUES4	QUES5	QUES6	Factor1	Factor2
1	7	2	3	4	5	2	0.44069	−0.38174
2	6	3	2	7	3	6	1.29836	−0.46700
3	3	6	7	5	6	5	−0.07634	2.07824
4	2	2	2	3	3	4	−0.57499	−0.32155
5	3	4	2	4	2	5	−0.44451	0.11733
6	6	3	4	6	3	6	0.99244	0.12215
7	1	2	3	1	2	6	−1.44583	0.11565
8	3	3	2	5	4	5	0.18520	−0.16463
9	2	1	1	2	2	3	−0.87359	−0.86028
10	6	2	3	6	2	6	1.10460	−0.45655
11	3	5	4	6	3	5	0.29764	0.85453
12	6	7	6	6	6	6	0.42476	1.87426
13	5	1	1	6	6	6	1.17134	−1.10292
14	2	1	1	2	1	3	−0.89564	−0.88821
15	1	2	1	1	1	1	−1.60415	−0.51928

如果因子 1 是抑郁，因子 2 是偏执，你可以很快诊断出哪些被试最为抑郁，哪些最为偏执。

练习题

练习题的数据集和程序均可从网上下载：www.prenhall.com/cody

10.1 使用第 3 章第 2 节的问卷数据运行因子分析。只使用变量 PRES、ARMS 和 CITIES。要求将其归为两个因子，采用 VARIMAX 旋转法，将事先共同度估计设为 SMC，同时包含生成碎石图的选项。

10.2 运行下列程序，创建名为 PRINCIPAL 的数据集：

```
DATA PRINCIPAL;
   DO SUBJ = 1 TO 200;
      X1 = ROUND(RANNOR(123)*50 + 500);
      X2 = ROUND(RANNOR(123)*50 + 100 + .8*X1);
      X3 = ROUND(RANNOR(123)*50 + 100 + X1 - .5*X2);
      X4 = ROUND(RANNOR(123)*50 + .3*X1 + .3*X2 + .3*X3);
      OUTPUT;
   END;
RUN;
```

写一段运行因子分析、并生成碎石图的程序。根据碎石图决定保留几个因子，在程序中加入适当选项抽取出这些因子，运行 VARIMAX 旋转。

10.3 采用第 11 章第 2 节的测验分数，运行因子分析，将五个题目上的分数作为分析的变量。只抽取出 1 个因子，创建包含这一个因子分数的输出数据集。不要求进行任何旋转。使用 PROC PRINT 列出输出数据集中的内容。测验中的一个未旋转的因子与智商有关，称为因子 G（general 的简写）。这里的观测值数量太少，本来不符合有意义的因子分析的条件，不过我们只是用它来进行教学而已。

10.4 修改练习题 10.2 的程序，运行非斜交旋转，比较和 10.2 的因子载荷结果的区别。输出一个包含因子分数的数据集。使用 PROC PRINT 列出数据集的前 10 个观测值（提示：使用数据集选项 OBS=10）。比较这些分数，用简单的方法：看看变量的平均数（或和）对因子的贡献。分析这两个分数的相关。

第 11 章

心理测量学

1. 简介

本章包括测验计分、题目分析、信度检验（Cronbach's Alpha）及评分者信度（Kappa 系数）等程序。第 5 节将给出一个完整的题目分析程序，读者可以在更大的测试评分和题目分析程序中使用。

2. 测验计分

我们从一个简单的程序开始，该程序将分析一个包含五个问题的多项选择测验。后面几节将扩展这个程序，使其更一般化，能够处理有任意个问题的测验。程序如下，后面是说明：

```
*-----------------------------------------------------------*
| Program Name: SCORE1.SAS in C:\APPLIED                    |
| Purpose: To score a five-item multiple-choice exam.       |
| Data: The first line is the answer key, remaining lines   |
| contain the student responses                             |
| Date: April 23, 2004                                      |
*-----------------------------------------------------------*;
DATA SCORE;
   ARRAY ANS[5] $ 1 ANS1-ANS5; ***Student answers;
   ARRAY KEY[5] $ 1 KEY1-KEY5; ***Answer key;
   ARRAY S[5] 3 S1-S5; ***Score array 1=right,0=wrong;
   RETAIN KEY1-KEY5; ①
   ***Read the answer key;
   IF _N_ = 1 THEN INPUT (KEY1-KEY5)($1.); ②
   ***Read student responses;
   INPUT     @1  ID 1-9 ③
             @11 (ANS1-ANS5)($1.);
   ***Score the test;
   DO I=1 TO 5;  ④
      S[I] = (KEY[I] EQ ANS[I]);  ⑤
   END;
   ***Compute Raw and Percentage scores;
   RAW=SUM (OF S1-S5);  ⑥
   PERCENT=100*RAW / 5;  ⑦
   KEEP ID RAW PERCENT;
   LABEL ID      = 'Social Security Number'
         RAW     = 'Raw Score'
         PERCENT = 'Percent Score';
DATALINES;
ABCDE
123456789 ABCDE
035469871 BBBBB
111222333 ABCBE
212121212 CCCDE
867564733 ABCDA
876543211 DADDE
987876765 ABEEE
;
PROC SORT DATA=SCORE;
   BY ID;
RUN;
PROC PRINT DATA=SCORE LABEL;
   TITLE "Listing of SCORE data set";
   ID ID;
   VAR RAW PERCENT;
   FORMAT ID SSN11.;
RUN;
```

下面是 PROC PRINT 的结果输出：

```
Listing of SCORE data set

    Social
  Security      Raw      Percent
    Number     Score      Score

035-46-9871      1          20
111-22-2333      4          80
123-45-6789      5         100
212-12-1212      3          60
867-56-4733      4          80
876-54-3211      2          40
987-87-6765      3          60
```

数据集的第一行是测试的答案，其余行是学生的回答，因此可以使用 SAS DATA 步骤的自动变量 _N_ 表示行数，该变量在 DATA 步骤每次循环递增 1。程序开始时，变量 _N_ 的值为 1，数据第一行读入 KEY 变量①。通过 RETAIN 语句保持这 n 个 KEY 变量不变②，可以将它们的值与学生的回答作比较。在读入新的数据行前，SAS 通常把数据集中未读入（例如，在 SET 和 MERGE 语句中）的数据值设为缺失。通过保持这 n 个 KEY 变量不变，程序则不会进行初始化。

下面的 INPUT 语句③将读入一行学生数据。这之后在 DATA 步骤的所有循环中，_N_ 都大于 1，因此不再执行语句②。我们将跳过答案，读入学生的 ID 和回答。

计分的 DO 循环④把学生的回答与相应答案作对比。语句⑤较特别，需要做一些解释。右边部分（KEY[I] EQ ANS[I]）是逻辑比较。如果学生回答（ANS[I]）等于答案（KEY[I]），S[I] 赋值为 1（真），否则赋值为 0（假）。变量 S[I] 的取值只有 1 和 0。同样，读者也可以像下面这样为测试打分：

```
IF KEY[I] = ANS[I] THEN S[I] = 1;
ELSE ANSF[I] = 0;
```

SUM 语句⑥将计算测验中正确作答的次数。百分比分数（percent score）的计算方式是将正确作答的次数除以测验的题目数，再乘以 100 ⑦。

最后在 PROC PRINT 过程中，我们使用内置格式 SSN11.，以标准的输出格式（该格式确保号码最前面的 0 也能被打印出来）打印学生社会保障号。

3. 扩展的测验计分

下面的程序在两方面扩展了前面的程序:第一，可用于题目数不同时的测试计分。第二,加入一些过程,输出分类摘要报告。下面是程序（为了和前面的例子保持一致,这里还是将题目数设为 5）:

```
*-------------------------------------------------------------*
| Program Name: SCORE2.SAS in C:\APPLIED                      |
| Purpose: To score a multiple-choice exam with an arbitrary  |
| number of items                                             |
| Data: The first line is the answer key, remaining lines     |
| contain the student responses                               |
| Data in file C:\APPLIED\TEST.DTA                            |
| Date: July 23, 1996                                         |
*-------------------------------------------------------------*;
%LET NUMBER=5; ***The number of items on the test;  ①

DATA SCORE;
   INFILE 'C:\APPLIED\TEST.DTA';  ②
   ARRAY ANS[&NUMBER] $ 1 ANS1-ANS&NUMBER; ***Student answers;
   ARRAY KEY[&NUMBER] $ 1 KEY1-KEY&NUMBER; ***Answer key;
   ARRAY S[&NUMBER] 3 S1-S&NUMBER; ***Score array 1=right,0=wrong;
   RETAIN KEY1-KEY&NUMBER;
   IF _N_=1 THEN INPUT @1 (KEY1-KEY&NUMBER)($1.);
   INPUT @1  ID 1-9
         @11 (ANS1-ANS&NUMBER)($1.);
   DO I=1 TO &NUMBER;
      S[I] = (KEY[I] EQ ANS[I]);
   END;
   RAW=SUM (OF S1-S&NUMBER);
   PERCENT=100*RAW / &NUMBER;
   KEEP ANS1-ANS&NUMBER ID RAW PERCENT;
   LABEL ID      = 'Social Security Number'
         RAW     = 'Raw Score'
         PERCENT = 'Percent Score';
RUN;
PROC SORT DATA=SCORE;  ③
   BY ID;
RUN;
PROC PRINT DATA=SCORE LABEL;  ④
   TITLE "Listing of SCORE data set";
   ID ID;
   VAR RAW PERCENT;
   FORMAT ID SSN11.;
RUN;
PROC MEANS DATA=SCORE MAXDEC=2 N MEAN STD RANGE MIN MAX;  ⑤
   TITLE "Class Statistics";
   VAR RAW PERCENT;
```

```
RUN;
PATTERN COLOR=BLACK VALUE=EMPTY;
PROC GCHART DATA=SCORE;  ⑥
   TITLE "Histogram of Student Scores";
   VBAR PERCENT / MIDPOINTS=0 TO 100 BY 5;
RUN;
PROC FREQ DATA=SCORE;  ⑦
   TITLE "Frequency Distribution of Student Answers";
   TABLES ANS1-ANS&NUMBER / NOCUM;
RUN;
```

程序使用了一个宏变量（&NUMBER），其值由语句 %LET ①指定。程序执行时，每个 &NUMBER 将替换为指定的值。

另一个变化是数据从已存在的文件读入，由 INFILE 语句②实现。DATA 步骤其余的部分与上一个程序相同。

前几个过程很简单。我们将学生按 ID 排序③，打印成绩单④，计算原始分数和百分比分数的简单统计量⑤，绘制直方图⑥，计算每个测验题目中选择 A、B 等答案的频数⑦。

部分输出结果如下：

```
Listing of SCORE data set

     Social
   Security      Raw      Percent
     Number     Score      Score

007-34-7889       0          0
010-23-2003       2         40
012-03-4009       3         60
012-12-1122       4         80
012-27-8733       1         20
023-48-1223       2         40
112-34-4987       3         60
              . . .

Class Statistics

The MEANS Procedure

Variable   Label              N        Mean      Std Dev       Range
---------------------------------------------------------------------
RAW        Raw Score         34        2.91         1.38        5.00
PERCENT    Percent Score     34       58.24        27.58      100.00
---------------------------------------------------------------------

                                                         [Continued]
```

Variable	Label	Minimum	Maximum
RAW	Raw Score	0.00	5.00
PERCENT	Percent Score	0.00	100.00

Frequency Distribution of Student Answers

The FREQ Procedure

ANS1	Frequency	Percent
A	19	55.88
B	6	17.65
D	5	14.71
E	4	11.76

ANS2	Frequency	Percent
A	4	11.76
B	17	50.00
C	3	8.82
D	3	8.82
E	7	20.59

. . .

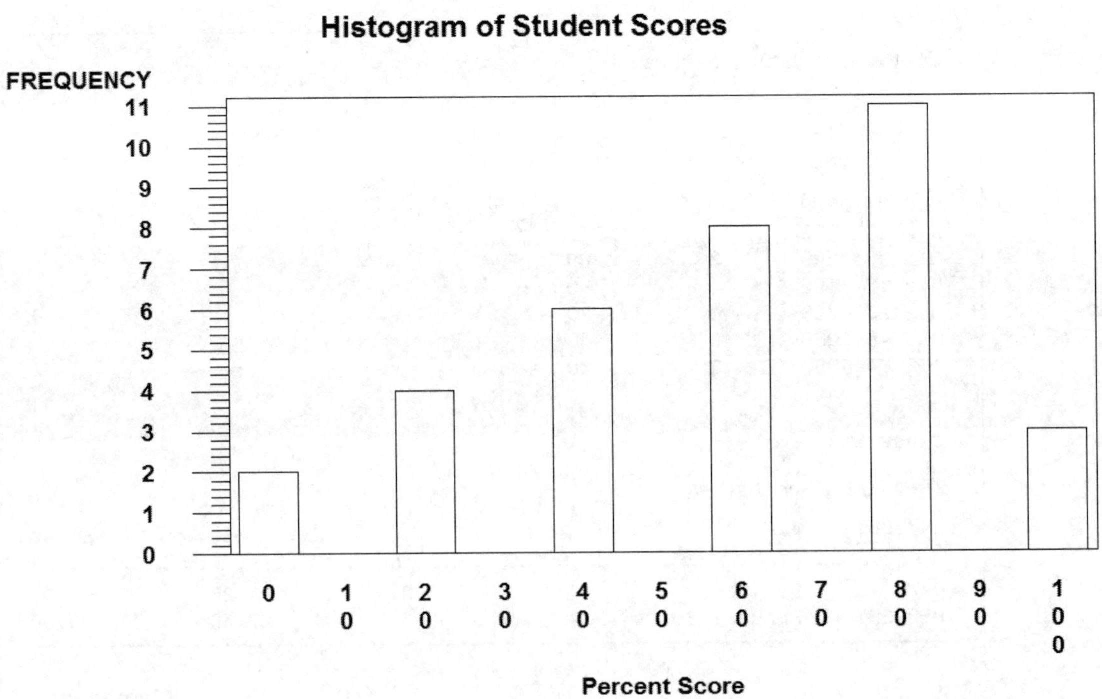

4.　用 PROC TABULATE 美化表格

我们可以用 PROC TABULATE 生成一个紧凑的表格来显示各个答案被选择的频数。要实现这个目的，需要改变数据集的结构，生成代表问题号的变量 QUESTION；以及代表学生对该问题的作答的变量 CHOICE。CHOICE 应为字符型变量，代表字母选择（A、B、C、D 或 E），每个问题的正确答案的右边带一个星号（*）。这里我们不对程序多作解释。作者之一（Smith）坚持认为一个好的题目分析应该包括选择了某个选项的所有学生的平均测验成绩。因此该程序包含了生成这个统计量的代码。TABULATE 的细节过于复杂，这里不再赘述，读者可以查看 *SAS Guide to Tabulate Processing* 或 *PROC Tabulate by Example*（Lauren Haworth 所著），都可从 SAS Institute、Cary、NC 得到。

重构数据集并生成上述统计量的完整程序如下：

```
*-------------------------------------------------------------*
| Program Name: SCORE3.SAS in C:\APPLIED                       |
| Purpose: To score a multiple-choice exam with an arbitrary  |
| number of items and compute item statistics                  |
| Data: The first line is the answer key, remaining lines     |
| contain the student responses. Data is located in           |
| file C:\APPLIED\TEST.DTA                                     |
| Date: April 24, 2004                                         |
*-------------------------------------------------------------*;
OPTIONS LS=64 PS=59 NOCENTER;
PROC FORMAT;  ①
   PICTURE PCT LOW-<0=' ' 0-HIGH='00000%';
RUN;

%LET NUMBER=5; ***The number of items on the test;

DATA SCORE;
   INFILE 'C:\APPLIED\TEST.DTA';
   ARRAY ANS[&NUMBER] $ 2 ANS1-ANS&NUMBER; ***Student answers;
   ARRAY KEY[&NUMBER] $ 1 KEY1-KEY&NUMBER; ***Answer key;
   ARRAY S[&NUMBER] 3 S1-S&NUMBER; ***Score array 1=right,0=wrong;
   RETAIN KEY1-KEY&NUMBER;
   IF _N_=1 THEN INPUT @1 (KEY1-KEY&NUMBER)($1.);
   INPUT @1  ID 1-9
         @11 (ANS1-ANS&NUMBER)($1.);
   DO I=1 TO &NUMBER;
      IF KEY[I] EQ ANS[I] THEN DO;
      S[I] = 1;
      SUBSTR(ANS[I],2,1)='*';  ②
      ***Place an asterisk next to correct answer;
      END;
```

[Continued]

```
      ELSE S[I] = 0;
   END;
   RAW=SUM (OF S1-S&NUMBER);
   PERCENT=100*RAW / &NUMBER;
   KEEP ANS1-ANS&NUMBER ID RAW PERCENT;
   LABEL ID      = 'Social Security Number'
         RAW     = 'Raw Score'
         PERCENT = 'Percent Score';
RUN;

DATA TEMP;  ③
   SET SCORE;
   ARRAY ANS[*] $ 2 ANS1-ANS&NUMBER;
   DO QUESTION=1 TO &NUMBER;
      CHOICE=ANS[QUESTION];
      OUTPUT;
   END;
   KEEP QUESTION CHOICE PERCENT;
RUN;

PROC TABULATE DATA=TEMP;
   TITLE "Item Analysis Using PROC TABULATE";
   CLASS QUESTION CHOICE;
   VAR PERCENT;
   TABLE QUESTION*CHOICE,
   PERCENT=' '*(PCTN<CHOICE>*F=PCT. MEAN*F=PCT.
   STD*F=10.2)  / RTS=20 MISSTEXT=' ';
   KEYLABEL ALL  = 'Total'
            MEAN = 'Mean Score' PCTN='FREQ'
            STD  = 'Standard Deviation';
RUN;
```

简单解释一下程序：PROC FORMAT ①用于创建画面输出格式，使我们能够按百分比打印分数。（注：SAS 还有一个输出格式 PERCENTw.，不过它会乘以 100，并且在数字后面放上百分号。）SCORE DATA 步骤余下部分与前面程序相同，只不过这里的变量 ANS_1-ANSn 长度设定为 2 个字节。后面我们将用第二个字节给正确答案加星号。等号左边的函数 SUBSTR ②用于在正确答案的第二个位置加星号。DATA 步骤③改变了数据集的结构，使其能够用于 PROC TABULATE 过程。最后得到的数据集中，每个学生对应了 n 个观测值（n 表示测验的题目数）。部分结果输出如下：

Item Analysis Using PROC TABULATE

QUESTION	CHOICE	FREQ	Mean Score	Standard Deviation
1	A*	55%	71%	23.40
	B	17%	26%	24.22
	D	14%	52%	22.80
	E	11%	50%	11.55
2	A	11%	40%	28.28
	B*	50%	75%	16.63
	C	8%	40%	20.00
	D	8%	73%	11.55
	E	20%	28%	22.68
3	A	8%	20%	20.00
	B	17%	46%	24.22
	C*	52%	68%	22.98
	D	8%	53%	46.19
	E	11%	60%	16.33
4	A	14%	32%	30.33
	B	5%	20%	0.00
	C	5%	30%	14.14
	D*	64%	71%	18.16
	E	8%	46%	30.55
5	A	8%	60%	20.00
	B	2%	20%	
	C	14%	16%	16.73
	D	5%	70%	14.14
	E*	67%	67%	21.52

频数列（FREQ）显示了每个选项被选择的百分比。正确答案（带 * 的选项）旁的频数为题目难度（正确作答百分比）。平均分数列（MEAN SCORE）显示的是选择某个选项的所有学生的平均测验分数。例如，对于题目 1，55% 的学生选择正确答案 A，而选择 A 的这 55% 的学生在整个测验上的平均分数为 71%。同时，17% 的学生选择 B，他们的平均分数为 26%，依此类推。仔细看看题目 2，选择错误答案 D

的学生在整个测验上却表现得相当好（73%）。这意味着我们需要检查一下选项D是不是出了什么问题。

5. 一个完整的测验计分和题目分析程序

这里我们给出一个完整的测试计分和题目分析程序。这是一个相对复杂的程序，我们不详细描述内部细节。读者可以复制程序中的部分或全部去分析你自己的多项选择测验。程序下面的输出结果中包含了很多信息。表格的每一行都包含题目号、正确答案、选择每种回答的学生的百分比、难度（回答正确的概率）、点二列相关系数，以及能力处于不同四分位上的学生正确作答该题的百分比。完整程序如下：

```
*-----------------------------------------------------------*
| Program Name: SCORE4.SAS in C:\APPLIED                    |
| Purpose: To score a multiple-choice exam with an arbitrary |
| number of items                                           |
| Data: The first line is the answer key, remaining lines   |
| contain the student responses                             |
| Data in file C:\APPLIED\TEST.DTA                          |
| Date: April 25, 2004                                      |
*-----------------------------------------------------------*;
%LET NUMBER=5; ***The number of items on the test; ①

DATA SCORE;
   INFILE 'C:\APPLIED\TEST.DTA'; ②
   ARRAY ANS [&NUMBER] $ 1 ANS1-ANS&NUMBER; ***Student answers;
   ARRAY KEY [&NUMBER] $ 1 KEY1-KEY&NUMBER; ***Answer key;
   ARRAY S [&NUMBER] S1-S&NUMBER; ***Score array 1=right,0=wrong;
   RETAIN KEY1-KEY&NUMBER;
   IF _N_ = 1 THEN INPUT (KEY1-KEY&NUMBER)($1.);
   INPUT @1  ID 1Ð9
         @11 (ANS1ÐANS&NUMBER)($1)
   DO I=1 TO &NUMBER;
      S[I] = (KEY [I] EQ ANS [I]);
   END;
   RAW=SUM (OF S1-S&NUMBER);
   PERCENT=100*RAW / &NUMBER;
   KEEP ANS1-ANS&NUMBER S1-S&NUMBER KEY1-Key&NUMBER
        ID RAW PERCENT;
   ***Note: ANS1-ANSn, S1-Sn, KEY1-KEYnare needed later on;
   LABEL ID      = 'Social Security Number'
         RAW     = 'Raw Score'
         PERCENT = 'Percent Score';
RUN;
```

```
*-----------------------------------------------------------*
| You may want to include the procedures in Section C       |
| which print student rosters, histograms, and class        |
| statistics.                                               |
*-----------------------------------------------------------*;
***Section to prepare data sets for PROC TABULATE;
***Write correlation coefficients to a data set;
PROC CORR DATA=SCORE NOSIMPLE NOPRINT
          OUTP=CORROUT(WHERE=(_TYPE_='CORR'));
   VAR S1-S&NUMBER;
   WITH RAW;
RUN;
***Reshape the data set;
DATA CORR;
   SET CORROUT;
   ARRAY S[*] 3 S1-S&NUMBER;
   DO I=1 TO &NUMBER;
      CORR = S[I];
      OUTPUT;
   END;
   KEEP I CORR;
RUN;
***Compute quartiles;
PROC RANK DATA=SCORE GROUPS=4 OUT=QUART(DROP=PERCENT ID);
   RANKS QUARTILE;
   VAR RAW;
RUN;
***Create ITEM variable and reshape again;
DATA TAB;
   SET QUART;
   LENGTH ITEM $ 5 QUARTILE CORRECT I 3 CHOICE $ 1;
   ARRAY S[*] S1-S&NUMBER;
   ARRAY ANS[*] $ 1 ANS1-ANS&NUMBER;
   ARRAY KEY[*] $ 1 KEY1-KEY&NUMBER;
   QUARTILE = QUARTILE+1;
   DO I=1 TO &NUMBER;
      ITEM=RIGHT(PUT(I,3.)) || " " || KEY[I];
      CORRECT=S[I];
      CHOICE=ANS[I];
      OUTPUT;
   END;
   KEEP I ITEM QUARTILE CORRECT CHOICE;
RUN;
PROC SORT DATA=TAB;
   BY I;
RUN;
***Combine correlations and quartile information;
DATA BOTH;
```

[Continued]

```
   MERGE CORR TAB;
   BY I;
RUN;
***Print out a pretty table;
OPTIONS LS=72;
PROC TABULATE FORMAT=7.2 DATA=BOTH ORDER=INTERNAL NOSEPS;
   TITLE "Item Statistics";
   LABEL QUARTILE = 'Quartile'
         CHOICE   = 'Choices';
   CLASS ITEM QUARTILE CHOICE;
   VAR CORRECT CORR;
   TABLE ITEM='# Key'*F=6.,
   CHOICE*(PCTN<CHOICE>)*F=3. CORRECT='
'*MEAN='Diff.'*F=PERCENT5.2
   CORR=' '*MEAN='Corr.'*F=5.2
   CORRECT=' '*QUARTILE*MEAN='Prop. Correct'*F=PERCENT7.2/
      RTS=8;
   KEYLABEL PCTN='%' ;
RUN;
```

下面是结果输出中的一部分：

Item Statistics

	Choices							Quartile			
								1	2	3	4
	A	B	C	D	E			Prop.	Prop.	Prop.	Prop.
	%	%	%	%	%	Diff.	Corr.	Correct	Correct	Correct	Correct
# Key											
1 A	56	18	.	15	12	56%	0.55	33.3%	28.6%	90.9%	100%
2 B	12	50	9	9	21	50%	0.63	0.00%	42.9%	72.7%	100%
3 C	9	18	53	9	12	53%	0.42	16.7%	50.0%	63.6%	100%
4 D	15	6	6	65	9	65%	0.68	0.00%	64.3%	90.9%	100%
5 E	9	3	15	6	68	68%	0.51	16.7%	71.4%	81.8%	100%

为了更清楚的看这个列表，我们看题目 1。有 56% 的学生选择了正确答案为‘A’，18% 选择了‘B’，依此类推。题目难度为 56%，点二列相关系数 .55。全部学生中，能力水平处于最低四分位的学生中，只有 33% 正确回答了该题；第二个四分位的学生中 29% 正确作答；第三个四分位为 91%；而能力水平处于最高四分位的学生全部都答对了该题。这说明题目是非常好的。

6. 测验信度

PROC CORR 可用于计算克伦巴赫 Alpha 信度系数（Cronbach's Coefficient Alpha）。对二分的测验题目，这个系数与 KR-20 系数（Kuder-Richardson formula 20 Coefficient）等价。它们通常用于估计测验的信度。其基本思想是测验中的题目都测量了同一个潜在的概念。下面几行给出用本章第 3 节的数据集 SCORE 计算 Alpha 系数的程序：

```
PROC CORR DATA=SCORE NOSIMPLE ALPHA;
   TITLE "Coefficient Alpha from Data Set SCORE";
   VAR S1-S5;
RUN;
```

由于测试题目要么是正确（1）要么是错误（0），Alpha 系数和 KR-20 系数等价。下面是部分结果输出：

Coefficient Alpha from Data Set SCORE

Cronbach Coefficient Alpha

Variables	Alpha
Raw	0.441866
Standardized	0.444147

Cronbach Coefficient Alpha with Deleted Variable

	Raw Variables		Standardized Variables	
Deleted Variable	Correlation with Total	Alpha	Correlation with Total	Alpha
S1	0.219243	0.395887	0.211150	0.404775
S2	0.316668	0.321263	0.317696	0.325870
S3	0.053238	0.511023	0.049289	0.513369
S4	0.404102	0.256819	0.414362	0.248868
S5	0.189630	0.415648	0.196747	0.414978

7. 评分者信度

有些研究会让多个评分者给被试打分，因此你可能想要知道两个评分者的一致性程度。假设每个评分者将被试评判为正常或不正常。就算两个评分者随机评分，有时还是会一致。检验统计量 Kappa 可用于校正这种偶然的一致性。如果运行 SAS 6.10 或以上版本，在 PROC FREQ 的 TABLE 语句中加入 AGREE 选项可以计算 Kappa 系数。下面假设两个评分者（RATER）给 10 个被试评判如下：

评判结果（N= 正常，X= 不正常）		
被试	评分者 1	评分者 2
1	N	N
2	X	X
3	X	X
4	X	N
5	N	X
6	N	N
7	N	N
8	X	N
9	X	X
10	N	N

计算 Kappa 系数的程序为：

```
DATA KAPPA;
   INPUT SUBJECT RATER_1 $ RATER_2 $ @@;
DATALINES;
1 N N 2 X X 3 X X 4 X N 5 N X
6 N N 7 N N 8 X N 9 X X 10 N N
;
PROC FREQ DATA=KAPPA;
   TITLE "Coefficient Kappa Calculation";
   TABLE RATER_1 * RATER_2 / NOCUM NOPERCENT KAPPA;
RUN;
```

结果输出为：

```
Coefficient Kappa Calculation

The FREQ Procedure

Table of RATER_1 by RATER_2

RATER_1      RATER_2

Frequency|
Row Pct  |
Col Pct  |N      |X      |  Total
---------+-------+-------+
N        |     4 |     1 |      5
         | 80.00 | 20.00 |
         | 66.67 | 25.00 |
---------+-------+-------+
X        |     2 |     3 |      5
         | 40.00 | 60.00 |
         | 33.33 | 75.00 |
---------+-------+-------+
Total          6       4       10

Statistics for Table of RATER_1 by RATER_2

    McNemar's Test
-----------------------
Statistic (S)    0.3333
DF                    1
Pr > S           0.5637

    Simple Kappa Coefficient
--------------------------------
Kappa                     0.4000
ASE                       0.2840
95% Lower Conf Limit     -0.1566
95% Upper Conf Limit      0.9566

Sample Size = 10
```

正如读者看到的，两个评分者间的 Kappa 系数为 .4。这看起来似乎相当不可信，事实也是如此。读者可能会说："但 10 个被试中有 7 个一致。" 不过如果我们随机抛硬币，平均来说 10 次中也有 5 次一致（这里只有两种评分），因此 10 次中 7 次一致不算很大的概率。

练习题

练习题的数据集和程序均可从网上下载：www.prenhall.com/cody

11.1 下面是 5 个问题的正确答案：

问题 1 = 'B' 问题 2 = 'C' 问题 3 = 'D'

问题 4 = 'A' 问题 5 = 'A'

写一个 SAS 程序给六个学生评分，数据如下。生成两个列表，第一个按社会保障号的顺序排列，第二个按测验分数降序排列。同时计算原始分数（正确作答数）和百分比分数。（提示：对社会保障号用 SSN11. 输出格式，确保按数值型格式读入数据。）

学生数据：

社会保障号	五个题目的作答
123-45-6789	B C D A A
001-44-5559	A B C D E
012-12-1234	B C C A B
135-63-2837	C B D A A
005-00-9999	E C E C E
789-78-7878	B C D A A

11.2 下面列出的是包含 10 个题目的多项选择测验，其结果存储于下面所示的文本文件中。栏位 1-3 是三位数的 ID，栏位 5-14 是对 10 个题目的作答。（如果愿意，读者可用 DATALINES 语句，把学生数据置于程序中。）

```
001 ABCDBECDBE
002 ABCDEABCDE
003 ABCDEABCDD
004 ABCEDABCCE
005 BBCDEBBCDE
006 CABEDACBED
007 DECAACEDAA
008 ABCDEBBBEE
009 DDDDDABCDE
010 ABECDABCDE
```

正确答案依次为 A B C D E A B C D E。写一个程序为测验计分，你可以把正确回答放在临时数组中（见第 15 章第 7 节），也可以用简单的赋值语句。计算每个学生的原始分数和百分比分数，并生成每个题目的点二列相关系数。

11.3 用练习题 11.1 中的测验数据，计算此测验的 KR-20（或 Cronbach`s Alpha）系数。同时计算每个题目的点二列相关系数。注意当得分取值 0 或 1 时，点二列相关系数和皮尔逊相关系数是等价的。

11.4 两个心理医生评判 19 个病人是否有自杀倾向。结果如下（S = 有自杀倾向，N = 没有自杀倾向）：

被试	1	2	3	4	5	6	7	8	9	10	11	12	13	14	15	16	17	18	19
评分者 1	S	N	S	N	S	S	N	N	N	S	S	N	N	S	N	S	N	S	S
评分者 2	S	N	S	N	N	S	S	N	N	N	S	N	N	S	S	S	N	S	S

计算 Kappa 系数，考察两个心理医生的一致性程度。解决这个问题比较简单的方法是按被试顺序输入数据。数据如下（记得加两个 @@，见第 12 章）：

```
S S N N S S N N S N S S N S N N N N S N
S S N N N N S S N S S S N N S S S S
```

如果你希望接受挑战，也可以按评分者输入数据（如表格所示）。

11.5 两个病理学家观察 14 个幻灯片，作出患有癌症或未患癌症的诊断。用下面的数据，计算评分者信度的指标 Kappa 系数（C = 癌症，X = 未患癌症）：

评分者 1	评分者 2	评分者 1	评分者 2
C	C	C	X
X	X	C	C
X	X	X	X
C	X	C	C
X	C	C	C
X	X	X	X
X	X	C	C

第12章

INPUT 语句

1. 简介

本书之前的章节属于统计部分。在之前的例子中，我们已经看到了 SAS INPUT 语句有多么强大。本章是SAS编程部分的第一章，我们将探索INPUT语句的妙用。(注：INPUT 语句的基础部分见第 1 章。)

2. 列表输入法：数据值用空格隔开

SAS 可以读取由一个或多个空格隔开的数据值。这种形式的输入叫做列表输入法（list input）。列表输入时所有变量必须放在一行，数据值由一个或多个空格分开，缺失值由句点代替。一个简单的例子如下：

```
DATA QUEST;
   INPUT ID GENDER $ AGE HEIGHT WEIGHT;
DATALINES;
1   M   23   68   155
2   F    .   61   102
3      M   55   70   202
;
```

注意字符型变量名的后面跟了 $。第三行数据值间的多个空格不会出现问题。

3. 读取逗号隔开的数据

有时数据被逗号分隔开，而不是 SAS 期望的空格。我们有两个选择：可以把所有逗号用空格替换；或者保留逗号，用 INFILE 语句的“DLM =”选项把逗号设为分隔符。（INFILE 语句及其选项的细节见第 13 章。）这里有个例子，假设你有一个文件 SURVEY.DTA，所有的数据值都被逗号分隔开来。前三行如下：

```
1,M,23,68,155
2,F,.,61,102
3,  M, 55, 70,  202
```

读取这个文件的代码为：

```
DATA HTWT;
   INFILE 'A:SURVEY.DTA' DLM=',';
   INPUT ID GENDER $ AGE HEIGHT WEIGHT;
RUN;
```

INFILE 语句要求 INPUT 语句读取存储于 A 盘的外部文件 SURVEY，并且将逗号作为数据分隔符。

读取逗号分隔文件时，另一个有用的 INFILE 语句选项是 DSD（delimiter-sensitive data）。除了将逗号作为分隔符，该选项还执行一些其它功能。首先，如果有两个临近的逗号，则标记 INPUT 列表中相应的变量为缺失值。其次，带有引号的字符串会被读取为字符型变量，并且自动跳过引号。该选项很适合读取逗号分隔变量（comma-separated variables，CSV）的文件。为了说明 DSD 选项，假设文件 A:SURVEY.DTA 中有如下三行数据：

```
1,"M",23,68,155
2,F,,61,102
3, M, 55, 70, 202
```

读取这三行数据的 SAS DATA 步骤如下：

```
DATA HTWT;
   INFILE 'A:SURVEY.DTA' DSD;
   INPUT ID GENDER $ AGE HEIGHT WEIGHT;
RUN;
```

最后生成的数据集与前面用 DLM 选项的结果一样。注意第一个人的 GENDER 取值为没有引号的‘M’，第二个人的 AGE 标记为缺失值。

4. 在列表输入中使用输入格式

有时数据集中有日期值，我们想按日期格式读取这些数值，同时仍然想使用列表输入法。我们有两个选择：第一是在 INPUT 语句之前用 INFORMAT 语句，给每个变量赋予输入格式。INFORMAT 语句的命令式与 FORMAT 语句相同，只不过前者指定变量的输入格式，后者指定输出格式。INFORMAT 语句的例子如下：

```
DATA INFORM;
   INFORMAT DOB VISIT MMDDYY10.;
   INPUT ID DOB VISIT DX;
DATALINES;
1 10/21/1946 6/5/1989 256.20
2 9/15/1944 4/23/1989 232.0
etc.
```

另一种选择是直接在 INPUT 语句中使用 INFORMAT 语句指定输入格式。即在变量名后跟冒号加合适的输入格式。例子如下：

```
DATA FORM;
  INPUT ID DOB : MMDDYY10. VISIT : MMDDYY10. DX;
DATALINES;
1 10/21/1946 6/5/1989 256.20
2 9/15/1944 4/23/1989 232.0
etc.
```

对字符型变量，任何一种方法都默认读取 8 个字符。因此，若读取的文件包括姓名（超出 8 个字符的部分），可以用下面两个程序：

```
*Example with an INFORMAT statement;
DATA LONGNAME;
   INFORMAT LAST $20.;
   INPUT ID LAST SCORE;
DATALINES;
1 STEVENSON 89
2 CODY 100
3 SMITH 55
4 GETTLEFINGER 92
etc.

*Example with INPUT informats;
DATA LONGNAME;
   INPUT ID LAST : $20. SCORE;
DATALINES;
1 STEVENSON 89
2 CODY 100
3 SMITH 55
4 GETTLEFINGER 92
etc.
```

完成列表输入前，还有一个需要注意的“技巧”。假设我们想要把姓（last name）和名（first name）读成一个变量，如果用空格作为数据分隔符，那么姓和名之间就不能有空格。然而聪明的 SAS 设计者已经考虑到了这个问题，设计了格式修正符 &。变量名后跟符号 & 将不再默认以一个或多个空格作为分隔符。下面的程序展示了 & 如何起作用：

```
DATA FIRSTLST;
   INPUT ID NAME & $30. SCORE1 SCORE2;
DATALINES;
1 RON CODY  97 98
2 JEFF SMITH  57 58
etc.
```

注意到姓和名之间至少有两个空格，而程序仍然能将其读为一个变量。

5.　栏位输入法

本书的许多例子使用 INPUT 语句时都指定了每个数据值读取哪几个栏位，这种方法称为栏位输入法（column input）。命令式为：列出变量名，后跟要读取的栏位。此外，如果读取字符串，变量名后应跟 $ 符号。下面是一个例子：

```
DATA COL;
   INPUT ID        1-3
         GENDER $ 4
         HEIGHT   5-6
         WEIGHT   7-11;
DATALINES;
001M68155.5
2  F61 99.0
 3 M  233.5
(more data lines)
```

注意到 2 号被试的 ID 号没有右对齐。在某些程序语言中这可能会出问题；但 SAS 不会。把‘2’放在前三个栏位中的任意一个都能正确读取。同时，我们可以在数字中包括小数点，不过要记得为小数点预留一个栏位。最后，有缺失值时，我们仅仅把该栏位留空就可以了。栏位输入法的不足之处在于，我们只能读取字符数据和标准的数值数据。而要读取日期和非标准数值数据（例如带逗号的数值）则需要指针和格式，下文将作介绍。

6. 格式化输入

另一种指定起始和结束栏位（栏位输入法）的方法是指定起始栏位和输入格式（输入格式也同时指定了要读取多少栏位）。这种形式的输入方式称为“格式化输入”（formatted input），当编码设计如下时，这是非常有用的：

变量	起始栏位	长度	类型	描述
ID	1	3	数值	被试编号
GENDER	4	1	字符	性别 M=MALE F=FEMALE
AGE	9	2	数值	年龄，单位为年
HEIGHT	11	2	数值	身高，单位为英尺
V_DATE	15	8	日期	来访日期，格式为 MMDDYYYY

除了用高级算法计算每个变量的结束栏位之外，我们还可以用 @ 符号指定起始栏位，同时输入格式告诉 SAS 如何读取数据值以及读取多少个栏位。下面是读取上表数据的程序：

```
DATA POINT;
   INPUT @1  ID       3.
         @4  GENDER $1.
         @9  AGE      2.
         @11 HEIGHT   2.
         @15 V_DATE MMDDYY8.;
```

@ 符号叫绝对栏位指针，它指定每个变量的起始栏位。在前面 INPUT 语句中，一些 @ 符号是多余的，例如 GENDER 前的 @4。随着数据的读取，内部指针也随着数据行移动。由于 ID 从栏位 1 开始，长度为 3 栏位，因此在读取 GENDER 时内部指针已经在栏位 4 上了。本例中，我们建议在每个变量前都使用绝对栏位指针；这使程序更整齐，并且降低了错误读取栏位的概率。输入格式 W. 用于长度为 W 的数值变量；$W. 表示长度为 W 的字符变量。SAS 数值输入格式的一般形式为 W.d，W 为读取的栏位数，d 为小数点后保留多少位数字（如果小数点并没有显示在数据值中）。例如，数字 123 按输入格式 3.2 读取时，就成了 1.23（我们读取三个栏位，小数点后有两位数字）。用这个符号，我们不仅可以读取有“隐藏”小数点的数，也可读取带有小数点的数。数值 1.23 用格式 4.（小数点也占一个栏位）读取时也成了 1.23。也就是说，数值本身带有的小数点优先于输入格式中隐含的小数点。输入格式 MMDDYY8. 是一种日期格式，我们在第 4 章中曾用于读取日期变量。我们将每个变量分占一行只是为了视觉上的便利，这也是我们写程序的风格。

7. 每个被试读取多行数据

若每个被试的数据不止一行，我们可以使用行指针（#）指定要读取哪几行数据。与栏位指针类似，在每个被试的多行数据中，我们可以将指针移动到任意行。需要注意的是，每个被试的数据行数必须相同。下面是一个例子，每个被试有两行数据：

```
DATA COLUMN;
INPUT #1 ID      1-3
         AGE     5-6
         HEIGHT 10-11
         WEIGHT 15-17
      #2 SBP     5-7
         DBP     8-10;
```

[Continued]

```
DATALINES;
001   56   72   202
   140080
002   45   70   170
   130070
;
```

如果每个被试有 N 行数据，但不想读取所有 N 行数据，这时就要在 INPUT 语句最后以 #N 结尾，N 为每个被试的数据行数。例如，如果每个被试有 6 行数据，但我们只想读取前 2 行（同前面的例子），应该这样写：

```
INPUT #1 ID 1-3 AGE 5-6 HEIGHT 10-11 WEIGHT 15-17
#2 SBP 5-7 DBP 8-10 #6;
```

8. 改变顺序和多次读取栏位

绝对栏位指针可以移动到任意一个起始栏位,也可以按任意顺序读取数据。因此，我们可以按任意的顺序读取变量，而且可以多次读取同一个栏位。假设我们有一个 6 位数的 ID，最后两位数是县的代码。我们可以这样读取：

```
INPUT @1 ID      6.
      @5 COUNTY $2.
   etc.;
```

或

```
INPUT ID         1-6
       COUNTY $ 5-6
   etc.;
```

我们也可以按任意的顺序读取数据。可用下面的 INPUT 语句：

```
INPUT ID 1-3 HEIGHT 5-6 GENDER $ 4 WEIGHT 7-9;
INPUT @1 ID 3. @5 HEIGHT 2. @4 GENDER $1. @7 WEIGHT 3.;
```

9. 输入格式列表

读者可以在 INPUT 语句中把一组变量用圆括号括起来，后跟一个或多个用圆括号括起来的输入格式。下面是一个例子：

```
INPUT (X Y Z C1-C3)(1. 2. 1. $3. $3. $3.);
```

这个例子没有表明这种方法的优点。但是，当同一行的几个变量有同样的输入格式时，这种方法将能节约大把时间。INFORMAT 列表里的输入格式可以比变量列表中的变量数更少。这时，INFORMAT 列表将一直循环，直到给每个变量都赋予了输入格式为止。下面的 INPUT 语句就是一个例子：

```
INPUT (X1-X50)(1.);
```

这段程序以 1. 的输入格式读取 X1、X2、X3……X50。下面这个例子说明如何在 INPUT 语句中用变量列表和输入格式列表简化程序。首先，没有变量和输入格式列表的 INPUT 语句为：

```
DATA NOVICE;
   INPUT @1  ID       $3.
         @4  QUES1     1.
         @5  QUES2     1.
         @6  QUES3     1.
         @7  QUES4     1.
         @8  QUES4B    1.
         @9  QUES4C    1.
         @10 QUES5     1.
         @11 QUES6     1.
         @12 QUES7     1.
         @13 QUES8     1.
         @14 QUES9     1.
         @20 DOB        MMDDYY8.
         @28 ST_DATE    MMDDYY8.
         @36 END_DATE MMDDYY8.;
```

上面的程序可以简化如下：

```
DATA ADVANCED;
   INPUT @1 ID $3.
         @4  (QUES1-QUES4 QUES4B QUES4C QUES5-QUES9)(1.)
         @20 (DOB ST_DATE END_DATE)(MMDDYY8.);
```

当然，这并没有简化多少，但当你有成百上千的变量时，简化的量就非常可观了。

输入格式列表中还可以加入相对栏位指针。通过在“+”号后跟正值或负值，我们可以在数据中向前或向后移动指针。下面我们给出一个新的INPUT语句，这个语句使用了相对指针，从而省去了很多编码。

研究者记录了每个被试的12个收缩压和舒张压（为解释方便减少了数量），按配对输入。一种直接明了的INPUT语句如下：

```
INPUT @1  ID $3.
      @4  SBP1 3.
      @7  DBP1 3.
      @10 SBP2 3.
      @13 DBP2 3.
   etc. ;
```

用相对栏位指针的方法将大大简化程序：

```
INPUT @1  ID $3.
      @4 (SBP1-SBP12)(3. +3)
      @7 (DBP1-DBP12)(3. +3);
```

输入格式列表（3.+3）表示按3.的输入格式读取一个变量，然后把指针向后移动三格。因此，我们第一次将“跳过”舒张压，把指针向后移动到栏位7，而读取舒张压时采用了同样的技巧。

10. “保持此行”——@ 和 @@

有时我们想根据某个变量的值来决定如何读取其它变量。这时需要在DATA步骤中使用多个INPUT语句。通常，当SAS完成一个INPUT语句时，指针移动到数据下一行。因此，如果我们有多个INPUT语句，第二个INPUT语句会从数据的下一行开始读取。有两种方法可以避免跳行：@和@@符号。INPUT语句的最后加单@符号表示“保持此行”。也就是说，指针不会移动到下一个记录，除非遇到没有以@结尾的INPUT语句，或下一次DATA步骤的循环开始。双@符号表示“强制保持此行”，也就是说，就算遇到DATALINES或RUN语句（DATA步骤的结尾），指针也不移动到下一个记录。只有当一行中不再有数据读取或执行不带双@符号的INPUT语句时才读取下一个记录。

下面是一些帮助读者理解程序的例子。第一个例子是 1989 和 1990 年的调查数据。不幸的是，1990 年新加入了一个问题——在问卷的中部。现在，我们要把这些数据合并为一个文件，并按照每年的数据结构来读取相应的记录。调查的年份编码在第 79 和 80 栏位（1989 年取值为 89，1990 年取值为 90）。在 1989 年，栏位 1-10 记录了 10 个问题。在 1990 年，栏位 6 上是新加入的问题（我们可以称其为 5B），因此问题 6 到 10 的位置变成了栏位 7-11。我们使用 @ 符号读取这些数据：

```
DATA QUEST;
   INPUT YEAR 79-80 @; *** HOLD THE LINE;
   IF YEAR = 89 THEN INPUT @1 (QUES1-QUES10)(1.);
   ELSE IF YEAR = 90 THEN INPUT @1 (QUES1-QUES5)(1.)
                                @6 QUES5B 1.
                                @7 (QUES6-QUES10)(1.);
DATALINES;
```

下面这个程序是阐述双 @ 符号的例子。假设我们要成对读取 X 和 Y，并且数据的每行中放置了若干对 X、Y。可以用如下的程序：

```
DATA XYDATA;
   INPUT X Y @@;
DATALINES;
1 2 7 9 3 4 10 12
15 18 23 67
;
```

数据集 XYDATA 将包括 6 对 X 和 Y，分别是（1,2），（7,9），（3,4），（10,12），（15,18）和（23,67）。如果没有以双 @ 结尾，数据集将只有 2 对 X 和 Y——（1,2）和（15,18）。

11. 隐藏无效数据的错误信息

如果 SAS 系统读取无效的数据值（在数值区域读取字符型数据或带两个小数点的数），在 SAS 的 LOG 中会出现错误信息，列出错误记录，并且给变量赋予缺失值。下面是一个 SAS LOG 例子，数值区读取了字符值（‘a’）：

```
1  data example;
2  input x y z;
3  datalines;
NOTE: Invalid data for X in line 5 1-1.
RULE:----+----1----+----2----+----3----+----4----+----5----+----6
  5 a 3 4
X=. Y=3 Z=4 _ERROR_=1 _N_=2
   6 run;
NOTE: The data set WORK.EXAMPLE has 2 observations and 3 variables.
NOTE: The DATA statement used 2.00 seconds.
```

尽管这些信息非常有用，但有时我们已知某些区域包含无效数据值，想要用缺失值代替无效数据。对于大的文件,SAS LOG 将非常大,错误信息的处理过程将很长。有两个方法可减少提交错误信息的时间。第一，在变量名后加一个问号，这将隐藏无效数据信息，但系统仍会打印出错的数据行。变量名后加两个问号将隐藏所有错误信息，并不再自动创建 _ERROR_ 变量。下面是 INPUT 语句中隐藏 X 的错误信息的程序：

```
INPUT X ?? Y Z;
```

如果你使用的是栏位输入法，则应写为：

```
INPUT X ?? 1-2 Y 3-4 Z 5-6;
```

允许 X，Y 和 Z 都存在无效数据，可以这样写：

```
INPUT @1 (X Y Z)(?? 2.);
```

12. 读取“不规则”数据

前面几乎所有的例子要么是小数据集，要么是平衡数据集，因此很容易用标准的 INPUT 语句读取。然而，在实际生活中，我们经常会遇到不规则的数据集。例如，每个被试的记录数是不相同的。又如，遇到非平衡设计，每个处理的被试数不同。这些数据集越大，读取的过程越容易出问题。本节介绍的技巧可以让读者简单地读取所有不规则数据。

这些例子的关键是在数据中加入“标签”，以便告诉程序读取哪类数据。下面将呈现两个例子来阐述标签的用法和数据输入，第一个例子是被试数量不等的 T 检验，第二个例子是非平衡的方差分析。

例 1　非平衡 T 检验

为了让下面的例子简单易懂，我们降低了数据的数量和复杂性。而实际上处理更大、更复杂的数据集时才能体现这些技巧的优点。

实验有 5 个控制组被试和 3 个处理组被试，对每个被试只记录了一个变量。数据如下：

组别	
控制组	处理组
20	40
25	42
23	35
27	
30	

最简单、直接的读取数据方法为：

例 1–A

```
***Traditional INPUT Method;
DATA EX1A;
   INPUT GROUP $ X @@;
DATALINES;
C 20 C 25 C 23 C 27 C 30
T 40 T 42 T 35
;
PROC TTEST DATA=EX1A;
   CLASS GROUP;
   VAR X;
RUN;
```

对于更大的数据，这个程序会有些问题。在读取每个变量前重复同样的 GROUP 值将非常乏味与耗时。有两种方法可以修正这个问题：在程序中包含每组观测数量的信息（例1-B和1-C），或者把这个信息放在数据本身中（例1-D）。之前曾经提过，如果观测值的数量很多（几百甚至更多），计数时的一个小错误都将造成严重的后果。

例1–B

```
DATA EX1B;
   GROUP='C';
   DO I=1 TO 5;
      INPUT X @;
      OUTPUT;
   END;
   GROUP='T';
   DO I=1 TO 3;
      INPUT X @;
      OUTPUT;
   END;
   DROP I;
DATALINES;
20 25 23 27 30
40 42 35
;
PROC TTEST DATA=EX1B;
   CLASS GROUP;
   VAR X;
RUN;
```

例1–C

```
DATA EX1C;
   DO GROUP = 'C','T';
      DO I=1 TO 5*(GROUP EQ 'C') + 3*(GROUP EQ 'T');
         INPUT X @;
         OUTPUT;
      END;
   END;
   DROP I;
DATALINES;
20 25 23 27 30
40 42 35
;
PROC TTEST DATA=EX1B;
   CLASS GROUP;
   VAR X;
RUN;
```

例 1–D

```
DATA EX1D;
   DO GROUP='C','T';
      INPUT N;
      DO I=1 TO N;
         INPUT X @;
         OUTPUT;
      END;
   END;
   DROP N I;
DATALINES;
5
20 25 23 27 30
3
40 42 35
;
PROC TTEST DATA=EX1C;
   CLASS GROUP;
   VAR X;
RUN;
```

如果数据集非常大，我们建议使用例 1-E 的方法：

例 1–E

```
***Reading the Data with Tags;
DATA EX1E;
   RETAIN GROUP;
   INPUT DUMMY $ @@;
   IF DUMMY='C' OR DUMMY='T' THEN GROUP=DUMMY;
   ELSE DO;
      X = INPUT(DUMMY,5.0);
      OUTPUT;
   END;
   DROP DUMMY;
DATALINES;
C 20 25 23 27 30
T 40 42 35
;
PROC TTEST DATA=EX1D;
   CLASS GROUP;
   VAR X;
RUN;
```

这个程序中,我们可以在不改变程序的情况下添加或删除数据。程序有三个要点:

1. 所有数据都按字符型读取。如果遇到‘C’或‘T’，则令变量 GROUP 等于

DUMMY，同时 DATA 步骤返回顶端读取下一个数。RETAIN 语句阻止了程序在每次重复 DATA 步骤时自动将变量 GROUP 设为缺失，GROUP 在被程序重设之前将一直保持 'C' 或 'T' 的值。

2. INPUT 函数用于"读取"数值格式的字符型变量。INPUT 函数有两个自变量，第一个是"重新读取"的变量，第二个是读取该值的格式。因此，虽然 DUMMY 为字符型变量，X 仍会存储为数值型变量。我们选择格式 5.，因为这样所有数据值都不会溢出。
3. 由于 ELSE DO 组块中有一个 OUTPUT 语句，因此当 DUMMY 等于 'C' 或 'T' 时，程序将不会输出观测值。正常情况下，DATA 步骤末尾都隐藏了一个自动输出观测值的 OUTPUT 语句，但是如果我们在 DATA 步骤中间放置了外显的 OUTPUT 语句，那么系统将以此为准，而不再执行自动的输出。

同样的程序也可读取顺序和例 1-D 不一样的数据。例如，我们也能正确读取下面这个数据集：

```
C 20 25 23 T 40 42
C 30 T 35
```

对于大数据集，这种结构与例 1-A 到 1-D 相比更不易犯错。（当然，我们写了更多代码，但为了录入数据的方便性和产生的更少错误，这是值得的。）

例 2 非平衡两因素 ANOVA

下个例子是一个非平衡设计，我们要对其进行方差分析。设计如下：

		组别		
		A	**B**	**C**
性别	男性	20	70	90
		30	80	90
		40	90	80
		20		90
		50		
	女性	25	70	20
		30	90	20
		45	90	30
		30	80	
		65	85	
		72		

最直接的输入数据的方法为：

```
DATA EX2A;
   INPUT GROUP $ GENDER $ SCORE;
DATALINES;
A M 20
A M 30
etc.
```

不过，这样输入数据即长又浪费时间。对于小的数据集，我们可以像非平衡 T 检验一样，在程序中或数据中输入每个单元格的观测值数量。不过，对于每个单元格观测值非常多的情况，一种更好的方法见下面的例 2-A：

例 2–A

```
***First Method of Reading ANOVA Data with Tags;
DATA EX2A;
   DO GENDER='M','F';
      DO GROUP='A','B','C';
         INPUT DUMMY $ @;
         DO WHILE (DUMMY NE '#');
            SCORE=INPUT(DUMMY,6.0);
            OUTPUT;
            INPUT DUMMY $ @;
         END;
      END;
   END;
   DROP DUMMY;
DATALINES;
20 30 40 20 50 # 70 80 90
# 90 90 80 90 # 25 30 45 30
65 72 # 70 90 90 80 85 # 20 20 30 #
;
PROC GLM DATA=EX2A;
etc.
```

程序遇到“#”后才读取下一个单元格的观测值。程序先完成最里层的循环，然后才选择下一个单元格。当指定单元格后，我们可以无限制地读取多行多个观测值。

下面是一个更好看的程序（例 2-B）。用这个程序我们可以按任意的顺序读取单元格，单元格的信息已经嵌入在标签中，因此不用告诉程序。我们先看程序，然后讨论主要细节：

例 2–B

```
***More Elegant Method for Unbalanced ANOVA Design;
DATA EX2B;
   RETAIN GROUP GENDER;
   LENGTH GROUP GENDER $ 1;
   INPUT DUMMY $ @@;
   IF VERIFY (DUMMY,'ABCMF ') = 0 THEN DO;
      GROUP = SUBSTR (DUMMY,1,1);
      GENDER = SUBSTR (DUMMY,2,1);
      DELETE;
   END;
   ELSE SCORE = INPUT (DUMMY,6.);
   DROP DUMMY;
DATALINES;
AM   20   30   40   20   50
BM   70   80   90
CM   90   80   80   90
AF   25   30   45   30   65   72
BF   70   90   90   80   85
CF   20   20   30
;
PROC GLM DATA=EX2B;
etc.
```

这个程序允许我们按任意一种顺序输入单元格，并且可以按需要决定每个单元的观测值占用多少行。当我们以后要加入更多数据时，这种形式的数据输入也很方便。在不改变程序的情况下，可重复进行分析。增加的观测值甚至可以加入到原始数据的最后。

程序中最特别的一点是VERIFY和SUBSTR函数的使用。如果变量DUMMY中的字符均在VERIFY函数的第二个自变量中出现，则返回0值。注意在VERIFY函数的第二个自变量中包含一个空格。这是因为DUMMY默认为8个字节，也就是说DUMMY中包含2个字母和6个空格。SUBSTR函数从DUMMY字符串中抽取出变量GROUP和GENDER的值，然后INPUT函数把字符值转化为数值。（更多的SAS函数细节见第17和18章。）最后注意：本书的一个作者用相对简单的方式写了这些程序。需要帮助时，其他作者可以咨询这位作者。而读者只能依靠书中的内容。因此，请读者安排数据集结构时一定要仔细。

练习题

练习题的数据集和程序均可从网上下载：www.prenhall.com/cody

12.1　安慰剂组（PLACEBO）和药物组（DRUG）分别有五个被试。一种数据格式如下：

分组	分数
P	77
P	76
P	74
P	72
P	78
D	80
D	84
D	88
D	87
D	90

（a）写一个 INPUT 语句读取这些数据，假设在组名和分数间有一个或多个空格。

（b）假设你像下面这样把数据排列为两行：

```
P 77 P 76 P 74 P 72 P 78
D 80 D 84 D 88 D 87 D 90
```

针对这种排列写一个 INPUT 语句读取数据。

（c）这次，安慰剂组的 5 个分数放在了第一行，药物组的 5 个分数放在了第二行：

```
77 76 74 72 78
80 84 88 87 90
```

写一个 DATA 步骤读取这个数据。确保数据集中包含变量 GROUP 和 SCORE。

（d）修改（c）中的程序，使得 10 个被试都有一个 1 到 10 的编号。

12.2　有一份原始数据包括出生日期、来访日期、性别和姓名。姓名最长可达 10 个字符。写一段 SAS DATA 步骤读取下面的数据。注意，数据是被逗号分开的，并且你需要用合适的输入格式读取这两个日期。将 GENDER 的长度设为一个字节，NAME 为 10 个字节。请使用下面的数据检验你的程序。（提示：在 INFILE DATALINES 中使用合适的选项。）

```
10/21/1950,03MAY2004,M,Schneider
11/12/1944,05DEC2004,F,Strawderman
01/01/1960,25APR2004,M,Smith
```

12.3 有三行数据：

```
1,3,5,7
2,4,6,8
9,8,7,6
```

写一段 SAS DATA 步骤读取这个数据，把四个数据值存入变量 X1 到 X4。

12.4 用 SAS DATA 步骤读取下面的数据。注意一行中的两个逗号表示有一个缺失值，同时请去掉字符串的引号（记住用 INFILE 选项）。变量名为 NAME（最多 20 个字符）、AGE、HEIGHT 和 WEIGHT。

```
Bradley,35,68,155
"Bill Johnson",70,200
"Smith,Jeff",27,70,188
```

***12.5** 有五行数据：

```
1,,"HELLO",7
2,4,TEXT,8
9,,,6
21,31,SHORT
100,200,"LAST LINE",999
```

用 SAS DATA 步骤读取这些数据，把四个数据值分配给变量 X、Y、C 和 Z，其中 C 为字符型变量。（注意，最后一行变量 C 有 9 个字符。）删除字符串的引号，并且记住两个相邻的逗号间包含一个缺失值。要小心的是，第四行只有三个值。用 INFILE 选项处理较短的行。

12.6 用栏位输入法读取 NAME、GENDER 和 DOB，其中 NAME 位于栏位 1-10，GENDER 位于栏位 12，DOB 位于栏位 13-22。要注意的是，在栏位输入法中，出生日期必须按字符型读取。用下面的数据检验你的程序：

```
         1         2
1234567890123456789012
----------------------
Cody       M05/11/1981
McMaster   F11/11/1967
Bill Smith M12/25/1999
```

***12.7** 下面的数据由一个或多个空格分开，分别代表患者编号（ID）、访问日期（VISIT）、诊断代码（DX）和费用（FEE）。创建名为 OFFICE 的 SAS 数据集：

```
1 10/01/1996   V075   $102.45
2   02/05/1997   X123456789 $3.123
3   07/07/1996   V4568
4   11/11/1996   A123   $777.
```

注：(1）病人 3 没有费用数据，而且这一行也没有用空格填充；(2）诊断代码最长为 10 个字节；(3）费用最高为 $99999。

12.8 看看下面的数据。第一行是标题行，不需要读取（用 INFILE 选项 FIRSTOBS=2）。剩下的行包括 ID 号（按字符型读取）、性别（GENDER）、出生日期（DOB），以及两个分数（SCORE1 和 SCORE2）。这两个分数有一些缺失值，你必须确保 SAS 不会跳到新的一行读取这些数据。用 SAS DATA 步骤读取这些数据，创建临时 SAS 数据集（PROB12_8）。将 DOB 的输出格式设置为 DATE9。下面是数据：

```
***Header line ID GENDER DOB SCORE1 SCORE2
001 M 10/10/1976 100 99
002 F 01/01/1960 89
003 M 05/07/2001 90 98
```

检查你的数据集，确保它有三个观测值。

12.9 数据的设计是这样的：

变量	起始栏位	结束栏位	类型
SUBJECT	1	3	字符
A1	5	5	字符
X	7	8	数值
Y	9	10	数值
Z	11	12	数值

用 SAS DATA 读取这些数据，在 INPUT 语句中指定起始和结束栏位。你可以用下面的数据来检查你的程序：

```
         1         2
12345678901234567890
--------------------
A12 X 111213
A13 W 102030
```

***12.10** 此题检验相对栏位指针（+ 号）的知识。重写下面的程序，对于变量 GROUP 采用带有单个输入格式列表（使用相对栏位指针）的变量列表，而对于变量 SCORE 采用变量列

表和输入格式列表即可。

```
DATA PAIRS;
   INPUT @1  GROUP1 $1.
         @2  SCORE1  3.
         @6  GROUP2 $1.
         @7  SCORE2  3.
         @11 GROUP3 $1.
         @12 SCORE3  3.;
DATALINES;
A100 B 90 C 76
C 87 A 86 B 88
C 93 B 92 A 90
;
```

12.11 用练习题12.9的数据创建SAS数据集，不过这一次使用栏位指针和输入格式（INFORMAT）来代替起始和结束栏位。

***12.12** 这是一个临床试验的数据，每行的第一个数告诉你被试有多少个分数（这些行包含的数值比你需要的多）。用这个数据创建SAS数据集（CLINICAL），包含变量SUBJ（这个变量必须在DATA步骤创建）、SCORE1-SCORE5及AGE。有些分数是缺失的。用下面三行数据检验你的程序。（提示：可以用ARRAYS解决这个问题。）

```
5 90 80 70 77 88 23
2 100 99 25
3 87 85 88 35
```

为了让读者更清楚，你的输出应该像下面这样：

Listing of PROB12_12

Obs	SCORE1	SCORE2	SCORE3	SCORE4	SCORE5	NUMBER	SUBJ	AGE
1	90	80	70	77	88	5	1	23
2	100	99	.	.	.	2	2	25
3	87	85	88	.	.	3	3	35

***12.13** 看下面的数据设计：

变量	描述	起始栏位	长度	类型
ID	编号	1	3	数值
GENDER	性别	4	1	字符
DOB	出生日期	10	6	MMDDYY
VISIT	来访日期	16	6	MMDDYY
DISCHRG	出院日期	22	6	MMDDYY
SBP1	收缩压 1	30	3	数值
DBP1	舒张压 1	33	3	数值
HR1	心率 1	36	2	数值
SBP2	收缩压 2	38	3	数值
DBP2	舒张压 2	41	3	数值
HR2	心率 2	44	2	数值
SBP3	收缩压 3	46	3	数值
DBP3	舒张压 3	49	3	数值
HR3	心率 3	52	2	数值

写一段 SAS DATA 步骤读取下面两行样本数据。采用变量列表和输入格式列表读取。看你能否找到另一种方法来读取这些 SBP 和 DBP，而不是直接用 @30 SBP1 3. @33 DBP1 3. @36 HR1 2. 等形式。也就是说，尝试一口气读取所有的 SBP（SBP1-SBP3）（你设定的输入格式）及其他。

```
         1         2         3         4         5
1234567890123456789012345678901234567890123456789012345
-------------------------------------------------------
123M      102146111196111396  130 8668134 8872136 8870
456F      010150122596020597  220110822101028424012084
```

***12.14** 用 SAS DATA 步骤读取下面的数据。每行包含一个三位数、一个两位数以及一个四位数，每个被试有四组数。将变量命名为 THREE1-THREE4，TWO1-TWO4，以及 FOUR1-FOUR4，变量 THREE 代表三位数，以此类推。用变量列表和输入格式列表解决这个问题。下面是一些样本数据：

```
1231212342178744441238723458732354 32
1928374657483929192837473728181828 38
```

```
Listing of PROB12_14

     T    T    T    T                        F     F     F     F
     H    H    H    H                        O     O     O     O
     R    R    R    R    T    T    T    T    U     U     U     U
 O   E    E    E    E    W    W    W    W    R     R     R     R
 b   E    E    E    E    O    O    O    O
 s   1    2    3    4    1    2    3    4    1     2     3     4

 1  123  217  123  873  12   87   87   23  1234  4444  2345  5432
 2  192  748  283  818  83   39   74   18  7465  2919  7372  2838
```

12.15 用 SAS DATA 步骤读取下面的数据：

	变量	起始栏位	长度	类型
行 1	ID	1	2	数值
	X	4	2	数值
	Y	6	2	数值
行 2	A1	3	3	字符
	A2	6	1	字符

下面是一些样本数据，可以测试你的程序：

```
         1         2
12345678901234567890
--------------------
01 2345
 AAAX
02 9876
 BBBY
```

12.16 研究中每个被试有两行数据。第 1 行包括 ID、GENDER（M 或 F）、DOB；第 2 行包括 HEIGHT 和 WEIGHT。数据以逗号分开。用 SAS DATA 步骤读取下面的样本数据：

```
001,M,06/14/1944
68,155
002,F,12/25/1967
52,99
003,M,07/04/1983
72,128
```

12.17 用 SAS DATA 步骤读取一系列配对的 X 和 Y。数据中每行放置了若干对 X 和 Y。每对 X 和 Y 组成一个观测值。下面是一些数据样本，可用来检验你的程序：

```
1 2  3 4  5 6  7 8
11 12  13 14
21 22  23 24  25 26  27 28
```

12.18 有几行数据，包括男性（GENDER=M）和女性（GENDER=F）的信息。创建一个 SAS 数据集，只包括女性数据。首先检测 GENDER 的值，只读取包含女性数据的行。数据的设计是：DATE 在栏位 1-10（形式为 MMDDYYYY），GENDER 在栏位 11，AGE 在栏位 12-13，SCORE 在栏位 14-16。可以用下面的数据验证你的程序：

```
04/04/2004M15 90
05/12/2004F16 95
07/23/2004M18 88
01/20/2004F17100
```

***12.19** 有两个调查。

调查一格式为：

变量	起始栏位	长度	类型
ID	1	3	字符
HEIGHT	4	2	数值
WEIGHT	6	3	数值

调查二格式为：

变量	起始栏位	长度	类型
ID	1	3	字符
AGE	4	2	数值
HEIGHT	6	2	数值
WEIGHT	8	3	数值

采用格式一的数据在栏位 12 上记为‘1’，采用格式二的数据在该栏记为‘2’。用下面的样本数据创建数据集：

```
         1         2
12345678901234567890
--------------------
00168155   1
00272201   1
0034570170 2
0045562 90 2
```

第13章

外部文件：读写原始文件和系统文件

1. 简介

SAS 新用户经常被 SAS 读写外部数据的各种方法搞糊涂。因为 SAS 程序能读写很多不同类型的数据文件。例如，用 INFILE 和 INPUT 语句读入简单的 ASCII 文件（或者在大多数大型电脑中的 EBCDIC 文本文件），如果是两级命名的 SAS 数据集就不需要 INPUT 语句。本章讨论 SAS 软件读写各种数据的方法，以及临时和永久 SAS 数据集的使用，并讨论每种数据集的优缺点。

2.　程序自带的数据

在讨论如何从外部文件读取数据之前，让我们先回顾一下 SAS 是如何读取程序自带的数据的（后有 DATALINES 语句）。例如：

```
DATA EX1;
   INPUT GROUP $ X Y Z;
DATALINES;
CONTROL 12 17 19
TREAT 23 25 29
CONTROL 19 18 16
TREAT 22 22 29
;
```

不管是否指定栏位，使用输入格式、指针等方法，INPUT 都不会改变数据的结构，因此大多数时候我们都使用简单的列表输入法。DATALINES 语句告诉程序，下面的部分为数据行。程序不断读入数据行，遇到分号时停止。本例将分号单列一行（也叫做空语句）来结束数据流。这里用 DATALINES 代替了早期的 CARDS 语句；在过去，当数据录入到卡片读入器后，人们会将卡片打孔，然后整理在一起。然而，现在你的孩子（甚至你自己）可能根本没有听过计算机卡片，SAS 系统因此认为 DATALINES 比 CARDS 语句更合适。

结束这个话题之前，你还可能遇到一个问题。如果数据里包含分号怎么办？例如，假设有如下数据：

```
DATA TEST;
   INPUT AUTHOR $10. TITLE $40.;
DATALINES;
SMITH The Use of the ; in Writing
FIELD Commentary on Smith's Book
;
```

第一行的数据中有一个分号，程序会自动将此行视为 SAS 语句，然后出现许多令你手忙脚乱的错误信息。解决这个问题的方法是利用 SAS 中特殊的语句 DATALINES4，这个语句要求用四个连续分号（;;;;）来结束数据流。修正后的例子如下：

```
DATA TEST;
   INPUT AUTHOR $10. TITLE $40.;
DATALINES4;
SMITH The Use of the ; in Writing
FIELD Commentary on Smith's Book
;;;;
```

3. 从外部文本文件（ASCII 或 EBCDIC）读取数据

SAS 分析的数据通常来自外部文件，例如磁盘、微型计算机的 CD-ROM 或大型电脑中的磁带，我们希望 SAS 程序能够从外部资源中读取数据。下面这个例子中，假设数据文件是 ASCII（美国信息交换标准代码）文件或磁带上的“卡片信息”文件（也叫做原始数据）。读取这些文件是相当简单的。

与 DATALINES 语句读取数据流的程序相比，我们只需修改以下几点：（1）用 INFILE 语句代替 INPUT 语句。（2）省略 DATALINES 语句，当然也包括数据行。INFILE 语句告诉 SAS 程序哪里可以找到原始数据。

如果你运行 SAS 软件的平台需要 JCL（作业控制语言），那么 INFILE 文件名应符合 DDname 的形式（DD 代表数据定义），这个名字告诉了程序从哪里找到该文件。在 MVS（多重虚拟系统）批处理系统中，JCL 包括 DDname。在 VM（虚拟内存）这类系统中，DDname 需要用 FILEDEF 语句定义。对所有这些大型电脑系统，都可使用 FILENAME 语句（并且非常合适）。对于微型计算机或 UNIX 系统，INFILE 语句可直接给文件命名（放在引号内），或用 FILENAME 语句确定文件访问名。我们用例子说明这些变化。

```
*-----------------------------------------------------*
| Personal Computer or UNIX Example                   |
| Reading ASCII data from an External Data File       |
*-----------------------------------------------------*;
DATA EX2A;
   INFILE 'B:MYDATA';
   ***This INFILE statement tells the program that
      our INPUT data is located in the file MYDATA
      on a diskette in the B drive;
   INPUT GROUP $ X Y Z;
RUN;
PROC MEANS DATA=EX2A N MEAN STD STDERR MAXDEC=2 ;
   VAR X Y Z;
RUN;
```

文件 MYDATA（位于 B 盘）是这样的：

```
CONTROL 12 17 19
TREAT 23 25 29
CONTROL 19 18 16
TREAT 22 22 29
```

前面例子中 INFILE 语句的另一种写法是利用 FILENAME 语句为目标文件创建一个别名，或者说是"文件访问名"（一个短小的"昵称"，以便引用该文件）。例子如下：

```
DATA EX2B;
   FILENAME GEORGE 'B:MYDATA';
   INFILE GEORGE;
   ***This INFILE statement tells the program that
      our INPUT data is located in the file MYDATA
      on a diskette in the B drive;
   INPUT GROUP $ X Y Z;
RUN;
PROC MEANS DATA=EX2B N MEAN STD STDERR MAXDEC=2 ;
   VAR X Y Z;
RUN;
```

注意这两个 INFILE 语句之间的区别。第一个 INFILE 语句直接指定外部文件，文件名在引号内。第二个 INFILE 例子首先用 FILENAME 定义一个别名，然后在 INFILE 语句中使用别名。当我们用文件访问名时，不需要加引号。这非常重要，因为这是程序区分真实文件名和文件访问名的唯一方法。

大型电脑使用 JCL 的例子

这个大型电脑的例子本质上和前面微型计算机的例子一样。唯一不同的是创建文件访问名的方式。在 MVS 批处理系统，要用 JCL 中的 DD 语句创建文件访问名：

```
//JOBNAME JOB (ACCT,BIN),'RON CODY'
//          EXEC SAS
//SAS.GEORGE DD DSN=ABC.MYDATA,DISP=SHR
//SAS.SYSIN DD *
DATA EX2C;
   INFILE GEORGE;
```

[Continued]

```
   ***This INFILE statement tells the program that the
      file ABC.MYDATA contains our external data file
      (Assume it is catalogued);
   INPUT GROUP $ X Y Z;
RUN;
PROC MEANS DATA=EX2C N MEAN STD STDERR MAXDEC=2 ;
   VAR X Y Z;
RUN;
```

这个例子放在VM系统中也是一样的，只不过这里是用FILEDEF语句把DDname和文件联系起来，而不是之前JCL中用的DD语句。如下：

```
***CMS FILEDEF GEORGE DISK MYDATA DATA B;
***The file MYDATA DATA is on the B minidisk;
DATA EX2D;
   INFILE GEORGE;
   ***This INFILE statement tells the program that the data are
      located in the file with FILENAME MYDATA, FILETYPE DATA, and
      FILEMODE B.;
   INPUT GROUP $ X Y Z;
RUN;
PROC MEANS DATA=EX2D N MEAN STD STDERR MAXDEC=2 ;
   VAR X Y Z;
RUN;
```

最后两个例子同样可以使用FILENAME语句指定数据来源。无论用什么方法，只要知道在我们的平台如何创建DDname和文件访问名，读取文件的SAS语句都是相同的。你只需参考你的手册，找出如何用TSO（分时选择）或CMS创建文件访问名，这种情况下也不需要改变SAS语句。

4. INFILE选项

INFILE语句中有各种各样的选项，可以用于控制如何读取数据，并且允许SAS程序更多地控制数据输入。这些选项位于关键词INFLIE之后，分号之前。下面演示一些常用的选项。

END=variable name选项

该选项在INPUT语句开始读取最后一个数据记录前自动把“variable name”的

值设为 0（假）。如果你要读取几个不同文件然后合并这些数据，或者在读取最后一个记录后要做些特殊处理，那么这个选项将相当有用。（另一种方法是使用选项 EOF=label，当读到文件末尾时，自动跳到 “label”。）

下面的例子首先从 B 盘读取名为 OSCAR 的数据文件，然后从子目录 C:\DATA 接着读取名为 BIGBIRD.TXT 的数据文件。

```
DATA EX2E;
   IF TESTEND NE 1 THEN INFILE 'B:OSCAR' END=TESTEND;
   ELSE INFILE 'C:\DATA\BIGBIRD.TXT';
   INPUT GROUP $ X Y Z;
RUN;
PROC MEANS DATA=EX2E N MEAN STD STDERR MAXDEC=2;
   VAR X Y Z;
RUN;
```

注意，我们可以有条件地执行 INFILE 语句，这样就可以完全控制文件读取操作。

END=INFILE 选项的另外一种用法是在读取了所有数据行后输出汇总信息。看下面的程序：

```
***Program to count missing values;
TITLE;
DATA _NULL_;
   INFILE 'C:\SASDATA\CLINIC.DAT' PAD END=LAST;
   INPUT @1  ID     $3.
         @4  GENDER $1.
         @5  DOB MMDDYY10.
         @15 HR      3.
         @18 SBP     3.
         @21 DBP     3.;
   IF MISSING(GENDER) THEN N_GENDER + 1;
   IF MISSING(DOB)    THEN N_DOB + 1;
   IF MISSING(HR)     THEN N_HR + 1;
   IF MISSING(SBP)    THEN N_SBP + 1;
   IF MISSING(DBP)    THEN N_DBP + 1;
   FILE PRINT;
   IF LAST THEN
      PUT "Summary Report of Missing Values" /
          40*'-' /
          "Number of Missing Values for GENDER: " N_GENDER /
          "Number of Missing Values for DOB: " N_DOB /
          "Number of Missing Values for HR: " N_HR /
          "Number of Missing Values for SBP: " N_SBP /
          "Number of Missing Values for DBP: " N_DBP;
RUN;
```

这个程序有几个要点，我们最需要强调的是 INFILE 语句中 END=LAST 选项的用法。MISSING 函数用于查找缺失值，它对于字符和数值变量都起作用，其返回的值为“真”或“假”（1 或 0）。当找到一个缺失值时，相应的计数器增加 1。数据集 _NULL_ 是比较特殊的，当你不需要创建 SAS 数据集时，可将其命名为 _NULL_（一个非常有效的工具）。FILE PRINT 语句指定 PUT 语句的结果显示在输出窗口（PC 或 UNIX 显示管理器的输出窗口）。最后，“40* ‘-’”表示打印 40 个短横线，而 PUT 语句中的前斜杠表示单独用一行打印缺失值。LAST 是一个逻辑变量，你可以写成 IF LAST=1 或仅仅是 IF LAST。这样，汇总报告会在所有的数据都被读取了之后才进行打印。另外，“END=”也是 SET 语句的选项，它在程序从 SAS 数据集中读取最后一个观测的时候为真。

这个程序的输出结果如下：

```
Summary Report of Missing Values
----------------------------------------
Number of Missing Values for GENDER: 2
Number of Missing Values for DOB: 2
Number of Missing Values for HR: 3
Number of Missing Values for SBP: 3
Number of Missing Values for DBP: 2
```

MISSOVER 选项

当记录长度不等或记录末尾有缺失值时常用 MISSOVER 选项。当我们用文字处理器创建文本文件的时候，会经常出现记录的右端没有用空格填充的情况。假设我们的文件名为 MYDATA，记录如下：

```
CONTROL 1 2 3
TREAT 4 5
CONTROL 6 7 8
TREAT 8 9 10
```

程序 EX2A 和 EX2B 读取这个文件的第二个记录时会出现问题。程序不会把缺失值赋给变量 Z，而是读取下一个记录中的“CONTROL”作为变量 Z 的值，并打印一个错误信息（因为 CONTROL 不是数值）。SAS LOG 中也会出现一个注释，说明 INPUT 语句读到一行末尾时，跳到了新的一行继续读取数据。然后，程序将不会读取第三个记录的剩余部分，数据的下一个观测值为 GROUP=TREAT，X=8，Y=9，Z=10。为了避免这个问题，可以在 INFILE 语句使用 MISSOVER 选项。如果某个记录较短，该选项会将其所有变量设为缺失。完整程序如下：

```
DATA EX2F;
   INFILE 'B:MYDATA' MISSOVER;
   INPUT GROUP $ X Y Z;
RUN;
PROC MEANS DATA=EX2F N MEAN STD STDERR MAXDEC=2 ;
   VAR X Y Z;
RUN;
```

PAD 选项

当使用栏位输入法或格式化输入法读取固定栏位的数据时，PAD 选项可用于处理短记录问题。例如，从文件 C:\DATA\MYDATA.TXT 中读取固定栏位的数据，可以这样写：

```
DATA EX2G;
   INFILE 'C:\DATA\MYDATA.TXT' PAD;
   INPUT GROUP $ 1
         X     2-3
         Y     4-5
         Z     6-7;
RUN;
PROC MEANS DATA=EX2G N MEAN STD STDERR MAXDEC=2 ;
   VAR X Y Z;
RUN;
```

LRECL = record-length 选项

当超过系统的默认值时，你需要指定记录的长度（简单说，就是一行的栏位数）。可以在 INFILE 语句加入 LRECL 选项（它表示逻辑记录的长度）。如果指定的 LRECL 比实际记录长度大，就不会出问题。例如，假设硬盘上的一个 ASCII 文件每行有 310 个字符，系统默认 LRECL 为 256。读取这个文件，需要这样写 INFILE 语句：

```
INFILE fileref LRECL=310;
```

还有许多其他的 INFILE 选项，允许读者控制读取外部文件的方式。你可以参考第 8 版的 SAS Language Reference，或 SAS9 的 Online Doc™（完整的参考资料见第

1 章）。

有时 SAS 程序自带数据（在 DATALINES; 语句后）而不用从外部文件中读取数据，但是我们又想用 INFILE 选项来控制数据的输入，应该怎么做呢？大部分的选项仍然是可用的（不过，“END=” 和 “EOF=” 不能与 DATALINES 同时使用），这时我们需要指定一个特殊的文件访问名 DATALINES，然后在它后面放置我们想用的选项。假设要在自带数据的程序中使用 MISSOVER，可以这样写：

```
DATA EX2H;
   INFILE DATALINES MISSOVER;
   INPUT X Y Z;
DATALINES;
1 2 3
4 5
6 7 8
;
PROC MEANS DATA=EX2H;
etc.
```

5. 从多个文件读取数据（使用通配符）

假设你的数据在多个文件中，而它们的文件名很相似，想要读取所有的文件生成原始数据，可以使用“通配符”为输入数据集命名（PC 环境中的 * 和 ?），SAS 会成功地从每个文件读取数据。例如，假设文件夹 C:\SASDATA 中有 3 个文件：FILE001.DAT，FILE002.DAT，FILE003.DAT。你要从这三个文件中读取数据（这个例子中每个文件的每行有三个数，它们由逗号分开）：

```
DATA ALL_THREE;
   INFILE ' C:\SASDATA\FILE*.DAT' MISSOVER DLM=',';
   INPUT X Y Z;
RUN;
```

另一种更有用也更灵活的从多个原始文件读取数据的方法，是使用带多个文件名的 FILENAME 语句。例如，假设有三个原始数据文件 AAA.DAT、BBB.DAT、CCC.DAT，要读取这三个文件，可以使用下面的程序：

```
DATA READ_MANY;
   FILENAME MIKE ('AAA.DAT' 'BBB.DAT' 'CCC.DAT');
       INFILE MIKE MISSOVER;
   INPUT X Y Z;
RUN;
```

这个程序从 AAA.DAT 读取所有记录，接着是 BBB.DAT，最后是 CCC.DAT。选择 MIKE 作为文件名是为了感谢 Mike Zdeb，他是我们的审稿人之一，也是让我们注意到这种读取多个文件的方法的人。FILENAME 语句的文件列表也可以包含‘?’和‘*’一类的 DOS 通配符。

6. 把 ASCII 或原始数据写入外部文件

有时我们需要 SAS 程序以 ASCII 或 EBCDIC 格式把原始数据写入外部文件，以便在其他软件包中读取这个数据。在大多数微型计算机系统中，ASCII 文件可以用于文字处理程序、电子表格、数据库管理软件包。把原始数据写入外部文件与从外部文件中读取数据非常相似。我们用 FILE 语句告诉程序写入数据的地址，用 PUT 指定哪个变量以哪种格式写入。总的说来，读取原始文件，我们用 INFILE 和 INPUT 语句；写入原始数据文件，我们用 FILE 和 PUT 语句。下面是一个简单的示例程序，读取原始文件（MYDATA），创建新变量，然后将其写入硬盘的一个新文件（NEWDATA）中：

```
DATA EX3A;
   ***This program reads a raw data file, creates a new
      variable, and writes the new data set to another file;
   INFILE 'C:MYDATA';***Input file;
   FILE 'A:NEWDATA';***Output file;
   INPUT GROUP $ X Y Z;
   TOTAL = SUM (OF X Y Z);
   PUT GROUP $ 1-7 @11 (X Y Z TOTAL) (5.);
RUN;
```

运行这个程序将创建名为 NEWDATA 的新文件，如下所示：

```
\12345678901234567890123456789012
---------------------------------------------
CONTROL   12   17   19   48
```

```
TREAT      23   25   29   77
CONTROL    19   18   16   53
TREAT      22   22   29   73
```

INPUT 语句方法也可用于 PUT 语句，如指定列或格式。在前面的例子中，我们为第一个变量（GROUP）指定列，为剩下的四个变量指定格式（在一个格式列表中）。这让我们可以完全控制所创建文件的格式。如果给出正确的 filename 语句，这个例子在大型电脑系统，MVS、VM、Z/OS 等是类似的。需要注意的是，在大型电脑系统中，如果创建一个新文件，我们要给出系统需要的所有参数（例如 RECFM、DISP、UNIT、DSN、DCB 等）。

7. 写入 CSV（逗号分隔变量）文件

在 PC 中，逗号分隔变量（CSV）文件可被多种设备写入或读取，比如电子表格、数据库。CSV 文件包含若干行数据，其数据值以逗号分隔开。同时，字符串在引号内，缺失值由两个连续逗号表示。有些 CSV 文件的第一行可能是标题，其中包括了以逗号分隔开的变量名（例如电子表格中的列标题）。不要忘了在 PC 平台，SAS 的 Access™ 产品允许以多种形式输入和输出 SAS 数据，包括 Excel™ 电子表格以及多种数据库格式。

一种创建这种文件的简单方法是使用 SAS 的输出设备系统（ODS）。下面的程序创建了一个 CSV 文件，读者可以直接用 Excel™ 或任何可读取 CSV 文件的软件打开它。下面是程序：

```
OTIONS MISSING=" ";
DATA COMMA_DELIMITED;
   INPUT NAME $ X Y Z;
DATALINES;
CODY 1 2 3
SMITH 4 5 6
MISS . 8 9
;
ODS LISTING CLOSE;  ***Turn of listing;
ODS CSV FILE='C:\MYFOLDER\COMMA_ODS.CSV';
PROC PRINT DATA=COMMA_DELIMITED NOOBS;
   TITLE;
RUN;
ODS CSV CLOSE;
ODS LISTING;  ***Turn listing back on;
```

下面是一个 CSV 文件列表：

```
"NAME", "X", "Y", "Z"
"CODY", "1", "2", "3"
"SMITH", "4", "5", "6"
"MISS", " ", "8", "9"
```

如果读者需要创建逗号分隔文件，可以在 PUT 语句之前加入 FILE 的选项 DSD。这个选项将在数据值之间加入逗号，但不会给数据加引号。

8. 创建永久 SAS 数据集

到目前为止，我们已经学习了如何读取原始的“卡片信息”式数据，以及把同样类型的数据写入外部文件。现在要演示如何创建永久 SAS 数据集。

SAS 数据集不像原始数据文件，它只能用于 SAS 软件（尽管没有安装 SAS 的人也可以通过免费的 SAS Viewer 来查看和打印 SAS 数据集）。数据集不光包括数据，还有变量名、标签和输出格式（如果有的话）等信息。给出例子前，我们首先来讨论使用永久 SAS 数据集的优缺点。

首先，缺点是：没有 SAS 程序就无法读取 SAS 数据集。你不能用传统的编辑器读取和修改 SAS 数据集。读取、更新和修改 SAS 数据集都需要使用 SAS，并且需要编写程序（比如改变数据）或使用 SAS Viewtable 来显示或更新一个观测值。当读者写 SAS 程序或用 SAS Viewtables 来修改 SAS 数据集时，必须记住最原始的数据是不会被修改的，如果没有再次修改，是无法再从原始数据创建 SAS 数据集的。最后，SAS 数据集通常比原始数据集占用更多空间（虽然也可以进行压缩），并且系统要同时保持原始数据和 SAS 数据集，因此需要超过两倍的空间来存储。

既然有这些缺点，为什么还要创建永久 SAS 数据集呢？最重要的原因可能是速度。读取原始文件和创建 SAS 数据集会耗费大量的计算机资源，如果你打算对某个数据集进行许多不同的统计分析，而又不会对它做太多的修改，那么建议你最好在统计分析期间使用永久数据集。SAS 数据集也很适合于把数据传给其他 SAS 用户。由于已经定义了所有的变量、标签和输出格式，因此不需要知道数据结构。我们将简单说明如何用 PROC CONTENTS 查看 SAS 数据集里包含哪些内容。

本节的第一个例子是用自带数据的 SAS 程序创建永久 SAS 数据集。

```
*------------------------------------------------------------*
| This program reads data following the datalines statement |
| and creates a permanent SAS data set in a subdirectory    |
| called C:\SASDATA                                         |
*------------------------------------------------------------*;
LIBNAME FELIX 'C:\SASDATA';

DATA FELIX.EX4A;
   INPUT GROUP $ X Y Z;
DATALINES;
CONTROL 12 17 19
TREAT 23 25 29
CONTROL 19 18 16
TREAT 22 22 29
;
```

SAS 数据集的名字包括两部分。第一部分（句点之前的部分）命名一个地址，叫做 SAS 库，即需要写入 SAS 数据的地址。在 PC 和 UNIX 环境中，这个地址通常为一个文件夹（对熟悉 DOS 的用户，也叫子目录）。SAS 可以用 LIBNAME 语句为该地址指定别名。一个库里可以有很多 SAS 数据集。第二部分（句点后面的部分）是实际的数据集名，当开启一个 SAS 会话时，SAS 自动创建两个库 WORK 和 SASUSER。WORK 库中的数据集是临时的，关闭 SAS 会话后将删除。我们建议读者不要使用永久库 SASUSER，而是创建自己的永久库。如果只使用 SAS 数据集名（没有句点），SAS 默认存储在库 WORK 中，数据集是临时的。例如，DATA ONE 和 DATA WORK.ONE 是等价的。

执行前面的程序时，数据集 EX4A 是永久 SAS 数据集，位于 C:\SASDATA 文件夹。如果查看 C:\SASDATA 的文件列表，将会发现文件 EX4A.SAS7BDAT。扩展名 SAS7BDAT（SAS7 版二进制兼容数据）在不同的平台上是不同的。在任何 SAS 系统中，数据集都不会保留名字的第一部分；第一部分只是用于指向一个 SAS 库。程序中要求第一部分与 LIBNAME 必须吻合。

现在我们创建了一个永久 SAS 数据集，我们来看如何读取并查看其内容。

9. 读取永久 SAS 数据集

一旦创建了永久 SAS 数据集，我们就可以定义一个访问链接名，然后在过程中直接使用这个数据集。下面是使用永久 SAS 数据集的例子。

```
LIBNAME ABC 'C:\SASDATA';
PROC MEANS DATA=ABC.EX4A N MEAN STD STDERR MAXDEC=3;
  VAR X Y Z;
RUN;
```

读者立刻可以看到，存储 SAS 数据集是多么有用。注意到这个程序没有 DATA 步骤，我们只需指定 SAS 库（SAS 数据集存放的地方），然后在 PROC MEANS 中用“DATA=”选项指定要使用的数据就可以了。首先，访问链接名 ABC 不是我们创建数据集时使用的名字。访问链接名 ABC 由 LIBNAME 语句定义，指向我们正使用的文件夹 C:\SASDATA。因此，SAS 数据集名的第一部分为 ABC。第二部分告诉系统使用 C:\SASDATA 下的哪个数据集。必须记住的是，我们在任何一个程序中使用前面存储的 SAS 数据集时，都必须用“DATA =”选项指明，否则程序不知道使用哪个数据集（当我们在 DATA 步骤创建 SAS 数据集时，系统保存“最近创建的数据集”的路径，如果用户不用“DATA=”选项明确指定使用哪个数据集，系统将默认使用这个“最近数据集”）。对于大型计算机用户而言，在 MVS 系统下同样的程序是：

```
//GROUCH JOB (1234567,BIN),'OSCAR THE'
//   EXEC SAS
//SAS.ABC DD DSN=OLS.A123.S456.CODY,DISP=SHR
//SAS.SYSIN DD *
PROC MEANS DATA=ABC.EX4A N MEAN STD STDERR MAXDEC=3;
  VAR X Y Z;
/*
//
```

在 JCL 中定义 DDname，指定 SAS 数据集储存在名为 OLS.A123.S456.CODY 的 MVS 数据集中。在 VM 系统中，往往通过文件名、文件类型和文件模式的方式来定义一个文件，这里的 DDname 或二级命名的第一部分在 VM 中就被称为文件类型。而文件名对应于 SAS 名的第二部分。于是，在没有 FILEDEF 命令时，可以这样写：

```
PROC MEANS DATA=ABC.EX4A N MEAN STD STDERR MAXDEC=3;
```

这时文件类型为 ABC，文件名为 EX4A。

10.　如何查看 SAS 数据集的内容

如前所述，我们不能用系统编辑器查看 SAS 数据集的内容。那我们怎样才能“看到”SAS 数据集包含的信息呢？在 PC 和 UNIX 平台中，可以用 SAS 资源管理器查看 SAS 数据集的信息。更加有用的程序是 PROC CONTENTS，它可以让我们在任何一种 SAS 平台上查看数据集的重要信息：观测值的数量、变量的数量、记录的长度，以及按照字母顺序排列的变量列表（包括标签，长度和输出格式）。这里需要注意，变量按字母顺序列表时对大小写十分敏感——大写名在小写名之前。语句：OPTIONS VALID VARNAME=UPCASE 将强制列表时忽略大小写。如果用 VARNUM 选项，变量列表将按数据集中的顺序排列。下面给出查看永久 SAS 数据集 EX4A 的内容的语句：

```
LIBNAME SUGI 'C:\SASDATA';
PROC CONTENTS DATA=SUGI.EX4A VARNUM;
   TITLE "Demonstrating PROC CONTENTS";
RUN;
```

这个过程的结果输出如下：

```
Demonstrating PROC CONTENTS

The CONTENTS Procedure

Data Set Name        SUGI.EX4A                   Observations          4
Member Type          DATA                        Variables             4
Engine               V9                          Indexes               0
Created              Tuesday, May 04,            Observation Length    32
                     2004 11:21:34 AM
Last Modified        Tuesday, May 04,            Deleted Observations  0
                     2004 11:21:34 AM
Protection                                       Compressed            NO
Data Set Type                                    Sorted                NO
Label
Data Representation  WINDOWS_32
Encoding             wlatin1  Western (Windows)

               Engine/Host Dependent Information

Data Set Page Size           4096
Number of Data Set Pages     1
First Data Page              1
Max Obs per Page             126
Obs in First Data Page       4
Number of Data Set Repairs   0
File Name                    C:\sasdata\ex4a.sas7bdat
Release Created              9.0101B0
Host Created                 XP_PRO
```

```
 Variables in Creation Order

#     Variable      Type     Len

1     GROUP         Char       8
2     X             Num        8
3     Y             Num        8
4     Z             Num        8
```

最后一点重要信息：PROC CONTENTS 的 “DATA=” 选项可用于列出某个 SAS 库下的所有 SAS 数据集的信息，而不只是列出一个数据集。如果用 libref._ALL_ 代替 libref.data_set_name，将给出 libref 所代表的库下所有 SAS 数据集的信息。

如果在交互式的窗口环境下工作，可用两个命令 DIR 和 VAR（或用鼠标适当点击），这也将呈现任何永久 SAS 数据集的信息及其变量列表。

11.　带有输出格式的永久 SAS 数据集

存储永久 SAS 数据库的时候有一点需要特别注意。如果你在 DATA 步骤给变量指定了用户自定义的输出格式，而之后又要用到这个数据集时（比如在 PROC 步骤中），可能发生输出格式缺失的情况。必须要记住的一点是：如果你创建一个永久 SAS 数据集，并指定了变量的输出格式，则必须同时把格式库也设为永久的。同样，如果你想把数据集给别人，一定要同时附上格式库。

要把格式库设为永久，需在 PROC FORMAT 加入 LIBRARY=libref（访问链接名）选项。你可以使用系统中特殊的访问链接名 LIBRARY，也可以自己选择一个名字。如果自己选择名字，则要用系统选项 FMTSEARCH=（libref），告诉程序从哪里找到用户自定义的输出格式。这听起来很复杂，我们给出必要的编码来创建一个永久格式库，并与一个永久数据集关联起来。

创建永久格式库并指定变量输出格式的编码如下：

```
LIBNAME FELIX 'C:\SASDATA';
OPTIONS FMTSEARCH=(FELIX);
***We will place the permanent SAS data sets and the
   formats in C:\SASDATA;
PROC FORMAT LIBRARY=FELIX;
   VALUE $XGROUP 'TREAT'   = 'TREATMENT GRP'
                 'CONTROL' = 'CONTROL GRP';
RUN;
                                          [Continued]
```

```
DATA FELIX.EX4A;
   INPUT GROUP $ X Y Z;
   FORMAT GROUP $XGROUP.;
DATALINES;
CONTROL 12 17 19
TREAT 23 25 29
CONTROL 19 18 16
TREAT 22 22 29
;
```

读取带有输出格式的永久 SAS 数据集的程序如下：

```
LIBNAME C 'C:\SASDATA';
OPTIONS FMTSEARCH=(C) ;
***Tell the program to look in C:\SASDATA for user
   defined formats;
PROC PRINT DATA=C.EX4A;
RUN;
```

这个例子中，创建 SAS 数据集和永久 SAS 格式时使用的是访问链接名 FELIX。而在之后用到该数据集的程序中使用的是另一个访问链接名 C。这仅仅是出于教学的目的。实际上，大多数 SAS 编程员都会使用相同的访问链接名指代同一个库。

如果有人给了你一个带用户自定义格式的 SAS 数据集，而没有给你格式库，不要绝望！如果使用系统选项 NOFMTERR，你至少可以让某些过程运转起来。这个选项将字符型和数值型变量都处理为 SAS 默认的格式，因此允许你处理缺少输出格式的数据集。

12. 处理大型数据集

我们需要特别考虑如何处理大型数据集。当然，“大型”是一个相对的词。在 PC 上，包含 500000 个观测值、50 个变量的数据集可认为是大型数据。而在大型电脑中，用户经常处理有数百万观测值的数据集。下面给出了一些简单的技巧，可以降低处理大型文件的时间和存储空间（有时候也能降低费用）。

1. 不要读取不必要的文件。例如：

   低效方法：

```
LIBNAME INDATA 'C:\MYDATA';
DATA TEMP;
   SET INDATA.STATS;
RUN;
PROC PRINT DATA=TEMP;
   VAR X Y Z;
RUN;
```

高效方法：

```
LIBNAME INDATA 'C:\MYDATA';
PROC PRINT DATA=INDATA.STATS;
   VAR X Y Z;
RUN;
```

“低效”例子中的 DATA 步骤是不必要的。它只是简单地把一个数据集复制成另一个，让 PROC PRINT 能使用临时数据集。令人惊讶的是，这是最常犯的错误之一。

2. 丢弃不必要的变量。过多的变量不光占用更多空间，还降低 DATA 步骤的处理速度。

   低效方法（如果只需要测验平均分）：

```
DATA QUIZ;
   INPUT @1 (QUIZ1-QUIZ10) (3.);
   QUIZAVE = MEAN (OF QUIZ1-QUIZ10);
DATALINES;
```

   高效方法：

```
DATA QUIZ;
   INPUT @1 (QUIZ1-QUIZ10) (3.);
   QUIZAVE = MEAN (OF QUIZ1-QUIZ10);
   DROP (QUIZ1-QUIZ10);
DATALINES;
```

3. 在 SET 语句使用 DROP（或 KEEP）选项比在 DATA 步骤使用更好。当使用 DROP 或 KEEP 选项时，只有未丢弃或需要保留的变量会进入程序数据载体。这将大大缩短处理时间。

   低效方法：

```
DATA NEW;
   SET OLD;
   DROP X1-X20 A B;
etc.
```

高效方法：

```
DATA NEW
   SET OLD (DROP=X1-X20 A B);
etc.
```

4. 避免过多地对数据排序。例如，如果要把数据按 DAY 排序，并且之后在程序中要按 DAY-HOUR 的顺序，那么最好一来就进行两级水平的排序。

   低效方法：

```
PROC SORT DATA=MYDATA;
   BY DAY;
RUN;
etc.
PROC SORT DATA=MYDATA
   BY DAY HOUR;
RUN;
etc.
```

高效方法：

```
PROC SORT DATA=MYDATA;
   BY DAY HOUR;
RUN;
etc.
```

5. 在 PROC MEANS 中尽量用 CLASS 语句而不是 BY 语句。这样就不需要对数据排序，不过运行时需要更多内存。

   低效方法：

```
PROC SORT DATA=MYDATA;
   BY DAY;
RUN;
PROC MEANS DATA=MYDATA N MEAN NWAY;
   BY DAY;
   VAR variable-list;
RUN;
```

高效方法：

```
PROC MEANS DATA=MYDATA N MEAN NWAY;
   CLASS DAY;
VAR variable-list;
RUN;
```

6. 从大文件中选择小子集时，使用 WHERE 语句而不是 IF 语句。（注：在第 6 版这种方法管用，而在 PC 平台的第 9 版似乎有些区别。）

   低效方法：

```
DATA ALPHA;
   SET BETA;
   IF X GE 20;
RUN;
```

   高效方法：

```
DATA ALPHA;
   SET BETA;
   WHERE X GE 20;
RUN;
```

   或

```
DATA ALPHA;
   SET BETA(WHERE=(X GE 20));
RUN;
```

7. 如果只需要在数据的子集运行某个过程，则在 PROC 步使用 WHERE 语句。

   低效方法：

```
DATA TEMP;
   SET MYDATA;
   WHERE AGE GE 65;
RUN;
PROC MEANS DATA=TEMP N MEAN STD;
   VAR variable-list;
RUN;
```

高效方法：

```
PROC MEANS DATA=MYDATA N MEAN STD;
   WHERE AGE GE 65;
   VAR variable-list;
RUN;
```

或

```
PROC MEANS DATA=MYDATA(WHERE=(AGE GE 65)) N MEAN STD;
   VAR variable-list;
RUN;
```

8. 用 ELSE IF 语句，而不用多重 IF 语句。

   低效方法：

```
DATA SURVY;
   INPUT ID AGE HEIGHT WEIGHT;
   IF 0 LE AGE LT 20 THEN AGEGRP=1;
   IF 20 LE AGE LT 30 THEN AGEGRP=2;
   IF 30 LE AGE LT 40 THEN AGEGRP=3;
   IF AGE GE 40 THEN AGEGRP=4;
RUN;
```

   高效方法：

```
DATA SURVY;
   INPUT ID AGE HEIGHT WEIGHT;
   IF 0 LE AGE LT 20 THEN AGEGRP=1;
   ELSE IF 20 LE AGE LT 30 THEN AGEGRP=2;
   ELSE IF 30 LE AGE LT 40 THEN AGEGRP=3;
   ELSE IF AGE GE 40 THEN AGEGRP=4;
RUN;
```

9. 使用多重 IF 语句时，把最可能发生的放在前面。

   低效方法（大部分被试的年龄超过 65）：

```
DATA SURVEY;
   SET OLD;
   IF 0 LE AGE LT 20 THEN AGEGRP=1;
   ELSE IF 20 LE AGE LT 30 THEN AGEGRP=2;
   ELSE IF 30 LE AGE LT 40 THEN AGEGRP=3;
   ELSE IF AGE GE 40 THEN AGEGRP=4;
RUN;
```

高效方法（大部分被试的年龄超过 65）：

```
DATA SURVEY;
   SET OLD;
   IF AGE GE 40 THEN AGEGRP=4;
   ELSE IF 30 LE AGE LT 40 THEN AGEGRP=3;
   ELSE IF 20 LE AGE LT 30 THEN AGEGRP=2;
   ELSE IF 0 LE AGE LT 20 THEN AGEGRP=1;
RUN;
```

10. 如果要对汇总统计量做进一步运算，最好将其保存成永久 SAS 文件。

低效方法：

```
LIBNAME C 'C:\MYDATA';
PROC MEANS DATA=C.INDATA;
   CLASS RACE GENDER;
   VAR variable-list;
RUN;
```

高效方法：

```
LIBNAME C 'C:\MYDATA';
PROC MEANS DATA=C.INDATA NWAY;
   CLASS RACE GENDER;
   VAR variable-list;
   OUTPUT OUT=C.SUMMARY MEAN=variable-list;
RUN;
```

11. 如果只想对一个文件的数据进行处理（例如清理数据）而不需要保存结果数据集，则使用 _NULL_ 作为数据集名。

低效方法：

```
DATA TEMP;
   SET OLD;
   FILE 'ERRORS';
   IF AGE GT 110 THEN PUT ID= AGE= ;
RUN;
```

高效方法：

```
DATA _NULL_;
   SET OLD;
   FILE 'ERRORS';
   IF AGE GT 110 THEN PUT ID= AGE= ;
RUN;
```

12. 如果要继续处理数据，则把数据保存为永久 SAS 数据集。读取 SAS 数据集比读取原始数据效率高很多。
13. 检测程序编码时，使用数据集选项 “OBS=n”，这里 n 为 0 或一个很小的数。例如：

```
DATA TESTIT;
   SET VERY_BIG(OBS=10);
   (More SAS code)
RUN;
or
PROC PRINT DATA=VERY_BIG(OBS=10);
   TITLE "First 10 Obs from data set VERY_BIG";
RUN;
```

14. 重命名变量和改变变量标签时用 PROC DATASETS 而不是 DATA 步骤。

低效方法：

```
DATA XXX.TEST;
   SET XXX.TEST;
   LABEL QUES1 = 'Are you over 21?'
         QUES2 = "Do you have a driver's license?";
   RANAME HT = HEIGHT
          WT = WEIGHT;
RUN;
```

高效方法：

```
PROC DATASETS LIBRARY=XXX;
   MODIFY TEST;
   LABEL QUES1 = 'Are you over 21?'
         QUES2 = "Do you have a driver's license?";
   RANAME HT = HEIGHT
          WT = WEIGHT;
RUN;
```

15. 用 PROC APPEND 为大型文件加入新数据。（注：如果你向大型文件中加入少量观测值，这将节约大量时间。）

低效方法：

```
DATA COMBINE;
   SET BIGFILE NEWFILE;
RUN;
```

高效方法：

```
PROC APPEND BASE=BIGFILE DATA=NEWFILE;
RUN;
```

练习题

练习题的数据集和程序均可从网上下载：www.prenhall.com/cody

13.1 软盘上有一个名为 FRODO 的文本（ASCII）文件。数据结构如下：

变量	栏值
ID	1–3
AGE	5–6
HR	8–10
SBP	12–14
DBP	16–18

一些记录样本如下：

```
123456789012345678          （这一行不在磁盘中）
------------------
001 56  64 130 80
002 44  72 180               注意：这个 ID 没有 DBP 的记录（短记录）
003 64  78 140 88
```

现在你可以把这个软盘放入计算机的 A: 盘中。写一段 SAS 程序读取这个文件并完成如下操作：

（a）在 A 盘创建名为 BILBO 的永久 SAS 数据集。这个数据集应包括变量 AGE、HR、SBP、AVEBP，这里 AVEBP 定义为舒张压（DBP）的 2/3 加上收缩压（SBP）的 1/3。（由于心脏更多时间为舒张状态，因此这是以 2/3 和 1/3 为权重计算的 DBP 和 SBP 的加权平均。）

（b）创建另一个名为 HIBP 的 SAS 数据集，只包含 AVEBP 大于等于 100 的个体记录。

13.2 现有原始文件（INPUT.DAT），每行三个数，用逗号分隔。几个样本如下：

```
1,2,3
4,9999,5
9999,6,7
1,2
6,4,3
```

注意到有一行只有两个数。采用 DATA _NULL_ 的 DATA 步骤来读取这个文件，并创建另一个原始文件（OUTPUT.DAT），它和 INPUT.DAT 有相同的数据，只不过用 SAS 缺失值替换了数值 9999。输出文件应如下：

```
1,2,3
4,.,5
.,6,7
1,2,.
6,4,3
```

13.3 一个磁盘中有两个文件：SURVEY.SAS7BDAT 和 FORMATS.SAS7BCAT。前者是 SAS 数据集（可以与你的 SAS 版本兼容），FORMATS.SAS7BCAT 是自定义输出格式库。把这两个文件复制到你的硬盘子目录 C:\SASDATA 中。我们对数据集中的两个变量特别感兴趣：ICD_9 和 AGE。格式库中包含了 ICD_9 的格式，并已经赋予了数据集中的变量 ICD_9。基于你使用的计算机系统（大型电脑 MVS、VM、Windows XP、Windows 2000、UNIX 等）编写 SAS 程序读取数据库，识别格式库，然后按降序生成 ICD_9 的频数分布

（PROC FREQ 选项 ORDER=FREQ）。同时，计算 AGE 的描述性统计量（观测值数量、平均数、标准差、标准误、最小值和最大值）。

13.4 现有三个 CSV（逗号分隔变量）文件，名字为 FILE1.CSV、FILE2.CSV 和 FILE3.CSV。文件每行为 ID（字符型）、X、Y 和 Z。用这三个原始数据文件创建 SAS 数据集。三个文件如下。（提示：选项 DSD 将非常有用。）

```
File FILE1.CSV
"001",1,2,3
"002",,4,5
"003",6,7

File FILE2.CSV
"004",10,20,30
"005",40,50,60

File FILE3.CSV
"006",100,200,300
"007",400,800
```

13.5 现收集了 1996 和 1997 年的人口统计数据。1996 年的数据在名为 DEM_1996 的文件中，1997 年数据在名为 DEM_1997 的文件中。这两个文件有相同的数据结构（见下表）。两个文件在同一个磁盘里，放到你电脑的 A 盘。编写程序从两个文件读取数据，创建一个永久 SAS 数据集放在 C:\MYDATA。使用 END=INFILE 选项，不用通配符。把这个 SAS 数据集命名为 DEM_9697。数据结构如下：

变量	起始列	长度	类型
ID	1	3	字符
AGE	4	2	数值
JOB_CODE	6	1	字符
SALARY	7	6	数值

13.6 运行下面的 SAS 程序创建两个文件：BIG 和 SMALL。首先，使用 SET 语句把 SMALL 的内容加入到 BIG 的末尾。然后，用 PROC APPEND 完成同样的事。比较两种方法所花费的时间（查看 LOG 的结果）。如果你的电脑够快，想比较两者的耗时，可以增大 BIG 的观测数。

```
DATA BIG;
  DO I = 1 TO 100000;
     X = RANUNI(0);
     OUTPUT;
```

```
  END;
  DROP I;
RUN;
DATA SMALL;
  X = .5;
  OUTPUT;
  X = .6;
  OUTPUT;
RUN;
```

13.7 在磁盘里有一个名为 SAMPLE.DAT 的原始文件。该文件每行有 100 个数，数值由一个或多个空格分开。最长的行有 320 个字节，而有些行的数少于 100 个。编写 SAS DATA 步骤从 B: 盘读取这个文件，把 100 个值赋给变量 X1-X100。假设你的系统默认的逻辑记录长度小于 320 个字节。

13.8 读取原始文件 SURVEY.DAT（呈列于下），任选文件夹创建名为 SURVEY 的永久 SAS 数据集。文件 SURVEY.DAT 中的变量为 GENDER 和 Q1-Q5,以空格分隔。第一行为标题行，读取时应跳过。这样设定输出格式：Q1-Q5(1=Yes，0=No)，GENDER(‘M’ = ‘Male’，‘F’ = ‘Female’)。把这些输出格式也存为永久的。最后检查一下你的文件夹中是否有数据集（SURVEY.SAS7BDAT）和格式库（FORMATS.SAS7BCAT）。别忘了使用系统选项“FMTSEARCH=”和 PROC FORMATL 选项“IBRARY=”。

文件 SURVEY.DAT 列表如下：

```
***2004 Survey***
M 1 0 1 0 1
F 0 0 1 1 0
M 1 1 1 1 1
F 0 0 0 1 0
```

13.9 运行下面的程序，创建名为 MILTON 的 SAS 数据集。然后，编写 SAS DATA 步骤从 MILTON 中读取并把变量 A、B、C 写入子目录 C：\MYDATA 下的原始数据文件。输出数据文件命名为 OUTDATA，A、B、C 的值分别在栏位 1-3、4-6 和 7-9。

```
***DATA step to create MILTON;
DATA MILTON;
   INPUT X Y A B C Z;
DATALINES;
1 2 3 4 5 6
11 22 33 44 55 66
;
```

第14章

数据集处理：建立数据子集，连接与合并，更新

1. 简介

本章将介绍一些基本的数据集处理和操作。建立子数据集是从原来的数据集中选择一个子集，建立一个新的数据集。我们也想将几个数据集拼合起来，组成一个单一的 SAS 数据集；本章探讨了完成这一过程的几种方法。让我们一个一个来学习。

2. 建立数据子集

之前我们已经见过了建立数据子集的一些例子。这里的关键点是 SET 语句，它能够从 SAS 数据集中读取观测值，然后生成另一个新的 SAS 数据集。在我们从原始数据集中读取观测值的过程中，可以修改原来的值、创建新的变量或者选择是否将此观测值纳入新的数据集中。一个简单的例子如下：

```
DATA WOMEN;
   SET ALL;
   IF GENDER = 'F';
RUN;
```

本例中，数据集 ALL 包括一个变量 GENDER，它有两个水平‘M’和‘F’。这里的 IF 语句称为“子集 IF”语句。如果你很熟悉其他的编程语言，这个 IF 语句看起来很有趣——它后面没有 THEN 语句。如果 IF 语句不为真，DATA 步骤将返回顶端（程序就不会自动输出观测值了）。如果 IF 语句为真，DATA 步骤将按照正常模式继续运行。你可以将子集 IF 语句看做是一个值。如果 IF 之后的语句为真，这个值将开启，程序继续运行；如果 IF 之后的语句不为真，逻辑流将返回 DATA 步骤的顶端。因此，变量 GENDER 中值为‘F’的观测值将被写入新的数据集 WOMEN。你也可以这么写：

```
IF GENDER NE 'M';
```

这里需要小心的是，如果 GENDER 有缺失值或者错误记录的值（比如说，记成了其他任何不是‘M’的值），这一语句也会将这些观测值写入数据集 WOMEN。最好是指定你想要的变量，而不是你不想要的。

在 IF 语句中，我们可以使用任何逻辑表达式来建立数据子集。例如：

```
DATA OLDWOMEN;
   SET ALL;
   IF GENDER = 'F' AND AGE > 65;
RUN;
```

另一种建立数据子集的方法是 WHERE 语句。必须清楚的一点是，从原始数据中读取出的变量，以及在 DATA 步骤中创建的变量是不能包含在 WHERE 语句中的。虽然 IF 和 WHERE 语句有一些细微的差异，但是在刚才的程序中，我们都可以简单地用 WHERE 代替 IF 来创建数据子集。当我们创建的数据集只是原始数据集中很小的一个子集时，WHERE 语句会更简单有效。在之前的程序中使用 WHERE 语句如下所示：

```
DATA OLDWOMEN;
   SET ALL;
   WHERE GENDER = 'F' AND AGE > 65;
RUN;
```

另外，我们也可以在 SAS 的计算过程中使用 WHERE 语句。因此，如果只想统计女性的 RACE（种族）和 INCOME（收入）的频数，可以这么写：

```
PROC FREQ DATA=ALL;
   WHERE GENDER = 'F';
   TABLES RACE INCOME;
RUN;
```

如果想针对某个变量的所有水平运行程序，就需要使用 BY 语句而不是 WHERE 语句。当我们进行 T 检验和方差检验时，可能想在分析时删除其中一个或几个组别，这时候 WHERE 语句就非常有用。假设变量 GROUP 有三个水平（A、B 和 C），我们要在 A 组和 B 组间进行 T 检验。采用 WHERE 语句可以大大简化这一工作：

```
PROC TTEST DATA=data_set_name;
   WHERE GROUP='A' OR GROUP='B';
   CLASS GROUP;
   VAR variable-list;
RUN;
```

顺便提一下，多重 OR 语句的一种简便方式是 IN 运算符。例如，之前的 WHERE 语句就可以写成：

```
WHERE GROUP IN ('A' 'B');
```

IN 之后的值可以用空格或逗号隔开。IN 运算符也可以使用数值数据。因此，如果 DOSE 是一个数值变量，而你又只想在统计中使用到 10、20 和 30 的值，可以写成：

```
WHERE DOSE IN (10 20 30);
```

同样，这里也可以选择空格或是逗号作为分隔符。

3.　合并相似数据

假设我们有几个 SAS 数据集，每个都包含相同的变量。要合并多个 SAS 数据集，可以使用 SET 语句，后接要进行合并的数据集名称。例如，要合并来自于数据集 MEN 和 WOMEN 中的数据，创建一个新的数据集 ALLDATA，程序如下：

```
DATA ALLDATA;
   SET MEN WOMEN;
RUN;
```

数据集 ALLDATA 里按顺序包含来自数据集 MEN 和 WOMEN 里所有的观测值。

4. 合并不同数据

重要注意事项：本章使用社会保障号只是为了阐明问题的需要。真实生活中，在任何可能公开的信息中使用社会保障号是不可取的，也是不合法的。

本节中，我们将阐述如何从几个数据集中合并不同的信息。假设我们有一个主数据集，其中包含社会保障号（SS）和学生姓名（NAME）。接着，我们进行了一个测试，得到一个包含学生社会保障号和测验成绩的数据集。现在，我们想要打印出含有学生编号、姓名和分数的列表。示例主数据（MASTER）和测验数据（TEST）如下：

社会保障号	姓名	
123-45-6789	CODY	
987-65-4321	SMITH	
111-22-3333	GREGORY	主数据
222-33-4444	HAMER	
777-66-5555	CHAMBLISS	

社会保障号	分数	
123-45-6789	100	
987-65-4321	67	测验数据
222-33-4444	92	

要将 MASTER 数据集中的学生姓名和 TEST 数据集中的社会保障号合并起来，首先要通过 SS 对两个数据集进行排序：

```
PROC SORT DATA=MASTER;
   BY SS;
RUN;
PROC SORT DATA=TEST;
   BY SS;
RUN;
```

然后采用 MERGE 语句将两个数据集合并为一个：

```
DATA BOTH;
   MERGE MASTER TEST;
   BY SS;
   FORMAT SS SSN11.;
RUN;
```

由于 MASTER 和 TEST 数据集是按照 SS 排序的，那么当 SS 在每个数据集的观测值中的值都一样时，MERGE 过程会合并来自两个数据集中的观测值。让我们来看看经过排序后的两个数据集中的观测值：

主数据集 MASTER

社会保障号	姓名
111-22-3333	GREGORY
123-45-6789	CODY
222-33-4444	HAMER
777-66-5555	CHAMBLISS
987-65-4321	SMITH

测验数据集TEST

社会保障号	分数
123-45-6789	100
222-33-4444	92
987-65-4321	67

我们没有在数据集 TEST 中找到数据集 MASTER 里的第一个 SS 号码。因此，当 MERGE 过程开始，数据集 BOTH 中的第一个观测值在 SCORE 上是缺失的。MASTER 中下一个观测值的 SS 号码是 123-45-6789，两个数据集中都有此号码，因此数据集 BOTH 中的第二个观测值的 SS=123-45-6789，NAME='CODY'，SCORE=100。这一过程将一直持续下去，直到数据集 MASTER 和 TEST 中所有的观测值都被处理过。最终得到的数据集 BOTH 将包含以下观测值：

数据集BOTH

社会保障号	姓名	分数
111-22-3333	GREGORY	.
123-45-6789	CODY	100
222-33-4444	HAMER	92
777-66-5555	CHAMBLISS	.
987-65-4321	SMITH	67

如果我们只想保留有测验成绩的观测值，则可以在 MERGE 语句的某个或两个数据集名字后面添加一个 IN=*contributor_variable*（贡献变量）的选项，用于控制哪些观测值加入合并后的数据集。如果这个数据集对现在正在创建的观测值确实有贡献（也就是说，BY 变量上不是缺失值），那么贡献变量的值将为真（1）。否则，贡

献变量的值为假（0）。“IN=”选项创建的变量是一个临时变量，可以用在 DATA 步骤的任何地方，但不会添加到新数据集当中。让我们来看看如何使用“IN=”选项删除掉 MASTER 数据集中没有参加考试的被试信息。将之前的程序进行修改后，如下：

```
DATA BOTH;
   MERGE MASTER TEST (IN=FRODO);
   BY SS;
   IF FRODO;
   FORMAT SS SSN11.;
RUN;
```

数据集名字 TEST 之后的“IN=”选项创建了逻辑变量 FRODO。要限制新数据集只包含在 TEST 数据集中有成绩的那些学生，我们采用子集 IF 语句保证学生在 TEST 数据集中确有观测值。合并后，数据集（BOTH）的结果如下：

数据集BOTH

社会保障号	姓名	分数
123-45-6789	CODY	100
222-33-4444	HAMER	92
987-65-4321	SMITH	67

MERGE 语句的一般命令如下：

```
MERGE data_set_one   (IN=var_name1)
      data_set_two   (IN=var_name2)
      data_set_n     (IN=var_namen);
   BY match_vars;
```

在这个命令语句中，data_set_one（数据集 1），data_set_two（数据集 2）到 data_set_n（数据集 n）都将被合并；“IN=”选项接在每个数据集名字之后，用于控制哪些观测值将被纳入合并后的数据集。BY 语句告诉程序如何从数据集中挑选观测值来进行合并。现在，不用 BY 语句也可以进行合并。但是这非常危险，建议你最好不要这么做。如果你不使用 BY 语句，你会将每个数据集中的第一个观测值合并起来，然后是第二个、第三个，而不论这些观测值是不是属于一个被试的。有一个系统选项 MERGENOBY, 可以让你选择是否将没有 BY 语句的合并看做错误。命令如下（可以选择三个关键词中的任意一个，分别表示“错误”、“警告”、“不警告”）：

```
OPTIONS MERGENOBY = ERROR | WARN | NOWARN;
```

默认为 NOWARN（不警告）。如果该命令起效，那么没有 BY 语句的合并过程也可以发生，并且不产生任何警告或错误的提示。我们建议你将此选项定位 ERROR（这样程序会停止，你也可以在 LOG 视窗中看到错误的信息），或者至少定位 WARN（合并过程继续，但是 LOG 视窗中将显示警告的信息，条件是你足够仔细去阅读 LOG 文件，才会发现这一信息）。

假设 TEST 数据集中有的观测值，在 MASTER 数据集中没有对应的值，我们将如何使用“IN=”选项来创建两个数据集中都有数据的新数据集呢？我们可以对每个数据集都使用“IN=”选项，并且确保两个逻辑变量都为真，示例如下：

```
DATA BOTH;
   MERGE MASTER(IN=BILBO)
         TEST  (IN=FRODO);
   BY SS;
   IF BILBO AND FRODO;
   FORMAT SS SSN11.;
RUN;
```

如果 BY 变量在某个数据集中的变量名不一样，你可以在 MERGE 语句中使用 RENAME 选项。例如，如果 SS 在 TEST 数据集中叫作 ID，我们可以这样写：

```
MERGE MASTER TEST (IN=INTEST RENAME=(ID=SS));
```

这个语句使得我们能够从 TEST 数据集中拿出一个观测值，将其变量 ID 重新命名为 SS，但是目的只有一个，就是合并。当我们再次打开 TEST 数据集，这个变量名仍然是 ID。

5.　“查找表”

本节探索其他一些可以用于生成“查找表”（table look up）的合并方法。所谓查找表，就是说基于一个或多个标准，从一个数据集中抽取出一些信息，添加到当前的数据集中。下面呈现几个简单的例子,可以使我们更加清楚。假设我们有个数据集，包含 ID 号码、年份（YEAR）和白细胞数（WBC）。观测值列举如下：

编号	年份	白细胞数
1	1940	6000
2	1940	8000
3	1940	9000
1	1941	6500
2	1941	8500
3	1941	8900

数据集 WORKER

之后，我们得到了关于这些被试每年的苯接触量（EXPOSURE）的数据集：

年份	苯接触量
1940	200
1941	150
1942	100
1943	80

数据集 EXP

我们要做的事情，就是将正确的苯接触量添加到 WORKER 数据集里的每个观测值上。执行这一合并过程的 SAS 语句如下：

```
PROC SORT DATA=WORKER;
   BY YEAR;
RUN;
PROC SORT DATA=EXP;
   BY YEAR;
RUN;
DATA COMBINE;
   MERGE WORKER (IN=INWORK) EXP;
   BY YEAR;
   IF INWORK;
RUN;
```

最后形成的数据集 COMBINE 如下：

编号	年份	白细胞数	苯接触量
1	1940	6000	200
2	1940	8000	200
3	1940	9000	200
1	1941	6500	150
2	1941	8500	150
3	1941	8900	150

数据集 COMBINE

下面，我们要将这个问题扩展到有两个 BY 变量的情况。我们希望基于年份

（YEAR）和工作任务（WORK）的信息，将苯接触量（EXPOSURE）添加到新数据集中。我们的查找表包括年份、工作任务编码和苯接触量。下面是查找表：

年份	工作任务	苯接触量
1940	MIXER	190
1940	SPREADER	200
1941	MIXER	140
1941	SPREADER	150
1942	MIXER	90
1942	SPREADER	100
1943	MIXER	70
1943	SPREADER	80

数据集 EXP

数据集 WORKER 包括年份、工作任务编码和白细胞数：

编号	年份	工作任务	白细胞数
1	1940	MIXER	6000
2	1940	SPREADER	8000
3	1940	MIXER	9000
1	1941	MIXER	6500
2	1941	MIXER	8500
3	1941	SPREADER	8900

数据集 WORKER

为了正确地将苯接触的值加入到 WORKER 数据集的每个观测值上，我们需要查找某个年份和某个工作任务相对应的苯接触值。有两个 BY 变量的 MERGE 语句可以完成这一任务：

```
PROC SORT DATA=WORKER;
   BY YEAR WORK;
RUN;
PROC SORT DATA=EXP;
   BY YEAR WORK;
RUN;
DATA COMBINE;
   MERGE WORKER (IN=INWORK) EXP;
   BY YEAR WORK;
   IF INWORK;
RUN;
```

合并后的数据集 COMBINE 如下所示：

编号	年份	工作任务	白细胞数	苯接触量
1	1940	MIXER	6000	190
3	1940	MIXER	9000	190
2	1940	SPREADER	8000	200
1	1941	MIXER	6500	140
2	1941	MIXER	8500	140
3	1941	SPREADER	8900	150

6. 更新数据集

许多商务应用软件都有一个主数据集，经常会有新的信息需要更新。比如，主数据集有商品号和价格。更新数据集也应该包含商品号，同时有更新后的新价格。一般来说，更新数据集会大大小于主数据集，并且只将需要更新价格的商品作为观测值。另外，更新数据集可能包含主数据集所没有的商品号。这里有个例子：

主数据集（MASTER）

商品号	价格
1	19
4	23
6	22
7	45

更新数据集（UPDATE）

商品号	价格
4	24
5	37
7	.

我们按照商品号（PART_NO）对每个数据集排序，然后运行 UPDATA 过程：

```
DATA NEWMASTR;
   UPDATE MASTER UPDATE;
   BY PART_NO;
RUN;
```

结果如下：

商品号	价格
1	19
4	24
5	37
6	22
7	45

NEWMASTR 数据集

可以看到，UPDATE 中的缺失值没有替代掉主数据集内相应的观测值。

练习题

练习题的数据集和程序均可从网上下载：www.prenhall.com/cody

14.1　你有一个包含性别和体操分数的文件，如下：

编号	性别	年龄	跳马	自由体躁	双杠
3	M	8	7.5	7.2	6.5
5	F	14	7.9	8.2	6.8
2	F	10	5.6	5.7	5.8
7	M	9	5.4	5.9	6.1
6	F	15	8.2	8.2	7.9

（a）根据数据，创建名为 GYM 的数据集。

（b）创建只有男性数据的数据子集，名为 MALE_GYM。

（c）创建只有年龄大或等于 10 岁的女性的数据子集，名为 OLDER_F。

14.2　运行练习题 4.9 的程序，创建数据集 BLOOD。

（a）创建数据集 TIME_ONE，包含 TIME 等于 1 的所有观测值。删除该数据集中的变量 TIME。使用 PROC PRINT 列印出所有观测值。

（b）创建数据集 HIGH，包含 GROUP 等于“A”，并且 WBC 大于或等于 8000，或者 RBC 大于或等于 5 的观测值。

14.3　这里有两个数据文件，一个是 1996 年收集的，另一个是 1997 年的：

1996年的文件 (DATA96)

编号	身高	体重
2	68	155
1	63	102
4	61	111

1997年的文件 (DATA97)

编号	身高	体重
7	72	202
5	78	220
3	66	105

创建两个 SAS 数据集，分别叫做 YEAR1996 和 YEAR1997。将两个数据集合并为一个文件（名为 BOTH）。

14.4 运行下面的程序，创建三个数据集 ONE、TWO 和 THREE。使用 PROC PRINT 列印三个数据集的所有内容。现在，将三个数据集合并为一个数据集，名为 TOGETHER。

```
DATA ONE TWO THREE;
   DO I = 1 TO 5;
      DO TIME = 1 TO 3;
         DOB = INT(10000 + RANUNI(0)*365);
         WEIGHT = RANNOR(0)*50 + 150;
         IF TIME = 1 THEN OUTPUT ONE;
         ELSE IF TIME = 2 THEN OUTPUT TWO;
         ELSE IF TIME = 3 THEN OUTPUT THREE;
      END;
   END;
   DROP I;
   FORMAT DOB DATE9.;
RUN;
```

14.5 对于练习题 14.1 中的孩子，你还有另外一个数据文件，其中包括他们的 ID 编号、收入等级及父母的姓氏：

编号	收入等线	姓氏
3	A	Klein
7	B	Cesar
8	A	Solanchick
1	B	Warlock
5	A	Cassidy
2	B	Volick

注意，有的孩子没有 GYM 数据，同时有的孩子没有收入和姓氏的数据。首先，根据以上数据创建一个 SAS 数据集，名为 MONEY。然后，将两个数据集合并起来（合并后的数据集名为 GYMMONEY），只包括在 GYM 数据集中有 ID 编号的那些孩子。接着，列印出一个清单，包括孩子的 ID 编号、姓氏、性别和年龄，并按照 ID 编号排序。

14.6 下面有一份 2004 年 1 月 1 日到 1 月 15 日每天的气温数据。运行下面的程序，创建数据集 TEMP：

```
DATA TEMP;
   IF _N_ = 1 THEN DATE = '01JAN2004'D;
   ELSE DATE + 1;
   FORMAT DATE MMDDYY10.;
   INPUT T @@;
DATALINES;
30 32 28 26 25 12 18 20 22 24 36 38 38 39 44
;
```

某医院在这些天里，每天接待的心脏病患者的数量也记录了下来。运行下面的程序，创建数据集 MI（myocardial infarction，心肌梗塞，也就是心脏病）。

```
DATA MI;
   IF _N_ = 1 THEN DATE = '01JAN2004'D;
   ELSE DATE + 1;
   FORMAT DATE MMDDYY10.;
   INPUT NUMBER @@;
DATALINES;
9 7 11 12 15 23 20 18 8 9 13 12 14 13 14
;
```

根据气温数据和心脏病的数据创建一个新的数据集，名为 BOTH，将 DATE（日期）作为 BY 变量。

14.7 合并练习题 14.5 的 GYMMONEY 数据集和练习题 14.3 的 BOTH 数据集。合并后的数据集命名为 FREDDY。新数据集只收集两个数据集内均出现的 ID 编号及其数据。将新数据集的内容列印出来。

***14.8** 有 10 个学生参加了一项测验。该测验通过光学扫描仪计分，每个学生的 ID 编号和测验成绩（SCORE）都存储在一个叫 TEST 的 SAS 数据集中。学校也有一份叫作 STUDENT 的数据集，含有每个学生的 ID 编号和姓名（NAME）。现在，你想生成一份包含学生 ID、姓名（NAME）和测验成绩（SCORE）的花名册。STUDENT 数据集中包含没有参加测验的学生 ID 和姓名。同样，参加了测验的学生中，也有一个人在 STUDENT 数据集中没有记录。因此，请将该学生纳入花名册中，但是在姓名一栏标注上“Not in Student File”（没有学生档案）。运行下面的程序，创建两个数据集 TEST 和 STUDENT（注意，两个数据集都没有排序）：

```
DATA STUDENT;
   INPUT ID NAME & $30. @@;
DATALINES;
1 John Torres  5 Alex Antoniou  3 Thomas Friend
2 Sheldon Goldstein  11 Joanne Dipietro  12 Bill Murray
21 Janet Reno  4 Deborah Smith  6 Don Dubin  7 Alice Ford
8 Diane Farley  9 Laura Easton  10 Brian Fishmann
13 Eric Garrett  14 James Galt  15 Toni Gilman
;
DATA TEST;
   INPUT ID SCORE @@;
DATALINES;
15 95  1 80  3 98  21 75  4 87  14 67  13 91  11 85  12 57
29 93
;
```

最后，看看你是否可以按姓氏（LAST）的字母顺序排序，生成花名册（将没有学生档案的学生放在最后）。提示：对于没有学生档案的学生，将其姓氏设为“ZZZ”。对于其他学生姓名，使用 SCAN 函数挑选出姓氏。（当 SCAN 函数从字符串的右边开始扫描，其“单词”自变量应当为负值。SCAN 函数的细节见第 19 章第 10 节。）按照姓氏排序，但不要将此变量纳入 PROC PRINT 的 VAR 列表中。

14.9 根据收入等级和性别，你制作了一份财务计划。采用练习题 14.3 中的 GYMMONEY 数据集，创建一个新数据集，名为 FINAL，包含 GYMMONEY 中的所有数据，以及与下表对应的财务计划：

收入等级	性别	财务计划
A	M	W
A	F	X
B	M	Y
B	F	Z

将新数据集列印出来。

14.10 贵公司的商品价格列表存在一个叫 PRICES 的 SAS 数据集中。运行下列程序创建此数据集。现在，你想对数据集中部分商品的价格和数量进行更新：

商品 #103 的新价格为 18.99 元

商品 #111 的新价格为 29.95 元，新数量为 45 件

商品 #113 的新数量为 35 件

商品 #123 的新价格为 129.96 元

下面的程序用于创建数据集 PRICES：

```
DATA PRICES;
   INPUT PART_NUMBER QUANTITY PRICE @@;
DATALINES;
100 23 29.95  102 12 9.95  103 21 15.99  123 9 119.95  113 40 56.66
111 55 39.95  105 500 .59
;
```

14.11 你有练习题 14.1 中一些体操队员的新信息。被试 3 现在的双杠成绩（P_BAR）是 6.7；被试 5 现在 15 岁，新跳马成绩（VAULT）为 8.1，双杠成绩（P_BAR）为 7.2；被试 7 的性别录错了，她应该是一个女性。创建包含这些新信息的更新数据集，并对练习题 14.1 的数据集 GYM 进行更新。将更新后的数据集命名为 GYM_2，并列印清单。

第15章

数　组

1. 简介

使用 SAS 数组（Arrays）可以有效地减少 DATA 步骤里编码的数量。虽然人们通常将数组看成高级程序工具，但是它也有许多容易掌握的应用。本章将介绍 SAS 数组比较常见的用法。

数组最常见的用法是，在不断重复的多行编码中，只有每行的变量名有所变化时，使用数组将可以用于缩短程序。你可以写一行“模范行”，然后用数组名代替变量名，将模范行放置到循环结构中，然后写一小段代码，就可以重复循环成千上万行程序了。好了，我们或许会发出“数组居然那么有用”的感慨！

2. 更改变量的值

学习如何使用数组最好的方法就是，先写几行没有数组的 SAS 代码。一旦明白了数组的模式，你就可以写自己的数组语句了，你先写一段“模范”代码，然后决定如何将这段代码放到DO循环中。因此，在本章大部分的例子中，你都会看到没有使用数组的SAS代码，以及相应的使用了数组的代码。

第一个例子，假设你有一个SAS数据集，其中的数字缺失值都记录为999。（不错，这正是一个从SPSS转换过来的数据集！）下面的DATA步骤是不使用数组、将999转换为缺失值的处理方式：

```
*------------------------------------------------------------*
| Example 1: Converting 999 to missing without using an array  |
*------------------------------------------------------------*;
DATA MISSING;
   SET OLD;
   IF A = 999 THEN A = .;
   IF B = 999 THEN B = .;
   IF C = 999 THEN C = .;
   IF D = 999 THEN D = .;
   IF E = 999 THEN E = .;
RUN;
```

你是否看到了某种固定的模式？太好了，下面就是使用数组运行同样的程序：

```
*------------------------------------------------------------*
| Example 1: Converting 999 to missing using an array          |
*------------------------------------------------------------*;
DATA MISSING;
   SET OLD;
   ARRAY X[5] A B C D E;
   DO I=1 TO 5;
      IF X[I]= 999 THEN X[I]= .;
   END;
   DROP I;
RUN;
```

看起来并没有缩短多少。但是，如果要将上百个变量重新编码，就能清楚地看到数组的优势了。数组程序是这样工作的：

首先，你需要创建数组来代表A、B、C、D和E这五个变量。你可以任意设定数组名，其规则与SAS变量名的规则一致。但是，一定不要使用与同一个DATA步骤中已经有的变量相同的名字。在上一个例子中，数组名为X。然后，在方括号[]，大括号{}，或圆括号()中，输入数组中元素（elements，也就是变量）的数量。当然，如果你想接受更大的挑战，不妨用星号代替数字。我们一般比较喜欢使用方括号；SAS 公司的许多文件常用大括号。括号之后是一组 SAS 变量名。你可以明确地将其列出来，也可以使用 SAS DATA 步骤中代表一组变量名的符号，比如说单破折号、双破折号或内置的变量名 _CHARACTER_ 或 _NUMERIC_。必须事先提醒你的是，一个数组中不能同时包含字符型和数字型的变量。之后的例子会讲解如何创建字符变量的数组。

创建了数组之后，你可以通过数组名和括号内相应的下标提取任何一个数组元素。在第一个例子中，元素 X[3] 代表数组中第三个元素 C。在 DATA 步骤中可以用数组元素代替变量名。数组最常见的用法是将其置入循环圈中，比如 DO 循环、DO WHILE 或 DO UNTIL 结构。前例中的每个 DO 循环圈内，你都将数组中每个元素，也就是变量 A 到 E 中 999 的值设定为缺失。

如果你不是很熟悉 DO 循环，其命令式是这样的：

```
DO COUNTER=START TO END BY INCREMENT;
   (lines of sas code)
END;
```

DO 和 END 之间的 SAS 语句会根据 DO 语句所指定的指令不断循环。在第一个例子中，指针变量 I 作为计数器，从 1 到 5 循环。由于 INCREMENT 的值缺失，默认为 1。最后，不要忘记在 DATA 步骤中将 DO 循环的计数器删除掉（DROP）。

3. 将 999 转换为数字缺失值

第一个例子的一种扩展，是将所有数字变量中 999 的值转换为缺失值：

```
*-------------------------------------------------------------*
| Example 2: Converting 999 to missing for all numeric vars    |
*-------------------------------------------------------------*;
DATA ALLNUMS;
   SET ALL;
   ARRAY PRESTON[*] _NUMERIC_ ;
   DO I = 1 TO DIM(PRESTON);
      IF PRESTON[I] = 999 THEN PRESTON[I] = .;
   END;
   DROP I;
RUN;
```

首先，你可能会问数组名 PRESTON 从哪来的。其实这只是作者小儿子的名字，他很喜欢程序（而且也访问过 SAS 公司）。内置变量名 _NUMERIC_ 表示数据集 ALL 中的所有数字变量。挨个数出数字变量的个数可能是一项庞大的工程，因此我们用星号（*）代替真实的数字。这里唯一的麻烦是，你并不知道 DO 循环以什么值结束。幸好，DIM 函数前来解救你。DIM 函数的自变量是数组名，它将返回数组中元素的个数。

4. 将 N/A 转换为字符缺失值

现在，你有一个叫做 OLD 的 SAS 数据集，其中字符串‘N/A’用于表示字符缺失值。你想将部分字符变量中的‘N/A’转换成缺失值。以前没有数组的时候，你会这样写程序：

```
*------------------------------------------------------------*
| Example 3: Converting 'N/A' to Missing for character vars   |
*------------------------------------------------------------*;
DATA NOTAPPLY;
   SET OLD;
   IF S1 = 'N/A' THEN S1 = ' ';
   IF S2 = 'N/A' THEN S2 = ' ';
   IF S3 = 'N/A' THEN S3 = ' ';
   IF X = 'N/A' THEN X = ' ';
   IF Y = 'N/A' THEN Y = ' ';
   IF Z = 'N/A' THEN Z = ' ';
RUN;
```

现在，使用字符数组的程序如下：

```
*------------------------------------------------------------*
| Example 3: Converting 'N/A' to Missing for character vars   |
*------------------------------------------------------------*;
DATA NOTAPPLY;
   SET OLD;
   ARRAY RUSSELL[*] $ S1-S3 X Y Z;
   DO J = 1 TO DIM(RUSSELL);
      IF RUSSELL[J] = 'N/A' THEN RUSSELL[J] = ' ';
   END;
   DROP J;
RUN;
```

这次，我想你已经猜到 RUSSELL 是作者另一个儿子的名字了。由于你要将这个数组定义为字符数组，因此要将美元符号（$）放到括号之后。本例中，由于你是从已有的 SAS 数据集中读取观测值，变量 S1、S2、S3、X、Y 和 Z 已经被定义为了字符变量，因此可以在数组语句中省略 $。不过，优秀的程序员总是会记得把 $ 放在字符变量的数组中。现在我们可以提醒你，你也可以为元素指定长度（如果这些变量并非已经存在的）。目前为止的例子中，变量都来自于已经创建好了的 SAS 数据集，并且预先定义好了长度。要创建字符变量 Q1 到 Q50 的数组，每个变量长度为 1 字节，命令式如下：

```
ARRAY Q[50] $ 1 Q1-Q50;
```

5. 将身高和体重从英制单位转换为公制单位

在这个例子中，你以英制单位输入了三个身高和五个体重的数据，现在要创建几个新变量，用公制单位来表示这些值。不用数组的程序如下：

```
*---------------------------------------------------------*
| Example 4: Metric conversion without using arrays       |
*---------------------------------------------------------*;
DATA CONVERT;
   INPUT HT1-HT3 WT1-WT5;
   HTCM1 = 2.54 * HT1;
   HTCM2 = 2.54 * HT2;
   HTCM3 = 2.54 * HT3;
   WTKG1 = WT1 / 2.2;
   WTKG2 = WT2 / 2.2;
   WTKG3 = WT3 / 2.2;
   WTKG4 = WT4 / 2.2;
   WTKG5 = WT5 / 2.2;
DATALINES;
(data goes here)
RUN;
```

使用数组的方式如下：

```
*----------------------------------------------*
| Example 4: Metric conversion using arrays    |
*----------------------------------------------*;
DATA CONVERT;
```

[Continued]

```
   INPUT HT1-HT3 WT1-WT5;
   ARRAY HT[3];
   ARRAY HTCM[3];
   ARRAY WT[5];
   ARRAY WTKG[5];
   *** Yes, we know the variable names are missing, read on;
   DO I=1 TO 5;
      IF I LE 3 THEN HTCM[I] = 2.54 * HT[I];
      WTKG[I] = WT[I] / 2.2;
   END;
DATALINES;
(data goes here)
RUN;
```

该程序需要注意的问题有：首先，数组名后面没有变量名！（这是一种给领导深刻印象的捷径。）一旦数组语句之后没有变量名列出，默认的变量名就是数组名加上数字顺序。例如，数组语句：

```
ARRAY QUES[3];
```

与下面的语句是一样的：

```
ARRAY QUES[3] QUES1-QUES3;
```

其次，你可能疑惑，身高和体重的数量并不是一样的。解决的方法有很多，之前的例子采用了一个指针从 1 到 5 的 DO 循环。循环中内嵌的 IF 语句保证了身高变量的指针不会超过 3。另一种方法是使用两个 DO 循环，一个从 1 到 3，另一个从 4 到 5。例如：

```
DO I=1 TO 3;
   HTCM[I] = 2.54 * HT[I];
   WTKG[I] = WT[I] / 2.2;
END;
DO I=4 TO 5;
   WTKG[I] = WT[I] / 2.2;
END;
```

几种方法任君选择！

6. 临时数组

之前你遇到的数组都表示一系列的数字和字符变量。下面有一种特殊的数组，称为临时数组，它不包含任何变量！你可以在DATA步骤中将某个数组指定为临时的，然后使用其数组元素。使用临时数组时，不会创建任何真正的变量。你也可以为数组中每个元素提供初始值。让我们先来看个例子，然后讨论临时数组的优缺点。

第一个例子使用临时数组装载五场考试的及格分数。读取出学生成绩，然后与这些及格分数进行比较，记录及格了的课程的数量。程序如下：

```
*-------------------------------------------------------------*
| Example 5: Using a temporary array to determine the number |
|     of tests passed                                         |
*-------------------------------------------------------------*;
DATA PASSING;
   ARRAY PASS[5] _TEMPORARY_ (65 70 65 80 75);
   ARRAY SCORE[5];
   INPUT ID $ SCORE[*];
   PASS_NUM = 0;
   DO I=1 TO 5;
      IF SCORE[I] GE PASS[I] THEN PASS_NUM + 1;
   END;
   DROP I;
DATALINES;
001 64 69 68 82 74
002 80 80 80 60 80
;
PROC PRINT DATA=PASSING;
   TITLE "Passing Data Set";
   ID ID;
   VAR PASS_NUM SCORE1-SCORE5;
RUN;
```

该程序的主要部分是数组PASS，括号后的关键词_TEMPORARY_将其定义为临时数组。注意到_TEMPORARY_后面的括号中的五个分数，这是给五个数组元素PASS[1]到PASS[5]赋值的初始值。由于临时数组元素的值会自动保持，所以五个及格分数在每次DATA步骤循环中都可以用来与学生成绩作比较。需要提醒的是，临时数组并没有真正创建变量PASS1到PASS5，这五个变量也不是真的存在于数据集中。

然后，注意到我们使用了捷径来定义SCORE数据。之前提过，数组语句：

```
ARRAY SCORE[5];
```

与下面的语句是等价的：

```
ARRAY SCORE[5] SCORE1-SCORE5;
```

看起来，我们好像总在想方设法地少打几个字。

使用临时数组最大的理由就是高效。同时，你也不需要删除没用的变量。

7. 使用临时数组对测验计分

本例也是临时数组的应用。这回，我们不再给数组元素赋予初始值，而是读取原始文件中的数据作为初始值，这就产生了一些需要解决的问题。本例的目标是对一个10道题的多项选择测验计分。第一行数据是正确答案，其他行包括学生ID和学生在这10道题上的回答。这是一个善用临时数组做测验计分的程序：

```
*-------------------------------------------------------*
| Example 6: Using a temporary array to score a test    |
*-------------------------------------------------------*;
DATA SCORE;
   ARRAY KEY[10] $ 1 _TEMPORARY_;
   ARRAY ANS[10] $ 1;
   ARRAY SCORE[10] _TEMPORARY_;
   IF _N_ = 1 THEN
      DO I=1 TO 10;
         INPUT KEY[I] @;
      END;
   INPUT ID $ @5 (ANS1-ANS10) ($1.);
   RAWSCORE = 0;
   DO I=1 TO 10;
      SCORE[I] = (ANS[I] EQ KEY[I]);
      RAWSCORE + SCORE[I];
   END;
   PERCENT = 100*RAWSCORE/10;
   DROP I;
DATALINES;
A B C D E E D C B A
001 ABCDEABCDE
002 AAAAABBBBB
;
PROC PRINT DATA=SCORE;
   TITLE "SCORE Data Set";
   ID ID;
   VAR RAWSCORE PERCENT;
RUN;
```

让我们一步一步来分析。首先，数组 KEY 和 SCORE 是临时数组。KEY 数组的元素是一个字节的字符变量，包含了正确答案的信息（作为临时数组，KEY 的信息会一直保持）。SCORE 中的元素不是 1（正确回答）就是 0（错误回答）。ANS 数组不是临时数组，变量 ANS1 到 ANS10 是学生对这 10 个题目的回答。

与上一个例子不同的是，我们没有在 ARRAY 语句中给数组 KEY 赋予初始值，而是从数据的第一行读取 KEY 的值，也就是从 IF _N_ = 1 开始的一串代码。由于数据的第一行是正确答案，所以 DO 循环只对第一行数据执行一次。我们并没有这样读取数据：

```
INPUT KEY[1] KEY[2] KEY[3] … KEY[10];
```

而是采用了更简单、适用性更广的形式：

```
DO I=1 TO 10;
   INPUT KEY[I] @;
END;
```

要记得，由于 KEY 是临时数组，数据集里没有名位 KEY1、KEY2 的变量。同时也要注意，这样的写法也是不正确的：

```
INPUT KEY[1] - KEY[10];
```

因为 BASEn-BASEm 的形式只适用于真正的变量，而不适用于数组里的元素。

对于剩下的数据，语句 IF _N_ =1 就不为真了，因此程序直接跳过这一段，到了 INPUT ID $ ANS1-ANS10; 这个语句上。通过下面这段不太寻常的语句，我们开始了计分过程：

```
SCORE[I] = (ANS[I] EQ KEY[I]);
```

这一语句首先让学生的回答 ANS[I] 与 KEY[I] 的值进行比较。如果两个值相等，这一部分的语句就为真(等于 1),那么 SCORE[I] 就等于 1。否则,SCORE[I] 将为假(等于 0)。最后，语句：

```
RAWSCORE + SCORE[I];
```

将累加每个学生的原始分数。你也可以在循环外使用 SUM 函数，如下所示：

```
RAWSCORE = SUM (OF SCORE[1] SCORE[2] … SCORE[10]);
```

不过，这样写的话，对于不同长度的测验的适用性不强。

对于某些有强迫症的程序员（比如作者之一），你可以完全忽略 SCORE 数组，而只是简单地使用下列代码：

```
DO I=1 TO 10;
   RAWSCORE + (KEY[I] EQ ANS[I]);
END;
```

这样更简洁。但是使用 SCORE 数组的目的只是向你展示数字型临时数组的用法。

8. 指定数组范围

目前为止，我们接触的数组元素都是从 1 开始的。因此，如果你想用数组来代表下面五个变量：YR1993、YR1994、YR1995、YR1996、YR1997，就需要写如下数组语句：

```
ARRAY YR[5] YR1993-YR1997;
```

这样是可以的。但是你就必须记住 YR[1] 代表变量 YR1993，YR[2] 代表变量 YR1994，等等。你可能更希望将数组元素 YR[1993] 与变量 YR1993 相连，元素 YR[1994] 与变量 YR1994 相连。你可以在数组语句中，数组名后面的括号里输入起始值、冒号、结束值、用于指定起始和结束的范围。上面那个问题，就可以这样写数组语句：

```
ARRAY YR[1993:1997] YR1993-YR1997;
```

这就能满足你的要求。你用冒号将数组指针的上限和下限隔离开来。指定数组范围的另一种情形是，你希望从 0 开始计数，而不是 1 开始计数的时候。例如，你想要在时间点 0、1、2 和 3 上测量心率（HR）。一种便利的数组语句是：

```
ARRAY HR[0:3] HR0-HR3;
```

现在你看到了，数组范围并不需要从 1 开始到 n。你需要重新思考 DIM 函数，它返回数组中元素的个数。如果数组从 1 开始计数，DIM 函数将代表数组的上限。但是，在之前的数组 YR 中，DIM 函数将返回 5！因此，如果要将数组的上限和下限抽取出来，可以使用 UBOUND 函数和 LBOUND 函数，它们分别返回数组的上限和下限。

9. 临时数组和数组范围

下面介绍一个有趣的程序，它将纯文字转换成莫尔斯码。该程序使用临时数组存储与字母对应的莫尔斯码，数组元素的脚标从 65 开始（因为 RANK 函数返回某个字母在 ASCII 序列上的位置，大写字母‘A’将返回 65，大写字母‘B’返回 66，以此类推）。下面这个程序将纯文字转换成莫尔斯码：

```
*-----------------------------------------------------*
| Example 7: Converting plain text to morse code      |
*-----------------------------------------------------*;
DATA _NULL_;
   FILE PRINT;
   ARRAY M[65:90] $ 4 _TEMPORARY_
      ('.-' '-...' '-.-.' '-..' '.'
       '..-.' '--.' '....' '..' '.ĐĐĐ'
       '-.-' '.-..' '--' '-.' 'ĐĐĐ'
       '.--.' '--.-' '.-.' '...' '-'
       '..-' '...-' '.--' '-..-' '-.--'
       '--..');
   INPUT LETTER $1. @@;
   LETTER = UPCASE(LETTER);
   IF LETTER EQ ' ' THEN DO;
      PUT ' ' @;
      RETURN;
   END;
   MORSE = M[RANK(LETTER)];
   PUT MORSE @;
DATALINES;
This is a test
;
```

10. 内隐脚标的数组

在结束数组的话题之前，我们要提及另外一种数组，当我们在 DATA 步骤中提及某个数组元素时，并不会明确地显示脚标。这是第五版 SAS 中数组语句的原始形式，目前已经被我们一直接触的外显脚标的形式给取代了。我们强烈建议你在写任何新程序的时候使用外显形式的脚标。但是，由于目前的版本仍然支持内隐脚标的形式，并且你可能会接触到老版本的 SAS 代码，其中或许会包含这种形式的数组，所以我们将详细阐述它是如何工作的。这种类型的数组语句如下：

```
ARRAY ARRAYNAME(index_variable) list-of-sas-variable;
```

长度和 $ 这些属性仍然可以使用，可以将其放置于 SAS 变量列表之前。当在 DATA 步骤中使用数组名时，指针变量（index variable）会首先被赋予一个值（通常在 DO 循环里），并且数组名没有脚标。例如：

```
*------------------------------------------------------------*
| Example 8: demonstrating the older implicit array          |
*------------------------------------------------------------*;
DATA OLDARRAY;
   ARRAY MOZART(I) A B C D E;
   INPUT A B C D E;
   DO I=1 TO 5;
      IF MOZART = 999 THEN MOZART = .;
   END;
   DROP I;
DATALINES;
(data lines)
;
```

注意到在 DO 循环中，使用数组名 MOZART 时并没有脚标。当 I=1，MOZART 代表变量 A；当 I=2，MOZART 表示变量 B；以此类推。如果 ARRAY 语句没有指明脚标，那么默认脚标 _I_。DO 循环将是：

```
DO _I_=1 TO 5;
```

在使用内隐脚标的数组时，DO 循环的一种形式“DO OVER”就非常有用了。DO OVER 会自动计算数组的上限和下限，当数组中所有元素都循环完毕后自动结束循环。之前的程序用 DO OVER 结构来写，如下所示：

```
*------------------------------------------------------------*
| Example 9: Demonstrating the Older Implicit ARRAY          |
*------------------------------------------------------------*;
DATA OLDARRAY;
   ARRAY MOZART A B C D E;
   INPUT A B C D E;
   DO OVER MOZART;
```

```
        IF MOZART = 999 THEN MOZART = .;
    END;
DATALINES;
(data lines)
;
```

即使这样看起来很方便，我们仍然推荐你使用外显数组。

是的，你也可以不使用数组，但是全面理解它可以极大地降低 SAS 程序的大小。我们希望这里提供的例子有助于你在将来的程序中更多地使用数组。

练习题

练习题的数据集和程序均可从网上下载：www.prenhall.com/cody

15.1 用数组重写下面的程序：

```
DATA PROB15_1;
   INPUT (HT1-HT5)(2.) (WT1-WT5)(3.);
   DENS1 = WT1 / HT1**2;
   DENS2 = WT2 / HT2**2;
   DENS3 = WT3 / HT3**2;
   DENS4 = WT4 / HT4**2;
   DENS5 = WT5 / HT5**2;
DATALINES;
6862727074150090208230240
64  68  70140   150   170
;
```

15.2 用数组重写下面的程序：

```
DATA TEMPERATURE;
   INPUT TF1-TF10;
   TC1 = 5/9*(TF1 - 32);
   TC2 = 5/9*(TF2 - 32);
   TC3 = 5/9*(TF3 - 32);
   TC4 = 5/9*(TF4 - 32);
   TC5 = 5/9*(TF5 - 32);
   TC6 = 5/9*(TF6 - 32);
   TC7 = 5/9*(TF7 - 32);
   TC8 = 5/9*(TF8 - 32);
   TC9 = 5/9*(TF9 - 32);
   TC10 = 5/9*(TF10 - 32);
                                                    [Continued]
```

```
DATALINES;
32 212 -40 10 20 30 40 50 60 70
-10 0 10 20 30 40 50 60 70 80
;
PROC PRINT DATA=TEMPERATURE NOOBS;
   TITLE "Listing of Data Set TEMPERATURE";
RUN;
```

15.3 用数组重写下面的程序：

```
DATA OLDMISS;
   INPUT A B C X1-X3 Y1-Y3;
   IF A = 999 THEN A = .;
   IF B = 999 THEN B = .;
   IF C = 999 THEN C = .;
   IF X1 = 999 THEN X1 = .;
   IF X2 = 999 THEN X2 = .;
   IF X3 = 999 THEN X3 = .;
   IF Y1 = 777 THEN Y1 = .;
   IF Y2 = 777 THEN Y2 = .;
   IF Y3 = 777 THEN Y3 = .;
DATALINES;
1 2 3 4 5 6 7 8 9
999 4 999 999 5 999 777 7 7
;
```

15.4 用两个数组重写下面的程序，一个数组针对数字变量，另一个针对字符变量：

```
DATA MIXED;
   INFORMAT A1-A3 B C $5.;
   INPUT X1-X3 Y Z A1-A3 B C;
   LX1 = LOG(X1);
   LX2 = LOG(X2);
   LX3 = LOG(X3);
   LY = LOG(Y);
   LZ = LOG(Z);
   IF A1 = '?' THEN A1 = ' ';
   IF A2 = '?' THEN A2 = ' ';
   IF A3 = '?' THEN A3 = ' ';
   IF B = '?' THEN B = ' ';
   IF C = '?' THEN C = ' ';
DATALINES;
10 20 30 40 50 ONE TWO THREE ? ?
11 22 33 44 55 ? LLL MMM ? VVV
;
PROC PRINT DATA=MIXED NOOBS;
   TITLE "Listing of Data Set MIXED";
RUN;
```

15.5 运行下面的程序，得到 SAS 数据集 SPEED。请通过 SPEED 创建一个新的数据集

SPEED2,其中包含一些新变量。新变量 LX1-LX5 是变量 X1-X5 的自然对数(底数为 e),变量 SY1-SY3 是变量 Y1-Y3 的平方根。采用数组创建新变量。(注意：参考第 17 章如何得到某个数字的自然对数。) 如果你不想翻到第 17 章，那么下面的语句可以得到 X 的自然对数，并将其值赋给新变量 LOG_X：LOG_X=LOG(X);

```
***Program to create the data set SPEED;
DATA SPEED;
   INPUT X1-X5 Y1-Y3;
DATALINES;
1 2 3 4 5 6 7 8
11 22 33 44 55 66 77 88
;
```

***15.6** 五门测验的及格分数分别为 65、70、60、75 和 66。运行下面的程序创建 SAS 数据集 ANSWERS，其中包括某班学生在五门测验上的分数及学生的 ID 号。然后，采用临时数组保存五门测验的及格分数，计算每个学生通过了多少门测验。

```
DATA ANSWERS;
   ***Passing grades: 65, 70, 60, 75, and 66;
   INPUT ID $ SCORE1-SCORE5;
DATALINES;
001 50 70 62 78 85
002 90 86 87 91 94
003 63 72 58 73 68
;
```

15.7 用数组重写下面的程序：

```
DATA PROB15_7;
   LENGTH C1-C5 $ 2;
   INPUT C1-C5 $ X1-X5 Y1-Y5;
   IF C1 = 'NA' THEN C1 = ' ';
   IF C2 = 'NA' THEN C2 = ' ';
   IF C3 = 'NA' THEN C3 = ' ';
   IF C4 = 'NA' THEN C4 = ' ';
   IF C5 = 'NA' THEN C5 = ' ';
   IF X1 = 999 OR Y1 = 999 THEN DO;
      X1 = .;
      Y1 = .;
   END;
   IF X2 = 999 OR Y2 = 999 THEN DO;
      X2 = .;
      Y2 = .;
   END;
   IF X3 = 999 OR Y3 = 999 THEN DO;
                                              [Continued]
```

```
      X3 = .;
      Y3 = .;
   END;
   IF X4 = 999 OR Y4 = 999 THEN DO;
      X4 = .;
      Y4 = .;
   END;
   IF X5 = 999 OR Y5 = 999 THEN DO;
      X5 = .;
      Y5 = .;
   END;
DATALINES;
AA BB CC DD EE 1 2 3 4 5 6 7 8 9 10
NA XX NA YY NA 999 2 3 4 999 999 4 5 6 7
;
```

***15.8** 我们实施了某项实验，以秒为单位，记录了五个时间（TIME0 到 TIME4）。采用脚标为 0 到 4 的数组，将五个时间转换为分钟，四舍五入到最接近的十分之一分钟。将五个新变量命名为 MINUTE0 到 MINUTE4。运行下面的 DATA 步骤创建包含这五个时间变量的数据集 EXPER：

```
DATA EXPER;
   INPUT TIME0-TIME4;
DATALINES;
100 200 300 400 500
55 110 130 150 170
;
```

第 16 章

用数组重组数据集

1. 简介

本章介绍如何使用数组重组数据集。首先，什么叫“重组”？你可能想要将一个被试对应一个观测值的数据转换成一个被试对应多个观测值的数据，来计算频率，使用 BY 语句，或者建立其他数据集以供分析之用。你也可能想将一个被试对应多个观测值的数据转换成一个被试对应一个观测值的数据，这样就可以使用 PROC GLM 中的 REPEATED 语句，计算差异时也不必使用 LAG 函数了。

PROC TRANSPOSE 可以完成这些转换，不过在 DATA 步骤中使用数组却是一种更灵活的方式，并且能够更好地控制转换过程。

2. 新建数据集：从单一观测值到多个观测值

假设你有一个数据集 DIAGNOSE，其中包含变量 ID、DX1、DX2 和 DX3。DX 变量代表三次诊断的代码。数据集 DIAGNOSE 中的观测值如下：

数据集 DIAGNOSE

ID	DX1	DX2	DX3
01	3	4	
02	1	2	3
03	4	5	
04	7		

可以看到，有的被试只有一个诊断代码，有的有两个，而有的人三个代码都有。假设你想知道有多少个被试得到的诊断是1，多少个被试是2，而不论诊断的代码存储在DX1、DX2或DX3中的哪个变量里。如果进行频数统计，最后希望得到的结果是，诊断代码1、2、5、7都有1个，而诊断代码3和4分别有2个。

一种完成任务的方式就是重组数据集DIAGNOSE。数据集DIAGNOSE中，每个被试只对应一个观测值，该观测值中包含三个诊断变量；我们要将其转换成一个被试对应多个观测值，每个观测值都是一个单独的诊断变量的新数据集。新数据集（NEW_DX）的形式如下：

重组数据集 NEW_DX

ID	DX
01	3
01	4
02	1
02	2
02	3
03	4
03	5
04	7

重组之后，根据变量DX来计算诊断代码的频数就简单多了。下面我们先写一段不含数组的SAS DATA步骤来完成此任务。代码如下：

```
*-------------------------------------------------------------*
| Example 1A: Creating multiple observations from a single  |
| observation without using an array                         |
*-------------------------------------------------------------*;
DATA NEW_DX;
   SET DIAGNOSE;
   DX = DX1;
   IF DX NE . THEN OUTPUT;
```

```
    DX = DX2;
    IF DX NE . THEN OUTPUT;
    DX = DX3;
    IF DX NE . THEN OUTPUT;
    KEEP ID DX;
RUN;
```

该程序中，我们从数据集 DIAGNOSE 里挨个读取观测值，将一个观测值拆成三个，写入新数据集 NEW_DX 中。要让变量 ID 和 DX 写入新数据集中，就必须添加 KEEP 语句。

一旦看到程序中重复循环的语句，脑海中就应立刻蹦出“数组”二字。下面采用数组重写以上程序：

```
*-------------------------------------------------------------*
| Example 1B: Creating multiple observations from a single   |
| observation using an array                                  |
*-------------------------------------------------------------*;
DATA NEW_DX;
   SET DIAGNOSE;
   ARRAY DXARRAY[3] DX1 - DX3;
   DO I = 1 TO 3;
      DX = DXARRAY[I];
      IF DX NE . THEN OUTPUT;
   END;
   KEEP ID DX;
RUN;
```

该程序中，首先创建数组 DXARRAY，其中包含三个数字变量 DX1、DX2 和 DX3。DO 循环中的两行代码与无数组的例子中的重复循环很类似，只不过变量名 DX1、DX2 和 DX3 被数组元素所代替了。关于数组的运行过程，请参考前一章的内容。PROC TRANSPOSE 也可以用于重组数据集。《*Longitudinal Data and SAS: A Programmer's Guide*》（Cody，SAS Institute，Cary，NC，2001. ISBN：1-58025-924-30）中有用 PROC TRANSPOSE 进行数据集重组的详细例子。

现在只需写一个 PROC FREQ 的过程，就可以计算每个诊断代码的频数了：

```
PROC FREQ DATA=NEW_DX;
   TABLES DX / NOCUM;
RUN;
```

本例中，你只节省了一行 SAS 代码。但是，如果 DX 变量是从 1 到 50 的，那么节省的空间就相当大了。

3. 示例二：从单一观测值到多个观测值

这回呈现的例子与例 1 类似。原始数据集 ONEPER 中包含变量 ID，以及学生在三个时间点（1、2 和 3）上的成绩 S1、S2 和 S3。数据集 ONEPER 的形式如下：

数据集 ONEPER

ID	S1	S2	S3
01	3	4	5
02	7	8	9
03	6	5	4

你希望创建一个新数据集 MANYPER，其形式如下：

数据集 MANYPER

编号	时间	分数
01	1	3
01	2	4
01	3	5
02	1	7
02	2	8
02	3	9
03	1	6
03	2	5
03	3	4

从数据集 ONEPER 重组数据集 MANYPER 的过程与例 1 相似，只不过你还需要在新数据集中创建变量 TIME。这可以通过在 DO 循环中，给计数器命名为 TIME 来实现：

```
*-----------------------------------------------------------*
| Example 2: Creating multiple observations from a single  |
| observation using an array                                |
*-----------------------------------------------------------*;
DATA MANYPER;
   SET ONEPER;
   ARRAY S[3];
   DO TIME = 1 TO 3;
```

```
        SCORE = S[TIME];
        OUTPUT;
    END;
    KEEP ID TIME SCORE;
RUN;
```

和 15 章中的许多例子一样，这里的 ARRAY 语句后面没有接变量列表。请记住当省略变量列表时，系统默认的变量名是数组名后接数字，该数字从小到大排列，不超出数组范围。在本例中，语句

```
ARRAY S[3];
```

与下式是等价的

```
ARRAY S[3] S1-S3;
```

下面我们将接着讨论从单一观测值创建多个观测值的问题，下面这一节我们会扩展此程序，再加入一个新的维度。

4.　多维数组：从单一观测值到多个观测值

假设你有一个数据集 WT_ONE，其中包含每个被试的 ID 和某项实验中测得的六个体重值。前三个值是在条件 1 下，于时间点 1、2、3 测得的体重；后三个值是在条件 2 下，于时间点 1、2、3 测到的结果。假设数据集 WT_ONE 只包含两个观测值：

数据集 WT_ONE

ID	WT1	WT2	WT3	WT4	WT5	WT6
01	155	158	162	149	148	147
02	110	112	114	107	108	109

你希望创建的新数据集 WT_MANY 的形式如下：

数据集 WT_MANY

编号	条件	时间	体重
01	1	1	155
01	1	2	158
01	1	3	162
01	2	1	149
01	2	2	148
01	2	3	147
02	1	1	110
02	1	2	112
02	1	3	114
02	2	1	107
02	2	2	108
02	2	3	109

一种便利的转换方式就是创建二维数组，第一维代表条件，第二维代表时间。如果只是简单的创建一维数组，形式如下：

```
ARRAY WEIGHT[6] WT1-WT6;
```

创建二维数组的形式却是这样的：

```
ARRAY WEIGHT[2,3] WT1-WT6;
```

2 和 3 之间的逗号拆分了数组的维度。这是一个 2×3 的数组。举例来说，数组元素 WEIGHT[2,3] 代表被试在条件 2、时间 3 时测量到的体重。

下面，让我们采用这一数组结构创建每个 ID 对应六个观测值的新数据集。新数据集中，每个观测值包含 ID 号和六个体重值中的一个，同时包含两个新变量 COND 和 TIME，分别代表条件和测量该体重值的时间点。重组数据集的程序如下：

```
*-------------------------------------------------------------*
| Example 3: Using a multi-dimensional array to restructure   |
| a data set                                                  |
*-------------------------------------------------------------*;
DATA WT_MANY;
   SET WT_ONE;
   ARRAY WTS[2,3] WT1-WT6;
   DO COND = 1 TO 2;
      DO TIME = 1 TO 3;
         WEIGHT = WTS[COND,TIME];
         OUTPUT;
      END;
   END;
   DROP WT1-WT6;
RUN;
```

这里，我们使用“嵌套 DO 循环”（即一个 DO 循环中嵌入另一个 DO 循环）的形式，覆盖了所有条件和时间组合下的观测值。该程序是这样工作的：在外循环中，COND 首先被赋值为 1。然后，TIME 在 COND 保持为 1 的情况下，相继被赋值为 1、2、3。每一次 COND 和 TIME 相结合，就有一个 WEIGHT 被赋予相应的数组元素的值，同时将其写入新数据集中。

5.　新建数据集：从多个观测值到单一观测值

现在，我们将学习如何反过来重组数据集。下面我们将把例 2 反过来，阐述如何将一个被试对应多个观测值的情况，转换成一个被试对应一个观测值的数据集。让我们从数据集 MANYPER 入手，创建出数据集 ONEPER。程序如下：

```
*-------------------------------------------------------*
| Example 4A: Creating a data set with one observation per |
| subject from a data set with multiple observations per |
| subject. (Caution: This program will not work if there |
| are any missing time values.)                           |
*-------------------------------------------------------*;
PROC SORT DATA=MANYPER;
   BY ID TIME;
RUN;
DATA ONEPER;
   ARRAY S[3] S1-S3;
   RETAIN S1-S3;
   SET MANYPER;
   BY ID;
   S[TIME] = SCORE;
   IF LAST.ID THEN OUTPUT;
   KEEP ID S1-S3;
RUN;
```

首先，我们将数据集 MANYPER 中的观测值按照 ID、TIME 的顺序进行排序。在这个例子中，数据集 MANYPER 已经是正确的顺序了，但是 SORT 过程使得该程序更具普遍性。然后，我们创建了一个数组，其中包含着我们希望在 ONEPER 里出现的变量，也就是 S1、S2 和 S3。让我们展示一下该程序是如何运作的。MANYPER 中的第一个观测值是：

```
ID = 01   TIME = 1   SCORE = 3
```

因此，S[TIME] 将等于 S[1]，代表变量 S1，同时赋予 SCORE 的值 3。由于此时 LAST.ID 不为真，OUTPUT 语句不运行。但是，S1 的值将保持着。到了下一个观测值，TIME 为 2，SCORE 为 4，因此变量 S2 将被赋值为 4。最后，系统读取了 ID01 的第三个、同时也是最后一个观测值 S3，其值为 5。此时，LAST.ID 为真，系统这时才向数据集 ONEPER 中写入第一个观测值。看起来似乎一切顺利。

但是，一旦数据集 MANYPER 中某个 ID 没有三个时间点上的值怎么办？数据集 MANYPER2 就是这种情况：

数据集 MANYPER2

编号	时间	分数
01	1	3
01	2	4
01	3	5
02	1	7
02	3	9
03	1	6
03	2	5
03	3	4

这里 ID 编号为 02 的被试没有时间点 2 上的分数。以这个数据集来运行上页中示例 4A 的程序时会发生什么情况呢？因为我们保持了 S1、S2 和 S3 的值，而 ID 为 02 的被试没有 S2 上的值，因此程序会自动将前一个被试在 S2 上的分数赋值给 ID02 的 S2，而不是我们希望得到的缺失值。在保持变量的值的时候必须十分谨慎。为了避免这种情况发生，我们在每次处理新的被试时，都要将 S1、S2 和 S3 的值设为缺失值。通过检查 FIRST.ID 就可以实现。正确的程序如下：

```
*---------------------------------------------------------------*
| Example 4B: Creating a data set with one observation per     |
| subject from a data set with multiple observations per        |
| subject. (corrected version)                                  |
*---------------------------------------------------------------*;
PROC SORT DATA=MANYPER2;
   BY ID TIME;
RUN;
DATA ONEPER;
   ARRAY S[3] S1-S3;
   RETAIN S1-S3;
   SET MANYPER2;
   BY ID;
   IF FIRST.ID THEN DO I = 1 TO 3;
```

```
      S[I] = .;
   END;
   S[TIME] = SCORE;
   IF LAST.ID THEN OUTPUT;
   KEEP ID S1-S3;
RUN;
```

无论 TIME 变量上是否有缺失值，该程序都会运转良好。

6.　多维数组：从多个观测值到单一观测值

本例是将例 3 反过来。我们将从数据集 WT_MANY 入手，最后转换成数据集 WT_ONE。程序与例 4 类似，不同的是我们要使用多维数组。这一次我们不会像例 4A 和例 4B 一样分成两步来写，无论数据集中是否有缺失值，下面的这个程序都能良好地运行。程序如下：

```
*------------------------------------------------------------*
| Example 5: Creating a data set with one observation per    |
|   subject from a data set with multiple observations per   |
|   subject using a Multi-dimensional array                  |
*------------------------------------------------------------*;
PROC SORT DATA=WT_MANY;
   BY ID COND TIME;
RUN;
DATA WT_ONE;
   ARRAY WT[2,3] WT1-WT6;
   RETAIN WT1-WT6;
   SET WT_MANY;
   BY ID;
   IF FIRST.ID THEN
      DO I = 1 TO 2;
         DO J = 1 TO 3;
            WT[I,J] = .;
         END;
      END;
   WT[COND,TIME] = WEIGHT;
   IF LAST.ID THEN OUTPUT;
   KEEP ID WT1-WT6;
RUN;
PROC PRINT DATA=WT_ONE;
   TITLE 'WT_ONE Again';
RUN;
```

你已经学习了如何使用数组来重组 SAS 数据集，重组的方式可以是从一个被试对应一个观测值到一个被试对应多个观测值，也可以反向重组。下一次要进行重组工作时，这些例子将会很有帮助。

练习题

练习题的数据集和程序均可从网上下载：www.prenhall.com/cody

16.1 我们有数据集 FROG，如下所示：

ID	X1	X2	X3	X4	X5	Y1	Y2	Y3	Y4	Y5
01	4	5	4	7	3	1	7	3	6	8
02	8	7	8	6	7	5	4	3	5	6

我们希望得到每个被试（ID）在每个时间点（X1 表示 X 在时间点 1 上的观测值）上的观测值。请用数组写一个程序完成此任务。新数据集 TOAD 的形式应当是这样的：

ID	Time	X	Y
01	1	4	1
01	2	5	7
01	3	4	3
01	4	7	6
01	5	3	8
02	1	7	5
02	2	7	4
02	3	8	3
02	4	6	5
02	5	7	6

运行下面的程序创建数据集 FROG：

```
DATA FROG;
   INPUT ID X1-X5 Y1-Y5;
DATALINES;
01   4   5   4   7   3   1   7   3   6   8
02   8   7   8   6   7   5   4   3   5   6
;
```

16.2 一份调查问卷要求每个被试选出四项愿意入住汽车旅馆 XYZ 的理由，这些理由是从 20 项理由中挑选出来的。你希望计算这 20 项理由的频数。原始问卷的数据存储于数据集 QUES 中，运行下面程序创建此数据集：

```
DATA QUES;
   INPUT ID $ REASON1-REASON4;
DATALINES;
001 3 6 13 17
002 8 3 4 .
003 20 2 . .
004 8 4 20 19
;
```

请写一段 DATA 步骤重组此数据集，然后运行 PROC FREQ 计算频数。

***16.3** 数据集 STATE 中包含 ID 变量和每个被试去年访问过的州的名称（两个字母），每个被试最多记录了 5 个州。数据集中有 3 个观测值：

ID	STATE1	STATE2	STATE3	STATE4	STATE5
1	NY	NJ	PA	TX	GA
2	NJ	NY	CA	XX	XX
3	PA	XX	XX	XX	XX

"XX" 用于表示缺失值。请写一段程序:（a）读取这些数据,并用空格取代"XX"的值。然后，（b）计算每个州被访问的次数的频数。将频数列表按降序排列（在 PROC FREQ 中使用选项 ORDER=FREQ）。运行下面的程序创建数据集 STATE：

```
DATA STATE;
   INFORMAT STATE1-STATE5 $ 2;
   INPUT ID STATE1-STATE5;
DATALINES;
1   NY   NJ   PA   TX   GA
2   NJ   NY   CA   XX   XX
3   PA   XX   XX   XX   XX
;
```

16.4 运行下面的 DATA 步骤，创建数据集 THIN。数据集 THIN 很瘦长，我们想得到如下面列表所示的宽一点的数据集。请写一段数组程序的完成任务。

```
DATA THIN;
   INPUT ID $ TIME X @@;
DATALINES;
001 1 10  001 2 12  001 3 15
004 1 17
003 1 14  003 2 18  003 3 22  003 4 28
002 1 18  004 2 28
;
```

数据集 WIDE 的形式如下：

ID	X1	X2	X3	X4
001	10	12	15	.
002	18	.	.	.
003	14	18	22	28
004	17	28	.	.

***16.5** 你有一个古老的 SAS 程序（如下所示），现在想将其转换成外显数组脚标的形式。请重写程序完成任务。

```
DATA OLDFASH;
   SET BLAH;
   ARRAY JUNK(J) X1-X5 Y1-Y5 Z1-Z5;
   DO OVER JUNK;
      IF JUNK = 999 THEN JUNK=.;
   END;
   DROP J;
RUN;
```

第17章

SAS 函数综述

第一部分：非字符函数

1. 简介
2. 算术和数学函数
3. 随机数函数
3. 时间和日期函数
5. INPUT 和 PUT 函数：数字和字符变量的转换
6. LAG 和 DIF 函数

练习题

1. 简介

本书通篇使用了许多函数来完成各种任务。我们使用 LOG 函数转换变量，使用 DATE 函数将日期转换成 SAS 内部日期。这一章中，我们会看到，SAS 程序语言有着种类丰富的函数，可以大大简化许多复杂的程序问题。花点时间来浏览本章，看看 SAS 函数能为你做些什么。《*SAS Functions by Example*》(Cody，SAS Institue，Cary，NC，2004. ISBN：1-59407-378-7）中有完整的函数参考资料。

2. 算术和数学函数

你最熟悉的函数或许就是执行算术和数学运算的函数了。所有的 SAS 函数都被视为算术或数学类的函数，因为函数名之后总是接着一对圆括号，括号里包含一个或几个自变量（也有可能没有自变量，例如 TODAY( )）。这样，程序就能自动识别变量名和函数。下面有一个简短的程序，用于计算叫做 LOGLOS 的新变量，这个新变量是变量 LOS（length of stay，住院时间）的自然对数。计算自然对数是一种常用来将分布向右倾斜的数据拉正的方式：

```
DATA FUNC_EG;
   INPUT ID SEX $ LOS HEIGHT WEIGHT;
   LOGLOS = LOG(LOS);
DATALINES;
1 M 5 68 155
2 F 100 62 98
3 M 20 72 220
;
```

新变量（LOGLOS）将写入数据集 FUNC_EG,其值为 LOS 的自然对数。注意到，如果 LOS 的值为 0，LOGLOS 将得到一个缺失值。当 0 是可能的数值，而你仍然想进行对数转换,通常的方法是在进行对数转换前给变量 LOS 加上一个极小的数字（一般来说是 .5 到 1）。

下面列举了一些常见的算术和数学函数及其作用：

函数名	作用
LOG	底数为 e 的对数
LOG10	底数为 10 的对数
SIN	自变量的正弦（单位：弧度）
COS	余弦（单位：弧度）
TAN	正切（单位：弧度）
ARSIN	反正弦（单位：弧度）
ARCOS	反余弦（单位：弧度）
ARTAN	三角的反正切（单位：弧度）
INT	去掉小数部分
SQRT	平方根

一些参数可以容纳一个以上的自变量。例如，ROUND 函数有两个自变量，以逗号隔开。第一个自变量是四舍五入的数字，第二个自变量是四舍五入的保留位数。下面是一些例子：

```
ROUND (X, 1)          四舍五入 X 到最接近的整位
ROUND (X, 1.)         四舍五入 X 到最接近的小数点后一位
```

```
ROUND (X, 100)        四舍五入 X 到最接近的百位
ROUND (X, 20)         四舍五入 X 到最接近的二十的倍数
```

（注意：如果你省略掉了 ROUND 函数中的第二个自变量，系统默认四舍五入到最接近的整数。）

还有其他函数对一列自变量进行运算。最好的例子就是 MEAN 函数。如果每个被试有一系列的变量（A，B 和 C），想要计算这三个数字的平均数，可以写成：

```
MEAN_X = MEAN (A, B, C);
```

如果要在求和或平均数的函数中将自变量写成 VAR1-VARn 的形式，还需要在变量列前加上 OF，像这样：

```
MEAN_X = MEAN (OF X1-X5);
```

这样做的原因是，如果没有 OF，系统会用 X1 减去 X5，然后求这一个值的平均数。OF 之后可以添加任何变量。还有另外一种形式的计算式：

```
MEAN_X = (X1 + X2 + X3 +X4 + X5) / 5;
```

它和 MEAN 函数之间的最大不同是，MEAN 函数返回非缺失值的平均数。因此，如果我们在 X5 上有缺失值，该函数将返回 X1、X2、X3 和 X4 的平均数。只有 MEAN 函数中所有的自变量都为缺失值时，该函数才返回到缺失值。而上面求平均数的方程将在任意一个 X 值缺失时就返回缺失值。

MIN、MAX、SUM、STD 和 STDERR 函数与 MEAN 函数的工作模式一样，只不过它们计算出来的不是平均数，而分别是最小值、最大值、总和、标准差和标准误。

两个非常有用的函数是 N 和 NMISS。它们返回到变量的非缺失值的数量（N）和缺失值的数量（NMISS）。假设我们记录了每个被试的 100 个测验分数，想要计算每个被试的平均数。但是，我们只想计算有 75 个或以上非缺失数据的被试的平均分数。没有 N 函数，我们需要写一段程序，而使用 N 函数可以大大简化计算过程：

```
DATA EASYWAY;
   INPUT (X1-X100)(2.);
   IF N(OF X1-X100) GE 75 THEN
   AVE = MEAN(OF X1-X100);
DATALINES;
(lines of data)
;
```

NMISS 函数的使用方式也类似。

3. 随机数函数

第 6 章里，我们用随机数将被试随机分配到各组。RANUNI 函数可以生成 0 到 1 之间统一格式的随机数。随机数生成（也叫伪随机数生成）需要一个起始数，这个数也称为种子（SEED），来计算第一个随机数。之后的随机数都是基于前一个进行计算得到的。SEED=0 是基于时钟得到的种子,因此不同时间运行会得到不同的结果。RANUNI 可以用任何数字作为种子。如果你指定了种子，那么函数每次生成的随机数列都是完全一样的。下面有一个简单的例子，采用统一随机数将被试随机分组：

```
DATA SHUFFLE;
   INPUT NAME : $20.;
   X = RANUNI(0);
DATALINES;
CODY
SMITH
MARTIN
LAVERY
THAYER
;
PROC SORT DATA=SHUFFLE;
   BY X;
RUN;
PROC PRINT DATA=SHUFFLE;
   TITLE "Names in Random Order";
   VAR NAME;
RUN;
```

如果要生成 n 到 m 的随机数列，则需要按比例对 0 到 1 的随机数列进行计算。比如说要生成 1 到 100 的随机数列，则可以写成：

```
X = 1 + 99 * RANUNI(0);
```

要生成 1 到 10 的整数随机数列，则可以使用表达式：

```
X = INT ( RANUNI(0) * 10 + 1);
```

你可能想说，这个表达式会得到 1 到 11 的整数，但是记住，RANUNI 能得到最大的值是 1，并且得到 1 的概率相当小。因此，即使 RANUNI 的值为 .9999，乘以 10

再加上 1，甩开小数部分，也只能得到 1 到 10 之间的整数。（试试用之前的表达式生成 10000 个随机数字，运行 PROC FREQ 检查数值的频数。它们应当是均匀的。要得到 1 到 10 之间的整数，也可以使用 ROUND 函数而不是 INT 函数，但必须十分小心。因为将随机数四舍五入到最接近的整数，0 到 .5 之间的值将取 0，.5 到 1.5 之间的值将取 1，以此类推。最后，比起使用 INT 函数，我们将得到更少的 0，和更少的最大值 10。一定小心。）

出于统计模型的需要，我们也希望得到基于正态分布（平均数为 0，标准差为 1）的随机数列。RANNOR 函数可以生成这样的变量。RANNOR 的种子规则与 RANUNI 一样。你可以按比例将得到的随机数列计算成任意平均数和标准差的值。要生成平均数为 M，标准差为 S 的正态分布随机数列，可以这么写：

```
NORMAL = RANNOR (seed) * S + M;
```

3.　时间和日期函数

第 4 章里我们接触过一些日期函数，这里对时间和日期函数作一个总结。

有一些极其有用的日期函数。第一个，MDY（month、day、year），将月、日、年的值转换成 SAS 的日期变量。假设你有一个数据集，包含变量 MONTH（月）、DAY（日）和 YEAR（年），希望用这些值创建 SAS 日期数据，则可以使用 MDY 函数计算日期：

```
SAS_DATE = MDY (MONTH, DAY, YEAR);
```

当涉及日期时，要牢记 SAS 的日期常量永远是用两位数字表示天，三位字母表示月，两位或四位数字表示年，将其置于单引号或双引号内，之后接一个大写或小写的‘D’。例如，要计算某人在 2004 年 5 月 15 日时的年龄，他的出生日期记录在变量 DOB 中，可以写成：

```
AGE = YRDIF (DOB, '15MAY2004'D, 'ACTUAL');
```

YRDIF 函数计算第一个自变量到第二个自变量间的年数。第三个自变量的值‘ACTUAL’告诉 SAS 使用每月的真实天数，并且计算闰年。

MDY 函数也可以在数据格式不能被任何 SAS 日期输入格式读取的时候用来创建 SAS 日期。例如，下面的程序从不相邻的栏位中读取月、日和年的值，并计算 SAS 日期：

```
DATA DATES;
   INPUT ID 1-3 MONTH 4-5 DAY 10-11 YEAR 79-80;
   DATE = MDY (MONTH,DAY,YEAR);
   DROP MONTH DAY YEAR;
   FORMAT DATE MMDDYY8.;
DATALINES;
(data lines)
;
```

有一些日期函数可以从 SAS 日期中抽取信息。比如，YEAR 函数返回 SAS 日期中的四位数的年份。MONTH 函数返回 1 到 12 的数字，表示给定日期的月份。有两个函数可以返回到某天：DAY 函数返回一个月中的某天（1 到 31 之间的数字），WEEKDAY 函数返回一周中的某天(1 到 7 之间的数字,1 代表星期天)。举一个例子，假如我们想看住院时间的月份和星期的分布，写了如下程序（ADMIT 是一个 SAS 日期变量）：

```
PROC FORMAT;
   VALUE DAYWK 1='SUN' 2='MON' 3='TUE' 4='WED' 5='THU'
               6='FRI' 7='SAT';
   VALUE MONTH 1='JAN' 2='FEB' 3='MAR' 4='APR' 5='MAY' 6='JUN'
               7='JUL' 8='AUG' 9='SEP' 10='OCT' 11='NOV' 12='DEC';
RUN;
DATA HOSP;
   INPUT @1 ADMIT MMDDYY8. etc. ;
   DAY = WEEKDAY(ADMIT);
   MONTH = MONTH(ADMIT);
   FORMAT ADMIT MMDDYY8. DAY DAYWK. MONTH MONTH.;
DATALINES;
(data lines)
;
PROC GCHART DATA=HOSP;
   VBAR DAY / DISCRETE;
   VBAR MONTH / DISCRETE;
RUN;
```

本章稍后涉及 PUT 函数时，还会介绍一种生成星期和月份名称的捷径。

除了日期函数，SAS 还有一组函数用于处理“时间”。例如，我们可以使用 time8. 输入格式录入数据，然后按照 hh:mm:ss（时、分、秒）或 hh:mm（时、分）的格式读取时间。接着，使用 HOUR、MINUTE 或 SECOND 函数从时间变量中抽取出小时、分和秒的信息。其用法和 YEAR、MONTH、WEEKDAY 函数一样。

在结束日期和时间函数之前，我们还要讨论两个非常有用的函数：INTCK 和 INTNX。它们可以大大减少 SAS 编程的页数。INTCK 返回任意两个日期之间的时间间距。有效的间距单位可以是：DAY（天）、WEEK（星期）、MONTH（月）、QTR（季度）、YEAR（年）、HOUR（小时）、MINUTE（分）和 SECOND（秒）。INTCK 函数的命令式如下所示：

```
INTCK (interval, start, end);
```

Interval 可以选择任意单位，将其置于单引号或双引号内；start 表示起始日期；end 表示终止日期。例如，假设我们想知道员工工作了多少个季度。如果 START 是一个 SAS 变量，那么工作的季度数为（注意：TODAY 函数的自变量为空时，返回到当天的日期）：

```
NUM_QTR = INTCK ('QTR', START, TODAY());
```

计算间距的算法相当复杂，我们建议你阅读《*SAS Functions by Example*》（第 1 节中的参考资料）中关于 SAS 日期函数的章节。

INTNX 函数可以被看做 INTCK 函数的逆转；它在给定时间间距、起始日期及经过的时间间距数后，可以返回到一个准确的日期。假设我们知道聘用的日期，想计算员工工作三个季度时的日期：

```
DATE3RD = INTNX ('QTR', HIRE, 3);
FORMAT DATE3RD MMDDYY8.;
```

如果 HIRE（聘用日期）是 01/01/90、01/05/90 或 03/30/90，DATE3RD 的值都是 10/01/90。如果某个人在 1990 年 4 月 1 日被聘用，那么他 / 她的三季度日期将是 01/01/91。

5.　INPUT 和 PUT 函数：数字和字符变量的转换

INPUT 和 PUT 函数（不要和 INPUT、PUT 语句搞混了！）有很多用法，其中一个常用之处就是进行数字和字符的转换。

PUT 函数可以利用变量设定的输出格式创建新变量。例如，假设我们记录了每个被试的年龄（AGE）。同时，我们使用输出格式，将不同年龄的被试分到了四个组：

```
PROC FORMAT;
   VALUE AGEGRP LOW-20='1' 21-40='2' 41-60='3' 61-HIGH='4';
RUN;
DATA PUTEG;
   INPUT AGE @@;
   AGE4 = PUT (AGE,AGEGRP.);
DATALINES;
5 10 15 20 25 30 66 68 99
;
```

在这个例子中，变量 AGE4 是字符变量，其值分别为 ‘1’、‘2’、‘3’ 或 ‘4’。再举一个例子，假如我们想要得到一个星期的缩写（MON、TUE 等）的变量，SAS 有一种内置输出格式 WEEKDATEw.，返回如 “WEDNESDAY，SEPTEMBER 12, 1990”（使用 WEEKDATE29.）这样的值。要创建字符的天变量，可以采用 PUT 函数：

```
DAYNAME = PUT (DATE, WEEKDATE3.);
```

PUT 函数可以帮助我们完成一些小把戏。假如说一个文件中社会保障号是 9 位数的数字，而另一个文件中的社会保障号却是 11 位的字符串（123-45-6789）。想要通过社会保障号将这两个文件合并起来，有许多方法可以解决格式不一致的问题：例如将字符串中的破折号删除掉，然后转换成数字格式；或者将 9 位数的数字转换成字符串，再在合适的位置加上破折号。还有一种方法是使用 SAS 内置输出格式 SSN11.，将 9 位数字输出显示为 123-45-6789 这样的社会保障号格式。因此，采用 PUT 函数，就可以创建 123-45-6789 形式的字符变量了：

```
SS = PUT (ID, SSN11.);
```

一般来说，将数字变量转换成字符变量，我们可以使用 PUT 函数指定相应的输出格式。如果我们有一个文件，GROUP（组）是数字变量，想将其转换成字符变量，可以写成：

```
GROUPCHR = PUT (GROUP, 1.);
```

INPUT 函数的使用方法类似，不同的是，我们可以根据一种新的输入格式重新读取变量。该函数通常用来将字符变量转换成数字变量。第 12 章的最后一节 “读取不规则数据” 中，我们曾经见过一些。下面再举两个例子。

第一个例子，我们将代表社会保障号的字符（123-45-6789 的形式）转换成了 9

位数字，这是之前 PUT 函数例子的逆转。首先，我们使用 COMPRESS 函数将字符变量中的破折号删除。COMPRESS 函数的格式如下：

```
CHAR_VAR = COMPRESS (CHAR_VAR, 'list_of_characters');
```

如果第二个自变量（list_of_characters）缺失，COMPRESS 函数默认删除字符中的空格。要删除社会保障号（SS）中的破折号，应该写成：

```
CHAR_VAR = COMPRESS (SS, '-');
```

要创建数字变量，则使用 INPUT 函数将字符转换成数字的格式，得到 ID 这个数字变量：

```
ID = INPUT (COMPRESS (SS, '-'), 9.);
```

第二个例子，我们想要读取表示组（‘A’或‘B’）或是数字型的分数的数据值。由于不知道将要读取的是字符还是数字，我们将每个数据都按照字符读取，然后检验其是‘A’还是‘B’。如果都不是，我们则认为它是一个分数，采用 INPUT 函数将字符变量转换为数字。下面是代码：

```
DATA FREEFORM;
   INPUT TEST $ @@;
   RETAIN GROUP;
   IF TEST='A' OR TEST='B' THEN DO;
      GROUP = TEST;
      DELETE;
   END;
   ELSE SCORE = INPUT(TEST, 5.);
   DROP TEST;
DATALINES;
A 45 55 B 87 A 44 23 B 88 99
;
PROC PRINT DATA=FREEFORM NOOBS;
   TITLE "Listing of Data Set FREEFORM";
RUN;
```

该程序运行出来的数据集形式如下：

```
Listing of Data Set FREEFORM

GROUP       SCORE

  A           45
  A           55
  B           87
  A           44
  A           23
  B           88
  B           99
```

可以看到，INPUT 函数在读取数据上非常灵活。

6. LAG 和 DIF 函数

滞后值（lagged value）表示之前使用的数值。在 SAS 中，我们可能想要比较当前观测值和上一个观测值之间的差异。我们也可能想要回溯前几个观测值。没有 LAG 函数，这会是一件不可能的任务——但是有了它，就相当简单了。LAG 函数返回该函数上一次运行时，自变量的值（详细资料请见第 19 章第 8 节）。在复杂的 DATA 步骤中，该函数可以使出花样。如果我们对每个观测值都运行 LAG 函数，那么 LAG 函数的值将是函数自变量在上一个观测值上的取值。LAGn(X) 中，n 是 LAG 函数前 n 此运行时的值。一种常见的应用是计算观测值之间的差。假设每个被试测量了两次，每次测量都作为独立的观测值录入。

数据集 ORIG 是这样的：

被试	时间	X
1	1	4
1	2	6
2	1	7
2	2	2
	……	

要用 X 在时间 2 上的值减去 X 在时间 1 上的值，可以这么写程序：

```
DATA LAGEG;
   SET ORIG;
   ***Note: Data Set ORIG is Sorted by SUBJ and TIME;
   DIFF = X - LAG(X);
   IF TIME = 2 THEN OUTPUT;
RUN;
```

我们甚至可以使用 DIFn 函数再简化这个程序。DIFn 函数返回当前观测值和前 n 个观测值之间的差。那么之前的计算可以写成：

```
DIFF = DIF (X);
```

第 19 章第 8 节有如何使用 LAG 函数计算移动平均线的例子。

练习题

练习题的数据集和程序均可从网上下载：www.prenhall.com/cody

17.1 你有一个叫做 HOSP 的 SAS 数据集，包括病人 ID，性别（GENDER）、出生日期（DOB）、入院日期（DOS）、住院时间（LOS）、收缩压（SBP）、舒张压（DBP）以及心率（HR）。运行下面的程序，创建该数据集：

```
DATA HOSP;
   INFORMAT ID $3. GENDER $1. DOB DOS MMDDYY8.;
   INPUT ID GENDER DOB DOS LOS SBP DBP HP;
   FORMAT DOB DOS MMDDYY10.;
DATALINES;
1 M 10/21/46 3/17/97 3 130 90 68
2 F 11/1/55 3/1/97 5 120 70 72
3 M 6/6/90 1/1/97 100 102 64 88
4 F 12/21/20 2/12/97 10 180 110 86
;
```

创建新的数据集（NEW_HOSP），包括 HOSP 中的所有变量，以及下面这些变量：

（a）变量 LOS 以 10 为底数的对数（称为 LOG_LOS）。

（b）入院日期那天病人的年龄（以他 / 她最后一次生日时的年龄为准，称为 AGE_LAST）。

（c）新变量 X，计算方法是：收缩压和舒张压的平方根，四舍五入到最接近的十分之一位。

17.2 首先运行下面的程序，创建名为 FUNCTIONS 的临时数据集：

```
DATA FUNCTIONS;
   INPUT @1  SUBJECT        $3.
         @4  DOB       MMDDYY10.
         @14 VISIT     MMDDYY10.
         @23 (SCORE1-SCORE6)(2.);
   FORMAT DOB VISIT MMDDYY10.;
DATALINES;
00110/21/195011/11/2004908070757688
00205/05/200312/20/200499  98  9790
00307/15/194107/06/2004        9896
00406/24/193709/25/2004777879808182
;
```

根据该数据集创建一个新的数据集（QUES2），包括下列变量：SUBJ、AGE_AT_VISIT（来访时的年龄，四舍五入到最接近的十分之一年）、AGE_JAN（2004 年 1 月 1 日时的年龄）、AVE_SCORE（SCORE1 到 SCORE6 得平均数。该变量只在有四个或以上非缺失分数的情况下才进行计算。）、MIN_SCORE（非缺失分数中的最小值）、MAX_SCORE（分数的最大值），以及 DAY（VISIT 那天所对应的星期名）。定义变量 DAY 的输出格式，让其输出 MON、TUE、WED 等字母。

17.3 数据集 MANY 包括变量 X1-X5，Y1-Y5。首先，运行下面的程序创建该数据集：

```
DATA MANY;
   INPUT X1-X5 Y1-Y5;
DATALINES;
1 2 3 4 5 6 7 8 9 10
3 . 5 . 7 5 . . . 15
9 8 . . . 4 4 4 4 1
;
```

将下面的变量加入到数据集 MANY 中：

（a）所有 X 的平均数（称为 MEAN_X）以及所有 Y 的平均数（称为 MEAN_Y）。

（b）所有 X 的最小值（称为 MIN_X）以及所有 Y 的最小值（称为 MIN_Y）。

（c）新变量 CRAZY，计算方式是：X 的最大值乘以 Y 的最小值，再乘以未缺失的 X 与缺失的 Y 之和。以公式表示就是：

CRAZY = (X 的最大值) × (Y 的最小值) ×
(未缺失的 X 的数量 + 缺失的 Y 的数量).

（d）计算变量 MEAN_X_Y，其值为所有 X 和 Y 的平均数（所有 10 个数的平均数），其前提条件是 X 上有三个或以上未缺失的值，而 Y 上有四个或以上未缺失的值。

17.4　运行下面的程序，创建数据集 BIG。根据该数据集，随机取样 10% 左右，创建一个新数据集 TEN_PERCENT：

```
DATA BIG;
   DO SUBJ = 1 TO 100;
      X = INT(RANUNI(123)*100 + 1);
      OUTPUT;
   END;
RUN;
```

***17.5**　创建数据集 UNI，其中包含 1 到 5 之间 1000 个随机数据。采用 INT 函数取整，确保得到五个整数的概率相同。要小心 1 和 5 有可能被归为 2、3 和 4 的情况。运行 PROC FREQ 统计每个值的频数，使用 TABLES 选项“TESTP=”来计算卡方值。TABLES 选项可以让你输入一系列的检验比例来进行单因素方差分析。对于本练习题，TABLES 语句可以写成：

```
TABLES N / NOCUM TESTP = (.2 .2 .2 .2 .2);
```

顺便提一下，也有 TESTF 选项，需要输入频数而不是比例。

17.6　使用练习题 17.4 中的数据集 BIG，创建数据集 EXACT，包含 20 个随机取自 BIG 中的观测值。

17.7　使用练习题 17.1 中的数据集 HOSP，针对入院日期这个变量，创建两个垂直条形图：一个是一周中的每天（请先指定输出格式），另一个是一年中的每月（不需要指定输出格式）。

17.8　写一个 DATA 步骤，创建 SAS 数据集 ASSIGN，其中包括 100 个观测值，变量有 SUBJ（被试 1 到 100）、GROUP（组‘A’或组‘B’，每个人都有一半的概率分到某一组中）。运行 PROC FREQ 检验有多少被试分到了组‘A’,有多少被试分到了组‘B’。他们有可能不是完全相等的。

17.9　运行下面的程序，创建 SAS 数据集 MIXED：

```
DATA MIXED;
   INPUT X Y A $ B $;
DATALINES;
1 2 3 4
5 6 7 8
;
```

创建一个新的数据集 NUMS，包括以上 4 个变量（变量 A 和 B 可以另起新名字），将其全部转换成数字变量。

***17.10** 运行下面的程序，创建 SAS 数据集 NUM_CHAR。根据此数据集，创建一个新的数据集 CORRECT，变量内容如下：X、Y 和 Z 是数字变量（是的，在新数据集中也要使用相同的变量名。提示：互换，以及 DROP）；DATE 是真实的 SAS 日期变量（也就是从 1960 年 1 月 1 日开始计算的天数，输出格式为 DATE9.）；NUMERAL 是字符变量（长度控制为 8）；CHAR_DATE 是字符变量，其值为 DOB 的值（但是记录为输出格式为 MMDDYY10. 的字符串）。

```
DATA NUM_CHAR;
  INPUT X $ Y $ Z $ DATE : $10. NUMERAL DOB : DATE9.;
  FORMAT DOB MMDDYY10.;
DATALINES;
10 20 30 10/21/1946 123 09SEP2004
1 2 3 11/11/2004 999 01JAN1960
;
```

***17.11** 使用练习题 17.1 中的数据集 NEW_HOSP，创建新的字符变量 AGEGROUP，分组方式如下：

1 = 小于 20 岁（非缺失）
2 = 20 到 40 岁
3 = 41 岁以上

采用用户自定义的输出格式和 PUT 函数完成此题。

第18章

SAS 函数综述

第二部分：字符函数

1. 简介
2. DATA 步骤中字符变量的长度是如何设定的
3. 处理空格
4. 删除字符串中的字符
5. 字符数据核查
6. 提取子字符串的例子
7. 在等号左侧使用 SUBSTR 函数
8. 以上例子的另一种解决方法
9. 解压缩字符串
10. 分解字符串
11. 在一个字符串的内部定位另一个字符串
12. 字母的大小写转换
13. 用一个字符替换另外一个
14. 在字符串中用一个单词替换另外一个
15. 串联字符串
16. 查找相似音
17. 拼写距离：SPEDIS 函数

练习题

1. 简介

SAS 有大量处理字符数据的函数，统称为 STRING 函数（字符串函数）。本章我们将讨论最常见的一些字符串函数。

本章将接触的函数有：VERIFY，TRANSLATE，TRANWRD，COMPRESS，COMPBL，LENGTH，SUBSTR，INPUT，PUT，SCAN，TRIM，UPCASE，LOWCASE，REPEAT，||（串联），INDEX，INDEXC，以及 SOUNDEX。你发现了吗？字符串函数如此之多。关于字符函数的更多信息建议你参考《*SAS Functions by Example*》（Cody，SAS Institute，Cary，NC，2004）。

2. DATA 步骤中字符变量的长度是如何设定的

在正式讨论这些函数之前，需要明白 SAS 是怎样将存储长度分配给字符变量的，以及 LENGTH 函数能够做什么。请看下面的程序：

```
DATA EXAMPLE1;
   INPUT GROUP $ @10 STRING $3.;
   LEFT = 'X    '; *X AND 4 BLANKS;
   RIGHT = '    X'; *4 BLANKS AND X;
   C1 = SUBSTR(GROUP,1,2) ;
   C2 = REPEAT(GROUP,1);
   LGROUP = LENGTH(GROUP) ;
   LSTRING = LENGTH(STRING) ;
   LLEFT = LENGTH(LEFT);
   LRIGHT = LENGTH(RIGHT);
   LC1 = LENGTH(C1);
   LC2 = LENGTH(C2);
DATALINES;
ABCDEFGH 123
XXX 4
Y 5
;
PROC CONTENTS DATA=EXAMPLE1 POSITION;
   TITLE "Output from PROC CONTENTS";
RUN;
PROC PRINT DATA=EXAMPLE1 NOOBS;
   TITLE "Listing of Example 1";
RUN;
```

此程序的目的是明确 LENGTH 的意义。如果你仔细看 PROC CONTENTS 的输出，每个变量都被列举了出来，之后有其类型和长度的值。下面是 RPOC CONTENTS 的部分结果：

```
The CONTENTS Procedure

 Variables in Creation Order

 #     Variable      Type    Len

 1     GROUP         Char      8
 2     STRING        Char      3
 3     LEFT          Char      2
 4     RIGHT         Char      2
 5     C1            Char      8
 6     C2            Char    200
 7     LGROUP        Num       8
 8     LSTRING       Num       8
 9     LLEFT         Num       8
10     LRIGHT        Num       8
11     LC1           Num       8
12     LC2           Num       8
```

标有“LEN”的一列显示了用于存储每个变量所需要的字节数。一般默认数字变量存储为 8 个字节。

那么，字符变量的存储长度是多少呢？注意看 INPUT 语句中的前两个变量：GROUP 和 STRING。因为这是在 DATA 步骤中第一次提到这些变量，所以他们的长度是由 INPUT 语句中的规则所确定的。变量 GROUP 没有指定栏位或输入格式，因此它的长度被设定为 8 个字节，也就是这种情况下字符变量的默认长度。变量 STRING 使用了 $3. 的输入格式，因而其长度为 3 个字节。LEFT 和 RIGHT 的长度由赋值语句决定。C1 和 C2 的存储长度比较难理解一些。

变量 C1 是变量 GROUP 的子字符串。SUBSTR 函数的形式是：

```
SUBSTR (char_var, start, length);
```

这个函数从 char_var 这个变量中提取子字符串，起始位置为 start，长度为 length。那么，为什么 C1 的长度等于 8，而不是 2 呢？ SAS 编译器会在编译的时候确定长度。由于 SUBSTR 函数的起始位置和长度自变量可能是变量表达式，因此编译器必须把 C1 的长度设为 char_var 变量可能达到的最大值，也就是 GROUP 的长度。

C2 的长度也是由同样的逻辑所控制。REPEAT 函数中，第二个自变量表示额外重复的次数，这一自变量可以是变量表达式，因此编译器将 C2 的长度设定为可能达到的最大值 200。为什么是 200？因为这是第 6 版 SAS 系统中字符变量的最大长度。

自第 8 版开始设定的最大字符长度是 32767，这个值设定得似乎不太合理。

有一个经验可以学到：最好对每个字符变量使用 LENGTH 语句来设定其长度。例如，将 C2 的长度设为 16，可以写成：

```
LENGTH C2 $ 16;
```

不过，LENGTH 函数就不会像你想象的那样，返回字符变量的存储长度。相反，它返回的是最右边非空格字符的位置。因此，其长度不会包括尾巴上的空格。对每个自变量而言，LLEFT 和 LRIGHT 的值分别为 1 和 5。这说明 LEFT 末尾的空格都没有计算进 LENGTH 函数中，但是变量 RIGHT 中，X 之前的空格都算入了长度。下面的表格总结了其余变量的长度：

GROUP	LGROUP	STRING	LSTRING	C1	LC1	C2	LC2
ABCDEFGH	8	123	3	AB	2	ABCDEFGHABCDEFGH	16
XXX	3		1	XX	2	XXX XXX	11
Y	1		1	Y	1	Y Y	9

LGROUP 和 LSTRING 的值很直观。对第三个观测值而言，LC1 的值为 1，这是因为第三个观测值的 C1 只有 1 个字节。LC2 的值比较复杂。REPEAT 函数的意义是将原始的值重复 n 次。因此，对于第一个观测值，LC2 是 16（2 乘以 8）。对于第 2 个和第 3 个观测值，就要考虑到末尾空格的问题了。观测值 2 中，GROUP 的值是'XXbbbbb'（b 表示空格）。当额外重复一次该字符串,得到'XXXbbbbbXXXbbbbb'。不计算末尾空格，将得到长度 8+3=11。对第三个观测值，'Y'后面跟了 7 个空格。重复一次之后，不计算末尾 7 个空格，得到长度 8+1=9。

基于这些知识，我们将开始介绍 SAS 软件一系列有用的字符串函数！

3. 处理空格

下面的例子展示如何将多个空格转换成一个空格。假设某个文件中有一些姓名和地址的数据。有的输入人员录入数据时，在姓和名之间，以及地址的名称之间多输入了一些空格。而我们希望存储时姓名和地址都只有一个空格。下面的程序可以完成此项任务：

```
DATA EXAMPLE2;
   INPUT #1 @1 NAME $20.
         #2 @1 ADDRESS $30.
         #3 @1  CITY $15.
            @20 STATE $2.
            @25 ZIP $5.;
   NAME = COMPBL(NAME);
   ADDRESS = COMPBL(ADDRESS);
   CITY = COMPBL(CITY);
DATALINES;
RON CODY
89 LAZY BROOK ROAD
FLEMINGTON NJ 08822
BILL BROWN
28 CATHY STREET
NORTH CITY NY 11518
;
PROC PRINT DATA=EXAMPLE2;
   TITLE "Example 2";
   ID NAME;
   VAR ADDRESS CITY STATE ZIP;
RUN;
```

这样，看起来很复杂的任务，将多个空格压缩成一个，就被一个简单的 COMPBL 函数（COMPress BLank，压缩空格）解决了。多神奇！

4.　删除字符串中的字符

如何在字符串里删除一个选定的字符？举个例子，假如我们要从一个存储为字符变量的电话号码中删除空格、圆括号和破折号。COMPRESS 函数能将你从这个难题中解救出来！ COMPRESS 函数用于从字符变量中删除任意数量的指定字符。下面的程序两次使用到 COMPRESS 函数。第一次从字符串中删除空格；第二次删除空格和之前提到的其他字符（圆括号、破折号）。代码如下：

```
DATA EXAMPLE3;
   INPUT PHONE $ 1-15;
   PHONE1 = COMPRESS(PHONE);
   PHONE2 = COMPRESS(PHONE,'(-) ');
DATALINES;
(908)235-4490
```

[Continued]

```
(201) 555-77 99
;
PROC PRINT DATA=EXAMPLE3;
TITLE "Listing of Example 3";
RUN;
```

变量 PHONE1 只删除了空格。注意到 COMPRESS 函数在这里没有第二个自变量，当第二个自变量缺失时，COMPRESS 函数默认删除空格。对于变量 PHONE2，COMPRESS 函数的第二个自变量包含了一列想要删除的字符：左括号、破折号、右括号和空格。这些字符串放置在单引号或双引号内，COMPRESS 函数将删除所有的（括号、短横线）和空格。

5. 字符数据核查

数据处理过程中需要经常核查数据。比如说，我们希望在一个字符变量中，只有某些特定的值出现。下面的例子，只有‘A’、‘B’、‘C’、‘D’和‘E’是有效的值。核查数据中是否有无效字符的方法如下：

```
DATA EXAMPLE4;
  INPUT ID     $ 1-4
        ANSWER $ 5-9;
   P = VERIFY(ANSWER,'ABCDE');
   OK = (P EQ 0);
DATALINES;
001 ACBED
002 ABXDE
003 12CCE
004 ABC E
;
PROC PRINT DATA=EXAMPLE4 NOOBS;
TITLE "Listing of Example 4";
RUN;
```

本例中最重要的部分就是 VERIFY 函数。该函数的过程比较复杂，它检查第一个自变量中的每个字符，如果找到某个没有在核查字符串（第二个自变量）中出现的值，就返回第一个违反规则的值的位置。如果第一个自变量中的每个字符都在核查字符串中出现过，那么该函数返回 0。第一个观测值中，P 为 0，OK 则为 1；第二个观测值中，P 将等于 3（‘X’的位置），OK 则为 0；第三个观测值中，P 为 1，OK 为 0；最后一个观测值中，P 为 4，OK 为 0。

另一种解决这个问题的方法是：假设你有一个数据集 EXAMPLE5，是通过下面这个 DATA 步骤创建的：

```
DATA EXAMPLE5;
   INPUT STRING $3.;
DATALINES;
ABC
EBX
aBC
VBD
;
```

想要列举出变量 STRING 中不包含字母 A 到 E，或是空格的观测值，则可以使用下面的 DATA 步骤：

```
DATA _NULL_;
   SET EXAMPLE5;
   FILE PRINT;
   CHECK = 'ABCDE';
   IF VERIFY(STRING,CHECK) NE 0 THEN
      PUT 'Error in Record ' _N_ STRING=;
RUN;
```

如果 STRING 中的某些值的长度小于三个字符，以上程序会将其标记为“错误”（VERIFY 函数返回第一个末尾空格的位置）。如果你不希望这种情况发生，可以使用 TRIM 函数在检查非法值之前删除掉末尾空格，像这样：

```
IF VERIFY (TRIM (STRING), CHECK) NE 0 THEN
   PUT 'Error in Record' _N_ STRING =;
```

6.　提取子字符串的例子

简介中我们介绍过，子字符串是长字符串中的一部分（尽管子字符串也可以与长字符串有相同的长度，不过这没有什么意义）。本例中，你有一个 ID 编码，其中栏位 1 到 2 是州的名称缩写，栏位 7 到 9 是数字代码。你希望创建两个新变量：一个是两位数的州代码，另一个是取自栏位 7、8 和 9 的三位数数字变量。下面是程序：

```
DATA EXAMPLE6;
   INPUT ID $ 1-9;
   LENGTH STATE $ 2;
   STATE = SUBSTR(ID,1,2);
   NUM = INPUT(SUBSTR(ID,7,3),3.);
DATALINES;
NYXXXX123
NJ1234567
;
PROC PRINT DATA=EXAMPLE6 NOOBS;
   TITLE "LISTING OF EXAMPLE 6";
RUN;
```

创建州代码很简单。使用 SUBSTR 函数，第一个自变量表示我们想要从中提取子字符串的变量；第二个自变量是子字符串的起始位置；最后一个自变量是子字符串的长度（注意，不是结束的位置）。同时，我们还是用 LENGTH 语句将变量 STATE 的长度设定为 2 个字节。

提取三位数的数字代码就要复杂一些。首先，使用 SUBSTR 函数提取三位数字（这里的数字是以字符形式存储着的）。但是，SUBSTR 函数的结果总是字符的值，要将字符转换为数字，还需要使用 INPUT 函数。INPUT 函数将第一个自变量看作来自某个文件中的数据，读取后按照第二个自变量规定的输入格式将其进行转换。因此，对于第一个观测值而言，SUBSTR 函数返回字符串‘123’，然后 INPUT 函数将其转换为数字 123。如果有兴趣，你可以将第二个自变量所表示的输入格式设长一些。比如说，INPUT 函数可以这么写：

```
INPUT (SUBSTR (ID, 7, 3), 8.);
```

这样写，结果也是一样的。在你事先不知道字符串长度的情况下，可以随意设定输入格式的长度，都不会影响结果。

7. 在等号左侧使用 SUBSTR 函数

SUBSTR 函数有一种奇妙的用法：将其放在等号的左边，用来将某字符安放在一个字符串的特定位置（SAS 手册将其称为 SUBSTR 假函数）。

假设某个 SAS 数据集中有收缩压（SBP）和舒张压（DBP）的数据。你想要将这些值打印出来，并且在较高的值旁边加上一个星号（*）。下面的程序将 SUBSTR 函数放在等号的左边来完成此项任务：

```
DATA EXAMPLE7;
   INPUT SBP DBP @@;
   LENGTH SBP_CHK DBP_CHK $ 4;
   SBP_CHK = PUT(SBP,3.);
   DBP_CHK = PUT(DBP,3.);
   IF SBP GT 160 THEN SUBSTR(SBP_CHK,4,1) = '*';
   IF DBP GT 90 THEN SUBSTR(DBP_CHK,4,1) = '*';
DATALINES;
120 80 180 92 200 110
;
PROC PRINT DATA=EXAMPLE7 NOOBS;
   TITLE "Listing of Example 7";
RUN;
```

首先，我们需要将 SBP_CHK 和 DBP_CHK 的长度设定为 4（前三个位置用于存放数值，最后一个位置用于在条件满足时加上星号）。然后，我们使用 PUT 函数将数字变量转换成字符变量。PUT 函数与 INPUT 函数的使用方法类似。它根据第二个自变量中指定的输入格式将第一个自变量的值“写出来”。所谓“写出来”，也就是说将转换后的值赋给等号左边的变量。之后，SUBSTR 函数会在 SBP 大于 160、或 DBP 大于 90 时，在相应的值的第 4 个位置上放上一个星号。

8.　以上例子的另一种解决方法

不采用将 SUBSTR 函数放在等号左边的方法，我们也可以得到与上面的例子一样的结果。下面要介绍的方法更有趣，更有教学意义，当然也更困难。这种解决方法使用了一串需要说明的字符函数，程序如下：

```
DATA EXAMPLE8;
   INPUT SBP DBP @@;
   LENGTH SBP_CHK DBP_CHK $ 4;
   SBP_CHK = PUT(SBP,3.);
   DBP_CHK = PUT(DBP,3.);
   IF SBP GT 160 THEN SBP_CHK = SUBSTR(SBP_CHK,1,3) || '*';
   IF DBP GT 90 THEN DBP_CHK = TRIM(DBP_CHK) || '*';
DATALINES;
120 80 180 92 200 110
;
PROC PRINT DATA=EXAMPLE8 NOOBS;
   TITLE "Listing of Example 8";
RUN;
```

该程序并不十分复杂，只是不像第一个程序那么简单。它使用了串联符号（||）将三个字符的血压值与星号连接起来。因为 SBP_CHK 和 DBP_CHK 的长度都设为 4，所以我们最多只能将前三个字节和星号相连。出于教学的目的，我们采用了两种方法。对 SBP_CHK 变量，我们使用 SUBSTR 函数提取前三个字节。对 DBP_CHK 变量，使用 TRIM 函数。TRIM 函数之前提过，其作用是删除将字符串中末尾的空格。

9. 解压缩字符串

为了节省存储空间，你可能想要将几个单字节的数字存储为一个长字符串。例如，有 5 个数字变量，如果已默认每个变量占 8 个字节，就需要 40 字节的空间来存储这些变量。如果将每个变量的长度设为 3 字节，则只需要 15 个字节的空间。但是，如果你将这 5 个变量存为一个字符，则需要 5 个字节。（注意：如今的硬盘空间都很大，这样做似乎没有必要。但是，在必要的时候思考如何缩小存储空间，仍然是有价值的。）

这样存储数字变量是没有问题的，但是当我们要计算这些数字时，就需要将其从字符串中提取出来，这个过程称为解压缩：

```
DATA EXAMPLE9;
   INPUT STRING $ 1-5;
DATALINES;
12345
8 642
;
DATA UNPACK;
   SET EXAMPLE9;
   ARRAY X[5];
   DO J = 1 TO 5;
      X[J] = INPUT(SUBSTR(STRING,J,1),1.);
   END;
   DROP J;
RUN;
PROC PRINT DATA=UNPACK NOOBS;
   TITLE "Listing of UNPACK";
RUN;
```

首先，我们创建一个数组，用于存放数字 X1 到 X5。ARRAY 语句中没有列出任何变量，无需惊讶，ARRAY X[5]; 与 ARRAY X[5] X1-X5; 是等价的；之后我们采用 DO 循环从字符串的每个位置上提取出我们需要的 5 个数字。之前说过，SUBSTR 函数的结果是字符，需要使用 INPUT 函数将其转换为数字形式。

10. 分解字符串

“分解”字符串的意思是，根据某种规则，将字符串拆分开来。下面的例子中，五个字符并排放置在同一行，中间以空格、分号、逗号、句号或者感叹号隔开。我们要将这五个字符提取出来，然后将其赋值到五个字符变量上。SCAN 函数可以将这个复杂的任务简化：

```
DATA EX_10;
   INPUT LONG_STR $ 1-80;
   ARRAY PIECES[5] $ 10 PIECE1-PIECE5;
   DO I = 1 TO 5;
      PIECES[I] = SCAN(LONG_STR,I,',;.! ');
   END;
   DROP LONG_STR I;
DATALINES4;
THIS LINE,CONTAINS!FIVE.WORDS
ABCDEFGHIJKL XXX;YYY
;;;;
PROC PRINT DATA=EX_10 NOOBS;
   TITLE "Listing of Example 10";
RUN;
```

在讨论 SCAN 函数之前，需要说明一下 DATALINES4 以及数据末尾的四个分号。如果你的数值中包含分号，则不能简单的使用 DATALINES（或 CARDS）语句，因为分号是数据结束的信号。因此，我们要使用 DATALINES4（或 CARDS4）语句，让程序一直不停地读取数据，直到读取到四个分号为止。

SCAN 函数：

```
SCAN (char_var, n, 'list-of-delimiters');
```

返回 char_var 中的第 n 个“单词”，这里“单词”的意义是两个分隔符之间的任何事物。如果字符变量中的单词少于 n 个，SCAN 函数将返回空格。如果 n 是负值，SCAN 将从字符串的右端到左端运行程序。

将 SCAN 函数放到 DO 循环中，我们可以提取出字符串中第 n 个单词。

11. 在一个字符串的内部定位另一个字符串

有两个相似的函数 INDEX 和 INDEXC，用于在一个长字符串的内部定位另一个字符串。例如，我们有个字符串‘ABCDEFG’，想要在其内部定位字母‘DEF’（起始位置为 4），可以像下面这样使用 INDEX 函数：

```
INDEX ('ABCDEFG', 'DEF');
```

该函数将返回 4。如果我们想知道某几个字符中任何一个的起始位置，则可以使用 INDEXC 函数。例如，想在字符串‘ABCDEFG’中找到‘B’、‘C’、‘F’或‘G’中任何一个的起始位置，则可以这么写：

```
INDEXC ('ABCDEFG', 'BCFG');
```

也可以等价的写为：

```
INDEXC ('ABCDEFG', 'B', 'C', 'F', 'G');
```

该函数将返回 2，也就是‘B’的起始位置。下面这个小程序可以说明两个函数的用法：

```
DATA EX_11;
   INPUT STRING $ 1-10;
   FIRST = INDEX(STRING,'XYZ');
   FIRST_C = INDEXC(STRING,'X','Y','Z');
DATALINES;
ABCXYZ1234
1234567890
ABCX1Y2Z39
ABCZZZXYZ3
;
PROC PRINT DATA=EX_11 NOOBS;
   TITLE "Listing of Example 11";
RUN;
```

四个观测值的 FIRST 和 FIRST_C 分别是：

```
Listing of Example 11

  STRING          FIRST        FIRST_C

ABCXYZ1234          4            4
1234567890          0            0
ABCX1Y2Z39          0            4
ABCZZZXYZ3          7            4
```

当没有寻找到相应字符串，两个函数都返回 0。

12. 字母的大小写转换

函数 UPCASE 用于将小写字母转换成大写字母，函数 LOWCASE 的作用正好相反。这两个函数特别有用，尤其是在数据输入人员不小心将数值的大小写搞混了的时候。你可能想将所有的字符变量放入数组中，并将其全部转换为大写（或小写）。下面的程序就是一个例子：

```
DATA EX_12;
   LENGTH A B C D E $ 1;
   INPUT A B C D E X Y;
DATALINES;
M f P p D 1 2
m f m F M 3 4
;
DATA UPPER;
   SET EX_12;
   ARRAY ALL_C[*] _CHARACTER_;
   DO I = 1 TO DIM(ALL_C);
      ALL_C[I] = UPCASE(ALL_C[I]);
   END;
   DROP I;
RUN;
PROC PRINT DATA=UPPER NOOBS;
  TITLE "Listing of UPPER";
RUN;
```

该程序中的关键词 _CHARACTER_ 选择了所有的字符变量。运行该程序的结果是，变量 A、B、C、D 和 E 的所有值都转换成了大写。如果你想让所有的字符值都变成小写，用 LOWCASE 函数代替 UPCASE 函数即可。

13. 用一个字符替换另外一个

有一个非常便利的字符函数，就是 TRANSLATE 函数。它可以用于将字符串中的一个字符替换成另外一个。例如，假设你将多项选择题的答案记为 1、2、3、4 和 5，分别代表字母 'A' 到 'E'。当输出这些值的时候，我们希望看到的是字母，而不是数字。虽然用 PUT 语句定义输出格式也可以很好地完成这个任务，但我们也想用 TRANSLATE 函数来举个例子。下面是代码：

```
DATA EX_13;
   INPUT QUES : $1. @@;
   QUES = TRANSLATE(QUES,'ABCDE','12345');
DATALINES;
1 4 3 2 5
5 3 4 2 1
;
PROC PRINT DATA=EX_13 NOOBS;
   TITLE "LISTING OF EXAMPLE 13";
RUN;
```

TRANSLATE 函数的命令式如下：

```
TRANSLATE (char_var, to_string, from_string);
```

这样，from_string 中的每个值会被 to_string 中相应的值替换掉。

TRANSLATE 函数的另一个妙用是，将字符类变量替换成数字类变量。例如，你想要将 'N' 设为 0，'Y' 设为 1。以前我们用 IF-THEN / ELSE 语句来完成，现在也可以用 TRANSLATE 函数。程序如下：

```
DATA EX_14;
   LENGTH CHAR $ 1;
   INPUT CHAR @@;
   X = INPUT(TRANSLATE(UPCASE(CHAR),'01','NY'),1.);
DATALINES;
N Y n y A B 0 1
;
PROC PRINT DATA=EX_14 NOOBS;
   TITLE "Listing of Example 14";
RUN;
```

UPCASE 函数将所有值转换为大写。然后，TRANSLATE 函数将 'N' 替换为 '0'，

‘Y’转换为‘1’。最后，INPUT 函数分别将字符‘0’，‘1’转换为数字 0，1。

14. 在字符串中用一个单词替换另外一个

TRANWRD（translate word）函数用于查找并替换一个字符串中的单词。例如，我们想对地址进行标准化，分别用‘Street’（街）、‘Avenue’（道）和‘Road’（路）来代替简写‘St.’、‘Ave.’和‘Rd.’。程序如下：

```
DATA EX_15
DATA CONVERT;
   INPUT @1 ADDRESS $20. ;
   ***Convert Street, Avenue, and Boulevard to
      their abbreviations;
   ADDRESS = TRANWRD (ADDRESS,'Street','St.');
   ADDRESS = TRANWRD (ADDRESS,'Avenue','Ave.');
   ADDRESS = TRANWRD (ADDRESS,'Road','Rd.');
DATALINES;
89 Lazy Brook Road
123 River Rd.
12 Main Street
;
PROC PRINT DATA=CONVERT;
   TITLE "Listing of Data Set CONVERT";
RUN;
```

TRANWRD 函数的命令式如下：

```
TRANWRD (char_var, 'find_string', 'replace_string');
```

函数将查找 char_var 变量中每个与 find_string 一样的字符，然后用 replace_string 所指定的字符将其代替。要注意的是，寻找和替换的字符串顺序与 TRANSLATE 函数是相反的，TRANSLATE 函数的自变量中，to_string 是在 from_string 之前的。本例中，‘Street’将被替换成‘St.’，‘Avenue’被替换成‘Ave.’，‘Road’被替换成‘Rd.’。结果列表如下：

```
Listing of Data Set CONVERT

Obs        ADDRESS

 1         89 Lazy Brook Rd.
 2         123 River Rd.
 3         12 Main St.
```

15. 串联字符串

串联符号是讨论字符串时必须涉及的问题。虽然它不是一个函数，但却是极其有用的字符运算符号。在计算机术语中，“串联”的意思就是连接在一起。因此，如果我们串联字符串‘ABC’和字符串‘XYZ’，其结果就是‘ABCXYZ’。很清楚吧？不过，如果我们事先指定了字符变量的长度，而变量的值又没有达到此长度，SAS 会自动在其最右侧以空格填满。一旦忘记了这件事，使用串联符号就会变得很麻烦。这时，我们需要用 TRIM 函数将末尾空格删除掉，然后再串联字符串。串联符号是 ||（两条垂直线）。假设我们的 SAS 数据集中分开存储了名字（FIRST）和姓氏（LAST），现在希望得到一个变量 NAME（姓名），包含名字、逗号、空格以及姓氏。下面的程序先创建了包含变量 FIRST 和 LAST 的数据集，然后在第二个 DATA 步骤中创建了变量 NAME：

```
DATA ONE;
   LENGTH FIRST LAST $ 15;
   INPUT FIRST LAST;
DATALINES;
Ron Cody
Elizabeth Cantor
Ralph Fitzpatrick
;
DATA CONVERT;
   SET ONE;
   LENGTH NAME $ 32;
   NAME = TRIM(LAST) || ', ' || FIRST;
RUN;
PROC PRINT DATA=CONVERT NOOBS;
   TITLE "Listing of Data Set CONVERT";
RUN;
```

结果列表如下：

```
Listing of Data Set CONVERT

FIRST          LAST           NAME

Ron            Cody           Cody, Ron
Elizabeth      Cantor         Cantor, Elizabeth
Ralph          Fitzpatrick    Fitzpatrick, Ralph
```

第 9 版的 SAS 中有一个更加简单的解决方法，就是使用 CATX 函数，如下所示：

```
NAME = CATX (', ', LAST, FIRST);
```

CATX 函数将要进行串联的字符串的开头和末尾空格通通删除，然后将第一个自变量中设置的分割符号插入两个字符串之间。

16. 查找相似音

SAS 软件有一种 SOUNDEX 函数，返回某个姓名的等价发音编码。姓名的发音编码可以让你将不同来源的两个名字匹配起来，即使它们可能有着不同的发音。使用这个函数需要特别注意，因为许多拼写不同的名字，有可能转换成相同的发音编码。大部分名字的发音编码会返回一个奇怪的代码，例如 C3 或者 A352（相同的编码表示类似的发音）。一个简单的程序以及发音转换的结果如下：

```
DATA EX_16;
   LENGTH NAME1-NAME3 $ 10;
   INPUT NAME1-NAME3;
   S1 = SOUNDEX(NAME1);
   S2 = SOUNDEX(NAME2);
   S3 = SOUNDEX(NAME3);
DATALINES;
cody Kody cadi
cline klein clana
smith smythE adams
;
PROC PRINT DATA=EX_16 NOOBS;
   TITLE "Listing of Example 16";
RUN;
```

该程序得到如下结果列表：

Listing of Example 16

NAME1	NAME2	NAME3	S1	S2	S3
cody	Kody	cadi	C3	K3	C3
cline	klein	clana	C45	K45	C45
smith	smythE	adams	S53	S53	A352

17. 拼写距离：SPEDIS 函数

另一个函数也可以用于文本字符串的模糊匹配，即 SPEDIS（spelling distance，拼写距离）函数。这是一个相当复杂的函数，建议你参考《SAS Functions by Example》（Cody，SAS Institute，Cary，NC，2004）中的文本匹配函数，以获得更详细的信息。SPEDIS 函数返回两个文本字符串的拼写距离。如果字符串恰好匹配，函数将返回 0。对于每种拼写错误（例如，两个字母颠倒、多了一个额外的字母等情况），函数都将给予一个不匹配的分数。两个字符串之间的距离越远，SPEDIS 函数返回的数值越大。下面的程序说明了这一函数：

```
DATA SPELLING_DISTANCE;
   INFORMAT WORD_ONE WORD_TWO $15.;
   INPUT WORD_ONE WORD_TWO;
   DISTANCE = SPEDIS(WORD_ONE,WORD_TWO);
DATALINES;
Exact Exact
Mistake Mistaken
abcde acbde
abcde uvwxyz
123-45-6789 123-54-6789
;
PROC PRINT DATA=SPELLING_DISTANCE NOOBS;
   TITLE "Listing of Data Set SPELLING_DISTANCE";
RUN;
```

结果如下：

```
Listing of Data Set SPELLING_DISTANCE

WORD_ONE        WORD_TWO        DISTANCE

Exact           Exact               0
Mistake         Mistaken            7
abcde           acbde              10
abcde           uvwxyz            130
123-45-6789     123-54-6789         4
```

练习题

练习题的数据集和程序均可从网上下载：www.prenhall.com/cody

18.1　首先，运行下面的 DATA 步骤创建数据集 CHAR1：

```
DATA CHAR1;
   INPUT @1  STRING1 $1.
         @2  STRING2 $5.
         @3  STRING3 $8.
         @11 (C1-C5)($1.);
DATALINES;
XABCDE12345678YNYNY
YBBBBB12V56876yn YY
ZCCKCC123-/. ,WYNYN
;
```

创建一个新数据集 ERROR。当 CHAR1 中的观测值满足下列任意一种情况时，将其纳入新数据集 ERROR 中：

1. 变量 STRING1 中不是‘X’、‘Y’或‘Z’的值。
2. 变量 STRING2 中不是‘A’、‘B’、‘C’、‘D’或‘E’的值。
3. 变量 C1 到 C5 中，不是大写或小写的‘N’或‘Y’的值。（注意：C1 到 C5 中如果有空格，也将该观测值纳入 ERROR 数据集。）

18.2　运行下面的 DATA 步骤创建数据集 ADDRESS。对数据集进行如下操作：

1. 将所有的多个空格替换为单个空格。
2. 将所有的 Street 替换为 St.，Road 替换为 Rd.，Place 替换为 Pl.。
3. 删除所有的 Mr.、Dr.、Mrs. 和 Ms.。
4. 所有字符左对齐。

```
DATA ADDRESS;
   INPUT #1 @1 LINE1 $50.
         #2 @1 LINE2 $50.
         #3 @1 LINE3 $50.;
DATALINES;
Mr. Jason    Simmons
123  Sesame Street
Madison, WI
Dr.  Justin  Case
78      River Road
Flemington, NJ
Ms.   Marilyn Crow
777 Jewell     Place
;
```

18.3 使用练习题8.1中的数据集CHAR1，通过变量STRING3创建一个新变量（NEW3），规则如下：首先，删除嵌入字符串中的空格和‘-’、‘/’、‘.’和‘,’这四个符号。然后，用字母A到H替换掉数字1到8。最后，如果字符串中有不是A到H的字符（末尾空格不算），将NEW3设为缺失值。这三个观测值在NEW3上的值应当为：‘ABCDEFGH’、缺失和‘ABC’。

18.4 运行下面的程序，创建数据集STRING。将字符串中前两个位置的值创建成变量X（数字型），将第三个位置上的值创建成变量Y（数字型）（例如，第一行的X等于12，Y等于3）。提取位置4和5上的字符，将其命名为STATE（字符型）。要保证STATE的值是大写的。位置6到10用于创建五个数字型变量N1到N5。比较大胆的方法是使用数组创建N1到N5。

```
DATA STRING;
   INPUT STRING $10.;
DATALINES;
123nj76543
892NY10203
876pA83745
;
```

18.5 使用练习题18.1中的数据集CHAR1，将变量C1到C5中的小写通通转换成大写，将不是‘Y’，‘N’或空格的值设为缺失。希望你使用数组（ARRAY）来解决这个问题。

***18.6** 运行下面的DATA步骤，创建SAS数据集GOOD_BAD。字符串ANSWER的有效字符是ABC、abc和0123456789。注意，ANSWER的长度是40字节，希望你忽略掉末尾空格（内嵌的空格会被标识为错误）。写一个SAS DATA步骤，从GOOD_BAD中读取观测值，创建两个数据集VALID和INVALID。将ANSWER中所有非法值放入INVALID数据集，而将有效值放入VALID数据集。第一行和第三行将被归入VALID；而其他行是INVALID。（提示：记得使用TRIM和VERIFY函数。）

```
DATA GOOD_BAD;
   INPUT ANSWER $40.;
DATALINES;
1324AcB876acccCCC
123 456
aabbccAABBCC123123
abcde12345
invalid
;
```

18.7 你有一个数据集PHONE，其中以各种输出格式存储了一些电话号码。运行下面的程序创建数据集 PHONE，同时创建一个新变量 NUMBER，它是一个从字符变量 CHAR_NUM 中提取出来的数字变量，并且将 CHAR_NUM 中所有无关的符号和空格都删除掉后得到的结果。假设最长的电话号码有 10 位数。

```
DATA PHONE;
   INPUT CHAR_NUM $20.;
DATALINES;
(908)235-4490
(800) 555 - 1 2 1 2
203/222-4444
;
```

18.8 你有两个数据集，ONE 和 TWO。ONE 里面有一个变量 ID，这是一个格式为 123-45-6789 的字符变量。TWO 也有一个变量 ID，却是一个 9 位的数字变量。现在，你希望通过 ID 变量合并数据集 ONE 和 TWO，创建新数据集 BOTH，其中有变量 ID（数字型，输出格式为 SSN11.）、NAME 和 SCORE。运行下面的程序创建这两个数据集：

```
DATA ONE;
   INPUT @1  ID   $11.
         @12 NAME $15.;
DATALINES;
123-45-6789Jeff Smith
111-22-3333Stephen King
999-88-7777Jan Chambliss
;
DATA TWO;
   INPUT @1  ID 9.
         @11 SCORE 3.;
DATALINES;
999887777 100
123456789  65
111223333  59
;
```

18.9 运行下面的程序，创建数据集 EXPER，其中包含变量 ID、GROUP（组）和 DOSE（药物量）。创建两个新变量，规则如下：一个是根据 ID 的第 2 和第 3 个字节创建的 2 字节的字符变量；另一个是将 GROUP 和 DOSE 串联而成的变量，该变量有 6 个字节，GROUP 和 DOSE 的值之间以 ‘-’ 隔开，并且没有任何内嵌的空格。将这两个变量分别命名为 SUB_ID 和 GRP_DOSE。

```
DATA EXPER;
   INPUT ID      $ 1-5
         GROUP   $ 7
         DOSE    $ 9-12;
DATALINES;
1NY23 A HIGH
3NJ99 B HIGH
2NY89 A LOW
5NJ23 B LOW
;
```

***18.10** 你有几行数据，包括被试编号（SUBJ）和体重（WEIGHT）。体重的值有两种单位：一是千克，以 kg 结尾（不确定大小写，也不确定是否还跟着句号）；二是磅，以 lbs 结尾，或者不带任何单位标记（同样，大小写、是否有句号、是否有 s 都不确定）。读取这几行数据，创建 SAS 数据集 WT，将所有体重的值转换为磅（数字型变量）。1 千克等于 2.2 磅。下面有一些数据的例子（每行有多个被试编号和体重）。提示：将所有的体重值读取为字符变量。将所有的值转换为大写。将每个体重的数字部分提取出来，你可以使用一个语句删除所有的字符（KGLBS 和句号）。你只需要核查字符串中是否有‘K’，来看是不是需要将体重值乘以 2.2。记住最后将字符转换成数字（不要让 SAS 自动进行转换）。

```
1 50kg  2 120  3 121Lbs.  4 88KG.  5 200
6 80kG  7 250lb
```

***18.11** 使用练习题 18.9 的数据集 EXPER，用变量 ID 创建一个新变量 ID2。将新变量的长度设为 6，如果 ID 的第 4 个字节上的值大或等于 5，在新变量第 6 个字节的位置上放置一个星号。要解决这个问题，则需根据 ID 的第 4 个字节创建一个数字变量，检查其是否大或等于 5。不要将这个字节当成字符来检查。

***18.12**（a） 写一段 SAS 程序读取下面几行数据，创建数据集。根据该数据集创建一个变量 NUMBER，该变量的值为每一行中第一次出现字符串‘XYZ’之后的 2 位数数字。例如，第 1 行，NUMBER 的值为 78；第二行为缺失值；第 3 行，NUMBER 为 12，第 4 行为 98。

```
ABC123XYZ7823
NONE HERE
XYZ12345
12345XYZ9876
```

（b）第二个问题要困难些。写一段 SAS 程序，读取下面四行数据。这一次，你要查找字母‘X’、‘Y’或‘Z’之后的 1 位数字，最多找 2 个。第一个数字命名为 N1，第二个为 N2。将这两个变量设为数字变量。提示：第 1 行，N1 为 7，N2 为 5；第 2 行，N1 和 N2 都是缺失值；第 3 行，N1 为 8，N2 为缺失值；第 4 行，N1 为 8，N2 为 9。

```
B4Y7999Z5V8
NONE HERE
ONLY ONE X8
Z8Z9
```

***18.13** 运行下面的程序，创建两个数据集，根据性别（GENDER）、出生日期（DOB），以及判断匹配性的姓名（NAME）的等价发音编码（SOUNDEX）来合并数据集。只保留匹配成功的观测值。将新数据集命名为 COMBINED，其中应该包含三个观测值。

```
DATA ONE;
   INPUT @1  GENDER$1.
         @2 DOBMMDDYY8.
         @10 NAME$11.
         @21 STATUS$1.;
   FORMAT DOB MMDDYY8.;
DATALINES;
M10/21/46CADYA
F11/11/50CLINEB
M11/11/52SMITHA
F10/10/80OPPENHEIMERB
M04/04/60JOSEA
;
DATA TWO;
   INPUT @1  GENDER$1.
         @2  DOBMMDDYY8.
         @10 NAME$11.
         @21 WEIGHT3.;
   FORMAT DOB MMDDYY8.;
DATALINES;
M10/21/46CODY160
F11/11/50CLEIN102
F11/11/52SMITH101
F10/10/80OPPENHAIMER120
M02/07/60JOSA220
;
```

18.14 运行下面的程序，创建 SAS 数据集 VERSE。变量 LONG_STRING 包含几个被空格或逗号隔开的单词。统计单词‘the’在每行出现的次数（忽略音调的变化）。首先通过将 LONG_STRING 拆分为单词，然后核查每个单词来完成任务（在循环里完成——当字符串中没有单词时退出循环）。假设最长的单词有 10 个字符。如果你的 SAS 版本为 9.0

以上，还可以使用 COUNT 函数完成此任务。

```
DATA VERSE;
   INPUT LONG_STRING $50.;
DATALINES;
The time was early and the sky was still dark
This line does not contain any
Four the last time, the man walked the plank
;
```

第19章

程序范例精选

1. 简介

本章包括一些常见的程序实例，主要目的有两个：一是允许你在类似的实例中，稍作修改后使用这些程序；另一个目的是展示 SAS 的编程技巧。

2. 计算数据与总平均之比

我们有时候希望按占总平均的百分比表示数据，而不是按原始单位。例如，我们记录了每个被试的心率（HR）、收缩压（SBP）、舒张压（DBP）。现在想要按照每个被试与总平均的百分比来表示被试的 HR、SBP 和 DBP。在下面的数据集中，所有被试的总平均心率为 70（80、70 和 60 的平均数）。第一个被试分数为 80，按百分比表示为 100% ×80/70 = 114.28%。计算的方法是：用 PROC MEANS 计算总平均数并输出到一个数据集，然后把该数据集与原始数据合并起来进行需要的计算。

```
DATA TEST;
   INPUT HR SBP DBP;
DATALINES;
80 160 100
70 150 90
60 140 80
;
PROC MEANS NOPRINT DATA=TEST;
   VAR HR SBP DBP;
   OUTPUT OUT=MOUT(DROP=_TYPE_ _FREQ_)
          MEAN=M_HR M_SBP M_DBP;
RUN;
DATA NEW;
   SET TEST;
   IF _N_ = 1 THEN SET MOUT;
   HRPER = 100*HR/M_HR;
   SBPPER = 100*SBP/M_SBP;
   DBPPER = 100*DBP/M_DBP;
   DROP M_HR M_SBP M_DBP;
RUN;
PROC PRINT DATA=NEW NOOBS;
   TITLE "Listing of Data Set NEW";
RUN;
```

说　明

我们在 PROC MEANS 过程中加入了 NOPRINT 选项，这样程序就不会打印任何结果输出，而只是创建平均数数据集。本例中 PROC MEANS 的输出数据集只有一个观测值，因此，不需要显示 _TYPE_ 和 _FREQ_，我们采用数据集选项“DROP=”将这两项默认的变量删除掉。不过，如果在 PROC MEANS 中使用了 CLASS 语句，变量 _TYPE_ 就会非常有用了。后面将给出例子。数据集 MOUT 的一个观测值如下：

```
Listing of Data Set MOUT
M_HR    M_SBP    M_DBP
 70      150      90
```

我们想在原始数据集的每个观测值上都加入三个变量 M_HR、M_SBP 和 M_DBP，这样我们才能用每个值除以平均数，然后乘 100%。原始数据集有三个观测，而平均数数据集只有一个观测值，要将平均数数据集加到原始数据集中，我们使用了一个技巧：利用 SAS 内置变量 _N_ 可以有条件的执行 SET 语句。程序数据载体（PDV）中现在包含的变量有：HR、SBP、DBP、M_HR、M_SBP 和 M_DBP。来自 SET 语句的任何变量都会自动保留，因此 M_HR、M_SBP、M_DBP 的值不会改变，并且可用于 DATA 步骤的每一次循环。现在我们用 HR 除以 M_HR，SBP 除以 M_SBP，DBP 除以 M_DBP。每次我们从原始数据集（TEST）中引入一个新的观测值用于计算时，M_HR、M_SBP 和 M_DBP 的值都不会改变，它们会一直保留在程序数据载体中。这个程序创建的数据集（NEW）如下所示：

```
Listing of Data Set NEW

HR    SBP    DBP     HRPER      SBPPER     DBPPER

80    160    100    114.286    106.667    111.111
70    150     90    100.000    100.000    100.000
60    140     80     85.714     93.333     88.889
```

3.　计算数据与组平均之比

下面这个例子是前面程序的扩展。有两个组（A 和 B），我们希望按每个数值占组平均数的百分比来表示每次测量。

```
DATA TEST;
   INPUT GROUP $ HR SBP DBP @@;
DATALINES;
A 80 160 100 A 70 150 90 A 60 140 80
B 90 200 180 B 80 180 140 B 70 140 80
;
PROC SORT DATA=TEST;
   BY GROUP;
RUN;
PROC MEANS DATA=TEST NOPRINT NWAY;
   CLASS GROUP;
   VAR HR SBP DBP;
   OUTPUT OUT=MOUT(DROP=_TYPE_ _FREQ_)
          MEAN=M_HR M_SBP M_DBP;
RUN;
DATA NEW;
   MERGE TEST MOUT;
   BY GROUP;
```

[Continued]

```
   HRPER = 100*HR/M_HR;
   SBPPER = 100*SBP/M_SBP;
   DBPPER = 100*DBP/M_DBP;
   DROP M_HR M_SBP M_DBP;
RUN;
PROC PRINT DATA=NEW NOOBS;
   TITLE "Listing of Data Set NEW";
RUN;
```

说　明

PROC MEANS 的输出数据集包含变量 GROUP，因此可以把 GROUP 作为 BY 变量合并（MERGE）这个数据集和原始数据集。数据集 MOUT 将包含两个观测值，分别表示两组的组平均数。MOUT 数据集的内容如下：

Listing of Data Set MOUT

GROUP	M_HR	M_SBP	M_DBP
A	70	150.000	90.000
B	80	173.333	133.333

最后生成的数据集 NEW 中包含原始数值和百分比数值：

Listing of Data Set NEW

GROUP	HR	SBP	DBP	HRPER	SBPPER	DBPPER
A	80	160	100	114.286	106.667	111.111
A	70	150	90	100.000	100.000	100.000
A	60	140	80	85.714	93.333	88.889
B	90	200	180	112.500	115.385	135.000
B	80	180	140	100.000	103.846	105.000
B	70	140	80	87.500	80.769	60.000

4.　绘制平均数误差图

我们绘制平均数图时，有时希望带上误差棒（Error bar），误差棒表示平均数上下一个标准误。下面的程序说明如何用 PROC GPLOT 绘制平均数误差图。注意：更多 PEOC GPLOT 和 SYMBOL 选项的细节请参考 SAS Graph™ 手册（或 Online Doc™）。

```
DATA ORIG;
   INPUT SUBJ TIME DBP SBP;
DATALINES;
1 1 70 120
1 2 80 130
1 3 84 136
2 1 82 132
2 2 84 138
2 3 92 144
;
SYMBOL1 VALUE=NONE I=STD1MT COLOR=BLACK LINE=1 WIDTH=2;
PROC GPLOT DATA=ORIG;
   TITLE "Plot of Means with Error Bars";
   FOOTNOTE JUSTIFY=LEFT HEIGHT=1
      "Bars represent plus and minus one standard error";
   PLOT (SBP DBP)*(TIME);
RUN;
QUIT;
```

下面是该程序生成的第一幅图（SBP × TIME）：

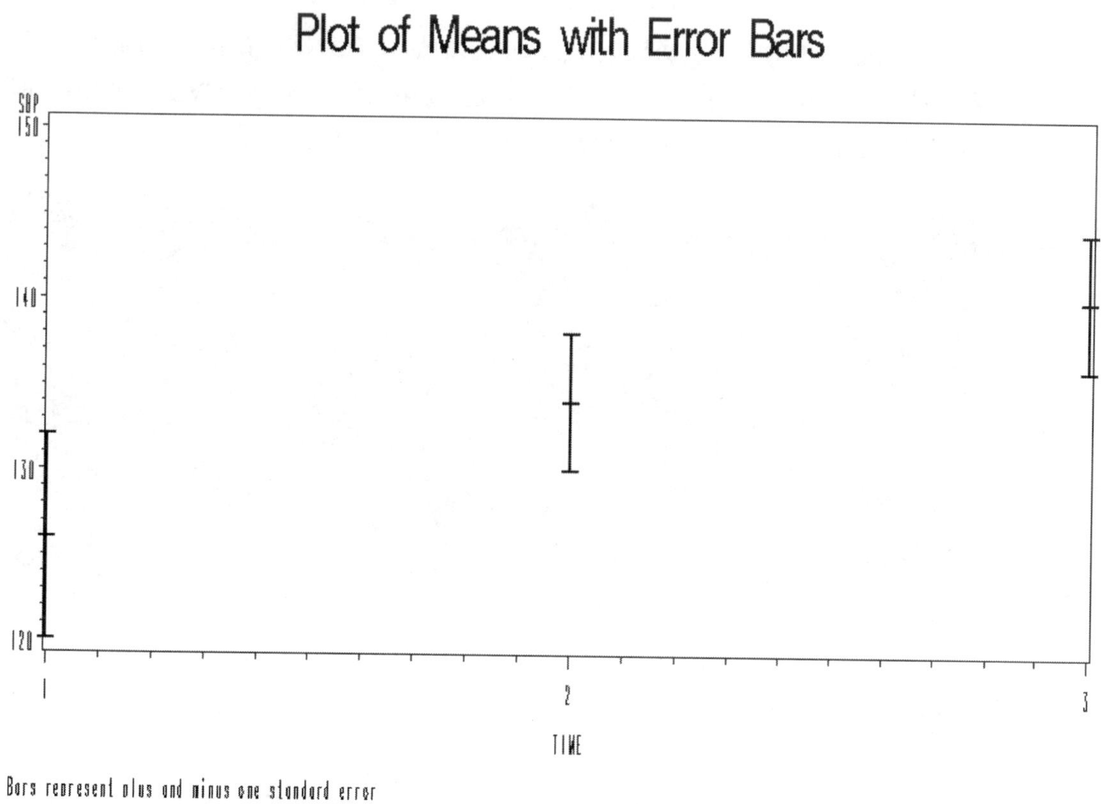

说　明

SYMBOL 语句里的选项说明如下：

VALUE = NONE	不使用任何绘图记号。
I = STD1MT	插值方法为标准误；1 指定一个标准误（也可选 2 和 3），M 计算平均数的标准误，T 表示给每条线添加上下限。
COLOR = BLACK	设定绘图颜色为黑
LINE = 1	指定线的类型
WIDTH = 2	控制线的粗细（数字越大越粗）

5. 利用宏变量节约编码时间

程序员总是寻找使程序更精简的方法（从而可减少输入）。SAS 系统中有大量的宏语言，不过在这个例子中，我们只使用一个宏变量。我们采用% LET 函数，将等号右边的表达式赋值给宏变量。在宏变量名前加 & 符号即可在程序中调用宏变量。我们的例子中用宏变量代替了一个变量列表。要用到变量 ONE、TWO 和 THREE 时，可用宏变量 LIST 代替。（第 11 章第 3 节中有另外一个宏变量的例子。）

```
%LET LIST = ONE TWO THREE;

DATA TEST;
   INPUT &LIST FOUR;
DATALINES;
1 2 3 4
4 5 6 6
;
PROC FREQ DATA=TEST;
   TABLES &LIST;
RUN;
```

6. 计算相对频数

这个例子中，每个被试有一个 ICD（国际疾病分类）代码和诊断年份。我们想要知道某个代码在每年的所有观测值中所占的百分比，也就是要计算每个 ICD 代码的频率占该年所有代码的百分比。比如说，下面这个数据中，1950 年一共记录了 3 个代码（数据不是按 YEAR 排序的），而其中代码 450 出现了 2 次，那么它的相对频数就是2/3或66.6%。我们将使用PROC FREQ过程生成的数据集来计算这些相对频数，程序如下：

```
DATA ICD;
   INPUT ID YEAR ICD;
DATALINES;
001 1950 450
002 1950 440
003 1951 460
004 1950 450
005 1951 300
;
PROC FREQ DATA=ICD;
   TABLES YEAR*ICD / OUT=ICDFREQ(DROP=PERCENT) NOPRINT;
   ***Data set ICDFREQ contains the counts
   for each CODE in each YEAR;
   TABLES YEAR / OUT=TOTAL(DROP=PERCENT) NOPRINT;
   ***Data set TOTAL contains the total number
   of obs for each YEAR;
RUN;
DATA RELATIVE;
   MERGE ICDFREQ TOTAL(RENAME=(COUNT=TOT_CNT));
   ***We need to rename COUNT in one of the two data sets
   so that we can have both values in data set RELATIVE;
   BY YEAR;
   RELATIVE = 100*COUNT/TOT_CNT;
RUN;
PROC PRINT DATA=RELATIVE;
   TITLE "Relative Frequencies of ICD Codes by Year";
RUN;
```

说　明

第一个 PROC FREQ TABLES 语句创建一个输出数据集（ICDFREQ）如下：

Listing of Data Set ICDFREQ

YEAR	ICD	COUNT
1950	440	1
1950	450	2
1951	300	1
1951	460	1

PROC FREQ 创建的数据集包括所有的 TABLES 变量，以及变量 COUNT（由 PROC FREQ 命名）。COUNT 变量表示某个 ICD 代码每年出现的次数。

然后，我们需要计算每年出现的 ICD 代码的总数，作为计算相对频数的分母。只有 YEAR 做变量的 TABLE 语句将给出每年 ICD 代码的数量。数据集 TOTAL 如下：

```
Listing of Data Set TOTAL

YEAR    COUNT

1950      3
1951      2
```

现在，我们要合并两个数据集，以便用数据集 ICDFREQ 中的 COUNT 除以数据集 TOTAL 中的 COUNT 变量。因为一个变量不能同时有两个值，所以合并时要把数据集 TOTAL 中的 COUNT 重命名为 TOT_CNT。最后用 COUNT 除以 TOT_CNT 得到想要的结果。

```
Relative Frequencies of ICD Codes by Year

Obs    YEAR    ICD    COUNT    TOT_CNT    RELATIVE

 1     1950    440      1         3        33.3333
 2     1950    450      2         3        66.6667
 3     1951    300      1         2        50.0000
 4     1951    460      1         2        50.0000
```

7. 计算不同变量的联合频数

下面这个例子中，要求被试回答对哪些药物过敏。每个被试对列表中的 10 种药物回答是或否（1 或 0）。我们想要按敏感度由高到低的顺序列出药物。如果分别对 10 个变量计算频数，则无法按频数的降序列出药物。第一步要改变数据集结构，使每个被试有 10 个观测值，每个观测值包括一个表示药物选择的编号（从 1 到 10）。下面是程序：

```
PROC FORMAT;
   VALUE SYMPTOM 1='ALCOHOL'
                 2='INK'
                 3='SULPHUR'
                 4='IRON'
                 5='TIN'
                 6='COPPER'
                 7='DDT'
                 8='CARBON'
                 9='SO2'
                10='NO2';
RUN;
DATA SENSI;
   INPUT ID 1-4 (CHEM1-CHEM10)(1.);
   ARRAY CHEM[*]   CHEM1-CHEM10;
   DO I=1 TO 10;
      IF CHEM[I] = 1 THEN DO;
         SYMPTOM = I;
         OUTPUT;
      END;
   END;
   KEEP ID SYMPTOM;
   FORMAT SYMPTOM SYMPTOM.;
DATALINES;
00011010101010
00021000010000
00031100000000
00041001001111
00051000010010
;
PROC FREQ DATA=SENSI ORDER=FREQ;
   TABLES SYMPTOM / NOCUM;
RUN;
```

说　明

关于如何用数组改变数据集结构的细节请见第 16 章。数据集 SENSI 中每人的观测值数量与他在药物列表（CHEM1 到 CHEM10）中选择 1 的数目一样多。程序中，我们让变量 SYMPTOM 的值等于 DO 循环中的计数器 I，它表示被试选择的是 10 种药物中的哪一种。让我们来看一下数据集 SENSI 的观测值，有助于我们更好地理解这一问题：

```
Listing of Data Set SENSI

ID         SYMPTOM

 1         ALCOHOL
 1         SULPHUR
 1         TIN
 1         DDT
 1         SO2
Listing of Data Set SENSI

ID         SYMPTOM

 2         ALCOHOL
 2         COPPER
 3         ALCOHOL
 3         INK
 4         ALCOHOL
 4         IRON
 4         DDT
 4         CARBON
 4         SO2
 4         NO2
 5         ALCOHOL
 5         COPPER
 5         SO2
```

注意到由于我们为变量指定了输出格式，这里列出了 SYMPTOM 格式化后的值。一个简单的 PROC FREQ 程序就可以计算 10 种药物的频数。PROC FREQ 的选项 ORDER=FREQ 将按降序列出频数表。PROC FREQ 的结果输出如下：

```
Listing of Data Set SENSI

The FREQ Procedure

SYMPTOM      Frequency     Percent
-----------------------------------
ALCOHOL              5       27.78
SO2                  3       16.67
COPPER               2       11.11
DDT                  2       11.11
CARBON               1        5.56
INK                  1        5.56
IRON                 1        5.56
NO2                  1        5.56
SULPHUR              1        5.56
TIN                  1        5.56
```

8.　计算移动平均线

假设我们记录了一个项目每天的花费（COST）。想要以三天为间距，计算变量 COST 的移动平均线。所谓移动平均线，就是在第 3 天，求第 1、2 和 3 天 COST 的平均数；在第 4 天，求第 2、3 和 4 天 COST 的平均数，以此类推。

```
***Program to compute a moving average;
DATA MOVING;
   INPUT COST @@;
   DAY +  1;
   COST1 = LAG(COST);
   COST2 = LAG2(COST);
   IF _N_ GE 3 THEN DO;
      MOV_AVE = MEAN(COST, COST1, COST2);
      OUTPUT;
   END;
   DROP COST1 COST2;
DATALINES;
1 2 3 4 . 6 8 12 8
;
PROC PRINT DATA=MOVING NOOBS;
   TITLE 'Listing of Data Set MOVING';
RUN;
```

数据集 MOVING 为：

```
Listing of Data Set MOVING

COST     DAY     MOV_AVE

  3       3      2.00000
  4       4      3.00000
  .       5      3.50000
  6       6      5.00000
  8       7      7.00000
 12       8      8.66667
  8       9      9.33333
```

说　明

LAG 函数返回上次执行函数时自变量的值。如果在 DATA 步骤使用 LAG 函数，那么每次 DATA 步骤循环时都会执行，函数将返回上一个观测值中自变量的值。

LAG 函数拥有庞大的家族：LAG1、LAG2、LAG3 等，它们将返回前 n 次执行该函数时自变量的值。也就是说，LAG（等价于 LAG1）返回上一个观测值中自变量的值；LAG2 返回前 2 个观测值，以此类推。注意程序中的移动平均线是如何使第 8 天的突变变得更"平滑"的。注意：我们一般不建议你有"条件"地执行 LAG 函数。看看下面的例子：

```
DATA NEVER;
   INPUT X @@;
   IF X GT 3 THEN X_LAG = LAG(X);
DATALINES;
5 7 2 1 4
;
```

在这五个观测值中 X_LAG 的值是多少？答案：缺失，5，缺失，缺失，7！仔细阅读 LAG 的定义，看你是否知道这是怎么回事。

9. 观测值内部排序

在 SAS 数据集中我们用 PROC SORT 为观测值排序。然而，有时我们要在观测值内部排序。（注意：在 9.1 及以上版，SORTN 和 SORTC 可以在观测值的内部排序。）下面的例子中，每个被试记录了五个值（L1-L5）。我们要从小到大排列这五个值。

```
DATA SORT;
   INPUT L1-L5;
   ARRAY S[5];
   DO I = 1 TO 5;
      S[I] = ORDINAL(I,OF L1-L5);
   END;
   DROP I;
DATALINES;
5 2 9 1 3
6 . 22 7 0
;
PROC PRINT DATA=SORT NOOBS;
   TITLE "Listing of Data Set SORT";
RUN;
```

说　明

这个程序的关键是 ORDINAL 函数。这个函数的第二个自变量给出一个变量列表，第一个自变量选出其中第 n 大的值。这个函数不像其他描述性统计函数，它不会忽略缺失值（缺失值小于任何非缺失值）。另外要记住的是，如果你的变量列表形式为 VARn-VARm，列表前面必须加 OF。这个程序中，我们将 DO 循环计数器作为 ORDINAL 函数的第一个自变量，因此数组 S 的元素 L1 到 L5 将按照升序排列。

由于 ORDINAL 函数只能用于数值，如果要为字符变量排序，在排序时必须用 RANK 函数求出字符值的顺序值，然后用前面这个针对数值的程序来运行。

10.　在 DATA 步骤中计算 Alpha（或 KR-20）系数

这个程序计算名为 Alpha 系数的检验统计量，该系数在检验二分题目时等价于 KR-20 系数（Kuder-Richardson formula 20 Coefficient）。在 PROC CORR 中用选项 ALPHA（详见第 11 章第 6 节）可计算该统计量，你也可用下面的代码计算 KR-20。至少这是一个很好的程序范例。克伦巴赫 Alpha 系数的公式为：

$$\text{Alpha（二分时也是 KR-20）} = \frac{k}{k-1}\left(1 - \frac{\Sigma\text{题目变异}}{\text{测验变量}}\right)$$

这里 k 是检验中的题目数。

这里的关键是输出包含题目和测验变异的数据集。下面是程序：

```
***Copy of the SCORE DATA set from Chapter 11, except the
   variables S1 to S5 are added to the KEEP list. Variables
   S1-S5 which are the scored responses for each of
   the 5 items on a test. S=1 for a correct answer, S=0 for an
   incorrect response;
DATA SCORE;
   ARRAY ANS[5] $ 1 ANS1-ANS5; ***Student answers;
   ARRAY KEY[5] $ 1 KEY1-KEY5; ***Answer key;
   ARRAY S[5] 3 S1-S5; ***Score array 1=right,0=wrong;
   RETAIN KEY1-KEY5;
   ***Read the answer key;
   IF _N_ = 1 THEN INPUT (KEY1-KEY5)($1.);
   ***Read student responses;
   INPUT @1 ID 1-9
                                                [Continued]
```

```
          @11 (ANS1-ANS5)($1.);
    ***Score the test;
    DO I=1 TO 5;
        S[I] = (KEY[I] EQ ANS[I]);
    END;
    ***Compute Raw and Percentile scores;
    RAW=SUM (OF S1-S5);
    PERCENT=100*RAW / 5;
    KEEP ID RAW PERCENT S1-S5;
    LABEL ID      = 'Social Security Number'
          RAW     = 'Raw Score'
          PERCENT = 'Percent Score';
DATALINES;
ABCDE
123456789 ABCDE
035469871 BBBBB
111222333 ABCBE
212121212 CCCDE
867564733 ABCDA
876543211 DADDE
987876765 ABEEE
;
PROC MEANS NOPRINT DATA=SCORE;
    VAR S1-S5 RAW;
    OUTPUT OUT=VAROUT
           VAR=VS1-VS5 VRAW;
RUN;
DATA _NULL_; ①
    FILE PRINT; ②
    SET VAROUT;
    SUMVAR = SUM(OF VS1-VS5); ③
    KR20 = (5/4)*(1-SUMVAR/VRAW); ④
    PUT KR20=; ⑤
RUN;
```

我们用 PROC MEANS 输出包含题目变异的数据集。关键词“VAR=”计算列于 VAR 语句中的变量。这个数据集只包含一个观测值。为了对题目变异求和，需要用另一个 DATA 步骤。读者可能不熟悉 SAS 数据集名 _NULL_ ①。这是系统内置的数据集名，告诉系统只处理观测值，而不把观测值写入临时或永久的 SAS 数据集。这样可以节约大量的时间和金钱。行③计算题目变异的和，行④是 Alpha 系数的公式。

我们用 PUT 语句⑤打印结果。由于有 FILE PRINT 语句②，PUT 的结果将传送到与一般 SAS 输出相同的地方。

最后，我们用宏来计算任意一个包含了题目分数（0 和 1 计分）和原始分数的数据集的 KR-20 系数。如果对宏不熟悉，当然也可以跳过此节。下面是程序：

```
%MACRO KR20(DSN,    /* Data set holding the scored test */
            N,      /* Number of items on the test      */
            RAW,    /* Name of the raw score variable   */
            ARRAY   /* Name of the array holding scored
                       responses                        */
            );
   PROC MEANS NOPRINT DATA=&DSN;
      VAR &ARRAY.1-&ARRAY&N &RAW;
      OUTPUT OUT=VAROUT
             VAR=VS1-VS&N VRAW;
   RUN;
   DATA _NULL_;
      FILE PRINT;
      SET VAROUT;
      SUMVAR = SUM(OF VS1-VS5);
      KR20 = (&N/%EVAL(&N - 1))*(1-SUMVAR/VRAW);
      PUT KR20=;
   RUN;
%MEND KR20;
```

如果你要调用这个宏处理上面的问题，可以如下写：

```
%KR20(SCORE,5,RAW,S)
```

练习题

很幸运，本章没有任何 SAS 程序练习题（都不太合适）！作业呢，就是享受你的休闲时光（我们也一样）！

第20章

命令范例

1. 简介
2. PROC ANOVA
3. PROC APPEND
4. PROC CHART
5. PROC CONTENTS
6. PROC CORR
7. PROC DATASETS
8. PROC FACTOR
9. PROC FORMAT
10. PROC FREQ
11. PROC GCHART
12. PROC GLM
13. PROC GPLOT
14. PROC LOGISTIC
15. PROC MEANS
16. PROC NPAR1WAY
17. PROC PLOT
18. PROC PRINT
19. PROC RANK
20. PROC REG
21. PROC SORT
22. PROC TTEST
23. PROC UNIVARIATE

1. 简介

本章呈现了之前章节曾经出现过的每个过程的范例。我们不会呈现难以理解的一般命令式句法以供参考，而是给出了一些具体的例子，涵盖了每个过程中你可能会用到的大部分选项和语句。如果需要用到某些过程，你只需用自己的变量名或数据集名代替范例中的，就可以了。现在，让我们开始吧！（SAS 过程名、过程选项、语句和语句选项都以黑体字呈现。）

2. PROC ANOVA

单因素设计：

```
PROC ANOVA DATA=MYDATA;
 CLASS RACE;
 MODEL SCORE FINAL = RACE;
 MEANS RACE / SNK; ***SNK is Student Newman Keuls;
RUN;
```

双因素设计（平衡设计）：

```
PROC ANOVA DATA=MYDATA;
 CLASS GROUP DOSE;
 MODEL HR SBP DBP = GROUP | DOSE;
 MEANS GROUP | DOSE / DUNCAN; ***DUNCAN multiple range test;
RUN;
```

单因素重复测量设计（使用 REPEATED 语句）：

```
PROC ANOVA DATA=MYDATA;
 MODEL SCORE1-SCORE4=/ NOUNI;
 REPEATED TIME;
RUN;
```

单因素重复测量设计（不使用 REPEATED 语句）：

```
PROC ANOVA DATA=MYDATA;
 CLASS SUBJ TIME;
 MODEL SCORE = SUBJ TIME;
 MEANS TIME / SNK;
RUN;
```

更多高级的因素和重复测量设计，请参看第 7 章和第 8 章。

3. PROC APPEND

```
PROC APPEND BASE=BIG DATA=NEWDATA;
RUN;
```

4. PROC CHART

垂直条形图（频数）：

```
PROC CHART DATA=MYDATA;
 VBAR GENDER;
RUN;
PROC CHART DATA=MYDATA;
 VBAR DAY / DISCRETE;
RUN;
```

水平条形图：

```
PROC CHART DATA=MYDATA;
 HBAR GROUP;
RUN;
```

纵轴代表某个变量的总和或平均数的条形图：

```
PROC CHART DATA=MYDATA;
 VBAR REGION / SUMVAR=SALES TYPE=SUM;
RUN;
```

更多关于 PROC CHART 的细节请见第 2 章。

5. PROC CONTENTS

```
PROC CONTENTS DATA=MYDATA POSITION;
RUN;

LIBNAME XXX 'C:\SASDATA';
PROC CONTENTS DATA=XXX._ALL_ POSITION;
RUN;
```

6. PROC CORR

相关矩阵：

```
PROC CORR DATA=MYDATA NOSIMPLE;
 VAR A B C X Y Z;
RUN;
```

求一个变量与其他若干个变量的相关：

```
PROC CORR DATA=MYDATA NOSIMPLE;
 WITH QUES1-QUES50;
 VAR GRADE;
RUN;
```

更多例子请见第 5 章。

7. PROC DATASETS

```
LIBNAME XXX 'C:\SASDATA';
PROC DATASETS LIBRARY=XXX;
 MODIFY MYDATA;
  LABEL CANDID = 'CANDIDATE';
  RENAME OLDWT = WEIGHT;
  FORMAT COST DOLLAR7.;
RUN;
```

8. PROC FACTOR

主成分分析（包括旋转）：

```
PROC FACTOR DATA=FACTOR PREPLOT PLOT ROTATE=VARIMAX
            NFACTORS=2 OUT=FACT SCREE;
 VAR QUES1-QUES6;
RUN;
```

包含多元相关平方和斜交旋转的因子分析：

```
PROC FACTOR DATA=FACTOR PREPLOT PLOT ROTATE=PROMAX
            NFACTORS=2 OUT=FACT SCREE;
 VAR QUES1-QUES6;
 PRIORS SMC;
RUN;
```

更多例子和解释请见第 10 章。

9. PROC FORMAT

临时字符和数字输出格式：

```
PROC FORMAT;
  VALUE $GENDER 'M' = 'Male'
                'F' = 'Female';
  VALUE LIKERT    1 = 'Strongly Disagree'
                  2 = 'Disagree'
                  3 = 'No Opinion'
                  4 = 'Agree'
                  5 = 'Strongly Agree';
  VALUE WTGRP     LOW-<20 = 'Zero to 20'
                  20-<40 = '20 TO 40'
                  40-HIGH = '40 and Above';
  VALUE $CODES    'A','C','E' = 'Group 1'
                  'X','Y','Z' = 'Group 2';
  VALUE NUMS      1,4-8       = 'Range One'
                  2,3,9-11    = 'Range Two';
RUN;
```

永久输出格式：

```
LIBNAME XXX 'C:\SASDATA';
OPTIONS FMTSEARCH=(XXX);
PROC FORMAT LIBRARY=XXX;
 VALUE $YESNO '1' = 'Yes'
              '0' = 'No';
RUN;
```

10. PROC FREQ

一维频数：

```
PROC FREQ DATA = MYDATA ORDER=FREQ;
 TABLES GENDER RACE GROUP / NOCUM;
RUN;
```

二维频数（要求计算卡方值）：

```
PROC FREQ DATA=MYDATA;
 TABLES TREAT*OUTCOME / CHISQ;
RUN;
```

三维频数（要求计算全部统计量）：

```
PROC FREQ DATA=MYDATA;
 TABLES STRATA*GROUP*OUTCOME / ALL;
RUN;
```

更多例子请见第 3 章。

11. PROC GCHART

```
PATTERN VALUE=EMPTY COLOR=BLACK;
```

垂直条形图：

```
PROC GCHART DATA=MYDATA;
 VBAR RACE;
RUN;
```

水平条形图：

```
PROC GCHART DATA=MYDATA;
 HBAR RACE;
RUN;
```

绘制一个变量在另一个变量内的分布：

```
PATTERN VALUE=L2 COLOR=BLACK;
PROC GCHART DATA=E_MART;
 VBAR SALES / GROUP=DEPT MIDPOINTS=4500 TO 6000 BY 1000;
 FORMAT SALES DOLLAR8.0;
RUN;
```

更多例子见第 2 章。

12. PROC GLM

单因素设计：

```
PROC GLM DATA=MYDATA;
 CLASS TREAT;
 MODEL Y = TREAT;
 CONTRAST 'A VS. B AND C' TREAT 2 -1 -1;
 CONTRAST 'B VS. C' TREAT 0 1 -1;
MEANS TREAT / SNK;
RUN;
```

双因素设计（平衡设计或非平衡设计）：

```
PROC GLM DATA=MYDATA;
 CLASS TREAT GENDER;
 MODEL Z = TREAT | GENDER;
 LSMEANS TREAT | GENDER / SCHEFFE ALPHA=.1;
RUN;
```

更多因素设计，对比检验语句和重复测量设计请见第 7 章和第 8 章。

13. PROC GPLOT

X 对 Y 的简单散点图：

```
PROC GPLOT DATA=MYDATA;
 PLOT Y * X;
RUN;
```

将圆点作为绘图记号的 X 对 Y 的简单散点图：

```
SYMBOL VALUE=DOT COLOR=BLACK;
PROC GPLOT DATA=MYDATA;
 PLOT Y * X;
RUN;
```

14. PROC LOGISTIC

```
PROC LOGISTIC DATA=LOGISTIC DESCENDING;
 MODEL ACCIDENT = AGE VISION DRIVE_ED /
                  SELECTION = FORWARD
                  CTABLE PPROB=(0 to 1 by .1)
```

```
                                LACKFIT
                                RISKLIMITS;
RUN;
```

其他例子请见第 9 章第 6 节。

15. PROC MEANS

针对全部被试的描述统计：

```
PROC MEANS DATA=MYDATA N MEAN STD STDERR MAXDEC=2;
 VAR HR SBP DBP;
RUN;
```

按某个变量分组计算的描述统计：

```
PROC MEANS DATA=MYDATA N MEAN STD STDERR MIN MAX MAXDEC=2;
 CLASS GROUP;
 VAR X Y Z;
RUN;
```

创建包含平均数和方差的输出数据集：

```
PROC MEANS DATA=MYDATA NOPRINT NWAY;
 CLASS GENDER GROUP;
 ID SUBJ;
 VAR X Y Z;
 OUTPUT OUT=SUMMARY
        MEAN=M_X M_Y M_Z
        VAR =V_X V_Y V_Z;
RUN;
```

更多例子请见第 2 章。

16. PROC NPAR1WAY

```
PROC NPAR1WAY DATA=MYDATA WILCOXON;
 CLASS GROUP;
 VAR WEIGHT;
 EXACT WILCOXON;
RUN;
```

更多细节请见第 6 章第 4 节。

17. PROC PLOT

简单 X-Y 绘图：

```
PROC PLOT DATA=MYDATA;
 PLOT Y*X;
RUN;
```

将 o 作为绘图记号：

```
PROC PLOT DATA=MYDATA;
 PLOT Y*X = 'o';
RUN;
```

将性别的值（‘M’或‘F’）作为绘图记号：

```
PROC PLOT DATA=MYDATA;
 PLOT Y*X = GENDER;
RUN;
```

更多细节见第 2 章第 7 节。

18. PROC PRINT

将变量名作为列标题的简单列表：

```
PROC PRINT DATA=MYDATA;
 TITLE 'This is the Title of My Report';
 ID SUBJ_ID;
 VAR DATE HR SBP DBP;
RUN;
```

将变量标签作为列标题的简单列表：

（注意：在本例中，LABEL 语句包含在过程中。在其他情况下，我们很可能在 DATA 步骤中就给变量贴上了标签，你就不需要在 PROC 中再加入多余的 LABEL 语句了。同样，之前的程序中也可能已经指定了输出格式。）

```
PROC PRINT DATA=MYDATA LABEL;
 TITLE1 'Fancier Report';
 TITLE2 'Compiled by J. Smith and R. Cody';
 TITLE3 '-----------------------';
 FOOTNOTE 'Printed on recycled paper';
 ID SUBJ_ID;
 VAR DATE COST SBP DBP;
```

```
 FORMAT DATE MMDDYY8. COST DOLLAR8. SBP DBP 4.;
 LABEL SUBJ_ID = 'Subject ID'
       DATE    = 'Date of Visit'
       COST    = 'Cost of Treatment';
RUN;
```

19. PROC RANK

创建一个新数据集，用 R_X 表示 X 的排序：

```
PROC RANK DATA=MYDATA OUT=RANKDATA;
 VAR X;
 RANKS R_X;
RUN;
```

采用 PROC RANK 给变量分组（以中位数为准）：

```
PROC RANK DATA=MYDATA OUT=NEWDATA GROUPS=2;
 VAR X;
RUN;
```

20. PROC REG

简单线性回归：

```
PROC REG DATA=MYDATA;
 MODEL Y = X;
 RANKS R_X;
RUN;
```

两变量回归：

```
PROC REG DATA=MYDATA;
 MODEL LOSS = DOSAGE EXERCISE / P R;
RUN;
```

逐步多元回归：

```
PROC REG DATA=MYDATA;
 MODEL OUTCOME = INCOME SES AGE IQ /
           SELECTION = STEPWISE;
RUN;
```

更多 PROC REG 的例子请见第 9 章。

21. PROC SORT

对数据集排序：

```
PROC SORT DATA=MYDATA;
 BY ID DATE;
RUN;
```

创建输出数据集的例子（使用数据集选项 KEPP 和 WHERE=）：

```
PROC SORT DATA=MYDATA(KEEP=ID HR SBP DBP GENDER
                    WHERE=(SBP GT 140)) OUT=OUTDATA;
 BY ID DATE;
RUN;
```

22. PROC TTEST

```
PROC TTEST DATA=MYDATA;
 CLASS GENDER;
 VAR HR SBP DBP;
RUN;
```

使用 PROC TTEST 进行配对 T 检验：

```
PROC TTEST DATA=PAIRED;
 PAIRED BEFORE * AFTER;
RUN;
```

23. PROC UNIVARIATE

```
PROC UNIVARIATE DATA=MYDATA NORMAL PLOT;
 VAR X Y Z;
RUN;
```

练习题答案

第 1 章

1.1 (a)

```
DATA COLLEGE;
   INPUT ID AGE GENDER $ GPA CSCORE;
DATALINES;
1 18 M 3.7 650
2 18 F 2.0 490
3 19 F 3.3 580
4 23 M 2.8 530
5 21 M 3.5 640
;
```

(b)

```
PROC MEANS DATA=COLLEGE;
   VAR GPA CSCORE;
RUN;
```

(c) 在 INPUT 和 DATALINES 中间插入计算式：

INDEX = GPA + 3 * CSCORE / 500;

然后将其加在程序末尾：

```
PROC SORT DATA=COLLEGE;
   BY INDEX;
RUN;

PROC PRINT DATA=COLLEGE;
   TITLE "Students in Index Order"; /* optional */
   ID ID;
   VAR GPA CSCORE INDEX;
RUN;
```

1.3 (a)

```
DATA TAXPROB;
   INPUT SS SALARY AGE RACE $;
   FORMAT SS SSN11.; /* See Chapter 3 about FORMATS */
DATALINES;
123874414 28000 35 W
646239182 29500 37 B
012437652 35100 40 W
018451357 26500 31 W
;
PROC MEANS DATA=TAXPROB N MEAN MAXDEC=0;
   TITLE "Descriptive Statistics for Salary and Age";
   VAR SALARY AGE;
RUN;
```

(b) INPUT 语句后加上下面的计算式：

TAX = .30 * SALARY;

然后将其加在程序末尾：

```
PROC SORT DATA=TAXPROB;
   BY SS;
RUN;
PROC PRINT DATA=TAXPROB;
   TITLE "Listing of Salary and Taxes";
   ID SS;
   VAR SALARY TAX;
RUN;
```

1.5

```
DATA MISTAKE;
INPUT ID 1-3 TOWN 4-6 REGION 7-9 YEAR 11-12 BUDGET 13-14
VOTER-TURNOUT 16-20
DATALINES;
00104050422 12345
(more data lines)
;
PROC MEANS DATA=MISTAKE;
VAR ID REGION VOTER-TURNOUT;
N,STD,MEAN;
RUN;
```

第 2 行：没有错误，不过最好将 ID 设定为字符变量。

第 3 行：变量名中不能有破折号，语句末尾缺少了分号。

第 7 行：我们并不需要计算 ID 的平均数。同时，对于 REGION 一类的分类变量，用 PROC FREQ 计算频数更有意义。

第 8 行：PROC MEANS 的选项应该放在 PROC 行中、关键词 MEANS 和分号之间。选项间以空格隔开，而不是逗号。

正确的程序应该是这样的：

```
DATA MISTAKE;
   INPUT ID $ 1-3 TOWN 4-6 REGION 7-9 YEAR 11-12 BUDGET 13-14
         VOTER_TURNOUT 16-20;
DATALINES;
00104005  0422 12345
(more data lines)
;
PROC MEANS DATA=MISTAKE N MEAN STD;
   VAR BUDGET VOTER_TURNOUT;
RUN;
```

1.7 我们有一个 SAS 数据集，包含变量 AGE、GENDER、RACE、INCOME、MARITAL 和 HOME（房主或租房者）。

变量名	栏位	描述和输出格式
AGE	1	被试的年龄段
		1 = 10-19 2 = 20-29 3= 30-39 4 = 40-49 5 = 50-59 6 = 60+
GENDER	2	性别，1= 男性 2= 女性
RACE	3	种族，1= 白人 2= 非裔美国人 3= 西班牙裔 4= 其他
INCOME	4	收入组，1=0 到 9999
		2=10000 到 19999
		3=20000 到 39000
		4=40000 到 59000
		5=60000 到 79000
		6=80000 及以上
MARITAL	5	婚姻状况，1= 未婚 2= 已婚 3= 分居 4= 离异 5= 丧偶
HOME	6	房主或租房者，1= 房主 0= 租房者

```
DATA CEO;
   INPUT AGE     $ 1
         GENDER  $ 2
         RACE    $ 3
         INCOME  $ 4
         MARITAL $ 5
         HOME    $ 6;
DATALINES;
311411
122310
411221
(more data lines)
;
PROC FREQ DATA=CEO ORDER=FREQ;
   *Note, the ORDER = FREQ option will list the frequencies in
   decreasing frequency order, i.e. the most frequent first;
   TITLE 'Frequencies and Contingency Tables for CEO Report';
   TABLES AGE GENDER RACE INCOME MARITAL HOME
   AGE*GENDER*RACE INCOME*AGE*GENDER MARITAL*HOME;
   *or whatever other combinations you are interested in;
RUN;
PROC GCHART DATA=CEO;
   TITLE "Histograms";
   VBAR AGE GENDER RACE INCOME MARITAL HOME;
RUN;
```

1.9

```
DATA PROB1_9;
   INPUT ID RACE $ SBP DBP HR;
DATALINES;
001   W   130   80   60
002   B   140   90   70
003   W   120   70   64
004   W   150   90   76
005   B   124   86   72
;
PROC SORT DATA=PROB1_9;
   BY SBP;
RUN;
PROC PRINT DATA=PROB1_9;
   TITLE "Race and Hemodynamic Variables";
   ID ID;
   VAR RACE SBP DBP;
RUN;
```

第 2 章

2.1

```
PROC FREQ DATA=COLLEGE;
   TABLES GENDER;
RUN;
```

2.3

```
DATA TAXPROB;
   INPUT SS SALARY AGE RACE $;
   IF AGE GE 0 AND AGE LE 35 THEN AGE_GROUP = 1;
   ELSE IF AGE GT 35 THEN AGE_GROUP = 2;
   FORMAT SS SSN11.; /* See Chapter 3 about FORMATS */
DATALINES;
123874414 28000 35 W
646239182 29500 37 B
012437652 35100 40 W
018451357 26500 31 W
;
PROC FREQ DATA=TAXPROB;
   TITLE "Problem 2-3";
   TABLES RACE AGE_GROUP / NOCUM;
RUN;
```

2.5

```
DATA PROB2_5;
   LENGTH GROUP $ 1;
   INPUT X Y Z GROUP $;
DATALINES;
2   4   6   A
3   3   3   B
1   3   7   A
7   5   3   B
1   1   5   B
2   2   4   A
5   5   6   A
;
```

(a)

```
PROC GCHART DATA=PROB2_5;
   VBAR GROUP;
RUN;
```

(b)

```
PROC GPLOT DATA=PROB2_5;
   PLOT Y*X;
RUN;
```

(c)

```
PROC SORT DATA=PROB2_5;
   BY GROUP;
RUN;
PROC GPLOT DATA=PROB2_5;
   BY GROUP;
   PLOT Y*X;
RUN;
```

一定不要忘记，在 PROC 过程中使用 BY 语句之前，你必须先将数据集按照 BY 变量进行排序。

2.7

```
DATA LIVER;
   INPUT SUBJ DOSE REACT LIVER_WT SPLEEN;
DATALINES;
1   1  5.4  10.2  8.9
2   1  5.9   9.8  7.3
3   1  4.8  12.2  9.1
4   1  6.9  11.8  8.8
5   1 15.8  10.9  9.0
6   2  4.9  13.8  6.6
7   2  5.0  12.0  7.9
8   2  6.7  10.5  8.0
9   2 18.2  11.9  6.9
10  2  5.5   9.9  9.1
;
PROC SORT DATA=LIVER;
   BY DOSE;   *Note, optional since already in dose order;
```

```
RUN;
PROC UNIVARIATE DATA=LIVER NORMAL PLOT;
   TITLE "Distributions for Liver Data";
   VAR REACT -- SPLEEN;
   *** The notation first -- last is a short
       way of referring to all the variables from
       first to last IN THE ORDER THEY ARE in the
       SAS data set;
RUN;
PROC UNIVARIATE DATA=LIVER NORMAL PLOT;
   BY DOSE;
   TITLE "Distributions for Liver Data by Dose";
   VAR REACT -- SPLEEN;
RUN;
```

2.9

```
1   DATA 123;
2       INPUT AGE STATUS PROGNOSIS DOCTOR GENDER STATUS2
3               STATUS3;
4   (data lines)
      ;
5   PROC CHART DATA=123 BY GENDER;
6       VBAR STATUS
7       VBAR PROGNOSIS;
8   RUN;
9   PROC PLOT DATA=123;
10       DOCTOR BY PROGNOSIS;
11  RUN;
```

第 1 行：数据集名称是无效的，数据集名不能以数字开头。

第 2 行：没有错误，不过最好把 GENDER（性别）与其他人口统计学变量列在一起。

第 2 行：另外，最好添加一个 ID 变量。

第 2 行和第 3 行：或许我们太挑剔了些。如果你有变量 STATUS2 和 STATUS3，最好把变量 STATUS 命名为 STATUS1。

第 3 行和第 4 行：缺少 DATALINES 或 CARDS 语句。

第 5 行：有两个错误。第一，如果使用 BY 变量，数据集必须事先按照 BY 变量进行排序；第二，PROC CHART 和 BY GENDER 之间少了个分号。

第 6 行：语句末尾缺少分号。

第 7 行：你可能以为这里有个错误，但实际上没有。你可以在一个 PROC

CHART 过程中放置两个（或更多）VBAR 语句。

第 10 行：要求绘图的时候遗漏了关键词 PLOT。绘图的语句形式应该是 Y*X，而不是 Y BY X。

2.11 (a)

```
DATA SALES;
   INPUT PERSON $ TARGET $ VISITS CALLS UNITS;
DATALINES;
Brown      American   3   12   28000
Johnson   VRW       6   14  33000
Rivera   Texam       2   6   8000
Brown      Standard   0   22   0
Brown      Knowles   2   19   12000
Rivera   Metro       4   8   13000
Rivera   Uniman   8   7   27000
Johnson   Oldham   3   16   8000
Johnson   Rondo       2   14   2000
;
PROC MEANS DATA=SALES N SUM MEAN STD MAXDEC=0;
   CLASS PERSON;
   TITLE "Sales Figures for Each Salesperson";
   VAR VISITS CALLS UNITS;
RUN;
```

(b)

```
PROC GPLOT DATA=SALES;
   TITLE "Sales Plots";
   PLOT VISITS*CALLS = PERSON;
RUN;
```

(c)

```
PROC CHART DATA=SALES;
   TITLE "Distribution of Units Sold by Salesperson";
   VBAR PERSON / SUMVAR=UNITS TYPE=SUM;
RUN;
     or
PROC CHART DATA=SALES;
   TITLE "Distribution of Units Sold by Salesperson";
   VBAR UNITS / GROUP=PERSON;
RUN;
```

（c）中第一个 PROC CHART 过程将为每个销售员分别生成一个条形图，纵轴代表单位销售总额。另外一个过程将生成单位销售量的频数分布，并且将所有销售员并排放在一个图上。

2.13

```
DATA PROB2_13;
   INPUT ID TYPE $ SCORE;
DATALINES;
1   A   44
1   B   9
1   C   203
2   A   50
2   B   7
2   C   188
3   A   39
3   B   9
3   C   234
;
PROC MEANS DATA=PROB2_13;
   CLASS TYPE;
   VAR SCORE;
RUN;
```

如果你使用的是 BY 语句而非 CLASS 语句，请记住一定要事先对数据集进行排序。

第 3 章

3.1

```
PROC FORMAT;
   VALUE FGROUP 1 = 'CONTROL'
                2 = 'DRUG A'
                3 = 'DRUG B';
RUN;
```

3.3

```
PROC FORMAT;
   VALUE $GENDER 'M' = 'Male'
                 'F' = 'Female';
                                          [Continued]
```

```
   VALUE $PARTY '1' = 'Republican'
                '2' = 'Democrat'
                '3' = 'Not Registered';
   VALUE YESNO 0 = 'No' 1 = 'Yes';
RUN;
DATA SURVEY;
   INPUT ID      1-3
         GENDER $ 4
         PARTY  $ 5
         VOTE     6
         FOREIGN  7
         SPEND    8;
   LABEL PARTY   =  'Political Party'
         VOTE    =  'Vote in Last Election?'
         FOREIGN = 'Agree with Government Policy?'
         SPEND   = 'Should we Increase Domestic Spending?';
   FORMAT GENDER $GENDER.
          PARTY $PARTY.
          VOTE FOREIGN SPEND YESNO.;
DATALINES;
007M1110
013F2101
137F1001
117 1111
428M3110
017F3101
037M2101
;
PROC FREQ DATA=SURVEY;
   TITLE "Political Survey Results";
   TABLES GENDER PARTY VOTE FOREIGN SPEND;
   TABLES VOTE*(SPEND FOREIGN) / CHISQ;
RUN;
```

3.5

```
***Method 1 ***;
DATA DEMOG;
   INPUT WEIGHT HEIGHT GENDER $;
   *Create weight groups;
   IF 0 LE WEIGHT LT 101 THEN WTGRP = 1;
   ELSE IF 101 LE WEIGHT LT 151 THEN WTGRP = 2;
   ELSE IF 151 LE WEIGHT LE 200 THEN WTGRP = 3;
   ELSE IF WEIGHT GT 200 THEN WTGRP = 4;
   *Create height groups;
   IF 0 LE HEIGHT LE 70 THEN HTGRP = 1;
   ELSE IF HEIGHT GT 70 THEN HTGRP = 2;
```

```
DATALINES;
155 68 M
98 60 F
202 72 M
280 75 M
130 63 F
.   57 F
166  . M
;
PROC FREQ DATA=DEMOG;
   TABLES WTGRP*HTGRP;
RUN;
```

（注意：你也可以用 <= 代替 LE，< 代替 LT，以及用 > 代替 GT。）

```
***Method 2 ***;
PROC FORMAT;
   VALUE WTFMT 0-100    = '1'
               101-150  = '2'
               151-200  = '3'
               201-HIGH = '4';
   VALUE HTFMT 0-70     = '1'
               71-HIGH = '2';
RUN;
DATA DEMOG;
   INPUT WEIGHT HEIGHT GENDER $;
DATALINES;
155 68 M
98 60 F
202 72 M
280 75 M
130 63 F
.   57 F
166  . M
;
PROC FREQ DATA=DEMOG;
   TITLE "Problem 3-5";
   TABLES WEIGHT*HEIGHT;
   FORMAT WEIGHT WTFMT. HEIGHT HTFMT.;
RUN;
```

3.7

```
DATA ASTHMA;
   INPUT ASTHMA $ SES $ COUNT;
DATALINES;
YES LOW 40
NO LOW 100
YES HIGH 30
NO HIGH 130
;
PROC FREQ DATA=ASTHMA;
   TITLE "Relationship between Asthma and SES";
   TABLES SES*ASTHMA / CHISQ;
   WEIGHT COUNT;
RUN;
```

卡方值 =4.025，p=.045。

3.9

```
DATA VITAMIN;
   INPUT V_CASE $ V_CONT $ COUNT;
   LABEL V_CASE = 'Case Use Vitamins'
         V_CONT = 'Control Use Vitamins';
   ***Note: Values of V_CASE and V_CONT chosen so that 1-YES will
            come before 2-NO in the table;
DATALINES;
1-YES  1-YES  100
1-YES  2-NO    50
2-NO   1-YES   90
2-NO   2-NO   200
;
PROC FREQ DATA=VITAMIN;
   TITLE "Matched Case-control Study";
   TABLES V_CASE * V_CONT / AGREE;
   WEIGHT COUNT;
RUN;
```

卡方值（McNemar）=11.429，p=.001。也就是说，不服用维他命的人更有可能患上疾病 X。（记住，对 McNemar 卡方值有贡献的仅仅是不一致的配对（yes/no 或者 no/yes）。）

3.11

```
DATA VDT_USE;
   INPUT GROUP $ VDT $ COUNT;
DATALINES;
CASE 1-YES 30
CASE 2-NO 50
CONTROL 1-YES 90
CONTROL 2-NO 200
;
PROC FREQ DATA=VDT_USE;
   TITLE "Case-control study of VDT Use";
   TABLES VDT * GROUP / CHISQ CMH;
   WEIGHT COUNT;
RUN;
```

卡方值 =1.1961，p=.2741，优势比 =1.333，95% 置信区间（.7956，2.2349）。

3.13

```
DATA CLASS;
   INPUT TYPE : $10. PROBLEM $ COUNT;
DATALINES;
1-STANDARD 1-YES 30
1-STANDARD 2-NO 220
2-PROOFED  1-YES 20
2-PROOFED 2-NO 280
;
PROC FREQ DATA=CLASS;
   TITLE "Sound Proofing Study";
   TABLES TYPE * PROBLEM / CHISQ CMH;
   WEIGHT COUNT;
RUN;
```

RR=1.800（教室的噪音增加了问题行为的发生），95% 置信区间（1.057，3.065）。

```
PROC FORMAT;
   VALUE SIZE 1 = 'Small'
              2 = 'Medium'
              3 = 'Large'
              4 = 'Gigantic';
RUN;
DATA CLASS;
   INPUT SIZE PROBLEM $ COUNT @@;
                                          [Continued]
```

```
   FORMAT SIZE SIZE.;
DATALINES;
11-YES 31 2-NO 122 1-YES 62 2-NO 22
31-YES 173 2-NO 384 1-YES 804 2-NO 120
;
PROC FREQ DATA=CLASS;
   TITLE "Relationship Between Class Size and Behavior";
   TABLES PROBLEM * SIZE / CHISQ;
   WEIGHT COUNT;
RUN;
```

趋势的卡方检验 =6.038，p=.014。

注意：2×4 表的卡方检验是 6.264，p=.094。

3.17

```
DATA TEMP;
   INPUT T_CONTRL $ GROUP : $10. COLD $ COUNT;
DATALINES;
1-POOR SMOKERS 1-YES 30
1-POOR SMOKERS 2-NO 50
1-POOR NONSMOKERS 1-YES 40
1-POOR NONSMOKERS 2-NO 100
2-GOOD SMOKERS 1-YES 20
2-GOOD SMOKERS 2-NO 55
2-GOOD NONSMOKERS 1-YES 35
2-GOOD NONSMOKERS 2-NO 150
;
PROC FREQ DATA=TEMP;
   TITLE "Relationship Between Temperature Control and Colds";
   TABLES GROUP * T_CONTRL * COLD / ALL;
   WEIGHT COUNT;
RUN;
```

综合表格的整体 RR（相对风险）=1.468，95% 置信区间（1.086，1.985），p=.013。

3.19

```
PROC FORMAT;
   VALUE PROB 1 = 'Cold'
              2 = 'Flu'
              3 = 'Trouble Sleep'
              4 = 'Chest Pain'
              5 = 'Muscle Pain'
```

```
               6 = 'Headache'
               7 = 'Overweight'
               8 = 'High BP'
               9 = 'Hearing Loss';
RUN;
DATA PATIENT;
   INPUT SUBJ   1-2
         PROB1    3
         PROB2    4
         PROB3    5
         HR     6-8
         SBP   9-11
         DBP  12-14;
DATALINES;
1112778130 80
178782180110
03162120 78
426168130 80
8958120 76
994882178100
;
PROC MEANS DATA=PATIENT N MEAN STD MAXDEC=1;
   TITLE "Statistics from Patient Data Base";
   VAR HR SBP DBP;
RUN;
```

对于问题（b）加上下面的语句：

```
***Solution without arrays;
DATA PROBLEM;
   SET PATIENT;
   PROB = PROB1;
   IF PROB NE . THEN OUTPUT;
   PROB = PROB2;
   IF PROB NE . THEN OUTPUT;
   PROB = PROB3;
   IF PROB NE . THEN OUTPUT;
   FORMAT PROB PROB.;
   KEEP PROB;
RUN;
*Solution with arrays;
DATA PROBLEM;
   SET PATIENT;
   ARRAY XPROB[3] PROB1-PROB3;
   DO I = 1 TO 3;
      PROB = XPROB[I];
      IF PROB NE . THEN OUTPUT;
```

[Continued]

```
  END;
  FORMAT PROB PROB.;
  KEEP PROB;
RUN;
PROC FREQ DATA=PROBLEM;
  TABLES PROB;
RUN;
```

3.21 第 3 行：输出格式在没有定义之前是不能赋给变量的。因此，将 5-8 行移到程序的开头（第 1 行之前）。

第 11 行：PROC FREQ 过程使用关键词 TABLES 来指定变量列表，而不是 VAR。

第 11 行：只有在二元（或多元）表格中才能使用选项 CHISQ。也就是说，我们要写成：

```
PROC FREQ DATA=IGOOFED;
  TABLES GENDER*RACE / CHISQ;
RUN;
```

第 14 行：如果事先没有按照 BY 变量对数据集进行排序，是不能使用 BY 语句的。

第 4 章

4.1

```
DATA PROB4_1;
  INPUT @1 ID 3.
        @5 (DOB ST_DATE END_DATE)(MMDDYY8.)
        /***********************************************
          Note: The line above is using a variable list
          and an informat list.  An alternative is to
          list each variable with a column pointer and
          an informat
        ***********************************************/
        @29 SALES 4.;
  AGE = YRDIF(DOB,ST_DATE,'ACTUAL');
  *For section E, substitute the line below for AGE;
  AGE = INT(YRDIF(DOB,ST_DATE,'ACTUAL'));
  LENGTH = YRDIF(ST_DATE,END_DATE,'ACTUAL');
  SALES_YR = SALES / LENGTH;
  *For section, E substitute the line below for SALES_YR;
```

```
   SALES_YR = ROUND ((SALES/LENGTH),10);
   FORMAT DOB ST_DATE END_DATE MMDDYY10.
          SALES_YR DOLLAR8.;
DATALINES;
001 1021194611121980122819887343
002 0913195502021980020419880123
005 0606194003121981031220040000
003 0705194411151980111320009544
;
PROC PRINT DATA=PROB4_1;
   TITLE "Report for Homework Problem 4-1";
   ID ID;
   VAR DOB AGE LENGTH SALES_YR;
RUN;
```

4.3

```
DATA RATS;
   INPUT @1 RAT_NO 1.
         @3 DOB DATE9.
         @13 DISEASE DATE9.
         @23 DEATH DATE9.
         @33 GROUP $1.;
    BIR_TO_D = DISEASE - DOB;
    DIS_TO_D = DEATH - DISEASE;
    AGE = DEATH - DOB;
    FORMAT DOB DISEASE DEATH MMDDYY10.;
DATALINES;
1 23MAY1990 23JUN1990 28JUN1990 A
2 21MAY1990 27JUN1990 05JUL1990 A
3 23MAY1990 25JUN1990 01JUL1990 A
4 27MAY1990 07JUL1990 15JUL1990 A
5 22MAY1990 29JUN1990 22JUL1990 B
6 26MAY1990 03JUL1990 03AUG1990 B
7 24MAY1990 01JUL1990 29JUL1990 B
8 29MAY1990 15JUL1990 18AUG1990 B
;
PROC MEANS DATA=RATS MAXDEC=1 N MEAN STD STDERR;
   CLASS GROUP;
   VAR BIR_TO_D DIS_TO_D AGE;
RUN;
```

4.5

```
DATA PATIENTS;
   INPUT  @1  ID       3.
          @4  DATE MMDDYY6.
          @10 HR       3.
          @13 SBP      3.
          @16 DBP      3.
          @19 DX       3.
          @22 DOCFEE   4.
          @26 LABFEE   4.;
   FORMAT DATE MMDDYY8.;
DATALINES;
00710218307012008001400400150
00712018307213009002000500200
00909038306611007013700300000
00507058307414008201300900000
00501158208018009601402001500
00506188207017008401400800400
00507038306414008401400800200
;
PROC SORT DATA=PATIENTS;
   BY ID DATE;
RUN;
DATA PROB4_5;
   SET PATIENTS;
   BY ID;
  *Omit the first VISIT for each patient;
  IF NOT FIRST.ID;
RUN;
PROC MEANS DATA=PROB4_5 MEAN MAXDEC=2;
   CLASS ID;
   VAR HR SBP DBP;
RUN;
```

4.7

```
PROC SORT DATA=PATIENTS; ***From problem 4-5;
   BY ID;
RUN;
DATA PROB4_7;
   SET PATIENTS;
   BY ID;
   *Omit patients with only one visit;
IF FIRST.ID AND LAST.ID THEN DELETE;
RUN;
PROC MEANS DATA=PROB4_7 NOPRINT NWAY;
```

```
   CLASS ID;
   VAR HR SBP DBP;
   OUTPUT OUT = PAT_MEAN MEAN= / AUTONAME;
RUN;
```

4.9

```
***Program to create data set BLOOD;
DATA BLOOD;
   LENGTH GROUP $ 1;
   INPUT ID GROUP $ TIME WBC RBC @@;
DATALINES;
1 A 1 8000 4.5   1 A 2 8200 4.8   1 A 3 8400 5.2
1 A 4 8300 5.3   1 A 5 8400 5.5
2 A 1 7800 4.9   2 A 2 7900 5.0
3 B 1 8200 5.4   3 B 2 8300 5.4   3 B 3 8300 5.2
3 B 4 8200 4.9   3 B 5 8300 5.0
4 B 1 8600 5.5
5 A 1 7900 5.2   5 A 2 8000 5.2   5 A 3 8200 5.4
5 A 4 8400 5.5
;
PROC MEANS DATA=BLOOD NWAY NOPRINT;
   CLASS ID;
   ID GROUP;
   VAR WBC RBC;
   OUTPUT OUT=TEMP(WHERE=(_FREQ_ GT 2)
                   DROP=_TYPE_)
                   MEAN = M_WBC M_RBC;
RUN;
PROC PRINT DATA=TEMP NOOBS;
   TITLE "Listing of data set TEMP";
RUN;
```

4.11

```
Replace the OUTPUT statement of PROC MEANS with:
OUTPUT OUT=TEMP(WHERE=(_FREQ_ GT 2)
                DROP=_TYPE_)
                MEAN=
                STD= /AUTONAME;
RUN;
```

第 5 章

5.1 (a)

```
DATA PROB5_1;
   INPUT X Y Z;
DATALINES;
1 3 15
7 13 7
8 12 5
3 4 14
4 7 10
;
PROC CORR DATA=PROB5_1;    /* x vs. y r =  .965 p = .0078 */
   VAR X;                    /* x vs. z r = Đ.975 p = .0047 */
   WITH Y Z;
RUN;
```

(b)

```
PROC CORR DATA=PROB5_1;    /* y vs. z r = -.963 p = .0084 */
   VAR X Y Z;
RUN;
```

5.3

```
DATA PRESSURE;
   INPUT AGE SBP;
DATALINES;
15 116
20 120
25 130
30 132
40 150
50 148
;
PROC CORR DATA=PRESSURE;
   VAR AGE SBP;
RUN;
```

5.5

```
***a;
PROC REG DATA=PROB5_1;
   MODEL Y = X;
RUN;
/*************************************
 Intercept = .781, prob>|t| = .5753
 Slope = 1.524, prob>|t| = .0078
**************************************/
```

5.7

```
DATA PROB5_7;
   INPUT X Y Z;
   LX = LOG(X);
   LY = LOG(Y);
   LZ = LOG(Z);
DATALINES;
1 3 15
7 13 7
8 12 5
3 4 14
4 7 10
;
PROC CORR DATA=PROB5_7;
   VAR LX LY LZ;
RUN;
```

5.9 (a)

```
PROC PLOT DATA=PROB5_1;
   PLOT Y*X;
RUN;
```

(b)

```
SYMBOL1 VALUE=DOT COLOR=BLACK;
PROC REG DATA=PROB5_1;
   MODEL Y = X;
   PLOT Y*X;
RUN;
***Alternative using PROC GPLOT;
SYMBOL VALUE=DOT COLOR=BLACK I=RL;
PROC GPLOT DATA=PROB5_1;
   TITLE "Plot of Problem 5-1 Data and Regression Line";
   PLOT Y*X;
RUN;
```

5.11 (a-c)

```
DATA PROB5_11;
   INPUT COUNTY POP HOSPITAL FIRE_CO RURAL $;
DATALINES;
1   35   1   2   YES
2   88   5   8   NO
3    5   0   1   YES
4   55   3   3   YES
5   75   4   5   NO
6  125   5   8   NO
7  225   7   9   YES
8  500  10  11   NO
;
PROC UNIVARIATE DATA=PROB5_11 NORMAL PLOT;
   TITLE "Checking the Distributions";
   VAR POP HOSPITAL FIRE_CO;
RUN;
PROC CORR DATA=PROB5_11 NOSIMPLE PEARSON SPEARMAN;
   TITLE "Correlation Matrix";
   VAR POP HOSPITAL FIRE_CO;
RUN;
```

因为人口（POP）变量中有极端值，所以在这个问题上，我们更倾向于使用Spearman 相关。

(d) 我们可以从 UNIVARIATE 的结果输出中找到中位数，然后进行重新编码。第 6 章中我们将看到 PROC RANK 过程可以通过 GROUPS=2 选项自动切分中位数。现在，我们则采用输出格式对变量进行重新编码。你也可以在 DATA 步骤中采用 IF 语句生成新的变量。

```
PROC FORMAT;
   VALUE POP LOW-81   = 'Below median'
             82-HIGH = 'Above Median';
   VALUE HOSPITAL LOW-4  = 'Below Median'
                  5-HIGH = 'Above Median';
   VALUE FIRE_CO LOW-6  = 'Below Median'
                 7-HIGH = 'Above Median';
RUN;
PROC FREQ DATA=PROB5_11; ***Data set from above;
   TITLE "Cross Tabulations";
   FORMAT POP POP. HOSPITAL HOSPITAL. FIRE_CO FIRE_CO.;
   TABLES RURAL*(POP HOSPITAL FIRE_CO) / CHISQ;
RUN;
```

5.13 第 1 行：错误的数据集名称，不应该包含破折号。

第 3-5 行：这些语句会把缺失值也赋值为 1，我们并不希望这么做！正确的形式应当是：

IF X LE 0 AND X NE . THEN X =1;

第 10 行：选项 PERASON 和 SPEARMAN 之前不需要斜杠。正确的写法应当是：

PROC CORR DATA = MANY_ERR PEARSON SPEARMAN;

第 11 行："根"不一样时，变量列表的正确形式应当是：

VAR X -- LOGZ;

记住，单破折号只适用于这种形式的变量：

ABC1-ABC25;

第 6 章

6.1

```
DATA HEADACHE;
   INPUT TREAT $ TIME @@;
DATALINES;
A 40 A 42 A 48 A 35 A 62 A 35
T 35 T 37 T 42 T 22 T 38 T 29
;
PROC TTEST DATA=HEADACHE;
   TITLE "Headache Study";
                                        [Continued]
```

```
   CLASS TREAT;
   VAR TIME;
RUN;
```

在 .05 水平上不显著（t=1.93，p=.083）。

6.3

```
PROC NPAR1WAY DATA=HEADACHE WILCOXON;
   TITLE "Nonparametric Comparison";
   CLASS TREAT;
   VAR TIME;
   EXACT WILCOXON;
RUN;
```

A 的秩和为 48.5，B 为 29.5。

精确的双侧 p 值为 .1385。

采用连续校正的正常逼近得到 z=1.45，p=.146。

6.5

```
***Use a paired t-test;
   DATA PAIR;
      INPUT SUBJ A_TIME B_TIME;
   DATALINES;
   1 20 18
   2 40 36
   3 30 30
   4 45 46
   5 19 15
   6 27 22
   7 32 29
   8 26 25
   ;
   PROC TTEST DATA=PAIR;
      TITLE "Paired T-Test";
      PAIRED A_TIME * B_TIME;
   RUN;
   t = 3.00, p = .0199; drug B works faster.
```

6.7

```
PROC FORMAT;
   VALUE GROUP 0 = 'A' 1 = 'B' 2 = 'C';
RUN;
DATA RANDOM;
   INPUT SUBJ @@;
   GROUP = RANUNI(0); *NOTE: CAN ALSO USE UNIFORM FUNCTION;
DATALINES;
001 137 454 343 257 876 233 165 002
;
PROC RANK DATA=RANDOM OUT=RANKED GROUP=3;
   VAR GROUP;
RUN;
PROC SORT DATA=RANKED;
   BY SUBJ;
RUN;
PROC PRINT DATA=RANKED;
   TITLE "Listing of Subject Numbers and Group Assignments";
   FORMAT GROUP GROUP.;
   ID SUBJ;
   VAR GROUP;
RUN;
```

6.9 第 11 行：正确的程序名是 TTEST。

第 7 章

7.1

```
DATA BRANDTST;
   DO BRAND = 'A','N','T';
      DO SUBJ = 1 TO 8;
         INPUT TIME @;
         OUTPUT;
      END;
   END;
DATALINES;
8 10 9 11 10 10 8 12
4 7 5 5 6 7 6 4
12 8 10 10 11 9 9 12
;
PROC ANOVA DATA=BRANDTST;
   TITLE "Brand of Tennis Shoe Comparison";
   CLASS BRAND;
   MODEL TIME = BRAND;
   MEANS BRAND / SNK;
RUN;
```

F=28.89，p=.0001；N 显著地比 T 和 A 都低（p<.05）。T 和 A 没有显著差异（p>.05）。

7.3

```
DATA BOUNCE;
   DO AGE = 'NEW', 'OLD';
      DO BRAND = 'W','P';
         DO I = 1 TO 5;
            INPUT BOUNCES @;
            OUTPUT;
         END;
      END;
   END;
   DROP I;
DATALINES;
67 72 74 82 81 75 76 80 72 73
46 44 45 51 43 63 62 66 62 60
;
PROC ANOVA DATA=BOUNCE;
   TITLE "Two-way ANOVA (AGE by BRAND) for Tennis Balls";
   CLASS AGE BRAND;
   MODEL BOUNCES = AGE | BRAND;
   MEANS AGE | BRAND;
RUN;
```

注意：比较简单的 INPUT 语句可以使用：

INPUT BRAND $ AGE $ BOUNCES;

然后数据列呈现的方式是每行一个观测值，例如：

W NEW 67

P NEW 75

等等……

两个主效应（AGE 和 BRAND）都是显著的（分别是 p=.0001 和 .0002）。交互作用也显著，p=.0002。

7.5 (a)

```
DATA SODA;
   INPUT BRAND $ AGEGRP RATING  @@;
DATALINES;
C 1 7  C 1 6  C 1 6  C 1 5  C 1 6  P 1 9  P 1 8
P 1 9  P 1 9  P 1 9  P 1 8  C 2 9  C 2 8  C 2 8
C 2 9  C 2 7  C 2 8  C 2 8  P 2 6  P 2 7  P 2 6
P 2 6  P 2 5
;
PROC GLM DATA=SODA;
   TITLE "Two-way Unbalanced ANOVA";
   CLASS BRAND AGEGRP;
   MODEL RATING = BRAND | AGEGRP;
   MEANS BRAND | AGEGRP;
RUN;
```

(b)

```
PROC MEANS DATA=SODA NWAY NOPRINT;
   CLASS BRAND AGEGRP;
   VAR RATING;
   OUTPUT OUT=MEANS MEAN=;
RUN;
SYMBOL1 VALUE=CIRCLE I=JOIN COLOR=BLACK;
SYMBOL2 VALUE=SQUARE I=JOIN COLOR=BLACK;
PROC GPLOT DATA=MEANS;
     PLOT M_RATING*AGEGRP = BRAND;
RUN;
```

(c)

```
PROC SORT DATA=SODA;
   BY AGEGRP;
RUN;
PROC TTEST DATA=SODA;
   BY AGEGRP;
   CLASS BRAND;
   VAR RATING;
RUN;
```

7.7

```
PROC TTEST DATA=BRANDTST;
   WHERE BRAND = 'A' OR BRAND = 'T';
   /* Alternative: WHERE BRAND IN ('A','T'); */
   /* WHERE BRAND NE 'N'; is not as desirable, since
   in a more general data set, there may be missing
   or miscoded values */
   CLASS BRAND;
   VAR TIME;
RUN;
```

7.9 第 4 行：由于这是两因素的非平衡设计，应该使用 PROC GLM，而不是 PROC ANOVA。

7.11 (a)

```
DATA PROB7_6;
   DO GROUP = 'A','B','C';
      INPUT M_SCORE AGE @;
      OUTPUT;
   END;
DATALINES;
90 16 92 18 97 18
88 15 88 13 92 17
72 12 76 12 88 16
82 14 78 14 92 17
65 12 90 17 99 17
74 13 68 12 82 14
;
PROC ANOVA DATA=PROB7_6;
   CLASS GROUP;
   MODEL M_SCORE AGE = GROUP;
   MEANS GROUP / SNK;
RUN;
```

(b)

```
PROC GLM DATA=PROB7_6;
   TITLE "Testing Assumption of Homogeneity of Slope";
   CLASS GROUP;
   MODEL M_SCORE = AGE GROUP AGE*GROUP;
RUN;
```

交互作用项不显著。可以进行协方差分析。

(c)

```
PROC GLM DATA=PROB7_6;
   TITLE "Analysis of Covariance";
   CLASS GROUP;
   MODEL M_SCORE = AGE GROUP;
   LSMEANS GROUP / PDIFF;
RUN;
```

在未校正的分析中，组间差异是显著的（p=.0479），年龄接近显著（p=.0559）。没有拒绝三个组斜率相等的零假设（AGE*GROUP 交互作用的 p=.1790）。校正了年龄后，数学成绩的组间差异完全消失了（p=.7606）。

第 8 章

8.1

```
DATA SHIRT;
   INPUT (JUDGE BRAND COLOR WORK OVERALL)(1.);
   INDEX = (3*OVERALL + 2*WORK + COLOR) / 6.0;
DATALINES;
11836
21747
31767
41846
12635
22534
32546
42436
13988
23877
33978
43887
;
PROC ANOVA DATA=SHIRT;
   TITLE "Problem 8-1";
   CLASS JUDGE BRAND;
   MODEL COLOR WORK OVERALL INDEX = JUDGE BRAND;
   MEANS BRAND / SNK;
RUN;
```

8.3

```
DATA WATER;
   INPUT ID 1-3 CITY $ 4 RATING 5;
DATALINES;
00118
00126
00138
00145
00215
00226
00235
00244
00317
00324
00336
00344
00417
00425
00437
00443
;
PROC ANOVA DATA=WATER;
   TITLE "Problem 8-3";
   CLASS ID CITY;
   MODEL RATING = ID CITY;
   MEANS CITY / SNK;
RUN;
```

8.5

```
PROC FORMAT;
   VALUE CITY 1 = 'New York'
              2 = 'New Orleans'
              3 = 'Chicago'
              4 = 'Denver';
RUN;
DATA PROB8_5;
   INPUT JUDGE 1-3 @;
   DO CITY = 1 TO 4;
      INPUT TASTE 1. @;
      OUTPUT;
   END;
   FORMAT CITY CITY.;
DATALINES;
0018685
0025654
0037464
```

```
0047573
;
***Same PROC ANOVA statements as problem 8-3 except for the
Data Set Name;
***Solution using the REPEATED statement of PROC ANOVA;
DATA REPEAT;
   INPUT ID 1-3 @4 (RATING1-RATING4)(1.);
DATALINES;
0018685
0025654
0037464
0047573
;
PROC ANOVA DATA=REPEAT;
   MODEL RATING1-RATING4 = /NOUNI;
   REPEATED CITY;
RUN;
```

未校正的比较显示，城市之间不是完全相等的（p=.0067）。采用 Greenhouse-Geisser 校正得到的 p 值为 .0375，而采用 Huynh-Feldt 校正得到的 p 值是 .0108。因此，不管使用了哪种校正方法，在 .05 水平上拒绝零假设都是合理的。

8.7

```
DATA RATS;
   INPUT GROUP $ RATNO DISTAL PROXIMAL;
DATALINES;
N 1 34 38
N 2 28 38
N 3 38 48
N 4 32 38
D 5 44 42
D 6 52 48
D 7 46 46
D 8 54 50
;
PROC ANOVA DATA=RATS;
   CLASS GROUP;
   MODEL DISTAL PROXIMAL = GROUP / NOUNI;
   REPEATED LOCATION 2;
RUN;
```

虽然主效应是显著的（GROUP 的 p=.01，LOCATION 的 p=.0308），但是交互作用项也十分显著（GROUP*LOCATION 交互作用 F=31.58，p=.0014）。这意味着我们要仔细查看看交互作用图，以明晰变量间的关系。

8.9 DO 循环的顺序错误，并且没有 OUTPUT 语句。第 2 到 8 行应该这么写：

```
DO SUBJ = 1 TO 3;
   DO GROUP = 'CONTROL','DRUG';
      DO TIME = 'BEFORE','AFTER';
         INPUT SCORE @;
         OUTPUT;
      END;
   END;
END;
```

没有其他错误了。

第 9 章

9.1

```
DATA TOMATO;
   DO LIGHT = 5,10,15;
      DO WATER = 1,2;
         DO I = 1 TO 3;
            INPUT YIELD @;
            OUTPUT;
         END;
      END;
   END;
   DROP I;
DATALINES;
12 9 8 13 15 14 16 14 12 20 16 16 18 25 20 25 27 29
;
PROC REG DATA=TOMATO;
   TITLE "Question 9-1";
   MODEL YIELD = LIGHT WATER;
RUN;
```

9.3

```
DATA LIBRARY;
   INPUT BOOKS ENROLL DEGREE AREA;
DATALINES;
 4   5  3   20
 5   8  3   40
10  40  3  100
```

```
 1   4  2   50
 5   2  1  300
 2   8  1  400
 7  30  3   40
 4  20  2  200
 1  10  2    5
 1  12  1  100
;
PROC REG DATA=LIBRARY;
   MODEL BOOKS = ENROLL DEGREE AREA / SELECTION=FORWARD;
RUN;
```

9.5

```
DATA PROB9_5;
   INPUT GPA HS_GPA BOARD IQ;
DATALINES;
3.9   3.8   680   130
3.9   3.9   720   110
3.8   3.8   650   120
3.1   3.5   620   125
2.9   2.7   480   110
2.7   2.5   440   100
2.2   2.5   500   115
2.1   1.9   380   105
1.9   2.2   380   110
1.4   2.4   400   110
;
PROC REG DATA=PROB9_5;
   MODEL GPA = HS_GPA BOARD IQ / SELECTION = MAXR;
RUN;
```

9.7

```
DATA PEOPLE;
   INPUT HEIGHT WAIST LEG ARM WEIGHT;
DATALINES;
(data lines)
;
PROC CORR DATA=PEOPLE NOSIMPLE;
   VAR HEIGHT -- WEIGHT;
RUN;
PROC REG DATA=PEOPLE;
   MODEL WEIGHT = HEIGHT WAIST LEG ARM /
   SELECTION = STEPWISE;
RUN;
```

你也可以采用 FORWARD、BACKWARD 或 MAXR 代替 STEPWISE。

9.9 哈哈！没有错误。实际上，你可以采用此程序解决练习题 9.7 的问题。

9.11

```
PROC LOGISTIC DATA=SMOKING ORDER=FORMATTED;
  TITLE "SMOKING, ASBESTOS, AND SES IN THE MODEL";
  CLASS SES (PARAM=REF REF='2-Medium');
  MODEL OUTCOME = SMOKING ASBESTOS SES / CTABLE PPROB=0 TO 1 BY .1
                                    OUTROC=ROCDATA;
RUN;
SYMBOL1 V=DOT I=SM60 COLOR=BLACK WIDTH=2;
PROC GPLOT DATA=ROCDATA;
  TITLE "ROC Curve";
  PLOT _SENSIT_ * _1MSPEC_ ;
  LABEL _SENSIT_ = 'Sensitivity'
        _1MSPEC_ = '1 - Specificity';
RUN;
```

9.13

```
*Program Name: PROB9_13.SAS in C:\APPLIED
Purpose: Solution to homework problem 9-13
Date: April, 2004;
PROC FORMAT;
  VALUE YES_NO   0 = 'No'
                 1 = 'Yes';
RUN;
DATA LOGISTIC;
  INPUT ACCIDENT DRINK PREVIOUS  @@;
  LABEL ACCIDENT = 'Accident in Last Year?'
     DRINK = 'Drinking Problem?'
     PREVIOUS = 'Accident in Previous Year?';
  FORMAT ACCIDENT DRINK PREVIOUS YES_NO.;
DATALINES;
1 0 1  1 1 1  1 1 1  1 0 0  1 1 1  0 0 1  0 1 0  0 1 0
0 0 1  0 0 0  0 1 0  0 0 1  0 1 0  0 0 0  0 0 0  1 1 0
1 0 1  1 1 1  1 1 1  1 0 1  1 1 1  1 1 0  1 0 1  1 1 0
1 1 1  0 1 1  0 1 1  0 0 1  0 0 1  0 1 0  0 0 0  0 0 1
0 1 0  0 0 0  0 0 0  1 1 1  1 1 0  1 1 1  1 1 0  1 1 1
1 1 1  1 1 1
;
PROC LOGISTIC DATA=LOGISTIC DESCENDING;
  TITLE "Predicting Accidents Using Logistic Regression";
  MODEL ACCIDENT = DRINK PREVIOUS /
     SELECTION = FORWARD
     RISKLIMITS;
RUN;
QUIT;
```

Logistic 回归等式如下：

$$\text{LOG（发生车祸的优势）} = -1.9207 + 1.9559\text{（DRINK）} + 1.7770\text{（PREVIOUS）}.$$

对于第 1 个人（没有饮酒史，没有车祸史），发生车祸的优势和概率分别是 .1465 和 .1278。对于第 2 个人（有饮酒史，但是没有车祸史），他的优势和概率分别是 1.0358 好 .5088。优势比为 1.0358/.1465=7.07，与 PROC LOGISTIC 的结果输出一样。

第 10 章

10.1

```
DATA QUEST;
   INPUT ID 1-3 AGE 4-5 GENDER $ 6 RACE $ 7 MARITAL $ 8
      EDUC $ 9 PRES 10 ARMS 11 CITIES 12;
DATALINES;
001091113232
002452222422
003351324442
004271111121
005682132333
006651243425
;
PROC FACTOR DATA=QUEST
            ROTATE=VARIMAX
            SCREE
            NFACTORS=2
            OUT=FACT;
   TITLE "Example of Factor Analysis";
   VAR PRES ARMS CITIES;
   PRIORS SMC;
RUN;
```

10.3

```
DATA SCORE;
   ARRAY ANS[5] $ 1 ANS1-ANS5;
   ARRAY KEY[5] $ 1 KEY1-KEY5;
   ARRAY S[5] 3 S1-S5; ***Score array 1 = right,0 = wrong;
                                              [Continued]
```

```
   RETAIN KEY1-KEY5;
   IF _N_ = 1 THEN INPUT (KEY1-KEY5)($1.);
   INPUT @1 ID 1-9
         @11 (ANS1-ANS5)($1.);
   DO I = 1 TO 5;
      S[I] = KEY[I] EQ ANS[I];
   END;
   DROP I;
DATALINES;
ABCDE
123456789 ABCDE
035469871 BBBBB
111222333 ABCBE
212121212 CCCDE
867564733 ABCDA
876543211 DADDE
987876765 ABEEE
;
PROC FACTOR DATA=SCORE
            OUT=FACTDATA
            NFACTORS=1;
   TITLE "Factor Analysis of Test Data";
   VAR S1-S5;
   PRIORS SMC;
RUN;
PROC PRINT DATA=FACTDATA;
   TITLE "Listing of Data Set FACTDATA";
RUN;
```

第 11 章

11.1

```
*-------------------------------------------------------*
| Program to score a five item multiple choice exam.    |
| Data: The first line is the answer key, remaining lines |
| contain the student responses.                        |
*-------------------------------------------------------*;
DATA SCORE;
   ARRAY ANS[5] $ 1 ANS1-ANS5; ***Student answers;
   ARRAY KEY[5] $ 1 KEY1-KEY5; ***Answer key;
   ARRAY S[5] 3 S1-S5; ***Score array 1 = right,0 = wrong;
   RETAIN KEY1-KEY5;
   ***Read the answer key;
   IF _N_ = 1 THEN INPUT (KEY1-KEY5)($1.);
   ***Read student responses;
   INPUT @1 SS 1-9
         @11 (ANS1-ANS5) ($1.);
```

```
    ***Score the test;
    DO I = 1 TO 5;
       S[I] = KEY[I] EQ ANS[I];
    END;
    ***Compute Raw and Percentage scores;
    RAW = SUM (OF S1-S5);
    PERCENT = 100*RAW / 5;
    KEEP SS RAW PERCENT S1-S5; ***S1-S5 needed for 11-3;
    LABEL SS = 'Social Security Number'
       RAW = 'Raw Score'
       PERCENT = 'Percent Score';
 DATALINES;
 BCDAA
 123456789 BCDAA
 001445559 ABCDE
 012121234 BCCAB
 135632837 CBDAA
 005009999 ECECE
 789787878 BCDAA
 ;
 PROC SORT DATA=SCORE;
    BY SS;
 RUN;
 PROC PRINT DATA=SCORE LABEL;
    TITLE "Listing of Student Scores in SS Order";
    ID SS;
    VAR RAW PERCENT;
    FORMAT SS SSN11.;
 RUN;
 PROC SORT DATA=SCORE;
    BY DESCENDING RAW;
 RUN;
 PROC PRINT DATA=SCORE LABEL;
    TITLE "Listing of Student Scores in Decreasing Order";
    ID SS;
    VAR RAW PERCENT;
    FORMAT SS SSN11.;
 RUN;
```

11.3

```
PROC CORR DATA=SCORE ALPHA NOSIMPLE;
   TITLE "Computing KR-20";
   VAR S1-S5;
RUN;
PROC CORR DATA=SCORE NOSIMPLE;
   TITLE "Point-biserial Correlations";
   VAR S1-S5;
   WITH RAW; ***Same results if you use PERCENT;
RUN;
```

11.5

```
DATA KAPPA;
   LENGTH RATER_1 RATER_2 $ 1;
   INPUT RATER_1 RATER_2  @@;
DATALINES;
C C   X X   X X   C X   X C   X X   X X
C X   C C   X X   C C   C C   X X   C C
;
PROC FREQ DATA=KAPPA;
   TITLE "Inter-rater Reliability: Coefficient Kappa";
   TABLES RATER_1 * RATER_2 / AGREE NOCUM NOPERCENT;
RUN;
```

第 12 章

12.1 (a)

```
DATA PROB12_1;
   INPUT GROUP $ SCORE;
DATALINES;
P   77
P   76
P   74
P   72
P   78
D   80
D   84
D   88
D   87
D   90
;
```

(b)

```
DATA PROB12_1;
   INPUT GROUP $ SCORE  @@;
DATALINES;
P 77 P 76 P 74 P 72 P 78
D 80 D 84 D 88 D 87 D 90
;
```

(c)

```
DATA PROB12_1;
   DO GROUP = 'P','D';
      DO I = 1 TO 5;
         INPUT SCORE  @@;
      OUTPUT;
   END;
END;
DROP I;
DATALINES;
77 76 74 72 78
80 84 88 87 90
;
```

(d)

```
DATA PROB12_1;
   DO GROUP = 'P','D';
      DO I = 1 TO 5;
         SUBJ+1;
         INPUT SCORE  @@;
         OUTPUT;
      END;
   END;
   DROP I;
DATALINES;
77 76 74 72 78
80 84 88 87 90
;
```

12.3

```
DATA PROB12_3;
   INFILE DATALINES DLM = ',';
   INPUT X1-X4;
DATALINES;
1,3,5,7
2,4,6,8
9,8,7,6
;
```

12.5

```
DATA PROB12_5;
   INFILE DATALINES DSD MISSOVER;
   LENGTH C $ 9;
   INPUT X Y C $ Z;
DATALINES;
1,,"HELLO",7
2,4,TEXT,8
9,,,6
21,31,SHORT
100,200,"LAST LINE",999
;
```

12.7

```
DATA OFFICE;
   INFORMAT VISIT MMDDYY10. DX $10. COST DOLLAR8.;
   INFILE DATALINES MISSOVER;
   INPUT ID VISIT DX COST;
DATALINES;
1 10/01/1996   V075   $102.45
2   02/05/1997   X123456789 $3,123
3   07/07/1996   V4568
4   11/11/1996   A123   $777.
;
```

12.9

```
DATA PROB12_9;
   INPUT SUBJECT $ 1-3
         A1      $ 5
         X         7-8
         Y         9-10
         Z        11-12;
DATALINES;
A12 X 111213
A13 W 102030
;
```

12.11

```
DATA PROB12_11;
   INPUT @1 SUBJECT $3.
         @5 A1      $1.
         @7 (X Y Z) (2.);    /* OK to specify X, Y, and Z */
DATALINES;                   /* separately                */
A12 X 111213
A13 W 102030
;
```

12.13

```
DATA PROB12_13;
   INPUT @1   ID   3.
      @4   GENDER   $1.
      @10   (DOB VISIT DISCHRG)   (MMDDYY6.)
      @30   (SBP1-SBP3)   (3. + 5)
      @33   (DBP1-DBP3)   (3. + 5)
      @36   (HR1-HR3)   (2. + 6);
   FORMAT DOB VISIT DISCHRG MMDDYY8.;
DATALINES;
123M   102146111196111396   130 8668134 8872136 8870
456F   010150122596020597   220110822101028424012084
;
```

12.15

```
DATA PROB12_15;
   INPUT #1 @1   ID  2.
            @4   X   2.
            @6   Y   2.
         #2 @3   A1 $3.
            @6   A2 $1.;
DATALINES;
01 2345
   AAAX
02 9876
   BBBY
;
```

12.17

```
DATA PROB12_17;
   INPUT X Y  @@;
DATALINES;
1 2  3 4  5 6  7 8
11 12   13 14
21 22  23 24  25 26  27 28
;
```

12.19

```
DATA SURVEY;
   INPUT @12 TEST 1. @;
   IF TEST = 1 THEN
   INPUT @1  ID    $3.
         @4  HEIGHT 2.
         @6  WEIGHT 3.;
      ELSE IF TEST = 2 THEN
      INPUT @1 ID    $3.
            @4 AGE    2.
            @6 HEIGHT 2.
            @8 WEIGHT 3.;
   DROP TEST;
DATALINES;
00168155   1
00272201   1
0034570170 2
0045562 90 2
;
```

第 13 章

13.1

```
LIBNAME A 'A:\';
DATA A.BILBO;
   INFILE 'A:FRODO' PAD; *(Don't forget the PAD);
   INPUT ID 1-3 AGE 5-6 HR 8-10 SBP 12-14 DBP 16-18;
   AVEBP = 2*DBP/3 + SBP/3;
RUN;
DATA A.HIBP;
   SET A.BILBO;
   WHERE AVEBP GE 100;
RUN;
/************************************************************
```

```
Alternative solutions using a WHERE data set option:
***********************************************************/
DATA A.HIBP;
   SET A.BILBO(WHERE=(AVEBP GE 100));
RUN;
```

13.3

```
LIBNAME INDATA 'C:\SASDATA';
OPTIONS FMTSEARCH = (INDATA);
***Alternative is to use the default library name LIBRARY;
PROC FREQ DATA=INDATA.SURVEY ORDER=FREQ;
   TITLE "Frequencies for ICD_9 codes from the 1990 Survey";
   TABLES ICD_9;
RUN;
PROC MEANS DATA=INDATA.SURVEY N MEAN
       STD STDERR MIN MAX MAXDEC=2;
   TITLE "Descriptive Statistics for the Survey";
   VAR AGE;
RUN;
```

13.5

```
LIBNAME C 'C:\MYDATA;
DATA C.DEM_9697;
   IF END96 NE 1 THEN INFILE 'A:DEM_1996' END=END96;
   ELSE INFILE 'A:DEM_1997';
   INPUT @1   ID       $3.
         @4   AGE       2.
         @6   JOB_CODE $1.
         @7   SALARY    6.;
RUN;
```

13.7

```
DATA PROB13_4;
   INFILE 'B:SAMPLE.DTA' LRECL=320 MISSOVER;
   INPUT X1ĐX100;
RUN;
```

13.9

```
***DATA step to create MILTON;
DATA MILTON;
   INPUT X Y A B C Z;
DATALINES;
1 2 3 4 5 6
11 22 33 44 55 66
;
DATA _NULL_; ***No need to create a SAS data set;
   SET MILTON;
   FILE 'C:\MYDATA\OUTDATA';
   PUT @1 (A B C) (3.);
RUN;
```

第 14 章

14.1 (a)

```
DATA GYM;
   LENGTH GENDER $ 1;
   INPUT ID GENDER AGE VAULT FLOOR P_BAR;
   ***GENDER is already declared a character variable by the LENGTH
      statement so a $ is not needed in the INPUT statement;
DATALINES;
3   M    8   7.5   7.2   6.5
5   F   14   7.9   8.2   6.8
2   F   10   5.6   5.7   5.8
7   M    9   5.4   5.9   6.1
6   F   15   8.2   8.2   7.9
;
```

(b)

```
DATA MALE_GYM;
      SET GYM;
      WHERE GENDER = 'M';
   RUN;
```

或

```
DATA MALE_GYM;
   SET GYM(WHERE = (GENDER = 'M'));
RUN;
```

(c)

```
DATA OLDER_F;
   SET GYM;
   WHERE GENDER = 'F' AND AGE GE 10; ***IF statement OK;
RUN;
```

或

```
DATA OLDER_F;
   SET GYM(WHERE=(GENDER = 'F' AND AGE GE 10));
RUN;
```

14.3

```
DATA YEAR1996;
   INPUT ID HEIGHT WEIGHT;
DATALINES;
2 68 155
1 63 102
4 61 111
;
DATA YEAR1997;
   INPUT ID HEIGHT WEIGHT;
DATALINES;
7 72 202
5 78 220
3 66 105
;
DATA BOTH;
   SET YEAR1996 YEAR1997;
RUN;
```

14.5

```
DATA MONEY;
   INPUT ID INCOME : $1. L_NAME : $10.;
DATALINES;
3 A Klein
7 B Cesar
8 A Solanchick
1 B Warlock
5 A Cassidy
2 B Volick
;
```

[Continued]

```
PROC SORT DATA=GYM;
   BY ID;
RUN;
PROC SORT DATA=MONEY;
   BY ID;
RUN;
DATA GYMMONEY;
   MERGE GYM(IN=IN_GYM) MONEY;
   BY ID;
   IF IN_GYM;
RUN;
PROC PRINT DATA=GYMMONEY;
   ***Note: GYMMONEY already in ID order;
   TITLE "Listing of Gym and Financial Data";
   ID ID;
   VAR L_NAME GENDER AGE;
RUN;
```

14.7

```
PROC SORT DATA=BOTH;
   BY ID;
RUN;
DATA FREDDY;
   MERGE GYMMONEY(IN=ONE)
         BOTH(IN=TWO);
   BY ID;
   IF ONE AND TWO;
RUN;
PROC PRINT DATA=FREDDY NOOBS;
   TITLE "Listing of Data Set FREDDY";
RUN;
```

14.9

```
DATA FINANCE;
   LENGTH INCOME GENDER PLAN $ 1;
   INPUT INCOME GENDER PLAN  @@;
DATALINES;
A M W A F X B M Y B F Z
;
PROC SORT DATA=FINANCE;
   BY GENDER INCOME;
RUN;
PROC SORT DATA=GYMMONEY;
   BY GENDER INCOME;
```

```
RUN;
DATA FINAL;
   MERGE FINANCE GYMMONEY;
   BY GENDER INCOME;
RUN;
PROC PRINT DATA=FINAL NOOBS;
   TITLE "Listing of Data Set FINAL";
RUN;
```

14.11

```
DATA NEW;
   INFILE DATALINES MISSOVER;
   ***MISSOVER needed because of short lines;
   INPUT ID GENDER : $1. AGE VAULT P_BAR;
DATALINES;
3 . . .  6.7
5 . 15 8.1 7.2
7 F
;
PROC SORT DATA=NEW;
   BY ID;
RUN;
PROC SORT DATA=GYM;
   BY ID;
RUN;
DATA GYM_2;
   UPDATE GYM NEW;
   BY ID;
RUN;
PROC PRINT DATA=GYM_2 NOOBS;
   TITLE "Listing of Data Set GYM_2";
RUN;
```

创建更新数据集（NEW）的另外一种方法是：

```
DATA NEW;
   LENGTH GENDER $ 1;
   INPUT ID= GENDER= $ AGE= VAULT= P_BAR= ;
DATALINES;
ID= 3 P_BAR= 6.7
ID= 5 AGED= 15 VAULT= 8.1 P_BAR= 7.2
ID= 7 GENDER= F
;
```

这称为 NAMED 输入。你可以从 Online Doc™ 或其他 SAS 手册中了解更多细节。

第 15 章

15.1

```
DATA PROB15_1;
   INPUT (HT1-HT5)(2.) (WT1-WT5)(3.);
   ARRAY HT[*] HT1-HT5;
   ARRAY WT[*] WT1-WT5;
   ARRAY DENS[*] DENS1-DENS5;
   DO I = 1 TO 5;
      DENS[I] = WT[I] / HT[I]**2;
   END;
   DROP I;
DATALINES;
6862727074150090208230240
64  68  70140   150   170
;
```

15.3

```
DATA OLDMISS;
   INPUT A B C X1-X3 Y1-Y3;
   ARRAY NINE[*] A B C X1-X3;
   ARRAY SEVEN[*] Y1-Y3;
   DO I = 1 TO 6;
      IF NINE[I] = 999 THEN NINE[I] = .;
   END;
   DO I = 1 TO 3;
      IF SEVEN[I] = 777 THEN SEVEN[I] = .;
   END;
   DROP I;
DATALINES;
1 2 3 4 5 6 7 8 9
999 4 999 999 5 999 777 7 7
;
```

或：

```
DATA OLDMISS;
INPUT A B C X1-X3 Y1-Y3;
ARRAY NINE[*] A B C X1-X3;
   ARRAY SEVEN[*] Y1-Y3;
   DO I = 1 TO 6;
```

```
      IF NINE[I] = 999 THEN NINE[I] = .;
      IF I LE 3 AND SEVEN[I] = 777 THEN SEVEN[I] = .;
   END;
   DROP I;
DATALINES;
1 2 3 4 5 6 7 8 9
999 4 999 999 5 999 777 7 7
;
```

15.5

```
DATA SPEED;
   INPUT X1-X5 Y1-Y3;
DATALINES;
1 2 3 4 5 6 7 8
11 22 33 44 55 66 77 88
;
DATA SPEED2;
   SET SPEED;
   ARRAY X[5] X1-X5;
   ARRAY Y[3] Y1-Y3;
   ARRAY LX[5] LX1-LX5;
   ARRAY SY[3] SY1-SY3;
   DO I =  1 TO 5;
      LX[I] = LOG(X[I]);
      IF I LE 3 THEN SY[I] = SQRT(Y[I]);
   END;
   DROP I;
RUN;
```

15.7

```
DATA PROB15_7;
   LENGTH C1-C5 $ 2;
   INPUT C1-C5 $ X1-X5 Y1-Y5;
   ARRAY C[5] $ C1-C5;
   ARRAY X[5] X1-X5;
   ARRAY Y[5] Y1-Y5;
   DO I = 1 TO 5;
      IF C[I] = 'NA' THEN C[I] = ' ';
      IF X[I] = 999 OR Y[I] = 999 THEN DO;
         X[I] = .;
         Y[I] = .;
      END;
   END;
```

[Continued]

```
   DROP I;
DATALINES;
AA BB CC DD EE 1 2 3 4 5 6 7 8 9 10
NA XX NA YY NA 999 2 3 4 999 999 4 5 6 7
;
```

第 16 章

16.1

```
DATA FROG;
   INPUT ID X1-X5 Y1-Y5;
DATALINES;
01   4   5   4   7   3   1   7   3   6   8
02   8   7   8   6   7   5   4   3   5   6
;
DATA TOAD;
   SET FROG;
   ARRAY XX[5] X1-X5;
   ARRAY YY[5] Y1-Y5;
   DO TIME = 1 TO 5;
      X = XX[TIME];
      Y = YY[TIME];
      OUTPUT;
   END;
   DROP X1-X5 Y1-Y5;
RUN;
```

16.3

```
DATA STATE;
   INFORMAT STATE1-STATE5 $2.;
   INPUT ID STATE1-STATE5;
DATALINES;
1   NY   NJ   PA   TX   GA
2   NJ   NY   CA   XX   XX
3   PA   XX   XX   XX   XX
;
DATA NEWSTATE;
   SET STATE;
   ARRAY XSTATE[*] $ STATE1-STATE5;
   DO I = 1 TO 5;
      IF XSTATE[I] = 'XX' THEN XSTATE[I] =  ' ';
      STATE = XSTATE[I];
      OUTPUT;
   END;
   DROP I;
```

```
RUN;
PROC FREQ DATA=NEWSTATE ORDER=FREQ;
   TITLE "Frequencies on States Visited";
   TABLES STATE;
RUN;
```

16.5

```
DATA NEW;
   SET BLAH;
   ARRAY JUNK[*] X1-X5 Y1-Y5 Z1-Z5;
   DO J = 1 TO DIM(JUNK);
      IF JUNK[J] = 999 THEN JUNK[J] = .;
   END;
   DROP J;
RUN;
```

第 17 章

17.1

```
DATA HOSP;
   INFORMAT ID $3. GENDER $1. DOB DOS MMDDYY8.;
   INPUT ID GENDER DOB DOS LOS SBP DBP HP;
   FORMAT DOB DOS MMDDYY10.;
DATALINES;
1 M 10/21/46 3/17/97 3 130 90 68
2 F 11/1/55 3/1/97 5 120 70 72
3 M 6/6/90 1/1/97 100 102 64 88
4 F 12/21/20 2/12/97 10 180 110 86
;
DATA NEW_HOSP;
   SET HOSP;
   LOG_LOS = LOG10(LOS); ***Part A;
   AGE_LAST = INT(YRDIF(DOB,DOS,'ACTUAL')); ***Part B;
   ***Alternative (YRDIF is preferred)
   AGE_LAST = INT((DOS-DOB)/365.25);
   X = ROUND(SQRT(MEAN(OF SBP DBP)),.1); ***Part C;
RUN;
```

17.3

```
DATA MANY;
   INPUT X1-X5 Y1-Y5;
```

(a)

```
MEAN_X = MEAN(OF X1-X5);
MEAN_Y = MEAN(OF Y1-Y5);
```

(b)

```
MIN_X = MIN(OF X1-X5);
MIN_Y = MIN(OF Y1-Y5);
```

(c)

```
CRAZY = MAX(OF X1-X5) * MIN_Y * (N(OF X1-X5) + NMISS(OF
Y1-Y5));
```

(d)

```
IF N(OF X1-X5) GE 3 AND N(OF Y1-Y5) GE 4 THEN
   MEAN_X_Y = MEAN(OF X1-X5 Y1-Y5);
DATALINES;
1 2 3 4 5   6 7 8 9 10
3 . 5 . 7   5 . . . 15
9 8 . . .   4 4 4 4 1
;
```

17.5

```
DATA UNI;
   DO I = 1 TO 1000;
      N = INT(RANUNI(0)*5 + 1);
      OUTPUT;
   END;
   DROP I;
RUN;
PROC FREQ DATA=UNI;
   TABLES N / NOCUM TESTP=(.2 .2 .2 .2 .2);
RUN;
```

17.7

```
PROC FORMAT;
   VALUE DAYFMT 1 = 'SUN' 2 = 'MON' 3 = 'TUE' 4 = 'WED' 5 = 'THU'
      6 = 'FRI' 7 = 'SAT';
```

```
RUN;
DATA DATES;
   SET HOSP; ***From 17-1;
   DAY = WEEKDAY(DOS);
   MONTH = MONTH(DOS);
   FORMAT DAY DAYFMT.;
RUN;
PROC CHART DATA=DATES;
***Or GCHART;
   VBAR DAY MONTH / DISCRETE;
RUN;
```

17.9

```
DATA MIXED;
   INPUT X Y A $ B $;
DATALINES;
1 2 3 4
5 6 7 8
;
DATA NUMS;
   SET MIXED;
   A_NUM = INPUT(A,8.);
   B_NUM = INPUT(B,8.);
   DROP A B; ***Don't forget this;
RUN;
```

17.11

```
PROC FORMAT;
   VALUE AGEGRP LOW - < 20   = '1'
      20-40    = '2' /*OK SINCE INTEGERS*/
      41-HIGH   = '3';
RUN;
DATA NEWER;
   SET NEW_HOSP; ***From 17-1;
   AGEGROUP = PUT(AGE_LAST,AGEGRP.);
RUN;
```

第 18 章

18.1

```
   DATA CHAR1;
   INPUT @1  STRING1 $1.
         @2  STRING2 $5.
         @3  STRING3 $8.
         @11 (C1-C5)($1.);
DATALINES;
XABCDE12345678YNYNY
YBBBBB12V56876yn YY
ZCCKCC123-/. ,WYNYN
;
DATA ERROR;
   SET CHAR1;
   LENGTH DUMMY $ 5;
   DUMMY = C1 || C2 || C3 || C4 || C5;
   IF VERIFY(STRING1,'XYZ') NE 0   OR
      VERIFY(STRING2,'ABCDE') NE 0  OR
      VERIFY(UPCASE(DUMMY),'NY') NE 0 THEN OUTPUT;
   DROP DUMMY;
RUN;
```

18.3

```
DATA PROB18_3;
   SET CHAR1; ***From 18-1;
   NEW3 = TRANSLATE(COMPRESS(STRING3,' -/.,'),'ABCDEFGH','12345678');
   IF VERIFY(COMPRESS(NEW3,'ABCDEFGH')) NE 0 THEN NEW3 =  ' ';
RUN;
```

18.5

```
DATA PROB18_5;
   SET CHAR1; ***From 18-1;
   ARRAY C[5] $ 1 C1-C5; ***Create a character array;
   DO I = 1 TO 5;
      C[I] = UPCASE(C[I]);
      IF VERIFY(C[I],'NY ') NE 0 THEN C[I] = ' ';
   END;
   DROP I;
RUN;
```

18.7

```
DATA PHONE;
   INPUT CHAR_NUM $20.;
   NUMBER = INPUT(COMPRESS(CHAR_NUM,' ()-/'),10.);
DATALINES;
(908)235-4490
(800) 555 - 1 2 1 2
203/222-4444
;
```

18.9

```
DATA EXPER;
   INPUT ID      $ 1-5
         GROUP   $ 7
         DOSE    $ 9-12;
   LENGTH SUB_ID $ 2 GRP_DOSE $ 6;
   SUB_ID = SUBSTR(ID,2,2);
   GRP_DOSE = GROUP || '-' || DOSE;
DATALINES;
1NY23 A HIGH
3NJ99 B HIGH
2NY89 A LOW
5NJ23 B LOW
;
```

18.11

```
DATA PROB18_11;
   SET EXPER; ***From problem 18.9;
   LENGTH ID2 $ 6;
   ID2 = ID;
   IF INPUT(SUBSTR(ID,4,1),1.) GE 5 THEN SUBSTR(ID2,6,1) = '*';
RUN;
```

18.13

```
DATA ONE;
   INPUT @1   GENDER     $1.
         @2   DOB   MMDDYY8.
         @10  NAME      $11.
```

[Continued]

```
        @21  STATUS      $1.;
   FORMAT DOB MMDDYY8.;
DATALINES;
M10/21/46CADY    A
F11/11/50CLINE   B
M11/11/52SMITH   A
F10/10/80OPPENHEIMERB
M04/04/60JOSE    A
;
DATA TWO;
   INPUT @1  GENDER      $1.
         @2  DOB    MMDDYY8.
         @10 NAME       $11.
         @21 WEIGHT       3.;
   FORMAT DOB MMDDYY8.;
DATALINES;
M10/21/46CODY   160
F11/11/50CLEIN   102
F11/11/52SMITH   101
F10/10/80OPPENHAIMER120
M02/07/60JOSA   220
;
DATA ONE_TMP;
   SET ONE;
   S_NAME = SOUNDEX(NAME);
RUN;
DATA TWO_TMP;
   SET TWO;
   S_NAME = SOUNDEX(NAME);
RUN;
PROC SORT DATA=ONE_TMP;
   BY GENDER DOB S_NAME;
RUN;
PROC SORT DATA=TWO_TMP;
   BY GENDER DOB S_NAME;
RUN;
DATA COMBINED;
   MERGE ONE_TMP(IN=INONE) TWO_TMP(IN=INTWO);
   BY GENDER DOB S_NAME;
   IF INONE AND INTWO;
RUN;
```

注意：第 19 章和 20 章没有练习题。

心理学教材中译本系列

心理学与生活（第 16 版），菲利普·津巴多、理查德·格里格 著，王垒 等译
教育心理学（第 7 版），罗伯特·斯莱文 著，姚梅林 等译
社会心理学（第 8 版），戴维·迈尔斯 著，侯玉波、乐国安、张智勇 等译
组织行为学（第 9 版），弗雷德·鲁森斯 著，王垒 等译
人力资源管理（第 7 版），劳埃德·拜厄斯、莱斯利·鲁 著，李业昆 等译
人力资源管理（第 10 版），韦恩·蒙迪 著，谢晓非 等译
异常与临床心理学，保罗·贝内特 著，陈传锋、严建雯、金一波 等译
理解孩子的成长（第 4 版），彼得·史密斯 等著，寇彧 等译
心理学（第 7 版），戴维·迈尔斯 著，黄希庭 等译
健康心理学（第 3 版），简·奥格登 著，严建雯、陈传锋、金一波 等译
自我，乔纳森·布朗 著，陈浩莺、薛贵、曾盼盼 译
决策与判断，斯科特·普劳斯 著，施俊琦、王星 译
亲密关系（第 3 版），莎伦·布雷姆 等著，郭辉、肖斌、刘煜 译
态度改变与社会影响，菲利普·津巴多、迈克尔·利佩 著，邓羽、肖莉、唐小艳 译
影响力心理学，菲利普·津巴多、迈克尔·利佩 著，邓羽、肖莉、唐小艳 译
管理决策中的判断（第 6 版），马克斯·巴泽曼 著，杜伟宇 、李同吉 译
阅读障碍与阅读困难——给教师的解释，达斯 著，张厚粲、徐建平、孟祥芝 译
APA 出版手册（简明版），美国心理学会 编著，周晓林、叶铮、张旋、曹琳 译
心理学与我们（第 7 版），罗伯特·费尔德曼、黄希庭 著，黄希庭 等译
心理学实验的设计与报告（第 2 版），彼得·哈里斯 著，吴艳红 译
心理学研究方法（第 7 版），约翰·肖内西 著，张明 等译
危机中的青少年（第 3 版），麦克沃特 等著，寇彧 等译
心理学精要（第 5 版），戴维·迈尔斯 著，黄希庭 等译
跨文化社会心理学，史密斯 等著，严文华 等译
心理统计导论（第 9 版），理查德·鲁尼恩 等著，林丰勋 译
改变心理学的 40 项研究（第 5 版），罗杰·霍克 著，白学军 译
像心理学家一样思考（第 2 版），唐纳德·麦克伯尼 著，王伟平 译
心理学史（第 4 版），戴维·霍瑟萨尔 著，郭本禹、魏宏波、朱兴国、王申连 等译
人格心理学（第 2 版），兰迪·拉森、戴维·巴斯 著，郭永玉 等译
生物心理学（第 10 版），詹姆斯·卡拉特 著，苏彦捷 等译

心理学英文影印版系列（教育部高等学校心理学教学指导委员会推荐用书）

心理学与生活（第18版），理查德·格里格、菲利普·津巴多 著

普通心理学（第6版），罗伯特·费尔德曼 著，黄希庭教授推荐

心理学实验的设计与报告（第2版），彼得·哈里斯 著，沈模卫教授推荐

心理统计（第9版），理查德·鲁尼恩 等著，张厚粲教授推荐

心理学研究方法（第6版），约翰·肖内西 等著，周晓林教授推荐

社会心理学（第8版），戴维·迈尔斯 著，彭凯平教授推荐

发展心理学（第9版），黛安娜·帕帕拉 等著，林崇德教授推荐

变态心理学（第9版），劳伦·阿洛伊 等著，王登峰教授推荐

心理测验与评估（第6版），罗纳德·科恩 等著，彭凯平教授推荐

认知心理学基础（第7版，双语版），里德·亨特 等著，傅小兰教授推荐

心理测验与评估学习指南，罗纳德·科恩 著

心理统计学习指南（双语版），戴维·皮滕杰 著，林丰勋教授译注

异常与临床心理学，保罗·贝内特 著，陈传锋教授推荐

人格心理学（第2版，双语版），兰迪·拉森 等著，郭永玉教授推荐

生物心理学（第9版），詹姆斯·卡拉特 著，苏彦捷教授推荐

心理测验：历史、原理及应用（第5版），罗伯特·格雷戈里 著，闫巩固教授推荐

英汉对照心理学大词典（第3版），阿瑟·雷伯 等著，王垒 等译注

变态心理学（第13版），詹姆斯·布彻 等著，贾晓明教授推荐

社会研究方法（第6版），威廉·纽曼 著，辛涛教授推荐

如何成为质性研究专家（第3版），科琳·格莱斯 著，刘力教授推荐

改变心理学的40项研究（第5版），罗杰·霍克 著，白学军教授推荐

这才是心理学（第8版），基思·斯坦诺维奇 著，杨中芳教授推荐

当代组织行为学，莉·汤普森 著，谢晓非教授推荐

教育心理学（第7版，双语版），罗伯特·斯莱文 著，姚梅林 等译注